UTB 2621

W0051451

Eine Arbeitsgemeinschaft der Verlage

Beltz Verlag Weinheim · Basel
Böhlau Verlag Köln · Weimar · Wien
Wilhelm Fink Verlag München
A. Francke Verlag Tübingen und Basel
Paul Haupt Verlag Bern · Stuttgart · Wien
Lucius & Lucius Verlagsgesellschaft Stuttgart
Mohr Siebeck Tübingen
C. F. Müller Verlag Heidelberg
Ernst Reinhardt Verlag München und Basel
Ferdinand Schöningh Verlag Paderborn · München · Wien · Zürich
Eugen Ulmer Verlag Stuttgart
UVK Verlagsgesellschaft Konstanz
Vandenhoeck & Ruprecht Göttingen
Verlag Recht und Wirtschaft Heidelberg
VS Verlag für Sozialwissenschaften Wiesbaden
WUV Facultas · Wien

Michael Meyen

Mediennutzung

Mediaforschung, Medienfunktionen, Nutzungsmuster

2., überarbeitete Auflage

UVK Verlagsgesellschaft mbH

Bibliografische Information der Deutschen Bibliothek
Die Deutsche Bibliothek verzeichnet diese Publikation in der
Deutschen Nationalbibliografie; detaillierte bibliografische Daten sind
im Internet über <http://dnb.ddb.de> abrufbar.

ISBN 3-8252-2621-2

© UVK Verlagsgesellschaft mbH, Konstanz 2004

Einbandgestaltung: Atelier Reichert, Stuttgart
Einbandfoto: Annette Maucher, Konstanz
Satz: Antje Meyen
Druck: fgb · Freiburger Graphische Betriebe, Freiburg

UVK Verlagsgesellschaft mbH
Schützenstr. 24 · 78462 Konstanz
Tel. 07531-9053-21 · Fax 07531-9053-98
www.uvk.de

Inhalt

Einführung

Die Erstauflage dieses Buches hat zum Teil heftige Kritik ausgelöst. Helmut Scherer aus Hannover hat »einen ernsthaften Diskurs der Forschungsliteratur« vermisst. »Besonders schwerwiegend« erschien Scherer die »mangelhafte Darstellung empirischer Methoden«. Der Autor habe sich »geradezu als Kassandra der Umfrageforschung« geriert und seitenweise »über mögliche Fehlerquellen von Umfragen geplaudert«: »Liest man Meyen, dann kann es sich bei den Fällen, in denen die Umfrageforschung zu nachweisbar richtigen Ergebnissen kommt, nur um göttliche Fügung handeln.« Das Buch sei zwar »stellenweise ganz unterhaltsam geschrieben«, Studenten aber dennoch nicht zu empfehlen, da »unterhaltende Elemente« nur dann beim Lernen helfen würden, »wenn es auch wirklich etwas zu lernen gibt« (Scherer 2002).

Schon damals ist an dieser Stelle auf das Problem hingewiesen worden, das jeder Lehrbuch-Autor hat: Seine Zielgruppe ist nur über einen Umweg zu erreichen. Wenn Studenten überhaupt Bücher kaufen, dann die, die ihre Professoren und Dozenten empfehlen und auf Prüfungslisten setzen. Für wen also schreiben? Für die Kollegen, die das Buch rezensieren und in Vorlesungen und Seminaren erwähnen müssen, die natürlich nach ihren eigenen Werken suchen oder wenigstens nach ihrer Schule und wahrscheinlich das ganze Gebiet ohnehin bestens kennen? Die Versuchung ist groß. Wer mag sich schon vorwerfen lassen, »wichtige Dinge« weggelassen und »die Forschung (...) munter totgeschwiegen« zu haben, wer möchte nicht beweisen, genau der Richtige für das Thema zu sein? Dem angehenden Journalisten, der künftigen PR-Frau und all den Studenten, die sich nebenbei für Medien interessieren, weil das im Moment dazugehört, ist mit solchen akademischen Spielereien nicht geholfen. Literaturlisten, die länger sind als der eigentliche Text, schrecken genauso ab wie Fremdwortsammlungen und Aufzählungen, die zwar vollständig sind, aber gerade deshalb mehr verschleiern als enthüllen.

»Die verständliche Sprache ist das A und O eines guten Lehrbuchs«, heißt es in einem Kriterienkatalog, den die Konstanzer UVK Verlagsgesellschaft gemeinsam mit renommierten Hochschullehrern erarbeitet hat. Nicht nur hier dient dieser Katalog auch der Neuauflage als Richtlinie. Zu Beginn eines jeden Kapitels werden Lernziele benannt (Was sollte ich aus diesem Abschnitt mitnehmen?) und am Ende stehen Fragen und Aufgaben, die dazu anregen sollen, das Gelesene zu durchdenken, die noch einmal auf Schwerpunkte verweisen, aber teilweise auch auf Dinge, die im Text selbst nicht behandelt worden sind. Wer weiterlesen möchte, findet im Anschluss jeweils einige wenige Hinweise, wobei Inhaltsangaben den Zugriff erleichtern sollen. Dass dieses Konzept beibehalten wird, hat auch mit den Reaktionen der Studenten zu tun. Das Buch sei leicht zu verstehen und damit eine angenehme Abwechslung gewesen, und manchmal habe man sogar lachen können.

Natürlich ist die eingangs zitierte Kritik nicht nur darauf zurückzuführen, dass in diesem Lehrbuch versucht wird, die Erwartungen von Studenten zu erfüllen. Ein zweiter Orientierungspunkt war (und ist) das Ziel eines jeden Hochschulstudiums: die Fähigkeit zur Reflektion. An der Universität kann zwar auch »Wissen« vermittelt werden, vor allem aber ist hier der Ort, über die Entstehung dieses Wissens und über die Grenzen menschlicher Erkenntnis nachzudenken. Wolfram Peiser aus Mainz hat die »kritische Diskussion« von »Ansätzen, Methoden und Befunden« zwar »grundsätzlich« für »eine durchaus positive Eigenschaft des Buches« gehalten, aber das Verhältnis von »problematisierenden Ausführungen« und »der oft nur knappen und selektiven Darstellung der Sachverhalte selbst« moniert. So hätten »viele Leser« möglicherweise den Eindruck bekommen, die Werbeträgerforschung arbeite aus kommerziellen Gründen überwiegend »mit fragwürdigen Methoden«, obwohl es doch gerade in diesem Bereich »hohe Standards und gründliche Kontrollen« gebe (Peiser 2002).

In der Neuauflage ist versucht worden, diesen Einwand zu berücksichtigen. Aber selbst wenn Wolfram Peisers Wirkungsvermutung stimmen sollte: Das Loblied auf ihre Studien singen Anbieter und Auftraggeber von Marktforschungsdaten ohnehin selbst am besten, und »Fakten, Fakten, Fakten« sind im Internetzeitalter mit wenigen Klicks zu haben. Der Anspruch dieses Buches heißt »Erklärung«. Natürlich scheitert es schon am Platz, jedes Phänomen in Sachen Mediennutzung auszuleuchten, wer sich aber für ein solches Phänomen interessiert, sei es in der Geschichte oder in der Gegenwart, in Mitteleuropa oder sonstwo auf der Welt, soll hier ebenso Anhaltspunkte für seine Suche bekommen wie jemand, der sich an eine Prognose wagt. Zum Anspruch »Erklärung« gehört, die Ergebnisse von kommerziellen und akademischen Untersuchungen im Lichte der eingesetzten Methoden und der zugrunde liegenden theoretischen Ansätze zu diskutieren sowie mögliche Zweifel und Gegenargumente offen zu legen. Das bedeutet nicht, dass sich der Autor die Kritik immer zu eigen macht. Das Nachdenken über Fehlerquellen und über Determinanten der eigenen Weltsicht ist aber Teil der wissenschaftlichen Arbeit und auch ein Bewertungskriterium für akademische Qualifikationsschriften.

Irritiert hat einige Kollegen möglicherweise, dass in diesem Buch vor allem nach den gesellschaftlichen Wurzeln der Mediennutzung gefragt wird. Die

Nutzungsforschung im Rahmen der Kommunikationswissenschaft zielt in der Regel eher auf die »analytische Mikroebene« (vgl. exemplarisch die Berichte in Rössler u. a. 2002). Die meisten Studien folgen einer psychologischen Sichtweise: »Was passiert eigentlich genau, wenn Menschen Medien rezipieren?« Wie und warum sie dies im Alltag überhaupt tun, wird bei einer solchen Fragestellung ebenso aus dem Blick verloren wie der Stellenwert, den die Nutzer den Massenmedien in ihrem Leben zubilligen.

Dass sich die Kommunikationswissenschaft hier auf individuelle Prozesse konzentriert, hat mehrere Ursachen:

* *Das Konkurrenzverhältnis zur Soziologie.* Beide Fächer sind zeitgleich (im ersten Drittel des 20. Jahrhunderts) an die deutschen Universitäten gekommen. Während die Soziologie aber als Orientierungswissenschaft der westlichen Gesellschaften Legitimität beanspruchen konnte, war die akademische Existenzberechtigung der Kommunikationswissenschaft (damals: Zeitungswissenschaft) umstritten. Das Fach entstand ohne theoretischen Unterbau und auf Druck der Berufsverbände (Verleger, Journalisten) und lebt bis heute vor allem von der Ausbildungskompetenz für Medienberufe, die ihm die Studierenden zuschreiben. Der Entstehungszusammenhang und die unsichere Situation hatten Folgen für die inhaltliche Ausrichtung. Das Fach musste sich abgrenzen, unter anderem von der Soziologie. Die Soziologen wiederum haben die Massenmedien eher vernachlässigt, vielleicht auch, weil es dafür ja ein anderes Fach gab (Bohrmann 1986, Bruch 1980).
* *Die begrenzten Ressourcen der Kommunikationswissenschaft.* Die anhaltend starke Nachfrage der Studenten steht in keinem Verhältnis zur Ausstattung der Fachinstitute. Die Mittelknappheit führt dazu, dass ambitionierte theoretische Überlegungen oft in ungeeigneten Stichproben (in der Regel interessierte junge Leute) und in künstlichen Situationen umgesetzt werden. Für Großprojekte wie Repräsentativuntersuchungen fehlt das Geld.
* *Die Nähe zur Psychologie.* Massenmedien dominieren den Alltag moderner Gesellschaften und interessieren schon deshalb auch das Fach, das sich mit menschlichem Verhalten und Erleben beschäftigt. Die Psychologie denkt außerdem in der Regel in Ursache-Wirkungs-Zusammenhängen und trifft sich hier mit den Stimulus-Response-Vorstellungen in der Kommunikationswissenschaft und der großen Bedeutung, die die Frage nach Wirkungen auf den einzelnen Mediennutzer in diesem Fach stets hatte. Für die Nähe beider Disziplinen sprechen die Karrieren, die Psychologen im Nachbarfach gemacht haben (etwa: Hans-Bernd Brosius, Uwe Hasebrink, Peter Vorderer).

Die Kommunikationswissenschaft hat das Thema Mediennutzung lange vernachlässigt. Zum einen schien dies eine Domäne der Medienunternehmen zu sein, die mit großem Aufwand auf der »Suche nach dem Publikum« sind (Böhme-Dürr/Graf 1995), und zum anderen ist das Fach dem Wirkungsdiskurs gefolgt, den Politik und Öffentlichkeit schüren und der die Nutzer vor allem als Opfer der Medien sieht (Hasebrink 2003). Ist es nicht viel spannender, nach der Welt zu fragen, die etwa die ›Tagesschau‹ oder ›heute‹ konstruieren, und nach dem Bild von Politik, das bei den Zuschauern entsteht, nach der Rolle der Massenmedien in der Demokratie und dem Einfluss auf die Wahlergebnisse?

Auch wenn es banal klingt: Bevor Medien irgendwelche Wirkungen auslösen, müssen sie genutzt werden. Die meisten Debatten über Medienwirkungen, auch die wissenschaftlichen, haben hier ihren »blinden Fleck«. Es wird einfach nicht zur Kenntnis genommen, wie und warum Menschen Medien nutzen, was auch daran liegt, dass sich die Bedürfnisse der Debattierer von denen der Bevölkerungsmehrheit unterscheiden.

Der Begriff »Mediennutzung« meint dabei zunächst nur den »Kontakt«: Wer kommt wann wie lange mit welchen Angeboten in Berührung? Uwe Hasebrink hat »Mediennutzung« als übergeordnete Kategorie gesehen und eine Begriffsdifferenzierung vorgeschlagen, die sich am Prozess der Kommunikation orientiert:

- *Medienauswahl.* Dieser Begriff zielt auf die prä-kommunikative Phase, auf die Zeit, bevor wir uns Medieninhalten zuwenden. Die Forschung in diesem Bereich fragt danach, wie und warum bestimmte Angebote überhaupt ausgewählt werden.
- *Medienrezeption.* Hier geht es um die kommunikative Phase – um das, was während des Kontakts zwischen Medienangebot und Nutzer passiert. Wie wird das Angebot aufgenommen, verarbeitet und interpretiert, welche kognitiven und emotionalen Prozesse laufen während der Nutzung ab?
- *Medienaneignung.* Hasebrink siedelt diesen Begriff in der post-kommunikativen Phase an: Wie integrieren die Nutzer die Angebote in ihr Weltbild, welche Konsequenzen ziehen sie? (Hasebrink 2003)

Diese Differenzierung dürfte nicht unumstritten sein. Die Cultural Studies etwa, auf die in Kapitel 1 ausführlicher eingegangen wird, verwenden »Aneignung« als Oberbegriff und in Abgrenzung zum Ausdruck »Rezeption«, um deutlich zu machen, dass Menschen Medieninhalte in Beziehung zu ihrer Alltagswelt setzen und Bedeutungen nicht einfach übernehmen (= rezipieren), sondern selbst konstruieren (Schwer 2004). Die vier Kategorien Nutzung, Auswahl, Rezeption und Aneignung sind außerdem nur analytisch vom Begriff der Medienwirkung zu trennen. Gerhard Maletzke hat als Wirkungen im weiteren Sinne »sämtliche beim Menschen zu beobachtende Verhaltens- und Erlebnisprozesse« definiert, »die darauf zurückzuführen sind, dass der Mensch Rezipient im Felde der Massenkommunikation ist« (Maletzke 1963, S. 189f.). Solche »Wirkungen« dürften häufig bereits bei der Medienauswahl zu beobachten sein – zum Beispiel wenn wir das Fernsehgerät einschalten, weil uns ein Film-Trailer gefallen hat (Thielmann 2003) oder weil wir aus Erfahrung wissen, dass uns eine bestimmte Sendung in diesem Moment gut tun wird.

Mit dem Titel »Mediennutzung« verbindet dieses Buch eine bestimmte Perspektive. Es geht hier nicht um das Problem, ob und wie Menschen von Angeboten der Massenmedien beeinflusst werden, und nur am Rande darum, was genau im Nutzer vorgeht, wenn er sich bestimmten Inhalten zuwendet. Damit bleibt die *Rezeptions*forschung, die einen großen Teil der akademischen Nutzungsforschung ausmacht, zwangsläufig unterbelichtet. Dafür rückt die Frage in den Mittelpunkt, warum Menschen überhaupt etwas mit den Angeboten der Massenmedien machen. Der Durchschnittsdeutsche verbringt mit Hörfunk und Fernsehen, Zeitungen, Zeitschriften und Büchern, Videos, Tonträgern und Online-Medien täglich über acht Stunden und damit mehr Zeit als mit dem Arbeiten. Nimmt man den Zeitaufwand als Kriterium, ist nur das Schlafen ähnlich wichtig. Was bringt uns dazu, schon vor dem Aufstehen auf den Radioknopf zu drücken, nach dem Frühstück oder in der Straßenbahn einen Papierberg zu durchwühlen und abends stundenlang auf den Bildschirm zu starren (wobei »starren« im Zeitalter von Fernbedienung und »Bügel-Programmen« sicher nicht mehr das richtige Wort ist)? Was suchen Zeitungsabonnenten und was Kinogänger, was Talkshow- und was Lindenstraßen-Fans? Warum werden bestimmte Angebote genutzt und warum andere nicht?

Die Antworten benötigt nicht nur der Kommunikationswissenschaftler. Bei (fast) jeder Familienfeier wird der Kopf geschüttelt über diesen oder jenen Verwandten und dessen Fernseh- und Lektüre-Vorlieben, und in (fast) jeder Redaktionskonferenz müssen die Wünsche der Zuschauer, Hörer oder Leser herhalten, wenn es darum geht, einen bestimmten Beitrag durchzudrücken oder einen anderen abzulehnen. Und prügelt der Kritiker, der über Promi-Boxen schimpft, über Dschungel-Shows und über das Niveau seiner Lokalzeitung, nicht nur den Sack und meint in Wirklichkeit das Publikum?

Vieles von dem, was in diesem Lehrbuch eine Rolle spielen wird, ist bereits angerissen worden. Natürlich werden Daten zur Nutzung und Bewertung der Medienangebote bereitgestellt, aber dies kann schon deshalb nur ein Nebenschauplatz sein, weil das Medium Buch in Sachen Aktualität allen Konkurrenten hoffnungslos unterlegen ist. »Alte« Zahlen müssen den Leser jedoch genauso wenig irritieren wie die Konzentration auf Daten aus Deutschland. Wer an den neuesten Ergebnissen der angewandten Medienforschung interessiert ist, findet erstens die entsprechenden Quellen- und Literaturhinweise, und zweitens sind die Nutzungsmuster sehr stabil (was unter anderem durch Zeitreihen belegt wird). Österreich oder die Schweiz beispielsweise unterscheiden sich hier ebenso wenig vom großen Nachbarn im Norden wie andere moderne Gesellschaften.

Das Ziel »Erklärung« von Mediennutzung bestimmt den Aufbau des Bandes. Im ersten Kapitel werden zum einen theoretische Ansätze vorgestellt, die für sich beanspruchen, Ursachen für Medienkontakte benennen zu können, und zum anderen die Faktoren hergeleitet, die Einfluss auf die Kommunikationsbedürfnisse der Menschen und damit auf die Mediennutzung haben. Der Anspruch »Erklärung« schließt die Mediaforschung ein. Wie entsteht unser »Wissen« über Mediennutzung? Was sagen zum Beispiel Einschaltquoten und was sagen sie nicht, welche Interessen bestimmen die Forschung und welche Fehlerquellen gibt es (Kapitel 2)? Die beiden folgenden Abschnitte bilden gewissermaßen eine Einheit. Während es in Kapitel 3 zunächst ganz allgemein um die Bedürfnisse geht, die Medien befriedigen, um die gesellschaftlichen Wurzeln dieser Bedürfnisse und um Unterschiede zwischen den Bevölkerungsgruppen, wird im 4. Kapitel nach den spezifischen Leistungen gefragt, die das Publikum von jedem einzelnen Medium erwartet. Mit den Produktions- und Rezeptionsbedingungen unterscheiden sich die Wünsche der Nutzer. Dieser Teil nimmt auch deshalb den größten Platz ein, weil hier Daten zur Versorgungsdichte, zur Nutzungsdauer und zur Reichweite von Funk und Presse, Kino, Buch und Internet sowie einzelner Medienangebote diskutiert werden. Kapitel 5 scheint etwas aus dem Rahmen zu fallen. Die Forschungsergebnisse zum Thema »Medienbewertung« und vor allem zur Glaubwürdigkeit zeigen aber, dass das Urteil der Mediennutzer von den Funktionen bestimmt wird, die die jeweiligen Angebote für sie erfüllen.

In der Neuauflage sind natürlich die Daten-Zeitreihen aktualisiert und Detailfehler korrigiert worden. Es wurde versucht, neue Forschungsergebnisse zu berücksichtigen und wenigstens einige der »Lücken« zu füllen, die in den Rezensionen angemahnt wurden. Kapitel 1 (Theoretische Ansätze) ist etwas ausführlicher und es gibt mehr Material – beispielsweise zur Online-Forschung, zur Zeitschriftennutzung oder zum Bücherlesen. Das Lehrbuch bleibt jedoch eine Einführung und kann (und will) nicht mit Handbüchern und Lexika wetteifern. Die zitierte Literatur ist wie in der Erstauflage in einem zentralen Verzeichnis aufgeführt. Das hat sowohl Vorteile (keine Doppelungen, weniger Blättern) als auch Nachteile: Wer sich mit einem Spezialfall beschäftigen will (etwa mit der Nutzung von Fernsehnachrichten), muss entweder das komplette Verzeichnis durchackern oder den entsprechenden Abschnitt lesen und dort nach Quellen suchen.

Dank gebührt zunächst den Studierenden, die mit der Erstauflage dieses Buches gearbeitet und in Magister- und Diplomarbeiten mein Wissen über Mediennutzung vertieft haben. Manuel Megnin, Maria Löblich, Nathalie Huber und Katja Schwer haben den neuen Text oder Teile davon gelesen und mit ihren Hinweisen verbessert. Manuel Megnin sei außerdem für die Hilfe bei der Erstellung der Register gedankt. Mit Worten überhaupt nicht zurückzahlen kann ich das, was meine Frau Antje geleistet hat. Sie war nicht nur wie stets moralische Unterstützung und erste Kritkerin, sondern hat das Manuskript auch noch in die Form gegossen, in der es sich jetzt befindet.

1. Mediennutzung: Theoretische Ansätze

Eigentlich müsste an dieser Stelle eine Theorie der Mediennutzung stehen. Es gibt aber keinen Ansatz, der alle Faktoren, die die Zuwendung zu Medienangeboten beeinflussen können, systematisch berücksichtigt. Ein Lehrbuch kann diese Lücke nicht schließen. Wenn im Folgenden verschiedene theoretische Ansätze und Hypothesen diskutiert werden, ist dies vor allem Mittel zum Zweck. Dieses Kapitel soll den Blick dafür schärfen, dass Menschen Medien nicht nach abstrakten, rationalen Bildungsinteressen nutzen und nicht nach dem, was irgendwer wünscht und für richtig hält, sondern nach den Bedürfnissen, die sich aus ihrer sozialen und psychologischen Situation ergeben. Was erwarten die Menschen von den Medien? Warum nutzen sie bestimmte Angebote und warum andere nicht? Um diese Fragen beantworten zu können, müssen die Medien in einer Linie gesehen werden mit anderen Kommunikations- und Freizeitmöglichkeiten und vor allem mit dem Alltag in modernen Gesellschaften.

1.1 Motivationale Ansätze

Der Uses-and-Gratifications-Approach

Die Kommunikationswissenschaft hat vor allem im Rahmen des *Uses-and-Gratifications-Ansatzes* nach den Ursachen für Medienhandlungen gesucht (Vorderer 1996; Wünsch 2002; Blumler/Katz 1974; Schenk 2002, S. 627–690). Dieser Ansatz geht von einem aktiven Publikum aus, das die Medien nutzt, um seine Bedürfnisse zu befriedigen. Der US-amerikanische Kommunikationswissenschaftler Lee B. Becker hat zwei Gründe genannt, warum er sich trotz erheblicher Bedenken mit diesem Ansatz angefreundet habe. Zum einen erleichtere der Ausdruck »Uses-and-Gratifications« Studenten den Einstieg in ein Forschungsfeld, das sich mit den »Belohnungen« beschäftigt, mit den »Gratifikationen«, die Menschen erhalten, wenn sie sich Medien zuwenden. Und zweitens helfe dieses Konzept durchaus zu verstehen, warum Menschen Massenmedien nutzen (Becker 1996, S. 251f.). Wer am Ende dieses Kapitels Kopfschmerzen hat, abschalten und sich ausruhen will, kann dieses Bedürfnis auf ganz verschiedene Weise befriedigen: auf dem Sofa oder bei einem Spaziergang, mit der ›Bild-Zeitung‹ oder bei einem Telefonschwatz mit der besten Freundin, bei einer Talkshow im Fernsehen oder mit einem Computerspiel. Am Ende des zweiten Kapitels fließen die Erfahrungen in die Entscheidung ein. Hat der Anruf beim ersten Mal den gewünschten Erfolg gebracht, steigt die Telefonrechnung weiter (weshalb am Ende vielleicht doch Sofa oder Talkshow gewinnen). Möglicherweise ist aber das zweite Kapitel so gut, dass man am liebsten gleich in der Literatur stöbern oder sogar selbst etwas

Abbildung 1

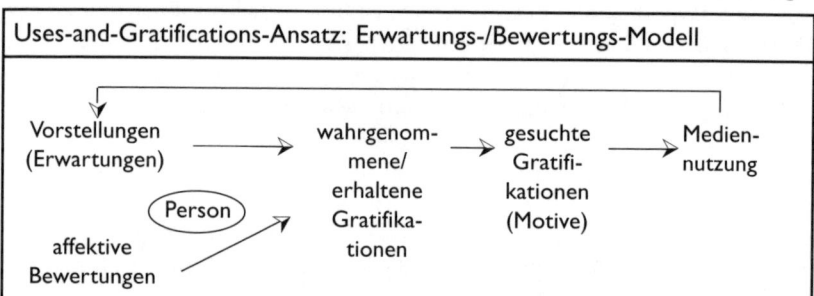

Uses-and-Gratifications-Ansatz: Erwartungs-/Bewertungs-Modell

Lesehilfe: Nach diesem Modell von Philip Palmgreen (1984, S. 54–56) werden Motive von Erwartungen und Bewertungen beeinflusst. Eine Person wird zum Beispiel TV-Nachrichten nutzen, wenn sie aktuelle Informationen für wichtig hält (Bewertung) und glaubt, diese Informationen in den Nachrichten zu bekommen (Erwartung). Während die Bewertungen von Palmgreen als »relativ stabile Elemente« angesehen werden (als »Produkt des individuellen Bedürfnis- und Wertesystems«), wirken sich die Nutzungserfahrungen auf die Eigenschaften aus, die bestimmten Medienangeboten zugeschrieben werden. Das Thema Medienbewertung wird in Kapitel 5 ausführlich behandelt.

schreiben würde – wenn da nicht dieses Fußballspiel käme, zu dem sich auch noch Besuch angesagt hat. Dieses Beispiel gibt den Uses-and-Gratifications-Ansatz und seine zahlreichen Differenzierungen natürlich nur ungenügend wieder, es verdeutlicht aber die *Grundannahmen*:

- Mediennutzung kann über Bedürfnisse und Motive der Rezipienten erklärt werden.
- Das Publikum ist aktiv, kennt seine Bedürfnisse und handelt zielgerichtet. Die Handlung wird dabei durch eine Kosten-Nutzen-Kalkulation gesteuert und damit auch von den Erwartungen an die Medien. Diese Medien-Images werden davon beeinflusst, ob man die gesuchten Belohnungen bekommt oder nicht (vgl. Abbildung 1).

Abbildung 2

Kritik am Uses-and-Gratifications-Approach	
1. **Theorie-schwäche**	Da es keine Theorie gibt, die menschliche Bedürfnisse mit sozialen und psychologischen Ursprüngen verbindet, besteht die Gefahr der Beliebigkeit.
2. **Methodisches Herangehen**	Es wird fast nur mit Befragungen gearbeitet. Die Ergebnisse werden von Auskunftsfähigkeit und -bereitschaft der Menschen sowie von den Vorgaben der Forscher verzerrt und sind deshalb Artefakte.
3. **Handlungs-konzept**	Mediennutzung wird auch von Gelegen- und Gewohnheiten bestimmt. Menschen entscheiden keineswegs immer rational, sondern oft impulsiv, vereinfacht und habituell.
4. **Einseitigkeit**	Die Beschränkung auf den Rezipienten führt dazu, dass Medieninhalte genauso vernachlässigt werden wie das gesellschaftliche Umfeld.
5. **Instrumentelle Perspektive**	Als Sinn einer Handlung werden nur Ziele akzeptiert, die außerhalb der Handlung liegen. Gerade kulturelle Handlungen können ihren Sinn aber auch in sich selbst haben.
6. **Medien-politische Bedenken**	Wenn Mediennutzung grundsätzlich vorhandene Bedürfnisse befriedigt, lässt sich jeder Inhalt als sinnvoll rechtfertigen. Programmkritik scheidet aus, da angeblich nur gesendet werde, was die Zuschauer wünschten.

- Medien konkurrieren nicht nur untereinander um Zeit und Aufmerksamkeit der Menschen, sondern auch mit anderen Quellen der Bedürfnisbefriedigung. Mediennutzung ist deshalb nur zu verstehen, wenn man diese Alternativen berücksichtigt.
- Massenmedien können eine ganze Reihe von Bedürfnissen befriedigen, wobei ein und dasselbe Angebot zu ganz verschiedenen Zwecken genutzt werden kann.

Der Uses-and-Gratifikations-Approach ist wie kaum ein zweiter Ansatz kritisiert worden (Abbildung 2). Die Gründe dafür werden noch deutlicher, wenn man eine fünfte Annahme hinzufügt, die oft nicht ausformuliert wird:

• Die Menschen sind in der Lage, über ihre Bedürfnisse Auskunft zu geben.

Die meisten Forschungsergebnisse aus der Uses-and-Gratifications-Tradition beruhen auf *Befragungen*. Was sagt man einem Interviewer, der wissen will, warum man gestern abend die ›Tagesschau‹ gesehen und sich nach der Arztserie noch eine halbe Stunde durch die Programme gezappt hat, warum es im Haushalt eine Tageszeitung gibt und warum diese und jene Zeitschrift? Wer weiß das schon so genau? Der US-amerikanische Kommunikationswissenschaftler Dolf Zillmann hat davor gewarnt, vom Rezipienten tiefgreifende Einsichten zu erwarten. Im Allgemeinen wisse der Mensch nicht, warum er über einen Witz lache oder warum ihn ein Musikstück in gute Stimmung versetze. Der Rezipient werde wahrscheinlich nur das sagen, was ihm früher einmal an Motiven beigebracht worden sei. Und wenn er doch eine Ahnung habe, warum ihm etwas gefällt, sei er entweder gehemmt, seine Motive preiszugeben, oder neige dazu, akzeptablere zu nennen. So käme bei Befragungen eben heraus, dass die Leute Horrorstreifen wegen der Spezialeffekte sehen und Erotikfilme, um sich über Sexualität zu informieren (Zillmann 1994, S. 42f.).

Grundbegriffe: Bedürfnis und Motiv, Handeln und Verhalten, Aktivität

Die Begriffe *Bedürfnis* und *Motiv* liegen nah beieinander und werden in der Literatur häufig unscharf und teilweise synonym verwendet. Das liegt auch daran, dass es eine ganze Reihe von Motivationstheorien und damit keine einheitliche Definition gibt. Einige Autoren lehnen das Konzept des Motivs sogar ganz ab. Bedürfnisse und Motive sind zunächst Mangelzustände, die ein Individuum überwinden möchte. Wenn beide Begriffe voneinander abgegrenzt werden, dann über ihre Rang- und Reihenfolge. Zuerst ist das Bedürfnis da: ein generelles Mangelgefühl (etwa Hunger oder Durst), das uns in allgemeine Handlungsbereitschaft versetzt. Ein Motiv ist dann gewissermaßen ein gezieltes »Mangelgefühl« – gerichtet auf einen bestimmten Zustand (zum Beispiel Schweinebraten essen und dazu Bier trinken). Motive setzen unsere Wahrnehmung, unser Denken, unser Handeln in Gang (Asanger/Wenninger 1994, S. 9f.). Wenn *Gratifikationen* (Belohnungen) befriedigte Bedürfnisse sind, dann sind Motive gesuchte Gratifikationen (Huber 2004, S. 45f., vgl. auch Abbildung 1).

Aktiviert wird ein Motiv durch eine bestimmte Situation, durch einen bestimmten Anreiz. Dieser Anreiz kann in der Sache selbst liegen (intrinsisches Motiv: eine Fußballübertragung ansehen, weil es Spaß macht) oder außerhalb dieser Sache (extrinsisches Motiv: die Kollegen erwarten von mir, dass ich das Spiel sehe, oder ich verbessere dadurch die Beziehung zu meinen Kindern). Die Unterscheidung von intrinsischen und extrinsischen Motiven aus der Lernpsychologie ist nur einer von vielen Versuchen, Motive zu ordnen. Am bekanntesten ist sicher die fünfstufige Bedürfnispyramide des US-Psychologen Abraham Maslow (1954):

- physiologische Bedürfnisse (neben Hunger und Durst zum Beispiel Schlaf und Schmerzfreiheit),
- Sicherheitsbedürfnisse (Kleidung, Wohnung),
- soziale Bedürfnisse (Zuwendung, Liebe),
- Wertschätzung (Anerkennung) und
- Selbstverwirklichung.

Diese Pyramide hat eine hierarchische Struktur. Maslow zufolge befriedigt jeder Mensch zuerst die Bedürfnisse der einen Stufe, bevor er sich der nächsthöheren zuwendet. Neuere Modelle berücksichtigen auch andere Faktoren, etwa die Persönlichkeitsstruktur oder die Stärke von Bedürfnissen und Anreizen. Wichtig ist hier, dass Bedürfnisse und Motive sowohl angeboren als auch erlernt sein können und dass sie von außen nicht zu beobachten und auch nicht abzufragen sind. Der Beweggrund für eine Handlung muss uns keineswegs bewusst sein, und außerdem können wir uns über unsere eigenen Motive täuschen. Einzelnen Handlungen dürfte in der Regel ein ganzes Bündel von Motiven zugrunde liegen – ein Bündel, das zusammengehört und nur analytisch zerlegt werden kann. Schon Max Weber hat darauf hingewiesen, dass »ein in seinem äußeren Ablauf und Resultat gleiches Sichverhalten« auf »höchst verschiedenartigen Konstellationen von Motiven beruhen« könne und dass dabei die »verständlich-evidentesten« Beweggründe keineswegs »wirklich im Spiel« gewesen sein müssten (Weber 1913, S. 253f.). Auf jeden Fall gilt: Die Motive von Mediennutzern sind der empirischen Sozialforschung nur schwer zugänglich.

Dazu kommt, dass Medien keineswegs immer bewusst und zielgerichtet genutzt werden. Zeitunglesen und Fernsehen sind oft Routine, das Radio läuft nebenbei. Unbewusstes, beiläufiges, habituelles Verhalten aber bekommt im Gedächtnis keinen Platz und taucht bei Befragungen nicht mehr auf. Der Medienpsychologe Peter Vorderer hat deshalb vorgeschlagen, den Umgang mit Medien in Abhängigkeit von Person, Situation und Medienangebot das eine Mal als »Handlung« zu verstehen, das andere Mal hingegen eher als »Verhalten« (Vorderer 1992, S. 36). Während der Terminus *Verhalten* jede Regung eines Organismus bezeichnet, zielt der Begriff *Handeln* auf einen (alltäglichen) Spezialfall – auf jenes Verhalten, das bewusst auf ein Ziel ausgerichtet ist, ein Verhalten, das der Mensch mit subjektivem Sinn verbindet. Für Max Weber, auf den dieser Handlungsbegriff zurückgeht, war der »subjektive Sinn« der Anknüpfungspunkt für die »verstehende Soziologie«. Der »gehabte« oder »gemeinte« subjektive Sinn könne zwar »mehr oder minder unbemerkt« bleiben, »Handeln‹ aber (mit Einschluss des gewollten Unterlassens oder Duldens) heißt uns stets ein verständliches (...) Sichverhalten zu ›Objekten‹« (vgl. Weber 1913). Orientiert sich das Handeln an anderen Menschen, spricht man auch von »*sozialem* Handeln« (Burkart 1998, S. 21–23).

Verhaltenstheoretische Ansätze beschränken sich folglich auf solche Sachverhalte, die direkt zu beobachten sind, und versuchen, diese Phänomene auf äußere Einflüsse zurückzuführen, zum Beispiel auf Medienangebote. In diese Kategorie gehört der so genannte »Wirkungsansatz« (»Was machen die Medien mit den Menschen?«). Aus der »medienzentrierten Perspektive« wird Massenkommunikation als einseitiger Überredungsprozess betrachtet, als ein Prozess, in dem Leser, Hörer und Zuschauer lediglich auf die Medienbotschaften reagieren.

Handlungstheoretische Ansätze wie der Uses-and-Gratifications-Approach sehen den Menschen dagegen nicht als Objekt der Kommunikation, sondern als Subjekt (»Was machen die Menschen mit den Medien?«), und fragen nach Zielen und Absichten, nach Sinngebungen und Handlungsmotivationen. Das Bild vom »aktiven Publikum« ist deshalb vor allem ein Gegenmodell zum Konzept des passiven, den Medien ausgelieferten Rezipienten.

Natürlich kann man »aktiv« ganz unterschiedlich definieren. Das Spielen mit der Fernbedienung und der Gang zum Zeitungskasten sind »Aktivitäten«, und es ist unbestritten, dass die Mediennutzer den »Text« (das Medienangebot) erst in der Rezeption »vollenden«. Ein zwölfjähriges Mädchen liest die »Buddenbrooks« anders als ihr Großvater. Mark Levy und Sven Windahl haben Aktivitäten vor, während und nach der Zuwendung zu Medienangeboten unterschieden und drei Formen der *Publikumsaktivität* genannt:

- *Selektivität*: Auswahl der Angebote, erhöhte Aufmerksamkeit für bestimmte Teile der Botschaft, selektives Erinnern. Wer das Angebot aktiv aufgenommen und verarbeitet hat, wird mehr Informationen wiedergeben können.

- *Involvement*: Stärke der Verbindung zwischen Nutzer und Inhalt. Vor der Nutzung kann dies aufgebaute Erwartungen betreffen (ein toller Abend mit Bayern München), bei der Nutzung dann die Intensität (Mitfiebern als Aktivität) und danach die Phantasiebildung oder die Identifizierung mit Medienfiguren (auf dem Bolzplatz selbst einer der Bayernstars sein).
- *Nützlichkeit*: Nutzen mit Blick auf bestimmte Bedürfnisse (Levy/Windahl 1984; vgl. auch Schenk 2002, S. 607–610).

Uwe Hasebrink und Friedrich Krotz haben diese Liste um die Publikumsaktivitäten *Intentionalität* und *Bedeutungskonstruktion* ergänzt. Der letzte Punkt verweist darauf, dass die Nutzer die Medienangebote interpretieren und ihnen Bedeutung zuweisen (Hasebrink/Krotz 1991). Die Theorie des *Symbolischen Interaktionismus* geht davon aus, dass der Mensch vor allem in einer symbolischen Umwelt lebt. Nach diesem Konzept gibt es keine »Dinge an sich«. Gegenstände sind vielmehr eine »soziale Schöpfung«: Sie erlangen ihre Bedeutung erst dadurch, dass wir sie in unsere Handlungen einbeziehen und uns mit ihnen auseinander setzen (Blumer 1973). Menschen orientieren sich also nicht am Reiz selbst (etwa am Medienangebot), sondern an der Interpretation, die sie diesem Reiz zuschreiben. Dieser Gedanke ist in den so genannten Nutzenansatz eingeflossen, den Will Teichert und Karsten Renckstorf Anfang der 1970er Jahre entwickelt haben und der deshalb nicht einfach eine deutsche Übersetzung des Uses-and-Gratifications-Approaches ist (vgl. Renckstorf 1989). Zurück zum Wortpaar »aktiv-passiv«: Hasebrink und Krotz haben bezweifelt, dass diese Gegenüberstellung weiterhilft, wenn all das zur Publikumsaktivität gehören soll, was der Nutzer vor, während und nach der Zuwendung zu Medienangeboten tut (Hasebrink/Krotz 1991, S. 131). Hinter dem Konzept des »aktiven Publikums« im Uses-and-Gratifications-Approach und vor allem hinter seiner empirischen Umsetzung steht in der Regel das Modell des »rationalen Handelns«: Menschen kennen ihre Probleme und ihre Bedürfnisse, rechnen die verschiedenen Handlungsalternativen durch und entscheiden rational. So schön diese Vorstellung ist, so sehr sie zu den Idealen der Aufklärung und zu den Demokratiekonzepten rund um den »mündigen Bürger« passt, so scheint sie doch mit der Realität wenig zu tun zu haben. Jeder kann das an sich selbst beobachten: Wir entscheiden:

- impulsiv (aus dem Bauch heraus),
- vereinfacht (wer hat schon die Zeit, alle Möglichkeiten zu prüfen) und
- habituell (wir machen das, was wir schon immer gemacht haben),
- wir lassen uns von Vorurteilen und Gefühlen leiten.

Nur bei wichtigen Entscheidungen ist extensives Handeln möglich, aber selbst wenn die Kosten sehr hoch sind oder bei Weichenstellungen für die Zukunft suchen wir oft nur deshalb nach Alternativen und neuen Produkten, um die Gefühlsentscheidung legitimieren zu können. Wer auf einen roten Volvo aus ist, geht zwar auch in andere Autohäuser, möchte sich aber vor allem bestätigen (und dies seinen Freunden dann auch sagen können), dass der Volvo tatsächlich sicherer, schöner und komfortabler ist als alles, was der Markt sonst noch hergibt (Kroeber-Riel 1977, S. 2). Der Fernsehabend dürfte ein ganz anderes Kaliber sein. Er kostet nicht 30.000 Euro, sondern nur ein bisschen Strom und vielleicht das Gefühl, zwei Stunden vergammelt zu haben, ein Gefühl, das sich bei möglichen Alternativen genauso einstellen kann – im Kino, in der Kneipe oder beim Klatsch mit den Nachbarn.

Die Gründe für die *Dominanz des Fernsehens* in der Freizeit werden in den Kapiteln drei und vier ausführlich behandelt, bereits hier sei aber darauf hingewiesen, dass Medien billiger sind als die meisten Alternativen und dass sie außerdem Passivität erlauben. Widerspricht es schon den Normen sinnvoller Freizeitbeschäftigung, sich selbst einzugestehen, dass man vor der Glotze sitzt, um faul sein zu können oder Zeit totzuschlagen, gilt dies erst recht für ein standardisiertes *Interview zum Thema Mediennutzung*. Welche Bedürfnisse der Forscher findet, hängt stark von den Vorgaben ab, die er vorher in den Fragebogen geschrieben hat, und so verwundert es nicht, dass die Antwort auf die Frage, warum Menschen Medien nutzen, jedes Mal anders ausfällt und dass es fast kein Bedürfnis gibt, das nicht schon zur Erklärung herangezogen worden wäre. Abbildung 3 zeigt einen besonders ausgefeilten Bedürfnis-Katalog. Die Funktionen der Medien für die Menschen sind Gegenstand des dritten Kapitels. Dort werden auch die Grundbegriffe Unterhaltung und Information sowie neuere theoretische Ansätze diskutiert, die das Unterhaltungserleben erklären wollen.

Motive für die Nutzung von Medienangeboten

So sehr sich die Motiv- und Bedürfniskataloge unterscheiden, eine Konstante gibt es: Fast keine Studie kommt an der *Eskapismusthese* vorbei. Diese geht davon aus, dass Menschen wenigstens vorübergehend aus der Realität aussteigen oder fliehen (»escape«) wollen – sei es, um den Alltag zu vergessen, sich von der Arbeit abzulenken und sich vom Stress zu erholen oder um sich von der Familie und den Haushaltspflichten zurückzuziehen. Die Begründung fiel aber immer wieder anders aus. Wurden in den 1940er und 1950er Jahren die unbefriedigen-

Abbildung 3

Funktionen der Massenmedien (McQuail 1983, S. 82f.)

Informationsbedürfnis
Orientierung in der Umwelt
Ratsuche
Neugier
Lernen
Sicherheit durch Wissen

Integration und soziale Interaktion
In Lebensumstände anderer versetzen
Zugehörigkeitsgefühl
Gesprächsgrundlage
Geselligkeitsersatz, Partnerersatz
Rollenhilfe
Kontakt finden

Bedürfnis nach persönlicher Identität
Bestärkung persönlicher Werte
Suche nach Verhaltensmodellen
Identifikation mit anderen
Selbstfindung

Unterhaltungsbedürfnis
Wirklichkeitsflucht, Ablenkung
Entspannung
Kulturelle und ästhetische Erbauung
Zeit füllen
Emotionale Entlastung
Sexuelle Stimulation

den Lebensumstände breiter Bevölkerungsteile verantwortlich gemacht, die Entfremdung und der triste Alltag, hat sich mit dem Wohlstandsschub in den westlichen Industriegesellschaften und mit der Erkenntnis, dass keineswegs nur die Unterschichten zum Eskapismus neigen, die Vermutung durchgesetzt, es handele sich hierbei um ein menschliches Grundbedürfnis. Außerdem wurde auf den besonderen Reiz von Medienerfahrungen hingewiesen. Der Zuschauer habe das Geschehen unter Kontrolle und wisse, dass er per Knopfdruck selbst aus den bedrohlichsten Situationen herauskomme (Vorderer 1996, S. 311–313). So plausibel dies alles ist: Die Behauptung vom Eskapismus kann sich auf kein theoretisches Konzept stützen.

An dieser Stelle setzt der Haupteinwand gegen den Uses-and-Gratifications-Approach an: Theorielosigkeit und Tautologie (Abbildung 2). Da es keine Theorie menschlicher Bedürfnisse gibt, drehen sich die Forscher im Kreis. Sie führen die Mediennutzung auf Bedürfnisse zurück (zum Beispiel Eskapismus), leiten diese Bedürfnisse aber wiederum aus der Mediennutzung ab (oder aus dem, was sie von den Rezipienten darüber erfahren). Es fehlt ein theoretischer Rahmen, der Bedürfnisse und Gratifikationen systematisch mit sozialen und psychologischen Ursprüngen verbindet. In den entsprechenden Studien bleiben die konkreten gesellschaftlichen Bedingungen oft ebenso unberücksichtigt wie die Medieninhalte (ein Mangel, der ebenfalls Kritik hervorgerufen hat) und wie latente Bedürfnisse. Vielleicht ist es wichtiger, eine Zeitung zu haben, als sie zu lesen (Teichert 1975, S. 269). Außerdem wurde dem Ansatz vorgeworfen, nur solche Handlungsziele zu berücksichtigen, die außerhalb der Mediennutzung liegen. In der Uses-and-Gratifications-Lesart will sich ein Nachrichtenzuschauer informieren, bilden und vielleicht auch unterhalten. Dem halten kulturtheoretisch orientierte Autoren das »kommunikative Vergnügen« entgegen. Der Psychologe William Stephenson ging im Rahmen eines spieltheoretischen Ansatzes davon aus, dass Menschen Medien nutzen, weil sie dabei Freude und Genuss empfinden. Stephenson hat dies mit der Möglichkeit erklärt, »Quasi-Erfahrungen« machen zu können. Diese seien vor allem deshalb angenehm, weil sie im Kontrast zur Alltagserfahrung stehen und einen Ausbruch aus den Mechanismen sozialer Kontrolle erlauben würden (Stephenson 1967). Mediennutzung als ein Spiel mit besonderen Regeln, Medienangebote als ein Reich der Freiheit, in dem sich jeder gefahrlos ausprobieren kann? Diese Variante der Eskapismusthese betont weniger den Fluchtgedanken, sondern vielmehr das Ziel des Ausbruchs.

Die Spieltheorie steht als Beispiel für die Versuche der Kommunikations- und Medienwissenschaft, Mediennutzung mit Hilfe von Modellen aus anderen Disziplinen zu erklären. Vor allem in der Psychologie und in der Soziologie wurden Hypothesen entwickelt, die wenigstens ansatzweise die Frage beantworten können, warum Menschen in bestimmten Situationen so handeln, wie sie handeln (Vorderer 1996).

Da die verschiedenen Konzepte zum Teil verknüpft werden können, täuscht die »Ordnung« in Abbildung 4 etwas und sollte lediglich zur Orientierung dienen. Einen alternativen Ordnungsvorschlag hat beispielsweise Carsten Wünsch angeboten. Bei ihm wird die *Spieltheorie* unter der Überschrift »Anthropologische Ansätze« aufgeführt (vgl. Wünsch 2002, S. 16–19). Ansätze aus diesem Bereich fragen nach dem Wesen des Menschen. Das Spielen ist danach ein grundlegendes menschliches Bedürfnis mit folgenden Merkmalen (Huizinga 1956; Oerter 1999; Vorderer 2001):

- Zweckfreiheit (»Handlung um der Handlung willen«) und Freiwilligkeit,
- Wechsel des Realitätsbezugs (»außerhalb des gewöhnlichen Lebens stehend«),
- Wiederholung und Rituale,
- keine Konsequenzen in der »Wirklichkeit«.

Zentrale Funktion des Spiels ist die Realitätsbewältigung (Vorderer 2001, S. 257): Beim Spielen können wir uns Wünsche erfüllen, uns selbst verwirklichen und damit vielleicht etwas bekommen, was uns der »Ernst des Lebens« vorenthält. Der Begriff *Tronc Commun* verweist dagegen auf das Bedürfnis, sich mit archetypischen Situationen des menschlichen Lebens zu beschäftigen. Louis Bosshart hat Medieninhalte der Moderne mit Märchen, Mythen und Dramen

Abbildung 4

Theoretische Ansätze zur Mediennutzung	
Theoretischer Ansatz	**Ziel der Mediennutzung**
1. Erregungstheorien	Angenehmer Erregungszustand (mittleres Niveau)
Mood Management	Stimmung positiv beeinflussen
Sensation Seeking	Starke Reize
Neugier	Genuss durch den Abbau von Unsicherheit, die das Angebot ausgelöst hat
Erlebnisthese	Intensive körperliche und seelische Erfahrungen
Glücksforschung	Flow
2. Identitätstheorien	Auseinandersetzung mit den Lebensumständen und der eigenen Identität
Soziales Vergleichen	Bewertung der eigenen Person
Parasoziale Interaktion	Verhaltensmodelle, Menschenkenntnis, Vorbildsuche
3. Einstellungstheorien (kognitive Dissonanz)	Vermeidung von Dissonanzen mit eigenem Wissen, eigenen Überzeugungen und Einstellungen
4. Eskapismusthese	Flucht vor Realität (begründet mit den Lebensbedingungen oder mit einem anthropologischen Bedürfnis)
5. Spieltheorie	Kommunikatives Vergnügen
6. Tronc Commun	Beschäftigung mit archetypischen Themen des Lebens

verglichen und dabei ein Repertoire an Themen gefunden, das in allen Kulturen und zu allen Zeiten wiederkehrt – Liebe, Erfolg und Sicherheit (Bosshart 1979, S. 21–42). Ein Beispiel: Wildwestfilme würden das Spannungsverhältnis zwischen Individuum und Gesellschaft thematisieren und in die Rubrik »Erfolg« gehören (vgl. auch Bosshart 1994).

Die *identitätstheoretischen Annahmen* sind in gewisser Weise eine Ergänzung zur Eskapismusthese, weil sie das »Flucht-Ziel« beschreiben. Danach nutzen Menschen Medienangebote nicht nur, um aus der Realität auszusteigen, sondern auch, weil sie sich dabei mit ihrer Biographie und ihren Lebensumständen auseinander setzen und so ihre Identität stabilisieren können. Die vom US-amerikanischen Sozialpsychologen Leon Festinger entwickelte *Theorie sozialer Vergleichsprozesse* geht davon aus, dass Menschen das Bedürfnis haben, die eigenen Fähigkeiten und das eigene Verhalten zu bewerten, und dass sie deshalb dazu neigen, sich mit anderen zu vergleichen (Festinger 1954). Dafür eignen sich sowohl solche Personen, die der eigenen ziemlich ähnlich sind (maximaler Informationsgewinn) als auch solche, denen es schlechter geht (Selbstwerterhöhung).

Herta Herzog hat bereits in den 1940er Jahren die Faszination von Hörfunk-Soaps für amerikanische Hausfrauen mit der Vorbildfunktion der Medienfiguren begründet und damit, dass die Hörerinnen das Gefühl haben würden, mit ihren Problemen nicht allein zu stehen (Herzog 1944). Die Parallelen zu den Fernseh-Seifenopern der Gegenwart liegen auf der Hand. In die gleiche Richtung argumentiert das Konzept der *parasozialen Interaktion*, das die Begegnung von Medienakteur und Rezipient beschreibt und diese als Alternative und Ergänzung zu Begegnungen im »wirklichen Leben« versteht. Der Fernsehzuschauer nimmt beispielsweise den Nachrichtensprecher oder die Serienheldin ähnlich wahr wie reale Personen. Er kann sie beobachten, mit anderen darüber sprechen und so eigene Werte bestärken, Verhaltensunsicherheit abbauen und Menschenkenntnis erwerben – gerade wenn die Figuren aus dem »richtigen Leben« stammen wie etwa Talkshow- oder Casting-Kandidaten. Da parasoziale Interaktionen keinerlei Verpflichtungen mit sich bringen (man muss nicht antworten, kein nettes Gesicht machen und kann sich jederzeit zurückziehen), lassen sich keineswegs nur sozial isolierte Menschen auf solche Medien-»Kontakte« ein (Horton/Wohl 1956; Fabian 1993; Vorderer 1998). Aus parasozialen Interaktionen zwischen einem Nutzer und einer Medienfigur können *parasoziale Beziehungen* werden – Bindungen, die über die einzelne Begegnung hinausgehen (Hartmann u. a. 2001, S. 352f.; Schramm u. a. 2002a; Hartmann u. a. 2004).

Ebenfalls aus der Sozialpsychologie stammt der Versuch, menschliche Handlungen mit Hilfe von *Einstellungen* zu erklären (Fishbein/Ajzen 1975). Der Begriff Einstellung meint die Bereitschaft, auf ein bestimmtes Objekt auf bestimmte Weise zu reagieren (positiv oder negativ) – mit bestimmten Gefühlen und bestimmten Gedanken. Zu vielen Definitionen gehört außerdem eine Handlungskomponente (Triandis 1975, S. 4). Dann ist mit dem Einstellungsbegriff auch eine bestimmte Verhaltenstendenz gemeint. Einstellungen sind stets auf konkrete Personen, Objekte oder Situationen gerichtet, wobei die drei Einstellungskomponenten (Gefühle, Denken und Verhalten/Handeln) zusammengehören und als System analysiert werden. Ändern sich zum Beispiel meine Gefühle gegenüber einer Romanautorin (vielleicht weil ich sie persönlich kennen gelernt habe), werde ich diese Frau möglicherweise anders wahrnehmen und mit ihren Werken anders umgehen als vorher (vgl. Schenk 2002, S. 34–39).

Die Kommunikationswissenschaft hat aus diesem Forschungsbereich vor allem die *Dissonanztheorie* aufgegriffen (Festinger 1957). Diese nimmt an, dass die Menschen ihr kognitives System (Einstellungen, Wissen, Überzeugungen) in einem Gleichgewichtszustand halten wollen. Zwei Überzeugungen, die sich widersprechen, die »dissonant« sind, stören dieses Gleichgewicht. Ein Raucher weiß normalerweise, dass er seiner Gesundheit schadet, und sucht folglich nach Ausweichstrategien: Er meidet Aufklärungsmaterial und sagt sich, dass er besser drauf ist als mancher Nichtraucher, dass jeder seine Laster hat und früher oder später sowieso alle sterben. Der gleiche Mechanismus läuft bei einer Fernsehzuschauerin ab, die bestimmte Formate eigentlich als oberflächlich ablehnt, gerade diese aber besonders häufig nutzt. Um die erlebte kognitive Dissonanz abzubauen, kann sie sowohl ihr Fernsehmenü ändern (eher unwahrscheinlich) als auch die hinderliche Einstellung ignorieren und sogar vergessen oder nach Einstellungen suchen, die besser »passen« (die Sendung ist wichtig, weil ich auf dem Laufenden sein muss, weil ich darüber mit meinen Kindern oder meinen Kollegen sprechen kann usw.). Das Streben nach Dissonanzvermeidung eignet sich besonders, die Auswahl von Medienangeboten und die Aufnahme neuer Informationen zu erklären.

Der Anspruch der verschiedenen *erregungstheoretischen Modelle* ist weit umfassender. Hier werden Handlungen damit begründet, dass Menschen bestimmte physiologische Erregungszustände (»arousal«) herbeiführen wollen, und zwar solche, die sie als angenehm erleben. Je nach Ausgangslage wird also versucht, das Erregungsniveau zu steigern, aufrechtzuerhalten oder zu senken. Als Optimum gilt ein Level, das zwischen einer zu hohen und einer zu niedrigen Erregung liegt. Der Soziologe Ludwig Neundörfer wies bereits in den 1950er Jahren darauf hin, dass der Mensch keine Untätigkeit vertrage und beschäftigt sein wolle. Vor allem nach der Arbeit, wenn viele zu müde seien, etwas zu unternehmen, sei deshalb die

Versuchung groß, sich von den Medien berieseln zu lassen (Neundörfer 1958). Die Psychologie hat *Neugier* längst als primäres (also angeborenes) Bedürfnis des Menschen akzeptiert. Versuche haben gezeigt, dass Reizarmut äußerst unangenehme Folgen hat. Personen, die mit Augenbinde und verbundenen Händen in einen schalldichten Raum gebracht wurden, bekamen große Angst und Halluzinationen und drängten trotz guter Bezahlung auf Abbruch des Experiments (Herkner 1992, S. 195f.).

Medienangebote als Futter für die menschliche Neugier? Welche *Reiz-Qualitäten* haben Nachrichtensendungen und Fernsehserien, Kuppelshows im Radio und Lokalseiten in der Presse? Die Motivationspsychologie hat Kriterien entwickelt, um den »Lust-Wert« von Objekten bestimmen zu können:

- Komplexität,
- Neuartigkeit,
- Konflikt,
- Überraschungswert,
- Mehrdeutigkeit/Ungewissheit (Berlyne 1974).

Diese Merkmale lösen beim Rezipienten Vergleichsreaktionen aus und damit Erregung. Je überraschender zum Beispiel eine Nachricht oder eine Filmhandlung sind, je unklarer ihre Deutung, je größer der Widerspruch zu dem, was das Gedächtnis gespeichert hat, desto größer (und möglicherweise zu groß) ist die Erregung beim Leser, Hörer oder Zuschauer. Deshalb verwundert es nicht, dass die Kriterien der Psychologie vielen der *Nachrichtenfaktoren* ähneln, die die Kommunikationsforschung aus Inhaltsanalysen und aus der Beobachtung von Journalisten gewonnen hat (Schulz 1976).

Den größten Lustgewinn ziehen die Beobachter aus Objekten mit mittlerem Erregungspotenzial. Was darunter liegt, was nicht komplex genug, nicht neu und überraschend genug ist, langweilt, und was darüber liegt, überfordert. Die Medienpsychologen Norbert Groeben und Peter Vorderer haben vorgeschlagen, diese *Neugiertheorie* durch den Begriff der »Unsicherheit« zu ergänzen. Da mit der Komplexität eines Gegenstandes auch die Unsicherheit beim Rezipienten steige, sei Neugier als »Streben nach Auflösung« zu verstehen. Der *Abbau von Unsicherheit* werde als Lust erlebt, wobei diejenigen Objekte ideal seien, bei denen dies gerade noch möglich ist. Es sei somit die Freude, etwas Schwieriges verstanden zu haben, die den Genuss bereite (Groeben/Vorderer 1988, S. 156–172). Was der einzelne auflösen kann, hängt von seiner Bildung und seinen geistigen Fähigkeiten ab, von seinen Erfahrungen und auch von der Tagesform. Wem Thomas Mann gefällt, der wird seine besten Stunden nicht für Rosamunde Pilcher opfern.

Die *Glücksforschung* beschreibt den gleichen Sachverhalt mit anderen Begriffen. Hier wird »das Neue« als Elixier für die Herausbildung des Individuums gesehen: etwas Neues tun, etwas Neues lesen, Kräfte entwickeln – all das mache glücklich und führe vielleicht sogar zum *flow*, zu jenem »befreienden Stromerlebnis«, bei dem der Mensch seine Einbindung in Ziele und Zwecke hinter sich lässt und sich selbst über einer Aufgabe vergisst (Bellebaum/Muth 1996; Czikszentmihalyi 2000).

Das *optimale Erregungsniveau* fällt nicht nur von Person zu Person unterschiedlich aus, sondern wird auch von der jeweiligen Situation beeinflusst. Hier bietet sich die Verbindung mit den Identitätstheorien an. Ob ein Medienangebot den Einzelnen erregt, hat sowohl mit der Qualität der parasozialen Beziehungen zu tun, mit der Möglichkeit, für die Medienfiguren zu hoffen und um ihr Schicksal zu bangen, als auch mit dem inhaltlichen Bezug zum eigenen Leben:

- Manche Themen begleiten den Menschen bis ins Grab (man denke nur an die Männer, die an der Ostfront waren, oder an die Generationen, die den 1989er Wende-Herbst erlebt haben),
- andere kommen plötzlich ins Blickfeld (etwa bei der Krebserkrankung eines nahestehenden Verwandten oder dem Arbeitsplatzwechsel des Ehepartners)
- und wieder andere sind an bestimmte Lebensabschnitte gebunden.

Eine Rentnerin werden Arbeitsmarktmeldungen bestenfalls noch mittelbar berühren, und warum soll sie sich Filme über Singapur ansehen, wenn sie keinen kennt, der je dort war, und die eigene Kraft für weite Reisen nicht mehr reicht?

Ein Persönlichkeitsmerkmal, das die Zuwendung zu Medienangeboten beeinflussen soll, ist das sogenannte *Sensation Seeking*. Damit ist die Tendenz gemeint, nach besonders starken Reizen und Erfahrungen zu suchen – auch in den Medien. Zu den Sensation-Seekern gehören vor allem Männer und jüngere Personen. Sie sind in der Lage, starke Reize wahrzunehmen und auszuhalten, und werden mit einem optimalen Erregungsniveau belohnt (Gleich u. a. 1998). Ähnlich versucht die *Erlebnisthese* zu begründen, warum Menschen (auch hier wieder vor allem jüngere, medienerfahrene) freiwillig Medienangebote nutzen, bei deren Rezeption sie starkem Stress ausgesetzt sind und wenigstens teilweise leiden. Action- und Gewaltangebote werden hier als Gelegenheit begriffen, intensive körperliche und emotionale Erfahrungen machen zu können, Erfahrungen, die im Alltag nicht oder kaum möglich sind (Vorderer 1997). Wenn man dem Soziologen Norbert Elias folgt und den »Prozess der Zivilisation« auch als Triebregulierung versteht (Elias 1997), bietet es sich geradezu an, in manchen Medienangeboten einen Ausgleich zu sehen für Triebe und Gefühle, die unterdrückt oder versteckt werden müssen.

Die *Mood-Management-Theorie* thematisiert dagegen den Einfluss der Situation. Die Grundannahme ist in den Titel eingeflossen: Menschen nutzen Medien, um ihre Stimmung (»mood«) zu manipulieren (»manage«). Auch wenn ihnen das nicht immer bewusst ist, wählen sie die Angebote aus, die sich positiv auf ihre Stimmung auswirken. Eine Studie von Holger Schramm lässt allerdings bezweifeln, dass Medien nur genutzt werden, um *positive* Stimmungen zu erzeugen. Schramm hat sich mit medienvermittelter Musik beschäftigt und gezeigt, dass vor allem Frauen auch in traurigen oder melancholischen Momenten Stücke aussuchen, die ihre momentane Stimmung stützen oder sogar verstärken (Schramm 2004). Den Zusammenhang zwischen Stimmung und Medienauswahl haben vor allem die US-amerikanischen Kommunikationswissenschaftler Dolf Zillmann und Jennings Bryant nachgewiesen. In einem ihrer Experimente haben sie die Versuchspersonen zunächst entweder in tödliche Langeweile (monotone Arbeit) oder in Stress versetzt (Examen unter Zeitdruck) und dann nach einer vorgetäuschten Panne allein in einem Fernsehraum gelassen. Die gelangweilten Probanden stürzten sich auf erregende Sendungen, die gestressten auf entspannende (Bryant/ Zillmann 1984). Andere Versuche untermauerten die Hypothese, dass Menschen intuitiv wissen, welche Medienangebote gut für sie sind. Kleine Jungen, die von ihrer Erzieherin feindselig behandelt worden waren, sahen so lange fern, bis sie ihr seelisches Gleichgewicht wiedergefunden hatten, und Frauen, die wegen Hormonschwankungen depressiv gestimmt waren, versuchten, ihren Gemütszustand mit Hilfe von Komödien zu verbessern (Zillmann 1994, S. 45–48).

Solche Ergebnisse sind natürlich nur im Labor möglich. Daheim hat das Kind vielleicht gar kein Fernsehgerät oder es darf sich um sein Meerschweinchen kümmern, und die Wünsche der schlecht gelaunten Frau konkurrieren mit denen ihres Mannes. Selbst wenn alle in der Familie die gleiche Stimmung nach Hause bringen, muss dies keine Auswirkung auf die Programmwahl haben. Zur Sandmannzeit wird der Sandmann gesehen, und ein Fußballfan wird sich von einer Augenblicks-Stimmung nicht aus dem Champions-League-Spiel oder aus dem ›Sportstudio‹ katapultieren lassen. So interessant und einleuchtend die verschiedenen theoretischen Hypothesen sein mögen, so sehr sie im Einzelfall helfen, die Bedürfnisse von Menschen zu verstehen und die Belohnungen, die sie aus bestimmten Handlungen ziehen, so bilden alle Ansätze doch jeweils nur einen kleinen Teil des Phänomens Mediennutzung ab. Peter Vorderer hat nach einem gemeinsamen Nenner gesucht und für die Rezeption von Fernsehfilmen zwei *zentrale Motive* ausgemacht: die Wünsche nach

- »Illusionierung« (oder nach Bruch mit der Alltagswelt) sowie nach
- kognitiven und emotionalen Effekten (Vorderer 1992, S. 115, 129–131).

Beide sind aber schon wieder so allgemein, dass sie alles und nichts erklären. Gehören nicht Fernsehapparat und Radiogerät, Tageszeitung und Zeitschriften für viele längst zum Alltag dazu und erzielt nicht die Hausfrau beim Bügeln und Wäscheaufhängen ebenfalls kognitive und emotionale Effekte? Kognitionen (Erkennen: Wahrnehmen, Denken, Vorstellen, Lernen, Urteilen) und Emotionen (Gefühle: Angst, Ekel, Freude, Liebe, Ärger, Wut) gelten neben dem Wollen als psychische Grundfunktionen der Persönlichkeit. Gefühle hängen eng mit dem bereits beschriebenen Phänomen der Erregung zusammen. Ein Reiz löst Erregung aus, diese wird bewertet und führt so zu einer Emotion (Otto u. a. 2000; vgl. auch Scherer 1984).

Um zu verstehen, welchen Stellenwert Medien im Leben der Menschen haben, darf man physiologische und psychologische Prozesse aber nicht isoliert vom Alltag betrachten. Wenn sich vieles auf menschliche Grundbedürfnisse zurückführen lässt, wie ist dann zu erklären, dass dem einen ein Boulevardblatt genügt, andere die ›Frankfurter Allgemeine‹ brauchen und einige auch ohne Zeitung glücklich sind? Reicht dazu der Verweis auf Unterschiede bei den »Ressourcen« und beim »Involvement« (Donnerstag 1996), bei der Fähigkeit, Medienangebote zu deuten, und bei der Bindung an das, was dort behandelt wird? Warum werden dann in Skandinavien pro Kopf der Bevölkerung fünfmal mehr Zeitungsexemplare bedruckt als in Italien, Spanien und Griechenland (Gustafsson/Weibull 1997, S. 255; Fröschl 2004)? Warum kommen in Norwegen auf 100 Einwohner mehr Fernsehgeräte als in den USA, obwohl der US-Bürger dreimal so lange fernsieht wie der Durchschnittsnorweger (Zillmann/Bryant 1998, S. 183–185)?

1.2 Kontextbezogene Ansätze

Es gibt eine ganze Reihe von Ansätzen, die Mediennutzung nicht nur über menschliche Grundbedürfnisse erklären wollen, sondern Medieninhalte und das soziale Umfeld berücksichtigen (Abbildung 5). Bei der Frage nach dem Durchschnittsnorweger helfen die meisten jedoch nicht weiter. Das hat mehrere Gründe: Zum einen ist es offenbar viel interessanter und bei Anträgen auf Fördergelder wahrscheinlich auch erfolgversprechender, nach den Folgen von Mediennutzung zu fragen als danach, warum sich jemand überhaupt vor den Fernsehapparat setzt oder nach der Zeitung greift. Viele Ansätze gehören deshalb eher in die Rubrik »Medienwirkungsforschung« (Bonfadelli 2004, 2000; Kunczik/Zipfel 2001, S. 285–420; Schenk 2002, Maletzke 1998, Merten 1999). Abbildung 5 kann das Spektrum keineswegs vollständig wiedergeben, sondern ist lediglich als Lese-Hilfe gedacht und beschränkt sich auf die Ansätze, die im Folgenden behandelt werden.

Viele dieser Modelle orientieren sich sehr stark an Einzelfällen. Dies ist auch als Reaktion auf den Uses-and-Gratifications-Approach zu verstehen und hat ebenso mit der Herkunft der Forscher zu tun wie mit den Zwängen des Wissenschaftsbetriebes. Ethnographische Analysen (Tiefeninterviews, Gruppengespräche, teilnehmende Beobachtung) sind billiger und einfacher zu organisieren als Repräsentativuntersuchungen. Die *Konzentration auf Einzelfälle* bringt es mit sich, dass sich die Analyse-Kategorien eher auf Personen beziehen als auf gesellschaftliche Strukturen.

Für die *Sozialisationsperspektive* gilt dieser Befund allerdings nur zum Teil. In diesem Forschungsbereich dominiert die Auffassung, dass die Persönlichkeit und damit möglicherweise auch die Mediennutzung besonders in den frühen Lebensphasen (Kindheit, Jugend) geprägt werden. Deshalb wird hier gefragt

- nach dem Einfluss der historischen Erfahrungen, die bestimmte Kohorten (benachbarte Geburtsjahrgänge) oder Generationen (Kohorten mit charakteristischen Verhaltensmustern) gemacht haben (etwa Kriege oder Wirtschaftskrisen, die sich auf die Einstellung zu Freizeit und Konsum auswirken können);
- nach der Medienumgebung, in der Kohorten bzw. Generationen aufgewachsen sind (wozu auch die nichtmediale und die symbolische Umwelt gehören);
- nach der Vorbildrolle der Eltern.

Dass sich Fernseh- und Lesegewohnheiten im Elternhaus herausbilden, ist von der empirischen Forschung mehrfach belegt worden. Wenn Vater und Mutter eine Tageszeitung abonniert haben, ist die Wahrscheinlichkeit sehr viel größer, dass auch der Nachwuchs eines Tages Kunde der Verlage wird (vgl. Noelle-Neumann/Schulz 1993). Ein »positives Leseklima« in der Familie wirkt sich dabei generell lesefördernd aus (vgl. Saxer u. a. 1989; Bonfadelli u. a. 1993). Die Annahme dagegen, dass die »Fernsehgeneration« (diejenigen, die mit diesem

Medium aufgewachsen sind) stärker zum Fernsehen neige als die älteren Jahrgänge und dafür die Tageszeitung vernachlässige, lässt sich nicht halten. Wolfram Peiser hat den Begriff »Fernsehgeneration« nach einer aufwändigen Sekundäranalyse der Langzeitstudie Massenkommunikation sogar als »irreführend« bezeichnet. Bei den entsprechenden Geburtsjahrgängen lasse sich weder eine höhere Nutzung noch eine stärkere Bindung an das Fernsehen feststellen. Im Gegenteil sei eher davon zu sprechen, dass sich die »jüngsten Kohorten von allen drei tagesaktuellen Medien« entfernen (Peiser 1996).

Abbildung 5

Kontextbezogene Ansätze zur Mediennutzung (Auswahl)	
Theoretischer Ansatz	**Untersuchungsgegenstände**
Lebensstil-Konzept (Rosengren)	Spielraum des Individuums bei der Gestaltung seines Lebens: strukturelle, positionelle und individuelle Merkmale und Bedingungen, die Mediennutzung bestimmen
Cultural Studies	Einbettung des Fernsehens in den Alltag: Lebenswelt der Rezipienten, Rezeptionskontext (medienkritische Perspektive)
Sozialisation	Prägung der Mediennutzung in Kindheit und Jugend
Medienbiographischer Ansatz	Subjektive Bedeutung von Medien im Lebenslauf
Strukturanalytische Rezeptionsforschung	Auswahl und Verarbeitung von Medianangeboten; sozialer Kontext; Medien und Lebensbewältigung
Praktischer Sinn des Mediengebrauchs (Ralph Weiß)	Transformation sozialer Strukturen in den subjektiven Sinn, den sich Zuschauer bei der Rezeption aneignen: Alltagsweltliche Orientierungen, Rezeptionsprozess

Der *medienbiographische Ansatz* ist in gewisser Weise eine Spielart der Sozialisationsperspektive, weil auch hier davon ausgegangen wird, dass sich die Mediennutzung eines Menschen nur erklären lässt, wenn man dessen Mediensozialisation kennt. Also wird danach gefragt, welche Rolle Medien bisher im Leben gespielt haben, wann welche Angebote zur Verfügung standen und wie sie genutzt wurden (Baacke u. a. 1990; Röttger 1994; Weiler 1998; Prommer 1999; Hackl 2001). Ganz abgesehen von den methodischen Problemen (man versuche nur, sich an seinen ersten Kinobesuch zu erinnern, die Gefühle von damals wachzurufen und dann eine Linie zu ziehen bis in die Gegenwart) bleibt die Frage nach dem Wert biographischer Erklärungsmuster. Kaufen die Norweger mehr Zeitungen als die Italiener, weil dies schon bei ihren Eltern so war? Birgt die Betrachtung von Einzelfällen nicht immer die Gefahr, strukturelle Ursachen (wie das Klima oder die Bevölkerungsdichte) aus dem Blick zu verlieren?

Die gleiche Frage stellt sich bei der *Strukturanalytischen Rezeptionsforschung*, obwohl der Titel auf den Versuch verweist, Einzelbeobachtungen durch sozialstrukturelle Überlegungen zu ergänzen. Das Modell wurde in Freiburg entwickelt und basiert auf Studien mit Kleinkindern. Das Hauptinteresse gilt hier dem »Rezeptionsprozess«: Wie werden Medienangebote ausgewählt, wie verarbeitet und angeeignet, und welchen Nutzen haben sie bei der Lebensbewältigung? Untersuchungsgegenstände sind folglich der »innere Dialog« beim Fernsehen und Gespräche über Fernsehthemen, die Struktur des Medienangebots und die Rezeptionssituation, der soziale Kontext (Familie, Freunde) und die jeweiligen Lebensthemen (Charlton/Neumann-Braun 1988; Charlton 1997). Die Beobachtungs-Ergebnisse bestätigen die oben vorgestellten Identitätstheorien (S. 26). Die Kinder haben sich solche Sendungen ausgesucht, die einen Bezug zu ihren Problemen hatten, sie wurden angeregt, über sich selbst nachzudenken, und konnten ihre Medienerfahrungen als Kommunikations-Rohstoff nutzen, wobei es gerade in Gruppen auch darum ging, sich über gemeinsame Werte zu verständigen.

Auch Ralph Weiß hat in seinen Arbeiten zum »*praktischen Sinn*« des Mediengebrauchs die Bewältigung des Alltags und den Rezeptionsprozess in den Mittelpunkt gestellt, zunächst allerdings beschränkt auf das Fernsehen (Weiß 2000, 2001). Wie die Strukturanalytische Rezeptionsforschung stellt Weiß »Denkwerkzeuge« zur Verfügung, die helfen können, die soziale Position der Akteure und ihre alltagspraktischen Orientierungen mit dem subjektiven Sinn zu verbinden, den die Zuschauer während der Rezeption »kreieren«. Weiß stützt sich dabei auf die Theorie des kommunikativen Handelns von Jürgen Habermas (1981) sowie die Konzepte »soziales Feld«, »Habitus« und »Kapital« von Pierre Bourdieu (1982, 1987). Hier ist nicht der Ort, diese Ansätze ausführlich vorzustellen. Für das Verständnis der theoretischen Konzeption von Ralph Weiß ist wichtig, dass er von Bourdieu zwei zentrale Gedanken übernimmt:

- einerseits den Zusammenhang von »sozialen Feldern« (Erwerbsleben, Politik/ Recht, Privatleben) und Handlungszielen. Während es im Erwerbsleben zum Beispiel um das Gehalt geht, werden im Privatbereich Liebe und Glück angestrebt. Das »soziale Feld« bestimmt folglich die Handlungsmuster und den Einsatz von Ressourcen.

- andererseits den Zusammenhang zwischen dem Lebensentwurf des Einzelnen und den subjektiv verfügbaren »Kapitalien«. Die ökonomischen, kulturellen und sozialen »Besitztümer« sind ungleich verteilt und bestimmen, welche Ziel wir überhaupt in Angriff nehmen können.

Weiß möchte auf diese Weise die Themen theoretisch bestimmen, die das Medienhandeln organisieren und inhaltlich prägen. Um die Tätigkeit »Fernsehen« verstehen zu können, unterscheidet Weiß dann noch »vier elementare subjektive Formen der Fernsehrezeption«:

- Anschauen und Einstimmen,
- Vorstellen und Fühlen,
- Entziffern und Genießen,
- Begreifen beim Anschauen.

Diese Kategorien sollen transparent machen, wie sich die Zuschauer »vergegenwärtigen, was sie aus dem Medientext (fühlend) aufnehmen«.

Dieser Teil seines theoretischen Konzepts verweist schon darauf, dass es Weiß vor allem um den Prozess der Rezeption geht und weniger um die Frage, warum ein Zuschauer überhaupt fernsieht. Genügt es, die Frage sei wiederholt und erweitert, den Lebenslauf, die aktuellen Probleme und die soziale Position einer Person oder einer Familie zu kennen, um ihr Kommunikationsverhalten zu erklären? Haben die Norweger andere Probleme als die Italiener? Warum hilft beiden ausgerechnet das Fernsehen bei der Bewältigung, und warum sind Filme und Serien aus den USA fast überall auf der Welt ein Erfolg? Muss hier am Ende ein menschliches Grundbedürfnis nach Werken aus Hollywood herhalten? Was haben die Menschen vor 100 Jahren gemacht, als es noch nicht einmal Hörfunk gab? Sind Online-Medien für andere Angebote eine Konkurrenz? Die Berechtigung der bisher vorgestellten Ansätze soll hier gar nicht in Frage gestellt werden. Sie wurden jeweils für andere Fragestellungen entwickelt und weisen außerdem darauf hin, dass Mediennutzung nicht zu verstehen ist ohne den Blick auf Traditionen und überlieferte Rezeptionsmuster, auf soziale Beziehungen und persönliche Problemlagen, auf den Alltag und historische Erfahrungen. Einzelbeobachtungen verstellen aber den Blick auf gesellschaftliche Ursachen und erlauben weder Prognosen noch die Erklärung geschichtlicher Veränderungen.

Auch die *Cultural Studies*, die sich zumindest teilweise als Antwort auf die Mängel des Uses-and-Gratifications-Ansatzes und der traditionellen Kommunikationsforschung überhaupt verstehen (Morley 1996, S. 39) und Medienanalyse als Gesellschaftsanalyse betreiben wollen, liefern für entsprechende Untersuchungen wenig Anhaltspunkte. Der Ansatz, der in den 1950er und 1960er Jahren am Centre for Contemporary Cultural Studies der Universität Birmingham entwickelt wurde, sperrt sich gegen eine griffige Zusammenfassung. Was unter der Überschrift »Cultural Studies« vor allem in Großbritannien und in den USA betrieben wird, ist so vielfältig, dass selbst ausgewiesene Vertreter eine Definition verweigern und darauf hinweisen, dass es sich nicht um eine Disziplin handelt, sondern eher um ein Forschungsfeld, auf dem verschiedene Theorien und Methoden zusammentreffen (Hepp 1998, S. 13f.; Hepp/Winter 1999, Krotz 1997, Winter 1997, Klaus 1997, Hepp 1999). Gegen diese Argumentation sprechen allerdings die Studiengänge, die unter dem Label »Cultural Studies« international eingerichtet werden (Göttlich/Winter 1999, S. 25).

Mindestens eine Gemeinsamkeit haben die Cultural Studies: einen weiten Kulturbegriff. Kultur ist hier »a whole way of life« (Williams 1971, S. 16) – die komplette Lebensführung, eine alltäglich vollzogene Praxis, zu der auch die Rezeption von Medien gehört und die nur zu begreifen ist, wenn man den Kontext betrachtet: andere Anwesende natürlich und andere Elemente der Lebensweise, den kulturellen Hintergrund, politische und sozialökonomische Strukturen, Machtbeziehungen. Das Schlagwort »a whole way of life« ist in erster Linie Gegenentwurf zu einem Kulturbegriff, der auf das Beste des je Gesagten und Gedachten abzielt, auf Beethoven, Goethe, Shakespeare. Hochkultur ist in den Cultural Studies nur ein Aspekt neben anderen – ein Aspekt, der nicht höher bewertet wird.

Die Formulierung »a whole way of life« ist auch innerhalb der Cultural Studies kritisiert worden. Raymond Williams hat seine Definition später neu formuliert und von Kultur als »Bedeutungssystem« (»realized signifying system«) gesprochen (Hepp 1999, S. 41). Heute wird Kultur in den Cultural Studies vor allem als fragmentierter und konflikthaltiger Prozess gesehen. *Kultur* kann dabei definiert werden als »Summe der Beschreibungen, mittels derer eine Gesellschaft gemeinsame Erfahrungen reflektiert und ihnen Sinn verleiht« (Hall 1999b, S. 116). Menschen leben in einer symbolischen Umwelt: Wir kommunizieren über Symbole (etwa Worte, Gesten, Töne), unser Wissen ist in Symbolen aufgehoben. Symbole haben dabei eine bestimmte Bedeutung und veranlassen uns zu bestimmten Hand-

Abbildung 6

Encoding-Decoding-Modell (Hall 1999a, S. 97)

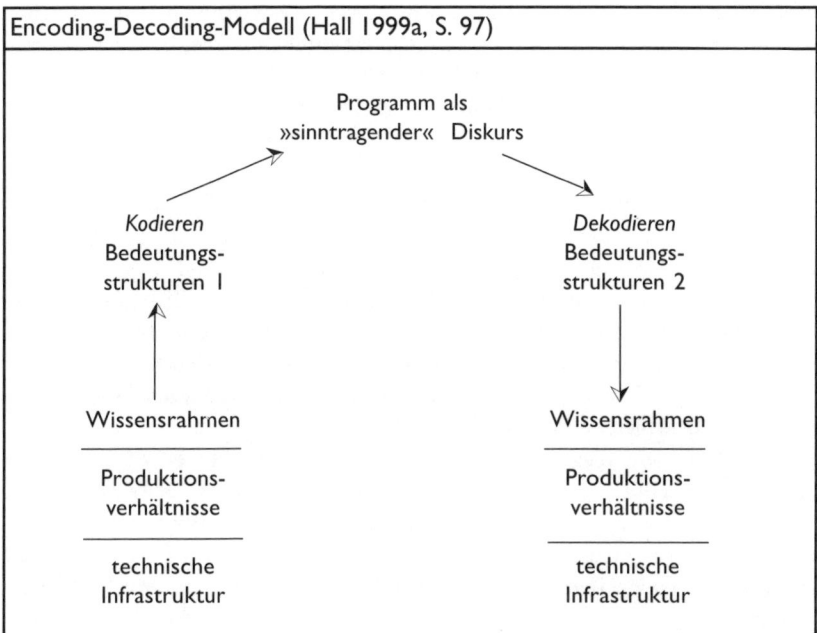

Programm als
»sinntragender« Diskurs

Kodieren
Bedeutungs-
strukturen 1

Dekodieren
Bedeutungs-
strukturen 2

Wissensrahmen

Produktions-
verhältnisse

technische
Infrastruktur

Wissensrahmen

Produktions-
verhältnisse

technische
Infrastruktur

Lesehilfe: Grundannahme des Modells ist, dass Kodieren und Dekodieren, die Produktion und die Nutzung von Texten, unabhängig voneinander stattfinden. Das Modell zeigt außerdem, dass sich die Cultural Studies dem Prozess der Massenkommunikation ganzheitlich nähern wollen. Herkömmliche Inhaltsanalysen werden abgelehnt: Man könne einen Text nicht objektiv auswerten, weil dieser erst bei der Interpretation entstehe: »texts are made by their readers«. Hall gesteht dem Leser bei der Bedeutungszuweisung allerdings keine völlige Autonomie zu, sondern geht davon aus, dass das Produkt einen gewissen Bedeutungsrahmen vorgibt.

lungsweisen. Die Cultural Studies fragen danach, wie diese Bedeutungen entstehen und wem sie nützen, warum sich bestimmte Praktiken durchsetzen und andere nicht. Der Ansatz wurzelt im marxistischen Gedankengut und hat folglich ein kritisches Gesellschaftsverständnis. Wer Cultural Studies betreibt, will immer auch eingreifen, Stellung beziehen. Dieses Wissenschaftsverständnis erschwert die Rezeption in der deutschen Kommunikationswissenschaft (Schwer 2004; Jäckel/Peter 1997).

Massenmedien müssen schon deshalb Gegenstand der Cultural Studies sein, weil hier Symbole zirkulieren und möglicherweise Bedeutungen festgeschrieben werden. Untersucht wird keineswegs nur das Publikum, sondern der gesamte Kommunikationsprozess von der Herstellung des »Textes« (oder des Medienangebots; die Cultural Studies kommen aus der Literaturwissenschaft) über dessen Bedeutung (macht der »Leser« den »Text« oder ist der Sinn vorherbestimmt?) bis zum »Leser«. Stuart Hall hat in seinem *Encoding-Decoding-Modell* (die theoretische Basis der Aneignungsforschung in den Cultural Studies) darauf aufmerksam gemacht, dass Menschen ein und dieselbe Medienbotschaft unterschiedlich deuten können (Abbildung 6). Bereits die Text-Produktion (»Encoding«) sei an ganz bestimmte Rahmenbedingungen gekoppelt, an das verfügbare Wissen und an Produktionsroutinen, an technische Voraussetzungen und an bestimmte Annahmen über das Publikum. Die Qualität einer Nachrichtensendung hängt auch von Kameras und Sendetechnik ab und davon, wie viele und welche Journalisten der Sender bezahlen kann und will, vom Sendetermin und von der Konkurrenz, von der Nachrichtenlage und vom Ziel. Wer politisch überzeugen will, macht andere Nachrichten als jemand, der nur verhindern möchte, dass die Jungen, Reichen und Schönen vor der nächsten Serienfolge wegzappen. Die Nutzung (»Decoding«) folgt dagegen anderen Regeln, da hier die Lebenswelt der Nutzer den Rahmen bildet. Idealtypisch hat Hall drei verschiedene *Lesarten* herausgearbeitet:

- die favorisierte Lesart (dominant hegemonic position): unreflektierte Übernahme der im Medientext angelegten hegemonialen Sichtweise;
- die ausgehandelte Lesart (negotiated position): teilweise Kritik des Medientextes; die hegemoniale Weltsicht wird im Prinzip akzeptiert, aber im Einzelfall unterlaufen;
- die oppositionelle Lesart (oppositional position): Zerpflücken und Umdeuten des Medientextes; Interpretation mit Bezug auf ein alternatives Referenzsystem.

Das Encoding-Decoding-Modell geht von einem engen Zusammenhang zwischen der sozialen Lage des Nutzers und der jeweiligen Lesart aus sowie davon, dass Texte grundsätzlich mehrdeutig sind (Polysemie). Die einen mögen in dem »Text« Bayern München die »schwarze Bestie« sehen, die anderen vielleicht ein erfolgreiches Geschäftsmodell oder den Heilsbringer des deutschen Fußballs. Die Freiheit des Lesers ist dabei nicht grenzenlos, sondern mindestens eingeschränkt durch den Text selbst. Werden Bedeutungen gegen die favorisierte Lesart konstruiert, dann erzeugt das Vergnügen (etwa bei den Anhängern von Real Madrid).

Während sich eine Forschungsrichtung im Rahmen der Cultural Studies mit den Lesarten beschäftigt, die in Medientexten angelegt sind (Text- und Diskursanalyse; vgl. Hepp 1999, S. 109–163), untersucht eine andere, wie das Publikum mit Erzeugnissen der Populärkultur und hier wiederum vor allem mit dem Fernsehen umgeht.

Bereits in der Einführung zu diesem Lehrbuch ist darauf hingewiesen worden, dass die Cultural Studies dieses »Sich-Zu-Eigen-Machen« von Medieninhalten mit dem Begriff *Aneignung* erfassen wollen. In den entsprechenden Studien wird immer wieder die »Produktivität« des Publikums herausgestellt, unsere Fähigkeit, aus dem Material, das uns die Medien liefern, eigene Bedeutungen herzustellen (vgl. Hepp 1999, S. 164–253). Damit dies nicht abstrakt bleibt, seien drei dieser Studien exemplarisch skizziert:

- »*Television, Ethnicity and Cultural Change*« *von Marie Gillespie (1995).* Hier ging es um indische Jugendliche in England und die Frage, welche Rolle das Fernsehen im Leben dieser Migranten spielt. Auf der Basis von schriftlichen Befragungen, qualitativen Interviews, Gruppendiskussionen und Beobachtungen stellte Gillespie fest, dass das Medium nicht nur Einblick gibt in den britischen Alltag und in die dortige Jugendkultur, sondern zugleich die Verbindung zur Ursprungskultur aufrecht erhält. Der »TV-Talk«, das Gespräch über das Fernsehen, hilft den Jugendlichen, sich über die eigene Identität zu verständigen.
- »*Reading the Romance*« *von Janice Radway (1987).* Untersuchungsobjekt waren hier Leserinnen, die sich ihre Liebesromane in einem ganz bestimmten Buchladen kaufen. Für solche »virtuellen« Gruppen, die bestimmte Formen des Umgangs mit Medienprodukten teilen, führte Radway den Begriff *Interpretationsgemeinschaft* ein. Das Ergebnis nach Gruppendiskussionen und Befragungen der Verkäuferin und ihrer Kundinnen: Einerseits sind die Liebesgeschichten Opposition (gegen das Ausgegrenztsein als Hausfrau) und Alltagsflucht (weg aus der Fremdbestimmung hin zu einem Freiraum, der emotionale Selbstbestätigung verspricht), andererseits aber erzeugt das Lesen Schuldgefühle (Zeit- und Geldverschwendung). Die »Opposition« ist außerdem nicht ganz wörtlich zu nehmen, da die Romaninhalte eher die patriarchalischen Strukturen spiegeln.
- »*Das Gefühl Dallas*« *von Ien Ang (1986).* Ang wertete Zuschauerbriefe aus und begründete das Vergnügen, das ›Dallas‹ bereitet, anschließend mit dem »emo-

tionalen Realismus« der Serie. Die Briefeschreiber würden ›Dallas‹ vor allem deshalb »realistisch« finden, weil sie die dargestellten Gefühle und Situationen kennen: »Streit, Intrigen, Probleme, Glück und Unglück«. Es gehe den Zuschauern also nicht um Eskapismus, sondern darum, sich in einer Phantasiewelt mit dem eigenen Leben auseinander zu setzen.

Die Parallelen zu vielen der Ansätze, die unter der Überschrift »Motivationale Konzepte« im ersten Teil dieses Kapitels vorgestellt wurden, liegen auf der Hand. Auch wenn die drei Beispiele das Spektrum der Aneignungsstudien innerhalb der Cultural Studies nicht einmal ansatzweise umreißen können: Den Anspruch »Gesellschaftsanalyse« setzen die meisten Untersuchungen nicht um. Es wurde bereits angedeutet, dass die Cultural Studies den Kontext-Begriff nicht auf die Makro-Ebene beschränken, auf das Kulturelle und Ökonomische, das Politische und Soziale der Gesellschaft. Gefragt wird vielmehr nach der Einbettung des Fernsehens in den Alltag, nach dem Einfluss von sozialer Umgebung und Rezeptionskontext. Typische Analyseeinheit ist deshalb der Haushalt. Mit ethnographischen Methoden wird untersucht, was die Rezipienten mit den Medienbotschaften machen. Vielleicht lässt sich dieses Herangehen an einem weiteren Beispiel verdeutlichen.

- *Fernsehaneignung und Alltagsgespräche von Andreas Hepp (1998).* Hepp hat in einigen Wohnungen Videokameras installiert, damit aufgenommen, welche Sendungen die Leute gesehen und was sie dabei gesagt haben, und die 150 Band-Stunden dann in einer Dissertation ausgewertet. Hepps Ergebnisse: Das Gespräch sei eine Art »Katalysator« bei der Fernsehaneignung. Es helfe, das Gesehene in der Alltagswelt zu lokalisieren. Der »Fernsehtext« biete ständig neue Themen (auch Anlässe zum Lästern) und öffne zudem Raum für Erinnerungen. Bei einem Dokumentarfilm über das DDR-Auto »Trabant« spricht ein junger Mann über Ost-Reisen in seiner Kindheit, Harald Schmidt regt drei Frauen dazu an, über ihren Traum-Mann nachzudenken, und vier Kinder amüsieren sich über Pippi Langstrumpfs Schuhe und machen aus ihr eine »Pippi Schlappfuß«.

Welcher Aufwand hinter einer solchen Analyse steckt, ahnt jeder, der schon einmal ein einfaches Tonbandinterview »abschreiben« musste. Ob sich die Arbeit aber lohnt? Verzerrt nicht bereits das Wissen um die Kamera die Resultate? Die meisten von Hepps Zuschauern waren Ende 20 und haben zusammen ferngesehen. Ist das der Alltag? Der Leser erfährt nicht, wie viel diese Leute verdienen und wie groß ihre Wohnungen sind, welche Medien sie außerdem nutzen und was sie sonst in ihrer Freizeit machen. Und vor allem: Was ist mit den anderen, mit den Arbeitslosen, den Alleinstehenden, den Rentnern? Einige Cultural-Studies-Forscher lehnen Verallgemeinerungen ebenso ausdrücklich ab wie eine Orientierung an Qualitätskriterien des Kritischen Rationalismus (Gültigkeit, Zuverlässigkeit, Repräsentativität) und sehen sich nicht als neutrale Beobachter, sondern als Kritiker der bestehenden sozialen Ordnung (Ang 1990, S. 240). Die Kommunikationswissenschaftler Michael Jäckel und Jochen Peter haben auf diese explizite politische Ausrichtung und das Beharren auf Einzelfallstudien verwiesen und bezweifelt, dass sich Cultural Studies und traditionelle Kommunikationsforschung gegenseitig befruchten könnten (Jäckel/Peter 1997).

Vielleicht ist die Konzentration auf den Einzelfall auch eine Flucht vor der Komplexität des Gegenstandes. Die Cultural Studies wollen den Kommunikationsprozess ganzheitlich betrachten und Medienanalyse in eine Gesellschaftstheorie einbetten. Sie verweisen auf das Medienangebot und die dort eingeschriebenen Bedeutungen, auf den Alltag und das Umfeld, in dem Medien genutzt werden, sowie auf soziale Unterschiede und stellen auch noch die Machtfrage. Welcher Forscher wäre nicht überfordert, wenn er »alles« untersuchen soll? Um nicht in der Faktenfülle zu ertrinken, ist ein theoretischer Bezugsrahmen nötig. Der »weite« Kulturbegriff allein liefert noch keine Auswahlkriterien für die Analyse.

Mehr Erfolg verspricht hier das *Lebensstil-Konzept*. Das mag auf den ersten Blick paradox klingen, da die Forschung, die sich mit Lebensstilen beschäftigt, normalerweise die Rolle des Individuums gegenüber den gesellschaftlichen Bedingungen herausstreicht und daher eher zum Trend der individuellen Mediennutzungsforschung passt. Der Begriff des Lebensstils, der seine Wurzeln in der klassischen Sozialwissenschaft hat (Thorstein Veblen, Georg Simmel, Max Weber), wurde in den 1960er Jahren wiederbelebt, um Umfrage-Ergebnisse besser strukturieren und so das Kaufverhalten genauer vorhersagen zu können. Offenbar genügten die traditionellen Merkmale sozialer Ungleichheit wie Einkommen, Berufs-Status, Bildung, Geschlecht, Alter und Wohnortgröße nicht mehr. Die Marktforschung definiert Lebensstil häufig einfach als Verhaltensmuster im Konsum- und Freizeitbereich und übersetzt den Begriff manchmal auch in »soziales Milieu«. Einem solchen Milieu werden die Menschen nach ihren Aktivitäten, Werten oder Einstellungen zugeordnet. Die entsprechenden Typologien sind ebenso bekannt wie die Versuche, möglichst griffige Bezeichnungen zu finden. Da steht der »Junge Wilde« dem »Häuslichen« gegenüber, der »Sachbearbeiter« aus dem Harmonie- dem »Studenten« aus dem Selbstverwirklichungsmilieu und der

»flexible Privatfunk-Nutzer« dem »Medien- und Kulturvermeider« (Weiß 1996). Schon diese Namens-Vielfalt lässt das Problem ahnen: Was taugen solche Typologien? Die Forscher gehen immer auf die gleiche Weise vor. Sie erheben eine möglichst große Datenmenge (und fragen dabei oft auch nach Mediennutzung und Medieninteresse) und vertrauen dann darauf, dass der Computer eine Ordnung findet. Die Ergebnisse von Cluster- und Faktorenanalysen hängen aber stark von den jeweiligen Vorgaben ab. Die Typologien sind deshalb Modell-konstruktionen und keine Abbilder der Wirklichkeit (Krotz 1991, S. 321f.). Das weiß auch die Konsumentenforschung, die längst herausgefunden hat, dass sich ein Drittel der Menschen und mehr anders verhalten als der »Typ«, zu dem sie eigentlich gehören (Gleich 1996, S. 603).

Der schwedische Kommunikationswissenschaftler Karl Erik Rosengren hat das Konzept des Lebensstils modifiziert und darauf hingewiesen, dass alle Handlungen, und damit auch die Nutzung von Medienangeboten, durch strukturelle, positionelle und individuelle Merkmale und Bedingungen determiniert seien. Das Modell in Abbildung 7 zeigt diese Zusammenhänge und verdeutlicht zugleich die überragende Bedeutung struktureller Faktoren, die nicht nur alle Handlungsmuster mitbestimmen, sondern zugleich auch in positionelle und individuelle Merkmale einfließen.

Abbildung 7

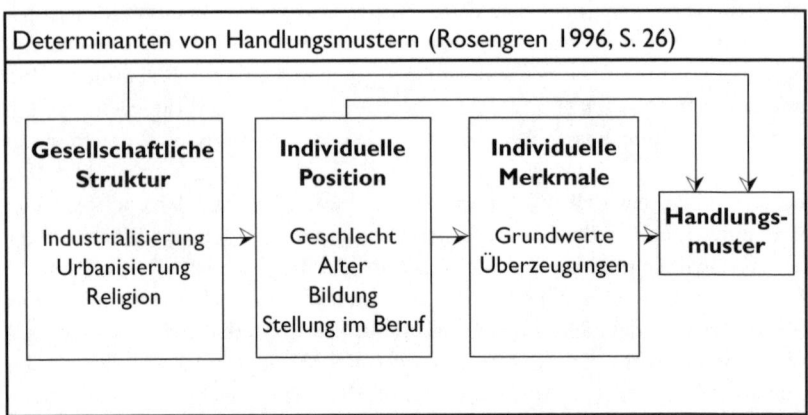

Determinanten von Handlungsmustern (Rosengren 1996, S. 26)

Rosengren hat drei Typen von Handlungsmustern unterschieden. Im Modell erscheinen seine Begriffe Lebensformen, Lebensweisen und Lebensstile allerdings lediglich indirekt (in Form von Pfeilen, die auf das Feld »Handlungsmuster« zeigen).

- *Lebensformen* sind dabei Handlungsmuster, die strukturell bestimmt sind – Handlungsmuster, die Menschen, die in Industriegesellschaften leben, von denen in Agrargesellschaften unterscheiden, Großstadt- von Dorfbewohnern und muslimische Länder von der westlichen Welt.
- Der Begriff *Lebensweise* zielt dagegen auf die Position des Menschen, auf Geschlecht, Schicht, Alter und Bildung. Der Hochschullehrer abonniert andere Zeitungen als der Fernfahrer (oder würde es zumindest gern, wenn er denn Zeit zum Lesen hätte), und ein 17-Jähriger, der auf ganz verschiedenen Gebieten noch auf der Suche ist, hat andere Bedürfnisse als ein 70-Jähriger, der kein Wissen mehr akkumulieren muss und den niemand mehr fragt, welche Bücher er gerade liest.
- Als *Lebensstile* bezeichnete Rosengren dagegen die Handlungsmuster, die individuell bestimmt sind und nicht von der gesellschaftlichen Struktur und von der Position, die der Mensch gerade besetzt – Handlungsmuster, die der Einzelne mehr oder weniger bewusst selbst gestaltet und bei denen er seinen Werten und Überzeugungen folgt.

Natürlich gibt es weder Lebensformen noch Lebensweisen oder Lebensstile in Reinkultur. Alltagshandeln ist vielmehr immer eine Mischung aus allen drei Arten von Handlungsmustern. Rosengren hat deshalb davor gewarnt, den hier definierten »Lebensstil« mit Lebensmustern einzelner Menschen zu verwechseln. Der persönliche Lebensstil sei etwas ganz anderes.

Karl Erik Rosengren meinte, sein Modell sei vor allem dafür geeignet, den Einfluss individueller Merkmale zu messen und die Frage zu beantworten, welchen Spielraum der Mensch bei der Gestaltung seines Lebens habe. Wie wirkt sich beispielsweise der Wert »Sicherheit in der Familie« auf den Musikgeschmack aus – wie stark im Vergleich mit positionellen Merkmalen (Geschlecht, Schicht, Bildung), wie stark im Vergleich mit strukturellen Merkmalen (Leben in der Großstadt etwa).

Hier wird der Ansatz aus einem anderen Grund erwähnt: Er gibt Hinweise auf *Determinanten der Mediennutzung*. Das Wort »Hinweise« ist mit Bedacht gewählt. Es ist zwar einleuchtend, dass strukturelle und positionelle Merkmale und Bedingungen alle Handlungen mitbestimmen, die Skala der möglichen Faktoren aber scheint nach oben offen zu sein und mit einer gewissen Beliebigkeit zu füllen. Rosengren selbst hat die positionellen Merkmale Alter, Geschlecht, Bildung und

Stellung im Beruf genannt. Wie sieht es mit dem Einkommen aus, wie mit Zahl und Alter der Kinder sowie mit der Familiengröße? Ist nicht der Begriff »Lebensphase« viel besser als »Alter« (Jeanes 2000)? In einem Vier-Personen-Haushalt mit zwei Kleinkindern läuft der Alltag ganz anders als bei einem Single. Muss sich dies nicht auch auf die Mediennutzung auswirken? Bei den strukturellen Determinanten ist Rosengren noch allgemeiner geblieben und hat nur drei Bereiche aufgezählt: den Grad der Industrialisierung, die Urbanisierung und die Religion. Deckt dies die gesamte Bandbreite ab? Welche Rolle spielen Traditionen (beim Thema Mediennutzung auch überlieferte Rezeptionsmuster), welche das politische System und das Medienangebot und welche das Klima, die Geographie und die Bevölkerungsdichte? Um die Komplexität des Problems zu verdeutlichen, seien *drei Beispiele* angeführt:

1. Die schwedischen Kommunikationswissenschaftler *Karl Erik Gustafsson und Lennart Weibull* haben sich mit den Unterschieden bei der Verbreitung der Tagespresse in Europa beschäftigt und zahlreiche Faktoren herausgearbeitet, die die Zeitungsdichte (die Zahl der Exemplare pro Kopf) beeinflussen:

- das Bruttosozialprodukt,
- die Existenz eines nationalen Pressezentrums und die Struktur der Presselandschaft überhaupt (Hauptstadtpresse versus Lokal- und Regionalpresse, Anzeigenblätter),
- das Klima, kulturelle Traditionen und soziale Netzwerke (in Südeuropa ist es wärmer, die Menschen sind mehr auf der Straße, und vielleicht erfüllen dort Familie und Clique Funktionen, die in anderen Ländern die Presse übernimmt),
- die Stärke der Parteien und des politischen Systems sowie
- die Strategien der nationalen Zeitungsindustrie (Gustafsson/Weibull 1997).

2. *Albrecht Hohenadl* hat auf der Basis von Rosengrens Lebensstil-Modell nach strukturellen Ursachen für die hohe Zeitungsdichte in Japan gesucht. 2001 kamen dort 664 Exemplare auf 1.000 Einwohner – fast doppelt so viele wie in Deutschland (2001: 371 Exemplare auf 1.000 Einwohner). Neben den von Rosengren sowie von Gustafsson und Weibull genannten Faktoren überprüfte Hohenadl weitere mögliche Gründe, vor allem aus der Rubrik »soziokulturelle Besonderheiten«:

- *Streben nach Harmonie und Konformität.* Die starke Gruppenorientierung der Japaner fordert zum einen, Bescheid zu wissen (Gesprächsthemen, Angst vor Isolierung). Zum anderen ist der Zwang zu etikettierter Kommunikation (Höflichkeit, Senioritätsprinzip) anstrengend und fördert das Bedürfnis nach »Auszeiten«. Neben Hotelbars mit Spielautomaten können Zeitungen diesen Wunsch erfüllen – den Kopf hinter einem Blatt verstecken und sich ein paar Minuten von den anderen abschotten.

• *Hohes Informationsbedürfnis.* Hohenadl begründet diesen Punkt mit der Zahl der Naturkatastrophen in Japan sowie mit der kompletten Umstellung des politischen und gesellschaftlichen Systems während der Meiji-Restauration (1868 bis 1912). Nach 250 Jahren Feudalherrschaft habe sich ein Bauernvolk in relativ kurzer Zeit an die Normen westlicher Industrienationen anpassen müssen. Die nötigen Informationen habe die Presse geliefert, auch weil sie von der Politik dabei unterstützt worden sei.

• *Direktvertriebssystem.* Japanische Zusteller konkurrieren untereinander um Abonnenten. Dies führt zu aggressivem Werbeverhalten, Beflissenheit gegenüber den Kunden und teuren Geschenken für neue Leser. Kein Japaner kann den Vertriebsleuten entkommen (Hohenadl 2004).

3. *Petra Fröschl* hat nach den Ursachen für die niedrige Zeitungsdichte in Spanien gefragt (1998: 110 Exemplare auf 1.000 Einwohner) und hier vor allem auf die Analphabetenrate, die Politikverdrossenheit, das Fehlen einer Lesetradition und die ausgeprägte Gesprächskultur der Spanier hingewiesen (Fröschl 2004).

Die drei Aufzählungen zeigen, dass hinter dem Lebensstil-Modell von Karl Erik Rosengren ein ähnliches Problem steht wie hinter den Arbeiten aus der Uses-and-Gratifications-Tradition. Dort wird nach Bedürfnissen gesucht, hier nach strukturellen und positionellen Determinanten, in beiden Fällen aber fehlt eine Theorie für die Zusammenhänge zwischen Massenkommunikation und Gesellschaft.

1.3 Determinanten der Mediennutzung

Ganz so trostlos wie beim berühmten Stochern im Nebel ist die Lage natürlich nicht. Was immer man am Uses-and-Gratifications-Approach kritisieren mag, wenigstens ein Pfeiler scheint nicht zu erschüttern. Mediennutzung muss irgendeinen Nutzen haben, auch wenn uns dieser nicht immer bewusst ist und vielleicht nur darin besteht, den Tagesablauf zu strukturieren oder eine Geräuschkulisse zu haben. Egal warum wir Fernsehgerät oder Radio einschalten, zur Zeitung, zur Zeitschrift oder zum Buch greifen, ins Kino, Konzert oder Theater gehen, ob wir Informationen suchen oder ein bisschen Ruhe, ob wir es tun, weil wir es immer tun oder nur, weil es andere auch machen, ob wir ein paar Minuten überbrücken wollen oder einen »Begleiter« für den ganzen Abend brauchen, ob es um die Freude am Leid anderer geht oder um Gesprächsstoff für den nächsten Tag im Büro – entscheidend sind die Erfordernisse, die sich aus unserer sozialen und psychologischen Situation ergeben.

Hier bietet sich die Verbindung der verschiedenen (sozial-)psychologischen Hypothesen zum menschlichen Handeln von den Erregungs- über die Identitätstheorien bis hin zu Eskapismus und kommunikativem Vergnügen mit Rosengrens Lebensstil-Konzept und den Grundannahmen der Cultural Studies geradezu an. Die Cultural Studies haben gezeigt, dass sich Mediennutzung nicht losgelöst vom Medienangebot betrachten lässt und vor allem nicht losgelöst vom Alltag der Menschen, von einem Alltag, der entscheidend durch positionelle und strukturelle Merkmale und Bedingungen bestimmt wird. Von den Faktoren, die Rosengren genannt hat (Alter, Geschlecht, Bildung, Stellung im Beruf, Industrialisierung, Urbanisierung), ist leicht auf weitere zu schließen: auf die Arbeitsbedingungen, auf das Zeitbudget, auf das Einkommen – auf Faktoren, die bereits in Untersuchungen aus der ersten Hälfte des 20. Jahrhunderts als entscheidend für den Zugang zu den Medien und für deren Nutzung herausgestellt wurden (Kutsch 1996; vgl. auch Bruck/Stocker 1996, S. 296).

Der Uses-and-Gratifications-Approach geht davon aus, dass Medien nicht nur untereinander konkurrieren, sondern auch mit anderen Quellen der Bedürfnisbefriedigung. Welche der Alternativen sich durchsetzt, hängt sowohl von den jeweiligen Kosten ab (wobei dieser Begriff nicht nur den Preis meint, sondern auch das, was man in der Zeit sonst hätte erledigen können, oder das Ansehen, das man verliert, wenn man beispielsweise in bestimmte Filme geht) als auch davon, wie viel Zeit, Geld und Kraft die Menschen haben und welche Angebote überhaupt zur Verfügung stehen. Wenn kein Kino und keine Bibliothek in der Nähe sind, machen die Leute eben etwas anderes, wenn ihre Wohnung zu klein ist und die Brieftasche leer, kommt nicht so oft Besuch, und wo schon der Sommer nicht nur warme Tage hat, werden abends weniger Menschen unterwegs sein als am Mittelmeer.

Der Politikwissenschaftler Max Kaase und der Kommunikationswissenschaftler Wolfgang R. Langenbucher haben vermutet, dass die Zusammenführung von Medien- und Freizeitdaten weitreichende Aufschlüsse über die Bedeutung der Medien erbringen könnte (Kaase/Langenbucher 1987, S. 22). Der *Freizeitbegriff* ist allerdings umstritten. Was ist »Freizeit«? Das, was vom Tag übrig bleibt, wenn man Schlafen, Essen, Waschen und Arbeiten abzieht? Wann haben Rentner Freizeit, wann Hausfrauen und Schulkinder, wann Freiberufler und Studenten?

Abbildung 8

Mediennutzung: Einflussfaktoren		
Strukturelle Merkmale	**Positionelle Merkmale**	**Individuelle und soziale Merkmale**
▪ Industrialisierung, Urbanisierung, Religion	▪ Einkommen	▪ Menschliche Grundbedürfnisse
▪ Arbeits- und Lebensbedingungen	▪ Zeitbudget	▪ Psychologische Struktur
▪ Traditionen (auch überlieferte Nutzungsmuster)	▪ Tagesablauf	▪ Persönliche Lebensgeschichte
▪ Medienangebot	▪ Stellung im Beruf	▪ Medienerfahrungen
▪ Freizeitalternativen	▪ Bildung	▪ Familie, Freunde, Netzwerke
▪ Klima	▪ Alter	▪ Rezeptionssituation
▪ Politisches System: Rechtsnormen	▪ Geschlecht	▪ Einstellungen, Werte, Überzeugungen

Der Soziologe Erwin K. Scheuch sah als Freizeit »die Tätigkeiten, die sich nicht notwendig aus den funktionalen Rollen ergeben« (Scheuch 1972, S. 31). Andere haben von »beliebig gestaltbarer Zeit« gesprochen (Spellerberg 1994, S. 35). Gibt es das überhaupt? Ist nicht auch die Gestaltung der Freizeit immer in den gesellschaftlichen Kontext eingebunden? Der Soziologe Helmut Giegler hat unter anderem auf materielle Voraussetzungen hingewiesen (Geld, Zeit, Wohnverhältnisse, Freizeiteinrichtungen und Wege), auf die physische und psychische Konstitution sowie auf überlieferte Verhaltensmuster (Giegler 1982; vgl. auch Giegler/Wenger 2003). Der DDR-Freizeitforscher Helmut Hanke meinte, dass zum Freizeitbegriff auch ein subjektives Moment gehöre. Schließlich könne jeder etwas anderes als anregend, bildend und erholsam betrachten. Kindererziehung, Garten- und Hausarbeit sehe der eine als notwendiges Übel, der andere aber als Spaß und deshalb nicht ohne weiteres als Verlust an Freizeit. Viele Tätigkeiten seien außerdem derart eng mit dem Familienleben verknüpft, dass eine Unterscheidung kaum möglich wäre (Hanke 1979). Die Kommunikationswissenschaftlerin Irene Neverla hat deshalb vorgeschlagen, ganz auf den Freizeitbegriff zu verzichten. Wer die Alltagsorganisation betrachte, solle lieber davon sprechen, dass Mediennutzung »in der Zeit« stattfinde (was schon deshalb richtig ist, weil auch auf Baustellen und in Büros Radio gehört wird), und den Kontext dieser »Zeit« näher definieren und untersuchen (Neverla 1992b, S. 35–38). In eine solche Analyse müssen gesellschaftliche Bedingungen ebenso einfließen wie individuelle und soziale Merkmale. Der Versuch, diese Faktoren zu systematisieren (Abbildung 8), ist natürlich problematisch. Zum einen kann man sich über die Zuordnung in die Rubriken und über einzelne Bezeichnungen streiten (die Grenzen zwischen positionellen und individuellen Merkmalen sind, um nur ein Beispiel zu nennen, oft fließend), zum anderen verschleiert die Tabellenform die Zusammenhänge zwischen den Merkmalen. Das Zeitbudget etwa wird von Wirtschaft und Politik beeinflusst, von der Infrastruktur sowie den Arbeits- und Lebensbedingungen. Dass die Bürger der DDR bis zum Ende des Staates weniger freie Zeit hatten als die Bundesdeutschen, lag am Produktivitätsrückstand (weshalb länger gearbeitet wurde) und am schlechten Verkehrsnetz (was die Wegezeiten verlängerte), am allgemeinen Mangel (niemand hat die Stunden gezählt, in denen die Leute nach irgendwelchen Waren liefen oder in denen sie jemanden suchten, der etwas reparieren konnte) und manchmal auch an politischen Pflichten. All dies hat mit Sicherheit nicht nur Lebensläufe und Medienerfahrungen geprägt, sondern auch die psychologische Struktur und damit die Erwartungen an die Medien (vgl. Meyen 2003). Ähnlich ließen sich die Zusammenhänge zwischen anderen Merkmalen beschreiben. In Abbildung 8 wurde aus zwei Gründen auf die entsprechenden Pfeile verzichtet: Ein Gewirr von Pfeilen und Linien behindert eher das Verständnis, und über die grundlegenden Beziehungen gibt das Handlungsmodell von Karl Erik Rosengren Aufschluss.

Fragen und Aufgaben

I. Beschreiben Sie die Unterschiede zwischen Handlungs- und Verhaltenstheorien! In der Kommunikationswissenschaft sind beide Ansätze zu finden. Welche Folgen hat die Theorie-Entscheidung für die Forschungsperspektive?

2 Definieren Sie die Begriffe: Bedürfnis, Motiv, Gratifikation, Emotion, Einstellung!

3. Auf welchen Annahmen beruht der Uses-and-Gratifications-Approach? Versuchen Sie, die Stichhaltigkeit der Kritik an diesem Ansatz zu beurteilen!

4. Mancher gestandene Marktforscher hat bei der Gestaltung und Auswertung von Umfragen zur Mediennutzung Schiffbruch erlitten. Welche Gründe kann es dafür geben?

5. Die US-Medienwissenschaftlerinnen Marie-Louise Mares und Joanne Cantor haben festgestellt, dass ältere, einsame Menschen Fernsehbeiträge über Personen bevorzugen, denen es noch schlechter geht, und dies als Bestätigung der Theorie sozialer Vergleichsprozesse gewertet (Mares/Cantor 1992). Wie lässt sich dieser Befund mit der Mood-Management-These vereinbaren?

6. Beschreiben Sie den Zusammenhang zwischen Mediennutzung und physiologischer Erregung!

7. Welche Gemeinsamkeiten haben Cultural Studies, Sozialisationsperspektive, medienbiographischer Ansatz und »strukturanalytische Rezeptionsforschung«, und welche Unterschiede gibt es?

8. Welche Argumente sprechen für ethnographische Analysen, welche dagegen? Versuchen Sie, »Pro« und »Contra« gegenüberzustellen!

9. Karl Erik Rosengren hat von Mediennutzungs-Studien verlangt, Repräsentativumfragen auf Bevölkerungsebene mit qualitativen Analysen auf individueller Ebene zusammenzuführen. Begründen Sie dies mit Hilfe von Rosengrens Lebensstil-Modell! Was muss diese Muster-Untersuchung alles berücksichtigen, wenn sie die Befunde erklären will?

Literaturhinweise

Peter Vorderer:
Fernsehen als Handlung
Fernsehfilmrezeption aus motivationspsychologischer Perspektive
Berlin 1992
Warum nutzen Menschen bestimmte Medienangebote, warum brechen manche die Nutzung ab, während andere dabeibleiben? Der Autor versucht, diese Fragen am Beispiel des Fernsehfilms zu beantworten. Der Leser findet unter anderem eine ausführliche Diskussion des Uses-and-Gratifications-Ansatzes. Außerdem leitet Vorderer aus psychologischen Modellen Rezeptionsmotive ab (Illusionierung, Wunsch nach kognitiven und emotionalen Effekten).

Waltraud Cornelißen:
Fernsehgebrauch und Geschlecht
Zur Rolle des Fernsehens im Alltag von Frauen und Männern
Opladen 1998
Cornelißen geht davon aus, dass Fernsehen nur zu verstehen sei, wenn man den sozialen Kontext berücksichtigt, und fragt dann nach dem Einfluss des Geschlechts: Dieses strukturiere die Gesellschaft und wirke sich vermutlich auch auf die Mediennutzung aus. Hier wird das Buch vor allem deshalb empfohlen, weil die Autorin ausführlich prüft, welche Kommunikationsmodelle sich für ihr Thema eignen, und dabei alle gängigen Ansätze und die entsprechende Literatur zusammenfasst. Darüber hinaus geht es um das Thema »Frauen und Medien«.

Uwe Hasebrink, Friedrich Krotz (Hrsg.):
Die Zuschauer als Fernsehregisseure?
Zum Verständnis individueller Nutzungs- und Rezeptionsmuster
Baden-Baden, Hamburg 1996
Der Band entstand auf der Basis eines Symposiums des Hamburger Hans-Bredow-Instituts, das im Herbst 1992 Vertreter verschiedener theoretischer Traditionen zusammenbrachte. Vor allem der erste Teil der Vorträge eignet sich, die in diesem Kapitel behandelten Themen zu vertiefen: Uses-and-Gratifications-Approach und Lebensstilforschung (Karl Erik Rosengren), das Publikumsbild der Cultural Studies (David Morley), Traditionen der Publikumsforschung und Handlungstheorie (Michael Charlton). Außerdem enthält der Band Beiträge zur Fernsehnutzung (Wer sieht warum welches Angebot?) und zur Fernsehrezeption (Wer interpretiert welches Angebot wie?).

Karsten Renckstorf:
Mediennutzung als soziales Handeln
Zur Entwicklung einer handlungstheoretischen Perspektive der empirischen (Massen-)Kommunikationsforschung
In: Massenkommunikation. Theorien, Methoden, Befunde. Kölner Zeitschrift für Soziologie und Sozialpsychologie. 41. Jg. (1989). Nr. 1, S. 314–336
Renckstorf grenzt medien- und publikumszentrierte Modelle voneinander ab, diskutiert dann fünf handlungstheoretische Ansätze (Uses-and-Gratifications, den »dynamisch-transaktionalen Ansatz«, »Information Seeking«, »Sense Making« und den »Nutzenansatz«, bei dem die Uses-and-Gratifications-Idee mit den Annahmen des »Symbolischen Interaktionismus« verknüpft wurde) und entwickelt daraus ein handlungstheoretisches Modell zur Ermittlung der Folgen von Massenkommunikation, das individuelle und soziale Merkmale ebenso berücksichtigt, wie das gesellschaftliche Umfeld.

Werner Früh:
Unterhaltung durch das Fernsehen
Eine molare Theorie
Konstanz 2002
Das Buch ist nicht nur interessant, weil Früh hier auf der Basis emotions- und erregungspsychologischer Ansätze eine Unterhaltungstheorie entwickelt (siehe Kapitel 3). Zwei seiner Mitarbeiter haben außerdem Aufsätze beigesteuert:»Unterhaltungstheorien. Ein systematischer Überblick« (Carsten Wünsch) und »Spannung. Erklärungsansätze eines Phänomens« (Anne-Katrin Schulze).

Andreas Hepp:
Cultural Studies und Medienanalyse
Eine Einführung
Wiesbaden 1999
Wie es sich für eine Einführung gehört, diskutiert Hepp Grundbegriffe und Geschichte der Cultural Studies und stellt dann aus den Bereichen »Text- und Diskursanalyse« sowie »Aneignungsforschung« eine ganze Reihe von Untersuchungen ausführlich vor.

2. Standarduntersuchungen zur Mediennutzung

In keinen Forschungszweig stecken Verleger und Rundfunkanstalten mehr Geld als in die Reichweitenmessung. Der Teletext weiß schon am Vormittag, wie viele Zuschauer die ›Tagesschau‹ gestern gehabt hat, wie viele der Krimi und wie viele das Fußballspiel. In der gemeinsamen Online-Jobbörse von stellenanzeigen.de und der Wochenzeitung ›Die Zeit‹ wird der Surfer sofort darauf gestoßen, wie groß der Kreis der »Entscheider« ist, die sein Stellengesuch sehen werden, und der aufmerksame Privatfunkhörer (den es ja geben soll) erfährt wenigstens von Zeit zu Zeit, ob sich das Spiel mit dem Hundert-Euro-Schein oder der Moderatorenwechsel für den Sender gelohnt haben. Zuschauer- und Hörerzahlen entscheiden über Rundfunk-Karrieren, die Leserzahlen über das Wohl und Weh der bunten Blätter und alle zusammen damit letztlich auch über das Medienangebot. Wie entstehen die Daten, was sagen sie und was sagen sie nicht? Welche Interessen leiten die Forschung, welchen Einfluss haben diese Interessen auf die Ergebnisse, welche Schwierigkeiten gibt es und welche Fehlerquellen? Worauf ist zu achten, wenn man Umfrageergebnisse zur Hand nimmt? Damit sind die Ziele dieses Kapitels benannt: Es soll nicht nur die Methoden der angewandten Mediaforschung vorstellen, sondern einen Einblick geben in die Kräfte, die die Entwicklung auf diesem Feld vorantreiben, und damit zugleich die Orientierung im Zahlendschungel erleichtern.

Dass dies am Beispiel der deutschen Standarduntersuchungen geschieht, sollte Leser in Österreich und in der Schweiz nicht abschrecken. Organisationsformen und Methoden unterscheiden sich nicht sehr (Koschnick 1995a, 1995b, 1995c, 2003; Bonfadelli 2004; Gattlen 1999), und die Probleme sind in allen Industriestaaten die gleichen.

2.1 Mediaforschung

Mediaforschung hat zwei Gesichter: redaktionelle Forschung und Werbeträgerforschung. Die *redaktionelle Forschung* will herausfinden, wie das Publikum auf bestimmte Inhalte reagiert. Bevor ein Film in die Kinos kommt, wird er im kleinen Kreis vorgeführt und anschließend möglicherweise umgeschnitten, mit anderer Musik oder mit einem neuen Ende versehen. Auch der optimale Filmtitel entsteht nicht im Bauch einer Einzelperson. Zumindest in den USA werden stets verschiedene Versionen in Umfragen getestet. Passt der Titel zu der Geschichte, lockt er die Leute aus dem Haus, haftet er im Gedächtnis (Prommer 1999, S. 158–164)?

Auch im Hörfunk wird die Gefühlsentscheidung der Musikredakteure durch standardisierte Forschung zumindest unterstützt. Die meisten deutschen Sender lassen die wichtigsten Titel alle ein bis zwei Wochen in Telefonbefragungen testen. Dabei werden den Interviewten so genannte »Hooks« vorgespielt, Zehn-Sekunden-Ausschnitte, in der Regel aus dem Refrain. Gefragt wird

- nach der Bekanntheit (»Haben Sie diesen Titel schon einmal gehört?«),
- nach dem Gefallen (»Wie gefällt Ihnen dieser Titel?«),
- nach der Sättigung (»Würden Sie diesen Titel gern häufiger hören?«).

Mit der letzten Frage soll ermittelt werden, ob sich die Leute das Stück übergehört haben. Alle drei Kriterien werden zu einem »Power-Score« verdichtet, der dann nach der Kombination mit soziodemographischen Daten bei der Entscheidung hilft, ob ein Titel in die »Playlist« aufgenommen wird oder nicht. Da am Telefon kaum mehr als 30 Titel abgefragt werden können, gibt es in größeren Abständen so genannte Auditorium-Tests, bei denen geladene Hörer große Teile des Musikprogramms bewerten (Schramm u. a. 2002b).

Redaktionelle Forschung wird aber nicht nur zur Optimierung des Angebots eingesetzt, sondern auch bei der Suche nach Marktlücken. Bestes Beispiel ist der ›Focus‹. Dass der Burda-Verlag 1993 ein zweites Nachrichtenmagazin in Deutschland etablieren konnte und damit etwas scheinbar Unmögliches schaffte (zuvor waren zahlreiche Angriffe auf das ›Spiegel‹-Monopol gescheitert), hatte auch etwas mit redaktioneller Forschung zu tun. Lange vor dem ›Focus‹-Start gab es die ersten Zielgruppenbefragungen. So wollte man beispielsweise von ehemaligen ›Spiegel‹-Lesern wissen, was sie in dem Hamburger Blatt vermisst hätten. Die Ergebnisse lesen sich wie das spätere ›Focus‹-Programm: Verständlichkeit und Übersichtlichkeit, Fairness und Artikel, die schnell auf den Punkt kommen, die Trennung von Nachricht und Meinung und überhaupt verschiedene Meinungen, um sich selbst ein Urteil bilden zu können. Es folgten Tiefeninterviews zum Titel der Zeitschrift, und als Nummer eins auf dem Markt war, wurden knapp 2.000 Käufer zunächst nach ihrem ersten Eindruck gefragt und dann teilweise im Laufe der Woche noch einmal angerufen. Der Verlag beschränkte sich nicht auf Leserinterviews (insgesamt rund 5.000 in den ersten Wochen), sondern bezog die Händler mit ein und bezahlte außerdem Inhaltsanalysen sowie Copy-Tests (Filipp 1995). Bei einem *Copy-Test* wird eine Zeitschriften- oder Zeitungsausgabe mit dem Befragten Artikel für Artikel und Anzeige für Anzeige durchgegangen und festgehalten, was er gelesen hat, was wenigstens gesehen und was überhaupt nicht wahr-genommen (Schaefer 1992).

Dass der Burda-Verlag diese Strategie veröffentlicht hat, ist eher ungewöhn-lich und nur mit den Besonderheiten des Nachrichtenmagazin-Marktes in Deutsch-land zu erklären (sobald dürfte es hier keinen Neustart geben) sowie mit den Verbindungslinien zwischen redaktioneller und Werbeträgerforschung. Wer vor-gibt, seinen Lesern so dicht auf der Spur zu sein, kann mit diesem Argument natürlich auch vor die Anzeigenkunden treten. Gerhard Unholzer vom Münche-ner Meinungsforschungsinstitut Infratest hat das Beispiel ›Focus‹ als Zeichen der Hoffnung gewertet. Die Werbetreibenden hätten sich vielleicht gerade deshalb so sehr für diese Untersuchungen interessiert, weil sie nicht als Werbeforschung an-gelegt gewesen seien (Unholzer 1995, S. 52). Normalerweise bleiben die Ergeb-nisse redaktioneller Forschung unter Verschluss. Gruppendiskussionen über Fernsehstoffe und Musik-Checks, Copy-Tests bei Zeitungsabonnenten und Leser-befragungen zum Lokalteil kosten Geld und dienen dazu, das eigene Programm, das eigene Blatt zu verbessern und nicht die Angebote der Konkurrenz (Zakr-zewski 1995, S. 47).

Die *Werbeträgerforschung* hat dagegen einen anderen Zweck und eine andere Zielgruppe (Siegert 1993, Bessler 1980). Sie soll den Werbetreibenden beweisen, dass sie ihr Geld nicht zum Fenster hinauswerfen, wenn sie eine Anzeige oder einen Spot bezahlen. Unter dieser Last müsste die Mediaforschung eigentlich zusammenbrechen – aber das ist ein anderes Thema. Wie groß ist der Anteil der Werbung am Erfolg eines Produkts? Wird ein Joghurt gekauft wegen einer Anzei-ge in der Programmzeitschrift, wegen einer Fernseh-Kampagne oder wegen ei-nes witzigen Kinospots? Wie sieht es mit dem Preis aus, wie mit der Verpackung, wie mit dem Geschmack? War der Hersteller vielleicht einfach nur stark genug, sein Produkt auf den besten Platz im Kühlregal zu schieben? Der Medien-wissenschaftler Dieter Prokop hat die Idee, dass Werbung Kaufverhalten beein-flusst, als »Illusion« glossiert. Falls ein »Kontakt« zustande komme, merke man sich manchmal die Marke, weit häufiger aber nur eine einzelne Szene des Spots ohne jeden Bezug zum Produkt. Am nächsten Tag sei ohnehin alles wieder ver-gessen. Die Werbewirtschaft setze Aufmerksamkeit und Erinnerung mit Wirkung gleich und gebe auf dieser wackligen Grundlage ihre Milliarden aus (Prokop 1998, S. 960f.). Die Mediaforscher sehen das natürlich anders. Sie sprechen von der »Königsdisziplin in der angewandten Werbeforschung« und verweisen auf lokale Testmärkte und Konsumentenpanels. Dort lasse sich nicht nur die Reaktion auf ein neues Produkt messen, sondern auch der Erfolg von Werbung (Sudholt 1995). Der Bauer-Verlag beispielsweise hat einigen Kunden zu diesem Zweck einen sogenannten »Regio-Test« angeboten: in ganz Deutschland Fernsehspots, Print-Werbung aber nur in einer Hälfte. Veröffentlicht wurden die Ergebnisse nicht (Schüür-Langkau 2000a, S. 220–222).

Abbildung 9

Grundbegriffe der Werbeträgerforschung	
Reichweite	Zahl der Personen, die von einer Zeitung oder einer Zeitschrift, einem Radio- oder einem Fernsehprogramm erreicht werden. Angaben in Mio. oder in Prozent (Bezugsbasis: Bevölkerung oder Untergruppen)
Struktur	Zusammensetzung des jeweiligen Medienpublikums (wie viele Leser des ›Stern‹ haben Abitur, wie viele sind über 60 Jahre alt usw.)
Dauer	Zeitliche Länge der Medienkontakte (Wie lange Zeitung gelesen, wie lange Radio gehört usw.)
Werbeträger-kontakt	Jeder (auch oberflächliche) Kontakt einer Person mit dem Medium oder einem Teil des Mediums
Werbemittel-kontakt	Kontakt einer Person mit dem konkreten Werbemittel (Anzeige, Spot: Seher pro Werbeblock, Leser pro werbungführender Seite)

Da sich nur schwer ein Zusammenhang zwischen Werbung und Umsatz feststellen lässt, fließt das meiste Geld in die »Basisarbeit« – in das Zählen von Werbeträgerkontakten. In welchem Medium muss ich werben, um genau die Menschen zu erreichen, die mein Produkt oder meine Dienstleistung kaufen sollen? Der große Aufwand für entsprechende Untersuchungen hängt mit den Besonderheiten des »Produkts« Medien zusammen. Der Nationalökonom Karl Bücher, der 1916 in Leipzig das erste »Institut für Zeitungskunde« in Deutschland gründete, hat die »Zeitung« als ein »Erwerbsunternehmen« definiert, das »Annoncenraum« erzeuge – eine Ware, die wiederum nur durch einen redaktionellen Teil verkäuflich werde. Bücher, der in der Presse vor allem eine Erzieherin und eine Mitspielerin auf der politischen Bühne sah und den Trend in Richtung

Unterhaltung und Sensation (der schon damals zu beobachten war) scharf kriti-
sierte, hat sich mit der Koppelung von Werbe- und Rezipientenmarkt nie abgefunden und die Abhängigkeit der Zeitungen von Inseraten für die »Wurzel des
Übels« gehalten (Bücher 1926, S. 397, 404f.).

Abbildung 10

Werbeaufwendungen in Deutschland				
	1993		**2002**	
	Mrd. DM	Anteil (%)	Mrd. Euro	Anteil (%)
Zeitungen	9,97	31,2	4,94	24,6
Publikumszeitschriften	3,21	10,1	1,93	9,6
Anzeigenblätter	2,60	8,2	1,66	8,3
Fernsehen	4,83	15,2	3,96	19,7
Hörfunk	1,00	3,2	0,56	2,8
Direktwerbung	4,35	13,7	3,33	16,6
Filmtheater	0,26	0,8	0,16	0,8
Online-Medien			0,23	1,2
Sonstige	5,69	17,8	3,30	16,4
	31,91	100	20,07	100

Nettoeinnahmen ohne Produktionskosten. Quelle: Media Perspektiven. Basisdaten 1999,
S. 84; 2003, S. 85

Heute kommen bei regionalen Abonnementzeitungen knapp zwei Drittel der
Einnahmen aus dem Anzeigengeschäft, bei Boulevardzeitungen rund 50, bei Pu-
blikumszeitschriften bis zu 80 und bei kommerziellen Rundfunkveranstaltern fast
100 Prozent. Der Medienunternehmer braucht das Publikum. Es bezahlt Tickets,
Abonnements und Einzelhefte, viel wichtiger aber ist, dass es sich an die Werbe-
industrie verkaufen lässt. In Deutschland geht es dabei um über 20 Milliarden
Euro pro Jahr (Abbildung 10), und das bei einem Gut, das unsichtbar ist. Wer ein
Auto least, ein Büro mietet oder ein Geschäftsessen bezahlt, weiß, wofür er sein
Geld ausgibt. Was bekommt der Käufer von Werbespots und Anzeigenraum?
Hier sind die Triebkräfte zu erkennen, die die Entwicklung der Mediaforschung
geprägt haben und das ständige Feilen an Methoden und Kategorien erklären:

- Einerseits verlangt die Werbewirtschaft vergleichbare Reichweiten-Daten.
- Die Verlage und Rundfunkveranstalter aber versuchen andererseits, jeweils die eigenen Objekte in das beste Licht zu rücken und damit ihre Position auf dem Werbemarkt zu verbessern.

Dabei ist die Lage keineswegs für alle Medienbereiche gleich. Wie viel Geld für Werbeträgerforschung ausgegeben wird, hängt ab

- von der Größe des Stücks, das für die einzelnen Medien vom Werbekuchen abfällt, und
- von der jeweiligen Konkurrenzsituation.

Viele regionale Tageszeitungen haben in ihrem Verbreitungsgebiet ein Monopol, und selbst da, wo es Wettbewerb gibt, ist dieser oft durch Anzeigengemeinschaften gemildert. So sind beispielsweise ›Stuttgarter Zeitung‹ und ›Stuttgarter Nachrichten‹ nur gemeinsam zu belegen. Die Verleger können außerdem auf ihre Abonnentenzahlen verweisen und darauf, dass fast jeder Zeitung liest. Den örtlichen Geschäftsleuten bleibt ohnehin keine Wahl, wenn sie inserieren wollen. Die Leipziger Kaufhäuser sind bei Sonderangeboten auf die ›Leipziger Volkszeitung‹ angewiesen und können nicht auf die ›Ostsee-Zeitung‹ oder den ›Schwarzwaldboten‹ ausweichen, sondern bestenfalls auf den Lokalteil der ›Bild-Zeitung‹ und örtliche Anzeigenblätter, auf Kulturmagazine und Stadtteilblättchen, auf Plakate oder lokale Rundfunkprogramme. Einige dieser Möglichkeiten scheiden schon wieder aus, wenn es um aktuelle Preise geht. Die Tagespresse-Verleger bezahlen deshalb vor allem solche Forschung, die den Wert des Werbeträgers Abonnement-Zeitung an sich herausstellt, sowie Untersuchungen, die die Konkurrenzsituation im jeweiligen Verbreitungsgebiet abbilden.
Ganz anders sieht es bei den Zeitschriften aus. Publikumszeitschriften, Programmzeitschriften und Zielgruppenblätter bewerben sich alle um die gleichen Inserate (Markenwerbung) und konkurrieren dabei auch noch mit anderen überregionalen Medienangeboten – vor allem mit dem Fernsehen, aber beispielsweise auch mit der ›Bild-Zeitung‹. Natürlich könnte jeder Verlag eigene Untersuchungen in Auftrag geben und dabei die Stärken seiner Produkte besonders unterstreichen (was teilweise auch gemacht wird), der Werbekunde aber braucht eine Entscheidungsgrundlage und muss die Blätter vergleichen können. Ein erster Schritt in diese Richtung war 1949 die Gründung der Informationsstelle zur Feststellung der Verbreitung von Werbeträgern (IVW). Die IVW veröffentlicht viermal im Jahr eine Liste mit Auflagenzahlen für fast alle deutschen Tageszei-

tungen (bis hin zur kleinsten Lokalausgabe) sowie für all die Zeitschriften, die auf Anzeigeneinnahmen angewiesen sind und sich dabei nicht auf eine bestimmte, feste Klientel beschränken. Grundlage sind Meldungen der Verlage, die jeweils stichprobenartig kontrolliert werden. Dass es hier Lücken geben kann, hat der Skandal um die Vereinigten Motor-Verlage gezeigt, die 2000 und 2001 für ihre Titel (unter anderem ›Auto Motor Sport‹) überhöhte Zahlen meldeten und sich dadurch Millionen-Rückforderungen der Werbekunden einhandelten.

Die Auflagenlisten können das Problem aber selbst dann nicht lösen, wenn man davon ausgeht, dass das System funktioniert – dass kein Verleger ahnt, wann die Kontrolleure kommen, und seine Zahlen auch sonst nicht manipuliert (etwa dadurch, dass einfach mehr Exemplare gedruckt und dann verschenkt oder eingestampft werden). Auflagenzahlen sagen weder etwas über die Größe noch über die Zusammensetzung der Leserschaft. Durch wie viele Hände geht ein Exemplar des ›Stern‹? Tragen diese Hände Blechringe oder Brillanten, sind sie teure Cremes gewöhnt oder Kernseife, gehören sie Männern oder Frauen, sind sie jung oder alt, greifen sie bei Aldi in die Regale oder beim Ökobauern? Da jeder Leser bezahlt werden muss, wird kein Parfümhersteller der Welt in einem Blatt inserieren, dass nur Hungerleider kaufen. Die Beweislast liegt bei den Verlagen. Sie wollen (müssen) die »Ware« Publikum an den Werbekunden bringen und haben folglich zu belegen, dass sich die Investition in eine Anzeige lohnt.

Der Anstoß für die ersten vergleichenden Zeitschriftenuntersuchungen nach dem Zweiten Weltkrieg kam sowohl von den Werbeagenturen als auch von den Blättern, die durch das Kriterium »Auflagenzahl« am meisten benachteiligt wurden:

- von Zeitschriften, die größtenteils im Lesezirkel vertrieben wurden und folglich viel mehr Leser pro Exemplar hatten, und
- von Zeitschriften, die sich an eine gehobene und damit an eine besonders kaufkräftige Leserschaft wandten.

Dass Verlage und Werbeagenturen dann 1954 eine »Arbeitsgemeinschaft Leseranalyse« gründeten, hat Clodwig Kapferer, einer der deutschen Marktforschungspioniere, auch mit der Angst vor der aufkommenden Konkurrenz des Fernsehens begründet (Kapferer 1963, S. 67). Das Programm war in der Bundesrepublik am 25. Dezember 1952 gestartet worden (in der DDR vier Tage früher, zu Stalins Geburtstag). Die erste Werbesendung lief am 3. November 1956 im Bayerischen Rundfunk. Die anderen Landesrundfunkanstalten folgten bis April 1959. Die Arbeitsgemeinschaft Leseranalyse öffnete sich allerdings erst

1971 für die Funkmedien und wurde dann in Arbeitsgemeinschaft Media Analyse (MA) umbenannt. Diese Verzögerung ist einer der Gründe dafür, dass sich mit der Allensbacher Werbeträger-Analyse (AWA) ein Konkurrenzunternehmen etablieren konnte. Das Institut für Demoskopie Allensbach brachte 1959 eine Studie auf den Markt, die neben den Zeitschriftenlesern auch die Werbefunkhörer erfasste. Seit 1960 ermittelt die AWA außerdem die Reichweiten von Tagespresse, Kino und Fernsehen. Auf beide Studien wird weiter unten noch ausführlich eingegangen. Zu MA und AWA kommen im Pressebereich Analysen der Großverlage (zum Beispiel die »Typologie der Wünsche Intermedia« von Burda) und vergleichende Untersuchungen in speziellen Zielgruppen. Bei der »Leseranalyse medizinische Fachzeitschriften« sagt schon der Titel, worum es geht. Die »Leseranalyse Entscheidungsträger« will die Lektüre der Führungskräfte in Wirtschaft und Verwaltung widerspiegeln und konzentriert sich dabei auf die wichtigsten Publikumszeitschriften, die überregionalen Tages- und Wochenzeitungen und Blätter mit ausgeprägter Wirtschaftsberichterstattung vom ›Handelsblatt‹ bis zum ›Handwerker-Magazin‹ (Hess 1996, S. 31).

Während die Verleger wenigstens die Auflagenzahlen haben, gibt es für das Rundfunkpublikum überhaupt keine Anhaltspunkte. Die Geräte-Statistik verrät nicht, ob und wann Radio- und Fernsehapparate eingeschaltet werden und auf welches Programm die Wahl dann fällt. Der Hörfunk kann allerdings von den Summen, die im Werbe-Fernsehen umgesetzt werden, nur träumen. Die Zahlen in Abbildung 10 täuschen hier noch, da es weit mehr Hörfunk- als Fernsehveranstalter gibt und so für die einzelne Station oft nur Krümel bleiben. Entsprechend geringer ist der Aufwand für die Forschung. Die Radiomacher müssen sich in der Regel mit den Daten begnügen, die MA und AWA liefern (ergänzt bestenfalls durch regionale Funkanalysen). Unter den kleinen Budgets leidet auch die redaktionelle Forschung (Unholzer 1995, S. 50), und an Einschaltquoten nach dem Vorbild des Fernsehens ist im Moment nicht zu denken.

Zur »Ikone der modernen Fernsehgesellschaft« (Elitz 1995, S. 22) ist die *Quote* zumindest in Deutschland erst nach der Einführung des dualen Rundfunksystems 1984 geworden. Wenn es stimmt, dass Wettbewerb und Werbewirtschaft die Mediaforschung ankurbeln, konnten die Zuschauerzahlen vorher gar keinen so großen Stellenwert haben. Die öffentlich-rechtlichen Anstalten hatten eine sichere Einnahmequelle (Gebühren) und in ihrem Sendegebiet de facto ein Monopol. Außerdem waren sie nicht auf Werbung angewiesen. Der Norddeutsche Rundfunk verzichtete bis Ende 1980 sogar ganz auf Radiospots. Kommerzielle Konkurrenz gab es nur in Teilen des Landes. Dass kurz nach dem Start des deutschsprachigen Programms von Radio Luxemburg (1958) mit der AWA eine Studie auf den Markt kam, die die Werbefunk-Hörer erfasste, ist sicher kein Zufall. Die Geschichte der Einschaltquoten begann 1963 – am ersten Sendetag des ZDF, der den Wettbewerb um Fernsehspots eröffnete, wenn auch nur einen gebremsten, da die Werbezeiten begrenzt waren und sehr bald in der Regel ausgebucht (Buß/Darschin 2004).

Mediaforschung in den öffentlich-rechtlichen Rundfunkanstalten hatte neben den eigenen Redaktionen und den Werbekunden stets eine dritte Zielgruppe: die Politik. Dies gilt heute weit stärker als vor 40 Jahren, da der Anteil der Werbeeinnahmen am Gesamtbudget nach der Dualisierung stark gesunken ist. Zuschauer- und Hörerzahlen dienen zwar auch dem Verkauf von Werbezeiten, mindestens genauso wichtig ist aber die Legitimation der eigenen Existenz. Deshalb werden die Schwerpunkte teilweise anders gesetzt als bei kommerziellen Rundfunkveranstaltern und in Presseunternehmen. Beste Beispiele hierfür sind:

- die *Langzeitstudie Massenkommunikation* – eine Trenduntersuchung zur Nutzung und Bewertung von Fernsehen, Hörfunk und Tageszeitung, die von den öffentlich-rechtlichen Rundfunkanstalten bezahlt und in diesem Kapitel noch ausführlich gewürdigt wird, und
- die *ARD/ZDF-Online-Studie* – eine Repräsentativbefragung von Online-Nutzern, die einmal im Jahr wiederholt wird und die zu einem Zeitpunkt begann (1997), als Online-Werbung noch so gut wie keine Rolle spielte und damit nach den Spielregeln der kommerziellen Mediaforschung jede Grundlage für solche Untersuchungen fehlte. Die Online-Aktivitäten der öffentlich-rechtlichen Rundfunkanstalten waren dagegen von Anfang an umstritten – ein Motiv für eine entsprechende Studie. In den Veröffentlichungen geht es folglich immer auch ausführlich um die Nutzung von ARD- und ZDF-Seiten.

Die Entwicklung der Mediaforschung im Online-Bereich verdeutlicht den engen Zusammenhang zwischen Werbeinvestitionen und Untersuchungsaufwand (Abbildung 11). Die IVW begann Ende 1997, für eine ganze Reihe von Angeboten die monatliche Zahl der Besuche auszuweisen (PageImpressions, Visits). Inzwischen hat die IVW für diesen Zweck das Unternehmen ›InfOnline‹ gegründet, das die Kontakte auf über 450 Online-Angeboten aus Deutschland feststellt (Stand: Ende 2003).

Obwohl diese Daten anders als Zeitungs- und Zeitschriftenauflagen technisch gemessen werden können, sagen sie weder etwas über Reichweiten noch über die Menschen hinter den Bildschirmen und damit auch nichts über mögliche Zielgruppen. Online-Befragungen und Online-Panels (Gruppen, die regelmäßig

Abbildung 11

Online-Werbeträgerforschung: Grundbegriffe und Pionierstudien

PageImpression Anzahl der Sichtkontakte mit einer HTML-Seite und damit Maß für die Nutzung einzelner Seiten eines Angebots. Im IVW-Messverfahren werden die Seitenzugriffe nur gezählt, wenn sie vom Nutzer ausgehen. Die Basis »HTML-Seite« sichert, dass Grafiken, Infokästen und Bilder opulent gestalteten Seiten nicht höhere Zugriffszahlen verschaffen.

Visit Zusammenhängender Nutzungsvorgang eines WWW-Angebots. Bei einer Visit sind folglich mehrere PageImpressions möglich. Zusammen geben beide Einheiten Auskunft über Nutzungsintensität und -dauer. Die IVW zählt alle Nutzer, die von außen zugreifen, nicht aber die direkte Rückkehr nach Verfolgen eines Links. Zwischen letztem internen und erneutem externen Zugriff muss außerdem mindestens eine Minute vergehen.

Unique Client Rechner/Browser

Unique User Nutzer. Vom Unique Client zu unterscheiden, da sich mehrere Nutzer ein Gerät teilen können. Bei der technischen Messung erschwert dies die Zuordnung von Visits und PageImpressions zu konkreten Personen.

W3B 1995 gestartete schriftliche, halbjährliche Online-Befragung. Thema: Nutzungsgewohnheiten und Meinungen (auch zur Werbung). Teilnehmer: 117.467 (17. Welle, Herbst 2003). Problem: Die Stichprobe rekrutiert sich selbst und ist damit nicht repräsentativ.

@facts Telefonbefragung. Start: Dezember 1998; Auftraggeber: SevenOne Interactive, IP New Media (Online-Vermarkter), Lycos Europe (Online-Portal); Stichprobe: täglich 500 Personen ab 14 Jahren; Institut: Forsa; Themen: Internet-Verbreitung, Nutzungsmuster, Bekanntheit und Reichweite einzelner Angebote.

GfK Online-Monitor Telefonbefragung. Laufzeit: 1997 bis 2001. Themen: Nutzungsdauer, Präferenzen, Bewertung. Ergänzt durch ein Online-Panel (vgl. Scholl 2003, S. 256f.). Problem: Die Reichweiten einzelner Online-Angebote lassen sich telefonisch kaum ermitteln.

Online-Reichweiten-Monitor Nachfolger des GfK Online-Monitor. Kontinuierliche repräsentative Reichweitenstudie, zweimal im Jahr. Start: 2002; Auftraggeber: AG Internet Research; Stichprobe: rund 13.000 Personen; Methode: computergestützte persönliche Interviews (CAPI, vgl. hierzu S. 80), bei denen die Logos der jeweiligen Online-Angebote »quasi-biotisch« auf dem Bildschirm präsentiert werden. Beteiligte Institute: GfK, Ipsos, Infratest.

zu ihren Internetaktivitäten befragt werden) lösen dieses Problem nicht. Zum einen lassen sich die Surf-Vorgänge per Interview nur schwer nachvollziehen (dies gilt besonders für Telefonumfragen), und zum anderen war die Gruppe der »besonders Interessierten« in den Stichproben stark überrepräsentiert (vgl. Abbildung 11).

Mit dem (langsam) wachsenden Werbeaufkommen im Internet und vor allem mit der ökonomischen Notwendigkeit, redaktionelle Angebote im Netz finanzieren zu müssen, ist der Druck gestiegen, sich den Standards der anderen Mediengattungen anzupassen und eine »Währung« zu präsentieren, die von allen Marktteilnehmern akzeptiert wird (vgl. Kapitel 2.3). Die führenden Vermarkter von Internetwerbung haben sich deshalb zur Arbeitsgemeinschaft Online Forschung (AGOF) zusammengeschlossen, die Anfang 2004 Mitglied der Arbeitsgemeinschaft Media Analyse geworden ist. Wenn dieses Buch erscheint, soll es die neue Online-Reichweiten-Währung bereits geben. Methodische Grundlage ist ein Drei-Säulen-Modell:

- *Technische Messung:* PageImpressions, Visits, Unique Clients;
- *OnSite-Befragung:* Nutzerschaft einzelner Angebote; Entwicklung des Unique User aus dem Unique Client;
- *Telefonbefragung:* repräsentative Basisdaten zur Internetnutzung (etwa: Anteil der Nutzer an der Gesamtbevölkerung).

Mit diesem aufwändigen Verfahren soll es möglich sein, personenbezogene Nutzungsdaten auszuweisen. Das Kino dürfte dagegen von der Mediaforschung auch in Zukunft stiefmütterlich behandelt werden. Dies muss nach dem bisher Gesagten nicht mehr erklärt werden, wenn man die Daten für den Werbeumsatz kennt (2002: 160 Mio. Euro). Filmtheater sind als Werbeträger nicht so interessant, und außerdem gibt es mit der Zahl der verkauften Eintrittskarten einen Richtwert, an dem sich die Käufer von Werbezeit orientieren können.

2.2 Die Meinungsumfrage

Alle Standarduntersuchungen der Werbeträgerforschung beruhen auf dem Prinzip der Repräsentativumfrage. Der Begriff »repräsentativ« ist dabei nicht mit »richtig«, »genau« oder »gültig« zu verwechseln. Er besagt zunächst nur, dass von einem kleinen Teil der Bevölkerung auf die ganze Bevölkerung geschlossen wird. Es gibt Journalisten, die es kategorisch ablehnen, Umfrageergebnisse zu veröffentlichen, und dies mit allgemeinen Bedenken gegen die Methode begründen und damit, dass sich ja jeder die Zahlen kaufen könne, die er gerade braucht. Nach der Befragung von 1.000 Leuten sei niemand in der Lage zu sagen, was die Millionen anderen denken, und wenn der Winzerverband eine Studie bezahle, komme dabei eben heraus, dass Wein das Wohlbefinden hebe und es überhaupt am besten sei, jeden Tag ein Glas zu trinken.

Elisabeth Noelle-Neumann, die 1947 das Institut für Demoskopie in Allensbach am Bodensee gründete, hat anderthalb Jahrzehnte später in der ersten Auflage ihres Standardwerkes über die Methoden der Demoskopie versucht, Ursachen für die Abneigung gegen Repräsentativumfragen herauszuarbeiten. Quantifizierung sei etwas Fremdes in Deutschland, und viele würden es nicht als Makel empfinden, keinen Sinn für Zahlen zu haben. Mehrzahl und Masse hätten negative Vorzeichen, und außerdem verletze das Stichprobenverfahren das menschliche Selbstbewusstsein und sei mit dem Glauben an die Willensfreiheit nur schwer zu vereinbaren (Noelle 1963, S. 16f., 20–22, 24, 315). Wo bleiben Originalität und Kreativität, wo bleibt der Mensch, wenn man nie einen Demoskopen getroffen hat und diese Leute trotzdem wissen, was man gestern gelesen hat, wen man heute wählt und was man sich für morgen wünscht? In der Neuauflage ihres Buches hat Noelle-Neumann dieses Unbehagen schon im Titel auf den Punkt gebracht: »Alle, nicht jeder«. Eine Repräsentativumfrage könne erstaunlich zuverlässige Aussagen über die Gruppe machen, der einzelne aber, die menschliche Persönlichkeit, bleibe ihr entzogen (Noelle-Neumann/Petersen 1998, S. 58).

Wer Zuschauer-, Hörer- und Leserzahlen, Umfrage-Ergebnisse überhaupt, bewerten will, muss sowohl die Methode kennen als auch das Umfeld, in dem die Daten entstanden sind. Repräsentativumfragen wurzeln in der Wahrscheinlichkeitsrechnung. Diese Theorie kennt jedes Kind. Das Würfeln auf dem Rummel ist nur für den Kunden ein Glücksspiel. Der Besitzer der Bude weiß zwar nicht, wie oft heute die »18« fällt, aber im Laufe der Zeit wird sich die Zahl der Hauptgewinne ihrem wahrscheinlichen Wert nähern (für die Nicht-Mathematiker: einmal bei 216 Versuchen). Das Beispiel verdeutlicht das »Gesetz der großen Zahl«:

- Ereignisse, deren Wahrscheinlichkeiten sehr klein sind (wie drei »Sechsen« auf einmal), treten sehr selten auf.
- Je größer die Beobachtungsserie ist, desto stärker nähert sich die Häufigkeit eines bestimmten Ereignisses einem konstanten Wert (Noelle-Neumann/Petersen 1998, S. 217).

Um auf dem Rummel zu bleiben: Nach 2.160 Würfen wird der Spieler nicht jedes Mal genau zehn Hauptgewinne mitnehmen, ein Ergebnis in der Nähe dieses Mittelwertes ist aber sehr viel wahrscheinlicher als das Leerräumen der Bude oder ein völliger Misserfolg – es sei denn, die Würfel sind keine Würfel und bevorzugen die »Drei« oder die »Eins«. Hieraus lassen sich Regeln für den Umgang mit Stichproben ableiten:

- Jedes Element der Grundgesamtheit muss die gleiche (oder wenigstens eine berechenbare) Chance haben, in die Stichprobe aufgenommen zu werden. Bei Umfragen ist die Grundgesamtheit der Kreis von Personen, über den eine Aussage gemacht werden soll (zum Beispiel alle Deutschen im Alter zwischen 16 und 70 Jahren).
- Auf eine solche Stichprobe kann die Wahrscheinlichkeitstheorie angewendet werden. Sie spiegelt die Grundgesamtheit innerhalb bestimmter (berechenbarer) Toleranzen.

Stichproben-Resultate sind stets mit einem statistischen Fehler behaftet. Die Berechnungstabellen befinden sich in den entsprechenden Lehrbüchern (z.B. Noelle-Neumann/Petersen 1998, S. 225f.). An dieser Stelle soll nur das Prinzip verdeutlicht werden: Wenn von 2.500 (richtig ausgewählten) Personen genau jeder Zweite angibt, gestern eine Zeitung gelesen zu haben, heißt das noch nicht, dass die Tagespresse exakt die Hälfte der Bevölkerung erreicht hat. In Wirklichkeit werden »wahrscheinlich« zwischen 48 und 52 Prozent der Menschen ein Blatt zur Hand genommen haben (statistische Fehlerspanne), und zwar mit einer Sicherheit von 95 Prozent (Signifikanzniveau). Übersetzt: Bei 95 von 100 Wiederholungen der Untersuchung werden die Resultate nicht mehr als zwei Prozentpunkte von dem Wert abweichen, der beim ersten Mal gefunden wurde. Wem diese Genauigkeit nicht ausreicht, dem bleibt nur eine Vollerhebung, denn eine Vergrößerung der Stichprobe verbessert das Ergebnis nur minimal. Eine Befragung von 10.000 Personen kostet das Vierfache, verringert aber die statistische Fehlerspanne, die ja auch vorher schon sehr klein war, im Beispielfall nur um die Hälfte, und ein Irrtum ist immer noch nicht ausgeschlossen.

Es sei wiederholt: Dies alles gilt nur für repräsentative Stichproben. Die Auswahl der Befragten ist ein entscheidendes Gütekriterium für Umfrageresultate – wenn auch nicht das einzige, wie noch zu zeigen sein wird. Der Siegeszug der Repräsentativumfragen begann nach der US-Präsidentschaftswahl 1936. Das Wochenblatt ›Literary Digest‹ hatte rund zehn Millionen Fragekarten verschickt, ein Fünftel davon zurückbekommen und eine Niederlage von Amtsinhaber

Roosevelt vorausgesagt. Angeschrieben worden waren aber nur Auto- und Telefonbesitzer, also (1936!) sozial Bessergestellte. Angesichts des mangelhaften Rücklaufs war die Prognose nicht einmal für diese Gruppe sicher. Vielleicht haben sich ja lediglich diejenigen überwunden und die Karte ausgefüllt, die mit dem Präsidenten unzufrieden waren. George Gallup setzte nach einer Befragung von wenigen tausend repräsentativ ausgewählten Wahlberechtigten auf Roosevelt, versprach den Käufern seiner Ergebnisse sogar eine Entschädigung, falls er sich irren sollte, und galt fortan als politisches Orakel der USA (Keller 2001).

Ob eine Stichprobe repräsentativ ist oder nicht, hängt von der Auswahl ab und nicht von der Zahl der Befragten. Ein Querschnitt von 500 Personen kann genauso repräsentativ sein wie einer von 20.000 (bei dem dann allerdings der statistische Fehler sehr viel kleiner ist). Bei der Suche nach den Befragten lassen sich zwei Wege unterscheiden:

- die *Zufallsauswahl* (nach den englischen Übersetzungen für Zufall und Wahrscheinlichkeit auch: Random- oder Probability-Stichprobe) und
- das *Quotenverfahren*.

Der Streit um die »richtige« Methode hat sich in Deutschland zu einer Art Glaubenskrieg entwickelt und zeitweise die gesamte Debatte über die Umfrageforschung geprägt. Dafür lassen sich mindestens zwei Gründe finden:

- die Konkurrenz zwischen den großen Instituten (in Allensbach wird in der Regel das Quotenverfahren genutzt, bei den anderen die Zufallsauswahl) sowie
- die Tatsache, dass keine der beiden Methoden die Anforderungen der Wahrscheinlichkeitstheorie erfüllen kann.

Die *Zufallsauswahl* entspricht dem Lotterieprinzip: Die Befragten werden »ausgelost«. Grundlage sind beispielsweise Adressen- oder Abonnentenlisten (vgl. Scholl 2003, S. 33–36). Theoretisch ist damit die Bedingung für die Wahrscheinlichkeitsrechnung erfüllt. Jeder hat die Chance, in die Stichprobe zu kommen. Praktisch aber gelingt es nie, alle ausgewählten Personen zu interviewen. Einige öffnen gar nicht erst die Tür, wenn ein Fremder klingelt, oder legen den Telefonhörer gleich wieder auf, andere sind krank oder den ganzen Tag unterwegs und selbst im dritten oder vierten Anlauf nicht zu erreichen. Obwohl gerade in der Medienforschung mit großem Aufwand versucht wird, die Stichprobe möglichst weit auszuschöpfen, gelten Ergebnisse von 70 Prozent als Erfolg. Auch eine *Gewichtung* hilft nicht wirklich weiter. Bei diesem Verfahren werden die Resultate umgerechnet, und zwar für die Gruppen, die in der Stichprobe zu stark oder zu schwach vertreten sind. Die Rentnerinnen, die sich befragen lassen, können aber niemals die Altersgenossinnen repräsentieren, die nicht zu einem Gespräch bereit waren. Dazu kommen all die Fehlerquellen, die sich unter dem Stichwort »Interviewermoral« zusammenfassen lassen. Bezahlt werden ausgefüllte Fragebögen und nicht die Fehlversuche. Warum also nicht die Ehefrau bitten, wenn das Los zwar ihren Mann getroffen hat, der aber nie zu Hause ist?

Beim *Quotenverfahren* übernimmt der Interviewer die Zufallsauswahl selbst. Er bekommt eine »Quote« vorgeschrieben (wie viele Männer sind zu befragen, wie viele Jugendliche, wie viele Angestellte, wie viele Großstädter usw.) und sucht sich danach die Leute aus (vgl. Scholl 2003, S. 36–38). Voraussetzung ist, dass die entsprechenden Proportionen der Grundgesamtheit bekannt sind, beispielsweise aus der amtlichen Statistik oder aus früheren Repräsentativbefragungen. Diese Form der Auswahl ist billiger als die oft komplizierten Auslosungsverfahren, nicht so zeitaufwändig und garantiert die Anonymität der Befragten (wichtige Argumente dafür). Dass die Quotenmethode tatsächlich nach dem Zufallsprinzip funktioniert, lässt sich aber nicht beweisen. Ihre Gegner führen ins Feld, dass Personen bevorzugt würden, die sich leicht ansprechen ließen und sympathisch wirkten, und dass die Interviewer bequem seien und deshalb jemand, der im Dachgeschoss wohne, keine Chance habe, befragt zu werden. Das Institut für Demoskopie Allensbach verweist dagegen auf zahlreiche Experimente, in denen keine dieser Vermutungen bestätigt worden sei, und auf seine genauen Wahlprognosen (Institut für Demoskopie 1998b, S. 1–8). Bei elf aufeinander folgenden Bundestagswahlen zwischen 1957 und 1998 habe man ein bis zwei Tage vorher eine Vorhersage veröffentlicht und im Durchschnitt nicht einmal einen Prozentpunkt danebengelegen (Noelle-Neumann 1999, S. 2f.). 2002 allerdings lieferte Allensbach dann die schlechteste aller Prognosen – möglicherweise, weil das Institut mit persönlichen und nicht wie die Konkurrenz mit Telefoninterviews gearbeitet hat und deshalb den Stimmungsumschwung kurz vor der Wahl nicht voll erfassen konnte. Wahlumfragen sind in gewisser Weise die Visitenkarten der Institute. Sie lassen sich leicht überprüfen, überzeugen auch Umfrage-Skeptiker und Umfrage-Gegner, und wer auf diesem schwierigen Feld Qualität abliefert, dürfte dies bei Konsumgütern oder Tageszeitungen erst recht tun.

Egal ob Quota oder Random: Beide Verfahren können sich nur schwer auf eine mathematische Theorie berufen, in der Praxis aber haben sich beide bewährt, und außerdem garantiert selbst eine perfekte Stichprobe keine gültigen Ergebnisse. Rolf Fröhner, der von 1954 bis 1960 das Emnid-Institut in Bielefeld leitete, hat schon damals vor dem »gefährlichen Exaktheitskomplex« der Meinungsforscher gewarnt. Selbst wenn man präzise Zahlen gewinne, müssten diese längst nicht sachlich richtig und bedeutsam sein (Fröhner 1956, S. 272). Mindestens genauso stark wie durch die Stichprobentechnik und die Zuverlässigkeit der Interviewer können Befragungsergebnisse verzerrt werden

• durch die Interessen des Auftraggebers und das Untersuchungsziel,
• durch die Frageformulierungen und den Aufbau des Fragebogens,
• durch die Befragungsmethode (persönlich, telefonisch, schriftlich, computergestützt) sowie
• durch das Umfrageverhalten.

In der Praxis lassen sich diese Einflüsse natürlich nicht voneinander trennen. Um die Frage und die Methode zu finden, mit denen sich die eigenen Interessen am besten umsetzen lassen, muss man etwas über das Umfrageverhalten wissen, und die Befragungsmethode verändert nicht nur den Ablauf des Interviews und die Reaktionen der Befragten, sondern auch die Stichprobe. Am Telefon werden andere Leute erreicht als bei Haustürbefragungen, es lassen sich keine Erinnerungshilfen vorlegen (zum Beispiel Titelköpfe von Zeitschriften), und die Dame, die dem hübschen Interviewer zuliebe noch regelmäßig ›Die Zeit‹ und den ›Spiegel‹ gelesen hat, wird der Telefonstimme vielleicht nichts von alldem erzählen und kurz angebunden sein, um das Gespräch so schnell wie möglich zu beenden.

Meinungsforschung in Deutschland

Die empirische Markt- und Meinungsforschung war in der Bundesrepublik von Anfang an eine Domäne kommerzieller Institute. Dass für Umfragen ein umfangreicher Apparat benötigt wird, hat das Entstehen besonderer Meinungsforschungsfabriken begünstigt. Den Universitäten fehlten für große Projekte Geld und Personal und oft auch Verständnis und Interesse. Ein Professor, der einen Mann auf der Straße interviewt, galt in den 1950er Jahren als undenkbar. In der Publizistik- und Kommunikationswissenschaft haben sich empirische Methoden erst ab Mitte der 1960er Jahre durchgesetzt (Klein 2004).

Gerhard Unholzer (Infratest) hat die *kommerzielle Medienforschung* verteidigt. Verlagseigene Abteilungen seien oft zu nah am Geschehen, um bestimmte Dinge sehen zu können, und würden außerdem ahnen, was die Chefetage wolle, und sich entsprechend einrichten. Dazu komme, dass die Privat-Institute für mehrere Auftraggeber arbeiten und so auch auf anderen Feldern Wissen akkumulieren könnten (Meyen 2000a, S. 45). Unholzer hat hier natürlich pro domo gesprochen. Ein Institut, das sich am Markt behaupten muss, kann nur das untersuchen, was bezahlt wird oder wenigstens einen Image-Gewinn verspricht und so beim Kampf um Aufträge hilft. Entscheidend sind folglich nicht wissenschaftliche Fragen, sondern die Interessen der Auftraggeber (deren Wünsche außerdem nicht nur der Verlagsangestellte kennt). Der Auftraggeber wiederum kauft die Daten und wird sie in der Regel nur dann veröffentlichen, wenn es ihm nutzt. Der Wettbewerb zwischen den Instituten dürfte zwar Scharlatane ausschließen, zugleich aber drückt er auf den Preis und gefährdet damit tendenziell die Qualität (wenn beispielsweise aus Kostengründen auf Kontrollen verzichtet wird).

Das *Institut für Demoskopie Allensbach* reklamiert hier allerdings für sich eine Sonderstellung. Institutsgründerin Elisabeth Noelle-Neumann hat gesagt, dass sie nach ihrer Dissertation (Noelle 1940) dachte, wie herrlich es sein müsse, in Deutschland Meinungsforschung zu betreiben. Nach dem Krieg habe sie dann versucht, die Methode an der Universität zu verankern, die Pläne seien aber an den nötigen Finanzmitteln gescheitert. Noelle-Neumann sieht ihr Institut als wissenschaftliche Einrichtung, als eine Art Brücke zwischen kommerzieller und akademischer Forschung. In Allensbach seien die Gewinne von Anfang an nicht entnommen, sondern zu großen Teilen in die Grundlagenforschung gesteckt worden. Seit 1947 habe es hier rund 6.000 Fragebogen-Experimente gegeben, mehr als sonst irgendwo auf der Welt. Allensbach stehe für neutrale, wissenschaftlich saubere Analysen. Für diese Argumentation sprechen nicht nur die vielen wissenschaftlichen Veröffentlichungen aus dem Institut, sondern auch die Person Noelle-Neumanns selbst, die die Verbindung zwischen Universität und Meinungsforschung gewissermaßen verkörpert, sowie die Rolle, die die Konzeption der Studien in Allensbach spielt. Keines der anderen deutschen Institute steckt auch nur annähernd so viel Geld und Gedankenarbeit in die Fragebogenkonstruktion (Meyen 2000a, S. 45f.).

Die *Konkurrenz zwischen den Instituten* führt trotzdem dazu, dass Umfragen aus verschiedenen Einrichtungen kaum vergleichbar und damit auch nicht kontrollierbar sind. Über ein inzwischen klassisches Beispiel berichtete 1987 der Soziologe Friedhelm Neidhardt. Er hatte vergeblich versucht, fünf Befragungen zum Thema Jugend zusammenzufassen. Die Institute hätten nicht nur unterschiedliche Altersvorstellungen von der »Jugend« gehabt (einmal 15 bis 30 Jahre, dann wieder 13 bis 24 oder 15 bis 19), sondern auch unterschiedliche Fragestellungen verwendet. An einer Stelle habe ein Wort den ganzen Sinn der Frage verändert, einmal seien Mehrfachnennungen möglich gewesen, einmal nicht. Es ist eben keineswegs das gleiche, ob man etwas über Einstellungen zu »Hausbesetzern« wissen will oder zu »Hausbesetzern/Instandsetzern«. Der Zusatz hebt die Zustimmung und verhindert, aus den Umfragen auf irgendwelche Trends zu schließen (Neidhardt 1987).

Das letzte Beispiel verweist bereits auf die überragende *Bedeutung der Frage*. Da ihre Formulierung die Antworten prägt, gehören Umfrageergebnisse ohne Fragetext eigentlich in den Papierkorb (Noelle-Neumann 1957, S. 21). Was ist

Abbildung 12

Sollen ARD und ZDF auf Werbung verzichten?	
Die Abschaffung der Werbung bei ARD/ZDF mit Ausgleich durch höhere Rundfunkgebühren…	
würde ich begrüßen	12
würde ich nicht begrüßen	86
ist mir egal	2
	100

Media Markt Analysen. Juni 1999. Personen ab 14 Jahren, die mindestens einmal in der Woche fernsehen. N =1.968. Frageformulierung nicht mitgeteilt. Angaben in Prozent. Quelle: Hofsümmer/Horn 1999, S. 446

gewonnen, wenn die Werbeabteilungen von ARD und ZDF die Fernsehzuschauer (einen repräsentativen Querschnitt!) ganz allgemein fragen lassen, ob sie für ein werbefreies öffentlich-rechtliches Fernsehen höhere Rundfunkgebühren bezahlen würden (Abbildung 12)? Hatte jemand im Juni 1999, bei schwacher Konjunktur und notorischem Gejammer über die Preisspirale, ernsthaft Jubel erwartet? Die Auftraggeber jedenfalls haben aus den Zahlen herausgelesen, dass »sich die Zuschauer klar und eindeutig für die Beibehaltung der Mischfinanzierung« aussprechen würden (Hofsümmer/Horn 1999, S. 446). Das erwünschte Ergebnis – erzielt mit einem Taschenspielertrick. Wer sagt, dass der Wegfall der Werbung im öffentlich-rechtlichen Bereich automatisch höhere Gebühren nach sich ziehen muss? Und vor allem: Um wie viel Geld geht es denn? 1999 musste ein Haushalt für Fernsehen und Hörfunk im Monat 28,25 Mark zahlen. Rund 90 Prozent der Einnahmen von ARD und ZDF kamen aus dieser Quelle und nur rund zehn Prozent aus der Werbung. Im Fall der Fälle macht das drei Mark und ein paar Pfennige pro Haushalt und Monat. Wie hätten die Menschen reagiert, wenn man sie darauf in der Frage ebenso hingewiesen hätte wie auf bestimmte Sparmöglichkeiten (Sportrechte usw.)?

Meinungsforschung ist immer interessengeleitete Forschung. Sie produziert Herrschaftswissen und wird für interne Machtkämpfe genauso gebraucht wie für die Außendarstellung. Sind Befragungsergebnisse schon deshalb nicht wie Tatsachen zu interpretieren, gilt dies bei Studien zum Thema Mediennutzung um so mehr, weil das *Umfrageverhalten* hier besonders problematisch ist:

- Lesen, Fernsehen und Radiohören sind in den Alltag integriert und ritualisiert, oft nur Paralleltätigkeiten oder Pausenfüller. Dass dies bei Befragungen die Erinnerung erschwert, wurde bereits in Kapitel 1 dargelegt (vgl. S. 18).
- Mediennutzung ist außerdem mit starken Prestigewerten belegt. Das »gute Buch« wird öffentlich hochgehalten, das Fernsehen dagegen hat ein Legitimationsproblem. Dies wirkt sich bis in Forschungsberichte aus. Rückgänge bei den Tageszeitungen und beim Lesen überhaupt sind ebenso »Anlass zur Besorgnis« wie hohe Quoten von flachen Unterhaltungsshows. Warum also soll der Gebildete nicht ein paar Fernsehsendungen weniger nennen und mit Lektüreerlebnissen imponieren wollen?

Die Medienwissenschaftler Joachim Friedrich Staab und Ursula Hocker, die in einer Pilotstudie 26 Fernsehzuschauer interviewt haben, fanden eine »Verzerrung zugunsten des Vernünftigen und sozial Anerkannten«. Jeder habe eine Vorstellung von dem, was eine wertvolle und was eine triviale Sendung sei. Als verwerflich gelte Fernsehen vor allem bei hoher Sehdauer und dann, wenn in erster Linie Unterhaltungssendungen konsumiert würden. Dagegen hätten Informationsprogramme, Reise- und Kulturmagazine, Tiersendungen und Konzerte ein positives Image. Der Interviewpartner gebe deshalb häufig nicht zu, dass er vor allem zur Unterhaltung fernsehe, sondern antworte »vernünftig« – entsprechend den gesellschaftlich akzeptierten Vorstellungen vom Fernsehen. Staab und Hocker wiesen außerdem darauf hin, dass ein Gespräch die Zuschauer automatisch zwinge, nach Argumenten zu suchen und auch »sinn-losem« Fernsehen einen »Sinn« zu geben. Die Befragten würden ständig versuchen, das eigene Handeln, die eigene Meinung vor sich selbst und vor dem Interviewer zu begründen (Staab/Hocker 1994, S. 162f.). Ein Fragebogen erleichtert dabei allen Beteiligten die Arbeit. Die vorgegebenen Kategorien funktionieren wie ein Anker, da sie scheinbar alle Verhaltensmöglichkeiten abdecken und außerdem Hinweise auf sozial erwünschte Antworten liefern (Schmid/Schweiger 1999, S. 555).

Die Gefahr, Artefakte zu produzieren, besteht natürlich nicht nur beim Fernsehen und nicht nur bei standardisierten Befragungen. Der Besitz und die Nutzung von wünschenswerten Dingen werden generell übertrieben, und Motive haben stets ein bestimmtes Image, sind oft unbewusst und liegen außerdem so nah am Intimbereich, dass ihre Erkundung zu den schwierigsten Forschungsfeldern überhaupt gehört. Was soll man davon halten, wenn Leserinnen von Liebesromanen zwar ihr Vergnügen an der Phantasie nennen, dann aber sagen, dass sie sich bei der Lektüre weiterbilden wollen und etwas über ferne Orte und andere Zeiten erfahren möchten (Radway 1987)? Spiegeln Umfrageergebnisse nicht immer eher gesellschaftliche Erwartungen als die Wirklichkeit?

2.3 Standarduntersuchungen

Die Motive der Menschen sind weder für Media Analyse und Allensbacher Werbeträger-Analyse noch für die Fernsehforschung der Gesellschaft für Konsumforschung in Nürnberg (GfK) ein Thema. Bei allen Unterschieden in der Organisationsform und im methodischen Herangehen: Diese drei Standarduntersuchungen zur Mediennutzung liefern lediglich Informationen über die Reichweite (Wie viele Menschen werden von den Medien erreicht?) und über die Struktur des Publikums (Wie setzt sich der Personenkreis zusammen, der von den einzelnen Blättern und Programmen erreicht wird?). Dabei geht es nicht um eine wissenschaftliche Bestandsaufnahme, sondern darum, der Werbewirtschaft die Verteilung ihrer Budgets zu erleichtern.

Die Langzeitstudie Massenkommunikation ist dagegen mit einem anderen Ziel gestartet worden. Sie sollte den öffentlich-rechtlichen Rundfunkanstalten helfen, einen medienpolitischen Angriff der Verleger abzuwehren, und konzentrierte sich deshalb auf die Konkurrenz zwischen Rundfunk und Tagespresse sowie auf die Leistungen der Medien bei der politischen Information.

Die Arbeitsgemeinschaft Media Analyse

Otmar Ernst, der länger als drei Jahrzehnte die Marktforschungsabteilung des Axel-Springer-Verlages leitete, hat die Arbeitsgemeinschaft Media Analyse (AG.MA, www.agma-mmc.de) mit einem Augenzwinkern als »institutionalisierte Gesellungsform von Werbungtreibenden, Werbemittlern und Werbeträgern« definiert und ihre Existenz vor allem darauf zurückgeführt, »dass man ihre Nicht-Existenz als das größere Übel ansehen würde.« Die Arbeitsgemeinschaft finanziere »große, jährlich stattfindende demoskopische Experimente«, die ihr theoretisches Ziel – die Ermittlung diverser Medienreichweiten – stets verfehlen würden. Wie weit die Ergebnisse an der Wirklichkeit vorbeigingen, sei jedoch unklar, da man eben diese Wirklichkeit gar nicht kenne. Ernst sprach dann noch von »Naturereignissen«, die die »media-analytische Pseudorealität« verschieben könnten, und nannte Veränderungen im Befragungsmodell, Druckfehler im Fragebogen und Personalwechsel (Ernst 1974, S. 16f.). Die Arbeitsgemeinschaft Media Analyse vereint *alle Zweige der Medienindustrie*: öffentlich-rechtliche und private Rundfunkveranstalter, Zeitungs- und Zeitschriftenverlage, Werbeagenturen und Werbetreibende. Über das Erhebungsinstrumentarium wird im Konsens entschieden, wobei die Agenturen und Werbetreibenden ein Vetorecht haben. Dabei gibt es mehrere *Konfliktlinien*, die teilweise miteinander verwoben sind:

- Die Werbewirtschaft wünscht vergleichbare Daten, möglichst über alle Mediengattungen hinweg.
- Der Druck der Werbewirtschaft zwingt die Medieninhaber zu Gemeinschaftsuntersuchungen und folglich zur Zusammenarbeit mit der Konkurrenz. Dabei gilt es nicht nur, die Interessen der eigenen Produkte zu vertreten (zum Beispiel ›Focus‹ gegen ›Spiegel‹ oder ›Stern‹), sondern zugleich die Interessen der ganzen Mediengattung (Publikumszeitschriften gegen das Fernsehen oder die Boulevardpresse).
- Zumindest bei Hörfunkprogrammen und Zeitschriften wirken sich die Ergebnisse der Media-Analyse direkt auf die Werbepreise und damit auf die Einnahmen aus. Da die Ergebnisse jedoch sehr stark von den Erhebungsmethoden abhängen, verschiebt jede Veränderung das Kräfteverhältnis: Der Vorteil des einen Marktteilnehmers ist der Nachteil des anderen.

Für Sprengstoff ist also gesorgt, und vielleicht hat Otmar Ernst deshalb 1989 den lieben Gott gebeten, seine Hand weiter über die Arbeitsgemeinschaft Media Analyse zu halten (Ernst 1989, S. 156). Dass die AG.MA mehrere Zusammenbruchsprognosen überlebt hat, lag allerdings weniger am himmlischen Beistand, als vielmehr daran, dass das *Interesse der Medieninhaber an einer Gemeinschaftsuntersuchung* stets stärker war als der Egoismus:

- Eine einheitliche »Währung« erleichtert den Werbetreibenden (und damit den wichtigsten Kunden) die Arbeit und stärkt außerdem die Position der Medien insgesamt. Ein Daten-Wirrwarr könnte dazu führen, dass die Werbewirtschaft die Leistungsfähigkeit der Medien grundsätzlich in Frage stellt.
- Die Ergebnisse können nur dann »Währungscharakter« bekommen und allgemein akzeptiert werden, wenn sich alle Marktteilnehmer vorher geeinigt haben.
- Bei einer Gemeinschaftsuntersuchung werden die Kosten geteilt. Diese Organisationsform erlaubt außerdem (teure) methodische Experimente, die helfen, das Instrumentarium zu verfeinern und Zweifel an den Ergebnissen zu zerstreuen.

Die Ergebnisse dieser Experimente fließen genauso in die »*Währung*«, in das jeweils gültige Erhebungsinstrumentarium, ein wie die Machtverhältnisse innerhalb der Arbeitsgemeinschaft. Da sich die Mehrheiten hier ebenso wandeln wie die Medienlandschaft und der Stand der Marktforschung, sind Vereinbarungen immer nur kurzfristig gültig. Mit anderen Worten: Die Ergebnisse der Media Analyse erlauben keine Langzeitstudien. Manchmal ist wegen methodischer Veränderungen nicht einmal der Vergleich mit den Zahlen aus dem Vorjahr möglich.

Eigentlich ist es falsch, das Wort »Media Analyse« in der Einzahl zu verwenden, denn die vorgelegten Daten stammen aus drei verschiedenen Quellen. 1987 hat die AG.MA das sogenannte *Partnerschaftsmodell* eingeführt und die Reichweitenermittlung für Printmedien und elektronische Medien getrennt. Seitdem gibt es zwei Untersuchungen in unterschiedlichen Stichproben. In beiden »Tranchen« werden jeweils mehrere zehntausend Erwachsene befragt (ab 14 Jahren, Zufallsauswahl). Die Fernsehveranstalter haben daneben ein eigenes Forschungssystem etabliert und sich zusätzlich in der Arbeitsgemeinschaft Fernsehforschung organisiert. Die im Fernsehpanel ermittelten Zuschauerreichweiten (vgl. S. 92–98) fließen ebenso in eine Datenbank für die Multimediaplanung ein wie die Ergebnisse der Pressemedientranche (Zeitschriften, Tageszeitungen, Kino) und der Elektronischen Medientranche (Hörfunk) der MA. Die Reichweiten für einzelne regionale Abonnementzeitungen setzen sich dabei aus mehreren Befragungsjahrgängen zusammen, da selbst die großen Fallzahlen der Media Analyse nicht reichen, um in jeder Gegend genügend Interviews führen zu können.

Die Methode der *Stichprobenfusion* ist allerdings umstritten. Die Zusammenführung erfolgt über sogenannte »Bindeglieder« – die soziodemographischen
Merkmale, die Haushaltsausstattung, das Freizeitverhalten und allgemeine Angaben zur Mediennutzung (Scholl 2003, S. 240). Zu jedem Befragten aus der
ersten Stichprobe wird in der zweiten derjenige gesucht, der ihm am ähnlichsten
ist, und angenommen, dass beide auch bei allen anderen Merkmalen überein-
stimmen (Hess 1996, S. 180f.). Die 30-jährige Großstadt-Frau mit Hochschulabschluss und zwei Kindern, die gern ausgeht und einen Kühlschrank hat, aber
keinen Fernseher, wird zwar in der Hörfunktranche nicht gefragt, welche Zeitschriften sie liest, die MA aber weiß dies trotzdem, weil das Ebenbild in der Presse-
tranche ›Computer-Bild‹, ›Bravo Girl‹ und ›TV Movie‹ genannt hat.

Die Media Analyse kostet rund acht Millionen Euro im Jahr. Aus der Verteilung der Lasten lässt sich die Bedeutung ablesen, die die Zahlen für die einzelnen
Medienbereiche haben. Hörfunkveranstalter und Zeitschriftenverleger tragen jeweils rund 40 Prozent, Tageszeitungen und Fernsehen jeweils rund zehn.

MA-Pressemedientranche

Während die TV-Einschaltquoten elektronisch gemessen werden, spiegeln die
Daten der beiden MA-Tranchen das wider, woran sich die Befragungspersonen
erinnern konnten oder wollten. Von den Auserwählten wird dabei Außerordent-
liches verlangt. In der Pressemedientranche ging es zuletzt um rund 180 Zeitschriften. Der Interviewer will nicht nur wissen, welche Blätter gelesen worden
sind, sondern auch noch, wann dies war. Was für die Mediaplanung entscheidend
ist, interessiert den Leser jedoch nur am Rande. Da für ihn Lesestoffe wichtiger
sind als das Medium, vergisst er Informationsquellen normalerweise schneller als
deren Inhalte. Die US-Sozialpsychologen Carl Hovland und Walter Weiss haben
dies schon Anfang der 1950er Jahre entdeckt und das Phänomen *Sleeper-Effect*
genannt. Sie hatten einigen Versuchspersonen zwei Zitate zum Thema Atom-
U-Boote gegeben: Eins stammte vom Physiker Robert Oppenheimer, das andere
aus der sowjetischen Parteizeitung ›Prawda‹. Nach einer Weile (nach dem »Über-
schlafen«) verblasste die Erinnerung an die Quellen, so dass die ›Prawda‹-Argu-
mente nachträglich an Überzeugungskraft gewannen (Hovland/Weiss 1951). Noch
schlechter als das Quellengedächtnis des Menschen funktioniert sein Zeitgedächtnis (Wiegand 1996, S. 21, 29).

Die MA arbeitet deshalb mit *Erinnerungshilfen*. Den Befragten werden farbige
Titelkarten vorgelegt (Abbildung 14). Haben sie das Blatt schon einmal in der

Hand gehabt, wird nach dem Zeitpunkt gefragt (»Wann zuletzt durchgeblättert oder gelesen?«, vgl. Abbildung 16). Um als »Leser« eingestuft zu werden, muss man das Blatt also nicht einmal flüchtig gelesen haben. Blättern genügt. Oder noch genauer: Es genügt, zu sagen, man habe geblättert. Kontrollieren kann dies der Interviewer nicht. »*Leser pro Nummer*« sind alle diejenigen, die angeben, im letzten Erscheinungsintervall (bei einer Wochenzeitschrift: in den letzten sieben Tagen) mit dem jeweiligen Blatt in Berührung gekommen zu sein, und folglich mit einer einmaligen Anzeige erreicht werden können. Ein solches Einzel-Inserat ist aber eher die Ausnahme. Normalerweise belegt die Werbewirtschaft einen Werbeträger im Rahmen einer Kampagne mehrfach und möchte wissen, wie viele zusätzliche Leser pro Inserat eingesammelt werden (*Kumulation*). Deshalb wird in der MA auch die Lesehäufigkeit ermittelt. Zum »*weitesten Leserkreis*« eines Blattes gehören alle, die mindestens eine der letzten zwölf Ausgaben gelesen oder durchgeblättert haben. Die Kumulation ist keineswegs bei allen Blättern gleich.

Abbildung 13

Grundbegriffe der Leserschaftsforschung	
Leser	Person, die ein Blatt durchgeblättert oder gelesen hat
Leser pro Nummer	Alle Personen, die im Erscheinungsintervall (bei Wochenzeitschriften: sieben Tage) mit irgendeiner Ausgabe des Blattes Kontakt haben
Leser pro Ausgabe	Entspricht dem Leser pro Nummer. Während dieser aber eine empirische Größe ist, wird der Leser pro Ausgabe errechnet
Leser pro Exemplar	Zahl der Personen, die ein durchschnittliches Exemplar lesen. Berechnung: Leser pro Ausgabe dividiert durch die Auflagenzahl
Kumulation	Zuwachs an Lesern bei mehrfacher Insertion
Weitester Leserkreis	Alle Personen, die im zwölffachen Erscheinungsintervall (bei Monatszeitschriften: ein Jahr) mindestens eine Ausgabe durchgeblättert oder gelesen haben

Während zwölf Anzeigen in Folge in der Illustrierten ›Stern‹ mehr als dreimal so viele Menschen erreichen wie ein einziges Inserat, ist der Zuwachs bei regionalen Abonnementszeitungen, die sehr viele regelmäßige Leser haben, minimal (Schulz 2002, S. 190f.).

»Schütteln, umrühren, fertig«, schrieb die ›Süddeutsche Zeitung‹ im August 2000 über die *Zeitschriftendaten der MA* und verglich die Branche mit einem Geheimbund, der sich an ein Zahlenwerk klammere, das eher Horoskop-Charakter habe. Auch wenn die Marktforscher sicher ihr Bestes geben würden: Mit einem normalen Thermometer könne man eben die Temperatur einer Ameise nicht messen (Pfannenmüller 2000):

Nachteil

- Ein MA-Interview dauert im Schnitt knapp eine Stunde und findet im Haushalt des Befragten statt. Wer wenig Zeit hat und viel Arbeit, ist entweder sowieso nicht zu Hause oder weigert sich. In der Stichprobe fehlen vor allem höher Gebildete, Junge und Aktive. »Schütteln« und »Umrühren« (Gewichtung und Hochrechnung) können diesen Mangel nicht beseitigen.

Abbildung 14

Media Analyse: Zeitschriften-Titelkarten

- Das Gespräch ist für den Befragten ermüdend. Er lernt schnell, dass ihm jedes »Ja« Nachfragen einbrockt. Das Antwortverhalten wird deshalb auch vom Interesse an dem Gespräch und vielleicht an der Person des Interviewers geprägt. Um Vorteile für einzelne Blätter zu vermeiden, werden die Titelkarten stets neu gemischt.

- Es gibt Belastbarkeitsgrenzen. Je mehr Titel in das Interview einbezogen werden, um so geringer sind tendenziell die Reichweiten. Dabei werden aber nicht alle Zeitschriften gleichermaßen »geschädigt«, sondern es sind vor allem die Blätter betroffen, die seltener erscheinen (alle 14 Tage oder nur einmal im Monat) und deshalb nicht so regelmäßig gelesen werden. Hier sind die Ergebnisse genauso »manipulierbar« wie durch Veränderungen der Antwortkategorien auf die Frage nach dem letzten Lesen (Tennstädt/Hansen 1982, Tennstädt 1984).

- Jede Zeitschrift hat ein bestimmtes Image. Billig-Heftchen leiden unter einem »Bekenner-Defizit«, andere profitieren von einem »Angeber-Bonus«. Welcher Mann, der etwas auf sich hält, sagt einer Frau, er lese oft in der ›Praline‹, habe aber seit Ewigkeiten nicht im ›Spiegel‹ geblättert?

- Quellen- und Zeitgedächtnis des Menschen sind mangelhaft. Die Titelkarten können außerdem leicht verwechselt werden, gerade bei solchen Blättern, die der Befragte nicht regelmäßig liest. Auch die Vorlage von kompletten Originalheften (bei 180 Titeln schon wegen des Gewichts nicht möglich) würde dieses Problem nicht lösen. Bei entsprechenden Tests kamen selbst Zeitschriften, die noch gar nicht am Kiosk gewesen waren, auf hohe Leserzahlen (Wiegand 1996, S. 26).

Nach der Veröffentlichung der MA 2004 I gab es heftige Kritik vom ›Spiegel‹. Obwohl die Auflage des Hamburger Nachrichtenmagazins gestiegen war, hatte sich der Reichweitenrückstand zum Konkurrenten ›Focus‹ vergrößert. ›Focus‹ kam auf 7,9 Leser pro Exemplar, ›Der Spiegel‹ dagegen nur auf 5,5. Im Fachblatt ›werben & verkaufen‹ wurde ein Zusammenhang mit den Werbestrategien der beiden Blätter vermutet. Während ›Der Spiegel‹ vor allem in der Presse werbe und so den Verkauf fördere, würden die TV-Spots von ›Focus‹ imagebildend wirken, sich in den Köpfen der Menschen festsetzen und sich dann beim MA-Interview auszahlen (Feldmeier 2004). Egal ob man solchen Überlegungen folgt oder nicht: Ein Beleg für die *Schwächen des MA-Instrumentariums* sind die »Institutshandschriften«. Obwohl alle Institute, die an der MA beteiligt sind, den gleichen Fragebogen verwenden, kommen sie bei einzelnen Blättern zu stark voneinander abweichenden Werten (Schulz 2002, S. 193). Die Werbewirtschaft kritisiert die

Presse-MA noch aus einer ganz anderen Richtung. Der bloße Kontakt mit einer Zeitschrift sagt wenig über die Chancen einer Anzeige. Zwar lässt sich aus dem »Leser pro Nummer« oder dem »Leser pro Ausgabe« ein »Leser pro Seite« machen (über die Frage nach der »Lesemenge«: etwa drei Viertel des Blattes, etwa die Hälfte usw.) und sogar ein »Leser pro werbungführender Seite« (in Copy-Tests außerhalb des eigentlichen MA-Interviews, bei denen mit den Befragten einzelne Ausgaben Seite für Seite durchgeblättert werden), aber

- erstens sind die Methoden umstritten (kann früheres Verhalten per Copy-Test überhaupt nachvollzogen werden?),
- zweitens ist der zusätzliche Nutzen gering, da es zwischen den einzelnen Blättern keine großen Unterschiede gibt. Die Zahlen für den »Leser pro Seite« zum Beispiel liegen stets bei rund 75 Prozent des Reichweitenwertes (hat eine Zeitschrift eine Million Leser, sehen wahrscheinlich 750.000 Menschen die ganzseitige Anzeige).
- Und drittens kommt Widerstand von den Funkmedien, die Wettbewerbsnachteile befürchten. Einem Spot ist schneller ausgewichen als einer Anzeige, weshalb es für das Fernsehen günstiger ist, den »Seher pro halber Stunde« mit einem »Leser pro Ausgabe« zu vergleichen als einen Seher pro Werbeblock mit einem Leser pro Anzeigenseite (Müller 1997a, S. 323–328).

Das mehrfache Blättern im gleichen Blatt, eine wichtige Stärke der Printmedien, lässt sich noch schwerer erfassen. Die eigentliche *Crux der Leserschaftsforschung* aber ist das Fehlen eines Eichinstruments. Die Resultate lassen sich nicht überprüfen – man kennt, um wieder auf Otmar Ernst zurückzukommen, die Wirklichkeit nicht. Der Traum der Marktforscher wäre sicher eine Art »Big Brother« für Mediennutzer: eine Mini-Kamera, vielleicht in einer Armbanduhr, die nicht nur aufzeichnet, was ihr Träger liest, sieht und hört, sondern auch, was er einkauft. Selbst wenn dies eines Tages technisch möglich und für die Medienindustrie bezahlbar sein sollte, selbst wenn alle ethischen Bedenken übertönt werden und sich genügend Leute finden, die mitmachen (allein in der MA-Pressemedientranche werden pro Jahr rund 40.000 Interviews geführt), selbst dann bliebe die Frage, ob denn nun diese Resultate »echt« seien oder nicht doch schon verzerrt allein durch das Wissen um die Kamera.

Wolfgang Ernst, nicht mit Otmar Ernst verwandt, aber ebenso ein Pionier der Mediaforschung in Deutschland, hat Anfang der 1950er Jahre in Hamburg mit einer »Hörerfamilie« experimentiert. Zu dieser Familie gehörten rund 3.000 Hörer, die regelmäßig schriftlich zu ihren Radiogewohnheiten befragt und um ein Urteil zu einzelnen Sendungen gebeten wurden. Viel herausgekommen ist dabei nicht. Ernst meinte, dass jeder Dritte die Mitarbeit als Ehrenpflicht aufgefasst und sich als Beauftragter des Rundfunks gefühlt habe. Diese Leute hätten angefangen, in jeder freien Minute vor dem Radio zu sitzen, um auch ja auskunftsfähig zu sein. Man habe ihnen weder beibringen können, dass sie weiterhin »normal« hören sollen, noch seien sie einfach aus der Familie herauszudrängen gewesen, da dies einer Beleidigung geglichen hätte (NWDR-Hörerforschung 1951).

Eine Bewertungskommission der AG.MA hat Mitte der 1990er Jahre festgestellt, dass die eigene Methode zur Ermittlung der Leserschaftsdaten keinen internationalen Vergleich zu scheuen brauche, und vorgeschlagen, das Interview vor allem durch den Einsatz von Computern zu verbessern (Wiegand 1996, S. 87–89). Bei *CAPI-* (Computer Assisted Personal Interviewing) oder *CASI-Untersuchungen* (Computer Assisted Self-Interviewing) kommt der Interviewer nicht mehr mit Papier und Bleistift ins Haus, sondern mit einem Laptop oder Pentop. Die AG.MA hat dieses Verfahren seit Anfang der 1990er Jahre getestet und bei der Befragungswelle im Herbst 2003 und im Winter 2004 erstmals zehn Prozent der Interviews auf CASI umgestellt. Eingesetzt wurden Geräte mit Touchscreen, bei denen die Befragten unbeobachtet eingeben können, was sie lesen. Der Interviewer, der bei der CAPI-Technik das Gerät bedient, erklärt bei CASI nur die Handhabung und hilft bei Rückfragen (Wiegand 1996, S. 63; Ritter 2002). Das hat mehrere *Vorteile*:

- Der vielleicht wichtigste: Der Einfluss des Interviewers wird reduziert und damit auch der Einfluss von Prestigedenken und Normvorstellungen. Es ist anzunehmen, dass die Befragten »ehrlicher« antworten.
- Der Befragte empfindet die Situation als attraktiver. Die Pentop-Technologie erlaubt es, das Interview abwechslungsreicher zu gestalten (zum Beispiel über programmierte Töne und Bilder).
- Die Verwechslungsgefahr sinkt, da die Titelkarten durch aktuelle Titelseiten ersetzt werden können. Dies scheiterte bisher vor allem daran, dass sich eine Erhebungswelle über mehrere Wochen hinzieht und es zu aufwändig wäre, jeden Interviewer dauernd mit neuen Titelblättern zu versorgen.
- Die Daten kommen schneller vom Interviewer zum Institut und umgekehrt. Für den Interviewer wird die Arbeit leichter.

Der Einsatz von Pentops löst natürlich längst nicht alle Probleme – und teilweise schafft er neue. Jede Methode sucht sich ihre eigene Stichprobe und ruft bei den Untersuchungspersonen bestimmte Reaktionen hervor, die das Ergebnis beeinflussen. Bringt der Interviewer einen Computer mit, scheiden Haustürgespräche aus. Die Testergebnisse deuten zwar darauf hin, dass Leute ohne Computererfahrung mit den Geräten klarkommen (Ritter 2002, S. 5f.), aber die Hemmschwelle lässt sich nicht wegdiskutieren. Papier und Bleistift sind außerdem billiger. Und vor allem: Auch Pentop-Ergebnisse können nicht besser sein als das Gedächtnis der Befragten und als der Fragebogen. In der AG.MA entscheiden ohnehin nicht allein Vor- und Nachteile über den Einsatz einer bestimmten Methode. Wenn Erotik- und Yellow-Press-Titel bei Pentop-Interviews tatsächlich an Reichweite gewinnen und Prestigeblätter wie ›Der Spiegel‹ oder ›Focus‹ verlieren, ist die Interessenlage klar. Der »schleichende Einsatz« von CASI (im ersten Schritt zehn Prozent aller Interviews) garantiert außerdem, dass die Veränderungen gegenüber den letzten kompletten Face-to-Face-Studien nicht allzu groß ausfallen.

Während bei Redaktionsschluss des Buches noch nicht entschieden war, ob der Anteil der CASI-Fallzahlen 2005 erhöht wird, hatten die AG.MA-Gremien bereits beschlossen, mit der 2. Welle 2004 ein *Titelsplitting* vorzunehmen. Die 180 Zeitschriften werden in drei gleich große Gruppen aufgeteilt. In jedem Interview geht es dann um zwei Gruppen – also 120 Titel. Die jeweils nicht abgefragten Blätter werden später in einem Fusionsverfahren übertragen. Vorbereitet wurde diese Reform in einer repräsentativen Test-Untersuchung mit 13.000 Personen. Aus den Verlagen kamen positive Reaktionen:

- Die Ermüdungsgefahr sinkt mit der Titelzahl. Das steigert die Zuverlässigkeit der Erhebung und dürfte sich positiv auf die Reichweiten für die Einzeltitel auswirken. Branchenexperten schätzen ein Plus von zehn Prozent – nicht wenig in Zeiten der »Medienkrise«.
- Durch die Datenfusion verbessern sich die Auswertungsmöglichkeiten. Umfasste ein Pressemediendatensatz bis zur MA 2004 I rund 26.000 Fälle, sind ab der MA 2005 I Zählungen und Berechnungen auf der Basis von 39.000 Fällen möglich.

Elektronische Medientranche der MA

Wie die Zeitschriften-Reichweiten stützen sich auch die Hörfunkdaten der MA auf das Gedächtnis der Befragten. Dabei wird nach dem *Stichtags-Modell* vorgegangen und der »Tagesablauf gestern« im Viertelstundentakt rekonstruiert. Was haben Sie gestern morgen zwischen 5 und 5.15 Uhr gemacht? Waren Sie zu Hause? Haben Sie geschlafen, gegessen, gearbeitet? Haben Sie Radio gehört, und wenn ja, welchen Sender? Was ist dann zwischen 5.15 und 5.30 Uhr passiert? Haben Sie das Gerät ausgemacht oder umgeschaltet, sind Sie aus dem Zimmer gegangen? Wie ging es bis 5.45 Uhr weiter? Neben einem knappen Dutzend »Leittätigkeiten« von der Körperpflege über Schule, Job und Studium bis hin zu Besorgungen wird auch nach der Haushaltsausstattung gefragt, nach Freizeitinteressen und Einkaufsgewohnheiten sowie nach der Nutzung von TV und PC, Videos und Tonträgern (der komplette Fragebogen für 2003 ist abgedruckt in: Müller/Wiegand 2003, S. 203–231).

Auch wenn es zunächst einfacher scheint, sich an gestern zu erinnern als an den Lesestoff einer ganzen Woche oder gar des letzten Vierteljahres, sind die *Probleme* hier nicht kleiner als im Zeitschriften-Bereich. Jeder kann das in einem Selbstversuch testen: Wie hießen doch gleich die Sender auf der Autobahn? Woher kam der Verkehrsfunk, der die Lieblingskassette unterbrochen hat? War ich 10.45 Uhr tanken oder doch 11.15 Uhr? Lief in der Raststätte das Radio oder eine CD? War da überhaupt Musik? Nun mag der Autobahn-Trip ein schlechtes Beispiel sein, weil er aus der Alltagsroutine herausfällt. Die Programme von Radiowecker und Küchenradio kennt jedes Kind im Schlaf, und wer 6.30 Uhr aufsteht, kommt um 6.45 Uhr aus dem Bad und hat um sieben seine Toastscheibe auf dem Teller. Was aber, wenn es gerade »gestern« anders war? Wenn Muttern ausnahmsweise vergessen hat, auf den Knopf zu drücken? Wird sich der Befragte bei einem Stichtag-Interview nicht immer eher an seinen »normalen« Tagesablauf klammern, an das, was er immer macht, als zu sagen, was tatsächlich passiert ist? Und die Frage aller Fragen: Was ist »Radiohören«? Die Spannweite reicht von der Konzertübertragung, für die das Wohnzimmer verdunkelt und das Telefon abgestellt wird, bis zu den nervenden Geräuschfetzen von der Baustelle nebenan. Dazu kommen ähnliche Schwierigkeiten wie in der Pressemedientranche:

- Die Ergebnisse hängen stark von der Motivation der Befragten ab. Wer angibt, er sei um 21 Uhr ins Bett gegangen, ist schneller mit dem Interview fertig.
- Schätzungen der Zeitdauer sind immer fehlerhaft: Menschen erleben die gleiche Zeitspanne unterschiedlich lang.
- Die Sender können verwechselt werden – eine Gefahr, die mit der Zahl der Programme wächst und die beim Hörfunk schon dadurch gegeben ist, dass Radio vor allem nebenbei gehört wird und hier Titelkarten kaum helfen können (vgl. S. 75–77).

- Menschliches (Er-)Leben lässt sich nicht in wenige Tätigkeitskategorien pressen. Die Kommunikationswissenschaftlerin Irene Neverla hat dies mit dem Beispiel »Warten auf den Bus« illustriert: Man »warte« nicht nur, sondern beobachte die Leute und die Straße, denke nach und überlege vielleicht, wie die Verspätung aufgeholt werden kann, spreche mit den anderen und blättere in der Zeitung. Was war hier Haupt- und was Nebentätigkeit (Neverla 1992b, S. 40)?
- Über die Intensität des Hörens sagt eine Stichtags-Befragung nichts.

Das *Thema Stichprobe* ist noch nicht erwähnt worden. Die AG.MA hat im Jahr 2000 die Erhebungsmethode geändert. Sind die Interviewer vorher in die Haushalte gegangen, rufen sie jetzt dort an. Der *Übergang von Face-to-Face-Interviews zur CATI-Technik* (Computer-Assisted Telefon Interviewing) war seit 1995 durch mehrere große Tests vorbereitet worden (Müller 1999; Müller/Wiegand 2003). Dabei hat sich gezeigt, dass die Befragungsmethode einen erheblichen Einfluss auf die Zusammensetzung der Stichprobe hat. Über CATI wurden jüngere und mobile, höher gebildete und berufstätige Personen viel besser erreicht – Leute, die ohnehin mit dem Telefon verheiratet sind und die keine Zeit haben, sich mit einem Interviewer an den Küchentisch zu setzen, Leute, die zwar nicht zur Tür gehen, wenn es klingelt, aber den Hörer abnehmen, und die erst zu Hause sind, wenn der Face-to-Face-Interviewer schon Feierabend hat. Telefonumfragen laufen in der Regel am frühen Abend (bei der MA zwischen 17 und 21 Uhr und erst nach mehreren erfolglosen Versuchen vor- oder nachmittags).

Nun könnte man lange darüber streiten, welche Stichprobe »richtiger« ist und die Bevölkerung besser repräsentiert: Auf jeden Fall verändern sich mit dem Kreis der Befragten die Ergebnisse. Junge, mobile und gebildete Menschen hören anders Radio. Es liegt auf der Hand, dass sich vor allem die kommerziellen Sender für CATI stark gemacht haben, zumal die Telefonvariante billiger ist (etwa ein Viertel) und die meisten Testergebnisse deutlich über den Werten lagen, die mit der alten Methode produziert wurden:

- Am Telefon sagten zwar bei manchen Tests etwas weniger Menschen als im persönlichen Gespräch, dass sie gestern Radio gehört hätten (vielleicht, weil am Telefon flüchtiger geantwortet wird: Die Interviews waren nicht einmal halb so lang).
- Dafür hörten die Befragten öfter am Tag und nannten mehr Sender.
- Und am wichtigsten: Sie hörten viel länger. Beim ersten großen Methodenexperiment von 1995 wurde per CATI eine Hördauer von 223 Minuten ermit-

telt – knapp 60 Prozent mehr als in einem herkömmlichen MA-Interview (141 Minuten).

Dazu kommen weitere Vorteile der neuen Technik:

- Die Interviewer können besser kontrolliert werden, und ihr Einfluss (persönliche Ausstrahlung, Fehler in der Gesprächsführung) ist geringer.
- Die Interviews sind kürzer und belasten und ermüden den Befragten deshalb nicht so stark.

Die erste CATI-MA hat die Erwartungen erfüllt. »Radio wird teurer«, meldete der Branchendienst ›werben & verkaufen‹ im Herbst 2000. Die Vermarkter argumentierten mit den gestiegenen Reichweiten in der Zielgruppe 14 bis 49 Jahre und erhöhten die Spotpreise um bis zu 19 Prozent. Was für viele Radioveranstalter besser ist, muss aber noch lange nicht dichter an der »Wirklichkeit« liegen. Die Haushalte ohne Telefon (in Westdeutschland drei Prozent) werden ebenso wenig erreicht wie die Nur-Handybesitzer (drei bis vier Prozent). Da es kein vollständiges Verzeichnis der Telefonnummern gibt (etwa jeder dritte Teilnehmer veröffentlicht seinen Anschluss nicht), hilft der Computer nach. Um auf die Grundgesamtheit zu kommen (alle privaten Telefonanschlüsse in Deutschland), wird aus den Nummern, die bekannt sind, auf den Rest geschlossen und aus »echten« und »künstlichen« Nummern dann die Stichprobe gezogen. ISDN-Kunden (mehrere Nummern) und Singles haben folglich eine größere Chance als Mitglieder von Großfamilien mit normalem Anschluss, und auch dort wird wahrscheinlich eher der »Bestimmer« oder die »Bestimmerin« erreicht – derjenige, der ans Telefon geht und ohnehin gerne spricht (erst recht über Medien) und sich zur Not auch als die gesuchte Person ausgibt. Und wie steht es mit der »Ehrlichkeit«, wenn es um das Einkommen geht, um den sozialen Status, um Konsumgewohnheiten? Was sagt jemand, der seinen Namen nicht im Telefonbuch sehen will, wenn ihn ein Interviewer anruft? Müsste die Marktforschung den Wunsch nach Privatheit nicht eigentlich respektieren? Das *Hauptproblem* des Stichtag-Modells kann auch die CATI-Technik nicht beheben: Sie stützt sich wie das Face-to-Face-Interview auf die Erinnerung der Befragten.

Alle Jahre wieder flammt deshalb die Diskussion um die technische Erfassung der Hörfunknutzung auf. Vorbild ist dabei das Fernsehen (vgl. S. 92–98). Um die Radionutzung zu messen, genügt es aber nicht, einfach entsprechende Instrumente an ausgewählten Apparaten anzubringen. Es gibt weit mehr Geräte (oft in jedem Zimmer) und Standards (vom Mini-Radio in der Stoppuhr bis zur Stereoanlage), und Radio wird viel stärker außerhalb der eigenen vier Wände genutzt als das große Bruder-Medium: im Auto und auf dem Weg zur Arbeit, im Büro und im Betrieb, in der Gaststätte und in der Turnhalle. Folglich muss ein »*Radiometer*« getragen werden – vom Hörer. Derzeit sind zwei Systeme auf dem Markt:

- In der Schweiz wird Radionutzung seit 2001 mit dem System Radiocontrol gemessen. In eine Armbanduhr ist hier ein Mikrofon eingebaut worden, das sich jede Minute für vier Sekunden öffnet. Die empfangenen Geräusche werden später in einer Datenzentrale mit den Signalen verglichen, die von Radioprogrammen mitgeschnitten worden sind (Audiomatching).
- Das Portable People Meter des US-Instituts Arbitron arbeitet ähnlich. Das Gerät ist so groß wie ein Pager und kann einen Code erkennen, der mit dem Audiosignal gesendet wird. Das setzt natürlich voraus, dass jede Radiostation einen eigenen Signalcode hat (Müller 2002).

Auch andere große Marktforschungsinstitute arbeiten an entsprechenden Apparaten (Müller 1998, 2002). Ob so ein Radiometer Sinn macht, steht dagegen auf einem ganz anderen Blatt. Natürlich sind technische Geräte nicht mehr auf das Gedächtnis der Untersuchungspersonen angewiesen und natürlich kann ein Radiometer die Nutzung zeitlich viel genauer zuordnen (minuten- oder sogar sekundengenau und nicht im 15-Minuten-Takt). Aber was misst so ein Gerät? »Radiohören«? Oder nur »Radio ist an, irgendwo in der Nähe«? Ist »akustische Wahrnehmung« das gleiche wie »mentale Wahrnehmung« (Müller 2002, S. 5) und hört das Ohr möglicherweise etwas anderes als das Mikrofon, das unter dem Pullover am Handgelenk versteckt ist? Weiter gefragt: Kann sich ein Radiometer- und Bedeutungsträger noch »typisch« verhalten? Bisher weiß bei der MA niemand, ob er morgen gefragt wird, wie er heute Radio hört. Wer macht überhaupt mit bei einer Radiometer-Messung? Auch die höher Gebildeten mit den guten Jobs? Ein paar Freiwillige reichen jedenfalls nicht. Um bei der großen Zahl der Programme in Deutschland für jedes einzelne die Hörerzahl abbilden zu können, werden in der MA-Radiotranche pro Jahr mehr als 50.000 Interviews geführt. Diese Befragung bringt außerdem Ergebnisse, die ein Radiometer nicht ohne weiteres liefern kann – etwa zum Ort der Radionutzung und zu den Begleittätigkeiten. Dass sich die AG.MA-Methoden direkt auf die Programme auswirken, konnte jeder bei der Umstellung auf CATI hören (»Nennen Sie unseren Sender am Telefon!«), und dass die Ergebnisse über Formate, Programmschemata und Moderatorenschicksale entscheiden, ist auch bekannt. Was für ein Radio würde uns ein Radiometer bringen (Müller 1998, S. 75)?

Allensbacher Werbeträger-Analyse

Media Analyse und Allensbacher Werbeträger-Analyse (AWA, www.awa-online.de) seien »geborene Verbündete«, sagte Elisabeth Noelle-Neumann auf einer Jubiläumsveranstaltung zum Erscheinen des 40. AWA-Jahrganges 1998 (Institut für Demoskopie 1998b, S. 35). Bilder sind immer schief, und auch dieses von den »geborenen Verbündeten« stimmt bei einem *Blick in die Geschichte* nicht ganz. Die AWA kam etwas später zur Welt, und es gibt sie nur, weil das Institut für Demoskopie Allensbach mit dem ersten Kind der Mediaforschung in Deutschland, das damals noch Leser-Analyse hieß, unzufrieden war oder von den anderen Partnern verstoßen wurde oder beides. Die Beteiligten von einst widersprechen sich. Das Institut für Demoskopie hatte die ersten beiden Leser-Analysen 1954 und 1956 methodisch geleitet und war dann ausgeschieden. Während die eine Seite dies mit dem Streit um die richtige Stichprobe begründet (Random oder Quota), hat Noelle-Neumann von einem freiwilligen Verzicht gesprochen. Die großen Verlage (allen voran Springer) hätten versucht, den Fragebogen zu ihren Gunsten zu verändern. So habe man beispielsweise an jeden Titel Nachfragen anhängen wollen (wo, wann, wie gekauft), was den Befragten dazu verführe, nur noch die Blätter zu nennen, die ihm unentbehrlich seien (vor allem Programmzeitschriften, die er jeden Tag zur Hand nimmt). Noelle-Neumann hat betont, dass es bei diesem Streit nicht um ein paar methodische Kleinigkeiten gegangen sei, sondern um die Frage der Bestechlichkeit. Dieses Schlüsselerlebnis habe zur Geburt der AWA geführt (Rosenfeld/Telgheder 1998). Die Studie aus dem Institut für Demoskopie wurde von der MA und einigen Großverlagen mehrfach bekämpft, und als die AWA-Daten einmal, 1975, an den MA-Standard angeglichen wurden, tauften die Allensbacher das Ergebnis »AWA Bastard« (Institut für Demoskopie 1998b, S. 18). »Geborene Verbündete«?

Noelle-Neumanns Bild passt jedoch in Sachen Ziel: Wie die MA will die AWA vergleichbare Daten zur Größe und Struktur der einzelnen Medienpublika liefern. Auch hier gibt es in mehreren Erhebungswellen tausende Interviews pro Jahr, und auch die AWA stützt sich auf das Gedächtnis der Befragten und hat deshalb mit ähnlichen methodischen Schwierigkeiten zu kämpfen wie die MA. Der wichtigste Unterschied liegt in der Organisationsform. Die AWA wird vom Institut für Demoskopie Allensbach verantwortet und an Interessenten verkauft. 2003 kostete der komplette Ergebnisbericht einschließlich CD-ROM für Vorbesteller 1.000 und sonst 1.150 Euro. Wer mit den Daten werben will, bezahlt die Nutzungsrechte extra. Da Medieninhaber und Werbetreibende normalerweise bereits Mitglieder der AG.MA sind, muss die AWA etwas bieten, was über die Leistungen der Media Analyse hinausgeht:

Abbildung 15

Werbeträgeranalysen im Vergleich		
	Media Analyse	**AWA**
Träger	Arbeitsgemeinschaft Media Analyse	Institut für Demoskopie Allensbach
Organisationsform	Zusammenschluss von Medieninhabern, Werbeagenturen und Werbetreibenden	Kommerziell (Subskription), Auftraggeber: rund 100 Meddienunternehmen (2004)
Gründung	1954 (Leser-Analyse)	1959
Feldarbeit	Emnid, Enigma, GfK-Medienforschung, Ifak, Inra, Infratest, Ipsos, Media Markt Analysen, Marplan	Institut für Demoskopie Allensbach
Grundgesamtheit	Deutsche Bevölkerung (ab 14 Jahre) in Privathaushalten	Deutsche Bevölkerung (ab 14 Jahre) in Privathaushalten
Stichprobe	Zufallsauswahl	Quotenauswahl
Zahl der Befragten	MA 2004: 25.938 (Presse), 60.324 (Hörfunk) in jeweils zwei Wellen	AWA 2003: 21.107 in drei Wellen (Frühjahr 2002, Herbst 2002, Frühjahr 2003)
Multimediaplanung	Datenfusion	Single Source
Befragungsmethode	Telefoninterview (Hörfunk), persönliches Interview (Presse)	Persönliches Interview
Erscheinungsweise	halbjährlich	jährlich (Juli)

- mehr Informationen für die Zielgruppenplanung,
- Mediennutzungsdaten »aus einer Hand« (Single-Source-Erhebung),
- eine Orientierung an wissenschaftlichen Qualitätsstandards und nicht an kurzfristigen Interessen,
- eine Basis für langfristige Trendanalysen (gleichbleibende Fragestellungen)
- und nicht zuletzt: in der Regel höhere Zeitschriften-Reichweiten.

Allensbach hat die AWA schnell zu einer *Markt-Media-Analyse* ausgebaut. Bereits 1959 wurden »Cigaretten- und Pfeifenraucher« extra ausgewiesen, und 1960 war nachzulesen, wie viel Prozent der Illustriertenleser Polstersessel, Stehlampe und Rasierapparat im Haus haben und wie groß der Anteil der Hausfrauen ist, die Werbefunk hören, in den Selbstbedienungsladen gehen und ihr Geflügel aus der Tiefkühltruhe nehmen.

Inzwischen informiert die AWA über mehr als 2.000 Märkte, über Kauf- und Verbrauchsgewohnheiten, über die Interessen und das Verhalten der deutschen Bevölkerung. Das Institut wirbt damit, dass es kaum ein Produktfeld oder Thema gebe, dass im Rahmen der AWA nicht erhoben werde (Institut für Demoskopie 1998a, S. 3). Im Jahr 2000 wurde beispielsweise erstmals nach dem Interesse an einer privaten Altersvorsorge gefragt. Außerdem versucht die AWA, die Zielgruppen nicht nur sozio-demographisch einzufangen (Alter, Geschlecht, Bildung, Status usw.), sondern auch über psychologische Kategorien und über die »Persönlichkeitsstärke«, über einen Aktivitätsindex (Unternehmensgeist, Engagement, Lebensfreude) und über die Fachkompetenz (Kennt der Käufer sich aus oder ist er ein Laie?).

Während die AG.MA Daten aus verschiedenen Erhebungen fusioniert, stammen bei der AWA alle Informationen von denselben Personen. In jedem Interview werden alle denkbaren Werbeträger thematisiert. Mit der MA vergleichbar ist das Verfahren bei den Zeitschriften. Die AWA verwendet Titelkarten für über 200 Publikumszeitschriften (deutlich mehr als die MA) sowie für die überregionalen Tages- und Wochenzeitungen einschließlich ›Bild‹. Für das Fernsehen werden nach dem Stichtags-Modell die »Seher pro Tag« ermittelt sowie die Nutzungsdaten in einzelnen Tagesabschnitten. Einige Spartenkanäle wie die Musiksender MTV und Viva werben vor allem mit den AWA-Ergebnissen, weil sich die Besonderheiten ihres Publikums damit besser herausstellen lassen als mit den Quoten der GfK. Die anderen Medien werden pauschal abgefragt: öffentlich-rechtlicher und privater Hörfunk, regionale Abonnementzeitungen, Anzeigenblätter, Kinobesuch, Plakate, PC-Nutzung, ausgewählte Kundenzeitschriften und weitere Kommunikationsmöglichkeiten (öffentliche Verkehrsmittel, Sportveranstaltungen, Telefonbücher). Mit den detaillierten Zahlen der Radio-MA kann die AWA folglich nicht konkurrieren.

Das Konzept »*Single Source*« (alle Daten aus einer Quelle) ist umstritten. Kritiker sprechen von einer »Sackgasse«. Die Grenzen in Sachen Kooperationsbereitschaft und Erinnerungsfähigkeit der Befragten seien längst erreicht, und in Zukunft müsse man eher mit mehr Programmen und Blättern rechnen als mit weniger. Ein langes Interview »schädige« einige Printtitel unverhältnismäßig stark, da die Leute alles weglassen würden, was ihnen nicht so wichtig sei. Von einem realistischen Bild über die Verhältnisse zwischen den Mediengattungen könne deshalb keine Rede sein. Außerdem brauche kaum ein Mediaplaner »einheitliches Material«. Niemand vergleiche ernsthaft die Reichweite des ›Stern‹ in seiner Zielgruppe mit der von ProSieben, um zu entscheiden, ob in Publikumszeitschriften oder im Fernsehen geworben wird. Wohin das Geld fließt, stehe lange vorher fest und hänge vor allem vom Produkt und von den Botschaften, vom Kommunikationsziel insgesamt ab (Unholzer 1995, S. 48f.). Allensbach argumentiert dagegen mit der »sozialen Wirklichkeit«. Kein Mensch werde nur von einem Werbeträger erreicht, und eine realistische Medienplanung sei nur möglich, wenn das Kommunikationsverhalten der Bevölkerung »ganzheitlich« dargestellt werde und das Zusammenspiel der Medien klar sei. Das Institut für Demoskopie verweist außerdem auf das Geld, das in den Fragebogenaufbau investiert wird, um Ermüdungseffekte zu verhindern (Themenwechsel, »Spielfragen«), und auf die Informationsverluste bei der Fusion von Stichproben. Wer Daten einfach »verheirate«, könne gleich ganz auf jeden Qualitätsanspruch bei Stichproben, beim Fragebogen und bei der Interviewearbeit verzichten (Institut für Demoskopie 1998b, S. 16f., 29f.; Rosenfeld/Telgheder 1998).

Sicher steigert ein abwechslungsreicher Fragebogen auch den Erinnerungswillen des Gesprächspartners. Dass die AWA im Zeitschriftenbereich in der Regel *höhere Reichweiten* ermittelt als die MA (2001 im Durchschnitt zwölf Prozent; Schulz 2002, S. 196), begründet Allensbach aber mit der »Körbchentheorie«. Friedrich Tennstädt vom Institut für Demoskopie fand heraus, dass die Reichweite eines Titels mit dem Anteil der Antwortkategorien (»Körbchen«) steigt, die zum »Leser pro Nummer« führen (Tennstädt 1984, Tennstädt/Hansen 1982). Der AWA-Fragebogen bietet bei Wochenblättern zwei entsprechende Kästchen an (»gestern in der Hand gehabt«, »innerhalb der letzten sieben Tage«), die MA dagegen nur einen (innerhalb der letzten sieben Tage). Außerdem haben gelegentliche oder seltene Leser bei der AWA eine größere Chance, überhaupt gefragt zu werden, wann sie die Zeitschrift das letzte Mal gelesen haben (Abbildung 16). Auch hier ist es natürlich müßig, die Frage nach der »Wirklichkeit« zu stellen.

Abfragemodelle für Wochenzeitschriften (Schulz 2002, S. 194f.)

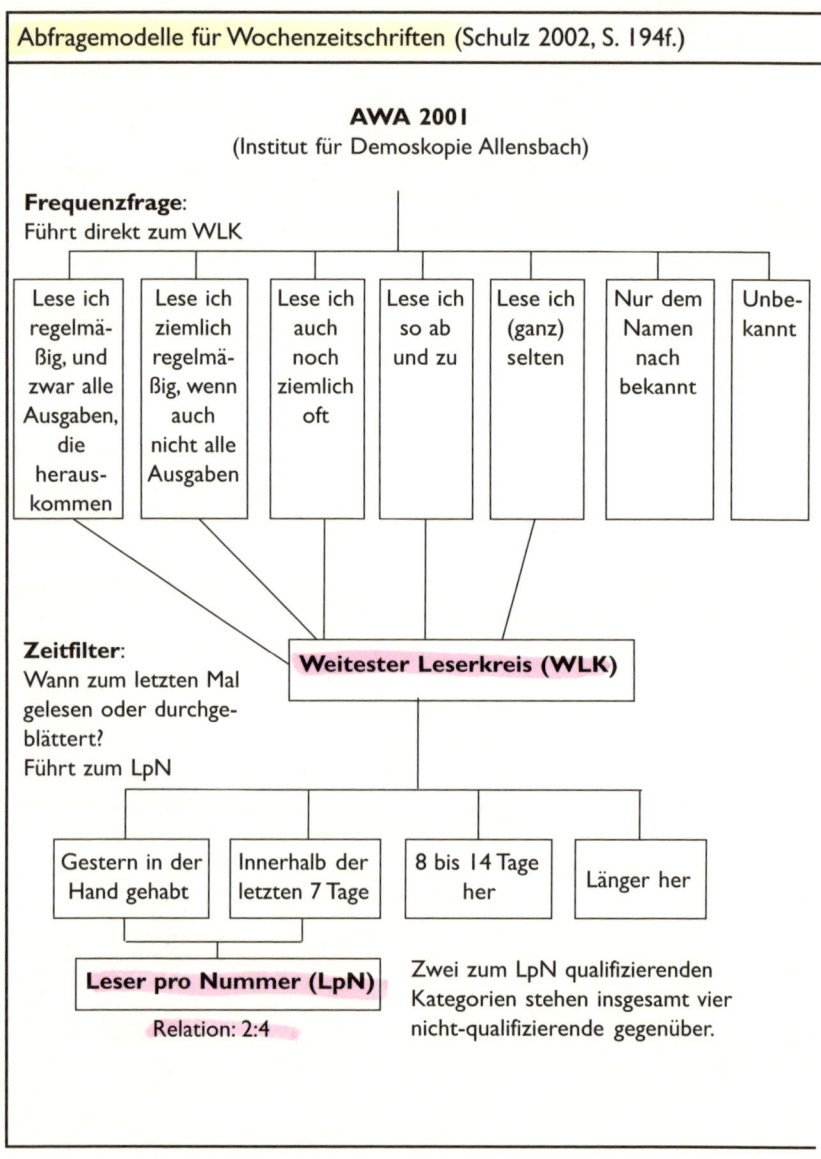

AWA 2001
(Institut für Demoskopie Allensbach)

Frequenzfrage:
Führt direkt zum WLK

| Lese ich regelmäßig, und zwar alle Ausgaben, die herauskommen | Lese ich ziemlich regelmäßig, wenn auch nicht alle Ausgaben | Lese ich auch noch ziemlich oft | Lese ich so ab und zu | Lese ich (ganz) selten | Nur dem Namen nach bekannt | Unbekannt |

Zeitfilter:
Wann zum letzten Mal gelesen oder durchgeblättert?
Führt zum LpN

Weitester Leserkreis (WLK)

| Gestern in der Hand gehabt | Innerhalb der letzten 7 Tage | 8 bis 14 Tage her | Länger her |

Leser pro Nummer (LpN)
Relation: 2:4

Zwei zum LpN qualifizierenden Kategorien stehen insgesamt vier nicht-qualifizierende gegenüber.

Abbildung 16

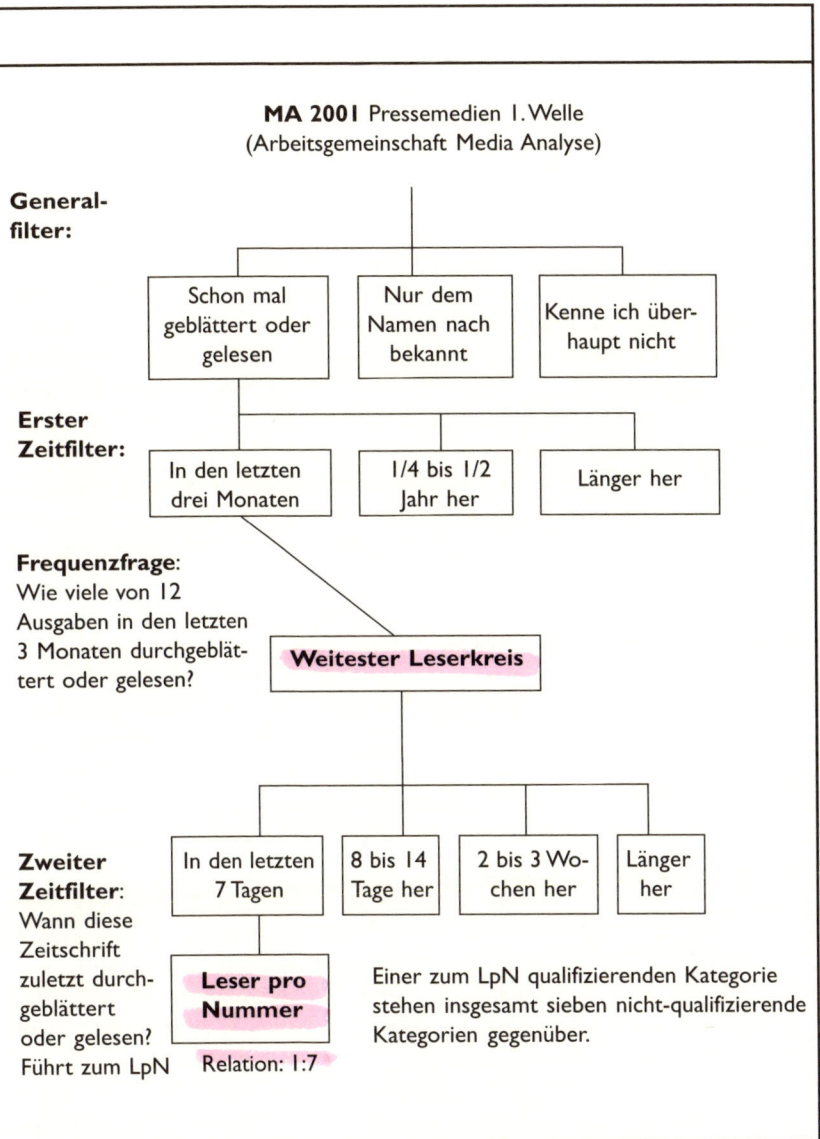

MA 2001 Pressemedien 1. Welle
(Arbeitsgemeinschaft Media Analyse)

**General-
filter:**

| Schon mal geblättert oder gelesen | Nur dem Namen nach bekannt | Kenne ich überhaupt nicht |

**Erster
Zeitfilter:**

| In den letzten drei Monaten | 1/4 bis 1/2 Jahr her | Länger her |

Frequenzfrage:
Wie viele von 12
Ausgaben in den letzten
3 Monaten durchgeblättert oder gelesen?

Weitester Leserkreis

**Zweiter
Zeitfilter:**
Wann diese
Zeitschrift
zuletzt durchgeblättert
oder gelesen?
Führt zum LpN

| In den letzten 7 Tagen | 8 bis 14 Tage her | 2 bis 3 Wochen her | Länger her |

**Leser pro
Nummer**

Relation: 1:7

Einer zum LpN qualifizierenden Kategorie
stehen insgesamt sieben nicht-qualifizierende
Kategorien gegenüber.

Zielgruppenanalysen

Die Großverlage begnügen sich nicht mit MA und AWA, sondern bezahlen darüber hinaus eigene Studien, die die besondere Qualität des Werbekontaktes nachweisen sollen (Abbildung 17). Muster: Wer in den Blättern aus unserem Haus inseriert, erreicht die Menschen, um die es ihm schon immer ging – besonders innovationsbereite oder markenbewusste, konsumerfahrene oder solche, die andere beeinflussen. Zum Teil werden die Nutzungsrechte auch an andere Verlage verkauft.

Die »Typologie der Wünsche Intermedia« von Burda beispielsweise hat 17 Lizenznehmer (TV-Sender und Verlage). Zum Frageprogramm gehören hier zahlreiche Statements, mit denen Einstellungen zum Konsum, zur Werbung und zu verschiedenen Märkten ermittelt werden sollen. Die 2000er Befragung befasste sich unter anderem ausführlich mit Online-Medien und fand heraus, dass jeder vierte Surfer Werbung toll finde (Schüür-Langkau 2000b). Burda ist die Studie pro Jahr mehr als zwei Millionen Euro wert.

Vergleichbar sind die Untersuchungen aus den verschiedenen Häusern kaum, da selbst bei identischen Märkten stark voneinander abweichende Fragen verwendet werden (Hess 1996, S. 49). Eigene Reichweitendaten produzieren die Verlage nicht. Zwar wird in den Zielgruppenstudien auch nach der Zeitschriftennutzung gefragt, da es aber mit der Media Analyse eine »gültige Währung« gibt und es schon wegen des statistischen Fehlers unmöglich wäre, punktgenau auf die gleichen Zahlen zu kommen, werden die Ergebnisse so »justiert«, dass sie den MA-Resultaten entsprechen (Hess 1996, S. 44). Also alles ein einziger Schwindel? Burdas Anzeigenchef Lothar Nadler sagte im Herbst 2000, dass die »Typologie der Wünsche« dem Verlag geholfen habe, die Nummer zwei im Annoncengeschäft zu werden. Ist das nicht Legitimation genug? Und wo sonst gab es zu diesem Zeitpunkt Daten über die Online-Nutzer?

GfK-Fernsehforschung

Die Fernsehreichweiten ermittelt die Gesellschaft für Konsumforschung in Nürnberg (GfK) im Auftrag der *Arbeitsgemeinschaft Fernsehforschung* (AGF). AGF-Gesellschafter sind vier Senderfamilien:

* ARD: die Landesrundfunkanstalten und zur Hälfte Arte, 3sat, Phoenix sowie der Kinderkanal;

Die wichtigsten Zielgruppenanalysen in Deutschland				Abbildung 17
	Typologie der Wünsche Intermedia	**Verbraucher- analyse**	**Kommunikations- Analyse**	**MarkenProfile**
Auftraggeber	Burda	Axel Springer, Heinrich Bauer	Gruner+Jahr (Brigitte)	Gruner+Jahr (Stern)
Grund- gesamtheit	Deutschsprachi- ge Bevölkerung ab 14 Jahren in Privathaushalten	Deutschsprachi- ge Bevölkerung ab 14 Jahren in Privathaushalten	Deutschsprachige Frau- en (14 bis 64 Jahre) in Privathaushalten	Deutschsprachi- ge Bevölkerung (14 bis 64 Jahre) in Privathaushalten
Methode	Mündliches Interview und Haushaltsbuch	Mündliche und schriftliche Be- fragung	Mündliches Interview und Haushaltsbuch	Mündliches Interview und Ausfüllheft
Veröffentli- chung	Jährlich	Jährlich	Alle zwei Jahre	Etwa alle zwei Jahre
Stichprobe	Random (MA- Muster)	Random (MA- Muster)	Random (MA-Muster)	Random (MA- Muster)
Zahl der Interviews	20.000 inner- halb von 2 Jahren	30.000 inner- halb von 2 Jahren	5.000 pro Erhebung	10.000 pro Erhebung
Kontakt	www.tdwi.com	www.bauermedia.com	www.media.brigitte.de	www.markenprofile.de

93

- ZDF und die andere »Hälfte« der Sparten- und Kulturprogramme;
- RTL, RTL II, Super RTL, VOX, n-tv;
- ProSieben, SAT.1, Kabel 1, N24, Neun live (Müller 2004, S. 29; Stand 1. Januar 2004).

Einige kleinere Veranstalter wie Euronews, Eurosport, MTV oder VIVA sind zwar nicht Mitglied, haben aber eine Lizenz erworben, die es ihnen erlaubt, die Daten zu nutzen. Wie die Kosten (18 Millionen Euro pro Jahr) aufgeteilt werden, entscheidet sich jedes Jahr neu. Es gibt einen festen Sockelbetrag pro Senderfamilie und einen Anteil, der vom Markterfolg abhängt. Mit den Zuschauerzahlen steigt zugleich die Summe, die ein Sender oder eine Senderfamilie für die Reichweitenermittlung zu zahlen hat. Im Vorstand der AGF sind neben den Mitgliedssendern auch die Werbetreibenden und die Werbeagenturen vertreten. Über werberelevante Fragen kann nur einstimmig entschieden werden (Müller 2000, S. 2f.). Damit sind die wichtigsten *Gemeinsamkeiten von AG.MA und AGF* benannt:

- Alle Marktpartner einigen sich auf eine gemeinsame »Währung«.
- Die Werbewirtschaft wird in die Organisations- und Entscheidungsstruktur einbezogen, die Kosten aber tragen die Medien.

Da in das Fernsehen deutlich mehr Werbegelder fließen als in alle anderen Medien (Abbildung 10, S. 57), unterscheiden sich die *Verfahren zur Reichweitenermittlung* allerdings erheblich:

- Die Fernsehreichweiten werden technisch gemessen. Damit fällt der Hauptstörfaktor bei Untersuchungen zur Mediennutzung weg: das lückenhafte Gedächtnis der Befragten. Beim Fernsehen könnte man sich schon wegen der Programmvielfalt und wegen des häufigen Umschaltens nicht auf die Erinnerung verlassen.
- Während es für Hörfunk und Presse bestenfalls Durchschnittswerte für ein halbes Jahr gibt, liefert die AGF täglich aktuelle Reichweiten – für jede einzelne Sendung und jeden Werbeblock.
- Die Fernsehreichweiten werden in einem *Panel* ermittelt. Unter einem Panel versteht man eine Gruppen von Personen, die in regelmäßigen Abständen immer wieder befragt werden. Bei der Fernsehforschung ist der Grund für diese Methode einleuchtend: Es wäre zu aufwändig, die technische Apparatur jeden Tag in andere Haushalte zu bringen.

Zum *GfK-Fernsehpanel* gehören 5.640 Haushalte mit 13.000 Personen ab drei Jahren (Stand: Anfang 2004). In jedem dieser Haushalte ist ein Messgerät installiert (Telecontrol TCXL), bei dem sich die Bewohner per Fernbedienung als Zuschauer an- und abmelden. Was auf dem Bildschirm läuft, erkennt das so genannte GfK-Meter allein: Fernsehprogramme und Videotext, Videoaufzeichnungen, Leih- oder Kaufkassetten, Telespiele und Multimedia-Anwendungen. Alle Umschaltungen werden sekundengenau gespeichert. Wie viele Zuschauer haben bei der Werbung weggezappt, wie viele, als Ozzy Osbourne sich bei Thomas Gottschalk auf die Couch setzte, hatte der Krimi einen Schwachpunkt oder sind die Zuschauer nur weggelaufen, weil bei der Konkurrenz die Formel 1 gestartet ist? Die Daten werden nachts per Telefon von der GfK-Zentrale abgerufen und dort mit den Sendeablauf-Protokollen verbunden. Seit Anfang 2003 misst die GfK auch die digitale Fernsehnutzung. Dazu wird eine Set-Top-Box eingesetzt, die mit dem GfK-Meter verbunden ist (Buß/Darschin 2004, S. 22; Gehrau 2002).

Für die Fernsehmitarbeiter beginnt der Arbeitstag mit dem Warten auf die »TV-Quicks« aus Nürnberg. Die Nutzungszahlen dienen den Sendern

- als Erfolgskontrolle,
- als Grundlage für die langfristige Programmplanung,
- und nicht zuletzt zur Festlegung der Werbepreise und zur Eigenwerbung.

Wenn 13.000 Menschen über das Schicksal der Lieblinge der Nation entscheiden und die meisten Stammtische in Sachen Methode im Dunkeln tappen, sind Zweifel programmiert. Michael Buß, Medienforscher beim Süddeutschen Rundfunk und dann beim Südwestrundfunk, hat die journalistischen Angriffe auf die Zuschauerforschung kritisiert und neben Unkenntnis und Missverständnissen vor allem Misserfolge als Ursache genannt. Buß sagte, in 25 Jahren Medienforscher-Arbeit sei er nur ein einiges Mal Redakteuren begegnet, die Ergebnisse als falsch bezeichnet hätten, die für sie günstig waren. Dagegen habe er das System unzählige Male vor denjenigen verteidigen müssen, die unerwartet schlecht abgeschnitten hätten (Buß 1998, S. 809). Alles also nur eine Frage von Eitelkeit und Karrierewillen? Ganz so einfach ist es nicht, denn es gibt eine ganze Reihe von *Angriffsflächen*:

- Die Panel-Mitglieder müssen *Aktivität* zeigen. Hier liegt die größte Fehlerquelle: Wer vergisst, sich anzumelden, wird nicht mitgezählt, und wer auf Toilette oder ins Bett geht, ohne seine Taste zu drücken, ist genauso »Zuschauer« wie die, die sitzen bleiben. Da jedes Panel-Mitglied für mehr als 5.000 Menschen

steht, geht es schnell ans Eingemachte. Die GfK prüft deshalb unwahrschein-
liche Fälle (pausenlos oder niemals fernsehen) und beruft sich auf so genannte
»Interne Coincidental Checks«. Regelmäßig wird in einigen Haushalten angerufen (Wer sieht gerade was?) und das Ergebnis mit den Messdaten verglichen.
2002 hatten bei einer solchen Untersuchung über 90 Prozent der Panel-Mitglieder ihre Personen-Taste richtig bedient (Buß/Darschin 2004, S. 22, 31).
Ganz entkräften kann dies den Hinweis auf menschliches Versagen nicht. Hat
sich jemand bei der Anmeldung geirrt, wird er dies doch hoffentlich spätestens beim Telefon-Test merken und sich nicht selbst als Sünder bloßstellen.

• Der Computer in Nürnberg erfährt zwar, welche Personen im »Fernseh-Raum«
sind, aber nicht, was diese Menschen machen. Starren sie auf die Mattscheibe
oder schlafen sie, unterhalten sie sich oder telefonieren sie, wird der Tisch
gedeckt oder gebügelt? Über die *Intensität des Fernsehens* sagen die Zahlen nichts.

Abbildung 18

Grundbegriffe der Zuschauerforschung	
Zuschauer	Alle Personen, die ein Programm wenigstens eine Minute ununterbrochen eingeschaltet haben.
Reichweite/ Sehbeteiligung (Zuschauer in Mio.)	Zahl der Personen, die eine bestimmte Sendung im Durch-schnitt eingeschaltet haben. Beispiel: 500.000 Zuschauer Reichweite – 500.000 Menschen haben die Sendung ganz gesehen oder eine Million zur Hälfte oder fünf Millionen jeweils ein Zehntel...
Marktanteil (in Prozent)	Wie viel Prozent derer, die zu einem bestimmten Zeitpunkt überhaupt das Gerät anhaben, sehen eine bestimmte Sen-dung? 500.000 Zuschauer bedeuten manchmal 50 Prozent Marktanteil (nachts), manchmal aber auch nur zwei Prozent (zur Hauptsendezeit).

• Die *Panel-Methode* ist umstritten. Verhalten sich Menschen noch »repräsentativ«, wenn sie den Zweck der Messung kennen? Gibt es eine »Panel-Müdig-
keit«? Sind die Mitglieder im dritten Jahr noch so gewissenhaft wie in der ersten Woche? Liegt es nicht nahe, Manipulationstheorien zu glauben (»Papa,

drück mal alle Tasten, der Musikantenstadl fängt an!« – Lilienthal 1998,
S. 967)? Ein »Ehemaliger« sagte nach seinem Ausscheiden, er habe das Gefühl
gehabt, das Programm mitbestimmen zu können (Koschnick 1995a, S. 720).
Eine neue Dimension bekam dieses Problem mit dem Börsengang von
ProSieben. Aktien kaufen und nur noch den »eigenen« Sender melden – leichter lässt sich Geld nicht verdienen (Lilienthal 1998, S. 982). Um Druck von
außen zu verhindern, bleiben die Mitglieder anonym. Wer erkannt wird, muss
das Panel verlassen.

- Es werden *nicht alle Zuschauer* erfasst. In Hotels und Gaststätten, in Kranken-
  häusern, Büros und Gefängnissen, in Kasernen, Wohn- und Altersheimen stehen ebenso keine Messgeräte wie in Ausländerhaushalten. Eigentlich sollte es
  längst ein Panel für die über sieben Millionen Ausländer in Deutschland geben, aber die AGF-Mitglieder sind in dieser Frage zerstritten. Die Werbewirtschaft fürchtet, dass der Zuschauerzuwachs die Spotpreise nach oben treibt,
  und die Sender verweisen auf die Kosten (drei Millionen Euro pro Jahr) und
  auf methodische Probleme (es fehlen Außen-Vorgaben für die Stichproben-
  bildung). Viel wichtiger aber ist, dass nicht alle Sender gleichermaßen profitieren würden. RTL beispielsweise ist für das Ausländerpanel, die öffentlich-
  rechtlichen Anstalten halten sich dagegen zurück, da ihre Programme viel stärker Deutschkenntnisse voraussetzen (Lilienthal 1998, S. 969f.). Kompromiss:
  Die Aufnahme von 140 EU-Ausländerhaushalten in das GfK-Panel im Jahr
  2001.

- Das *Problem Repräsentativität* lässt sich nicht lösen. Die GfK vergleicht zwar
  regelmäßig die Panel-Strukturen mit den Daten, die die Media Analyse liefert
  (Westphal/Lutz 1999), und versucht so außerdem, die »Panel-Dynamik« in
  den Griff zu bekommen (pro Jahr muss etwa ein Fünftel der Haushalte ersetzt werden), aber bereits das »Außenkriterium« Media Analyse beruht nicht
  auf einer perfekten Zufallsauswahl im Sinne der Wahrscheinlichkeitsrechnung
  (vgl. S. 64–66). Vor allem an den Rändern der Gesellschaft dürfte die Anwer-
  bung schwierig sein. Auf der einen Seite geht die Fernbedienung leicht zwischen Flaschen verloren, und auf der anderen ist der »Lohn« (Erstattung der
  Fernsehgebühren) kein Lockmittel mehr. Von soziodemographischen Merkmalen ist außerdem nicht einfach auf psychologische zu schließen. Es ist zu
  vermuten, dass extrovertierte und technikbegeisterte Menschen im Panel stärker vertreten sind als in der Grundgesamtheit. Das gilt wahrscheinlich auch
  für Menschen, die sich um den Privatsphäre und Datenschutz weniger Gedanken machen.

- Als »Zuschauer« eines Programms zählen alle Personen, die einem bestimmten Kanal mindestens 60 Sekunden ununterbrochen treu bleiben. Warum gerade 60 Sekunden? »Logisch« begründen lässt sich dies nicht.

Die Ergebnisse der GfK-Fernsehforschung beruhen auf einer *Konvention*. Sie sind die »Währung«, auf die sich Fernsehveranstalter und Werbewirtschaft festgelegt haben – nicht mehr und nicht weniger. »Die ideale Lösung gibt es nicht«, schrieb der Mediaforscher Klaus Peter Landgrebe 40 Jahre nachdem er beim Münchener Meinungsforschungsinstitut Infratest mit den ersten Zuschauerumfragen begonnen hatte. Da jede Methode unzulänglich sei, habe man stets nur »optimale Lösungen«, und auf eine davon müssten sich Kommunikationsforscher und Kaufleute einigen (Landgrebe 1995, S. 30).

Das GfK-Panel erfüllt längst nicht alle Wünsche. Den Spartensendern und den kleinen Vollprogrammen genügen 13.000 Testpersonen nicht. Da sich Marktanteile von unter einem Prozent nur auf wenige Panel-Mitglieder stützen, sind keine Zielgruppenanalysen möglich. Auch deshalb winken die Musiksender MTV und Viva lieber mit der AWA. Und wer mag es Agenturen und Werbekunden verdenken, dass sie gern die Reichweiten für jeden einzelnen Spot hätten und nicht nur für den ganzen Werbeblock und am liebsten auch noch wissen würden, was die Panel-Mitglieder aus dem Supermarkt holen? Erste Versuche in diese Richtung sind gescheitert. Einige Panel-Haushalte waren gebeten worden, ihre Einkäufe per Waren-Strichcode einzuscannen. Das dauerte jedoch so lange, dass an manchen Abenden gar keine Zeit mehr zum Fernsehen blieb und an anderen das »Versäumte« nachgeholt wurde. Manche der Testhaushalte stiegen sogar ganz aus (Lilienthal 1998, S. 978). Ein Ausweg ist die *Verbrauchs- und Medienanalyse* (VuMA), getragen von den Werbetöchtern der öffentlich-rechtlichen Rundfunkanstalten und einem Hörfunkvermarkter. Hier werden Konsummerkmale erhoben und mit den Ergebnissen aus dem GfK-Fernsehpanel fusioniert (www.vuma.de; Kindelmann 1995). Von den Zweifeln an diesem Verfahren war schon an anderer Stelle die Rede (vgl. S. 75). Die Fusionsmethode ist jedenfalls weit entfernt vom Ideal der Werbewirtschaft: Medien- und Konsumdaten aus einer Hand, um vielleicht doch eine »Wirkung« beweisen zu können. Kommt also eines Tages die Infrarot-Kamera, die das Fernsehzimmer und den Einkaufsbeutel beobachtet und dabei gleich noch die Fehlerquelle »Knopfdruck« ausschaltet?

Langzeitstudie Massenkommunikation

Eine »Rarität« sei sie und ein »Dokument der Mediengeschichte« der Bundesrepublik (Kiefer 1998a, S. 17), ein »Schatz« (Krotz 1993, S. 264) und ein »Meilenstein der deutschen Medienforschung« (Schulz 1988, S. 260). Die Langzeitstudie Massenkommunikation ist in der Vergangenheit mit Lob überschüttet worden (Schulz 1998). Auch wenn sich vor einigen Jahren Misstöne in die Hymnen gemischt haben, an Formulierungen im Fragebogen gekrittelt (Schmid/Schweiger 1999) oder gar der Wert der Zahlen ganz und gar in Frage gestellt und eine Neuberechnung gefordert wird (Lauf/Peiser 1999): Wer sich mit der Entwicklung der Mediennutzung in Deutschland beschäftigt, kommt an dieser Untersuchung nicht vorbei. Das hat vor allem drei Gründe:

- In den sieben Erhebungswellen zwischen 1964 und 1995 wurde das Frageprogramm weitgehend beibehalten. Die Ergebnisse erlauben damit Trendbeobachtungen.
- Während sich die Werbeträgeruntersuchungen darauf beschränken, Reichweite und Publikumsstruktur zu messen, erfasst die Langzeitstudie auch Meinungen über Medien (Abbildung 19).
- Die Studie versucht nicht nur, Nutzung und Bewertung von drei Medien (Fernsehen, Hörfunk und Tagespresse) auf vergleichbare Weise zu ermitteln, sondern fragt auch nach dem Tagesablauf, nach den Freizeitgewohnheiten und nach politischem Interesse. Auf dieser Basis lässt sich den Zusammenhängen zwischen Massenkommunikation und sozialem Wandel in der Bundesrepublik nachspüren.

Dazu kommt, dass die Ergebnisse der Studie leicht zugänglich sind. Wem die Bücher mit den entsprechenden Tabellen (Berg/Kiefer 1978, 1982, 1987, 1992, 1996; Berg/Ridder 2002) nicht genügen, der kann die Datensätze beim Zentralarchiv für empirische Sozialforschung an der Universität zu Köln auf CD-ROM bestellen. Einzige Ausnahme: Das Rohmaterial der ersten Erhebung von 1964 ist bei einem Feuer vernichtet worden.

Genau wie MA oder AWA gehört allerdings auch die Langzeitstudie Massenkommunikation in die Schublade »*interessengeleitete Forschung*«. Ihre Entstehung verdankt die Untersuchung einem medienpolitischen Konflikt. Die Verleger fürchteten Ende der 1950er, Anfang der 1960er Jahre, dass das Fernsehen die Zeitung verdrängen, ihr zumindest aber (Werbe-)Marktanteile streitig machen könnte, und forderten deshalb, entweder selbst am neuen Medium beteiligt zu werden

Abbildung 19

Untersuchungskomplexe der Langzeitstudie Massenkommunikation

Thema	Kategorien und Beispiele
Medienver-breitung	Zahl und Ausstattung der Radio- und Fernsehgeräte im Haushalt; PC, DVD-Player, Videorekorder, Musik-Abspielgeräte, Telefon
Medien-nutzung	*Allgemeines Nutzungsverhalten:* Wie häufig sehen Sie im Allgemeinen fern? *Ort der Nutzung* (zu Hause, am Arbeitsplatz, unterwegs) *Mediennutzung am Stichtag* (Reichweite, Dauer; 2000: 0 bis 24 Uhr). Tagesablaufuntersuchung: Wann haben Sie gestern Zeitung gelesen, Radio gehört, ferngesehen?
Freizeit	Allgemeine Freizeitaktivitäten; Freizeitaktivitäten am Stichtag
Medien-bewer-tung	*Bindung:* Wie stark würden Sie das Zeitunglesen vermissen? *Funktionen:* 1964 bis 1995: Grad der Zustimmung zu 14 Statements (vgl. Abbildung 44, S. 230f.). 2000: Zustimmung zu möglichen Gründen für die Mediennutzung. Beispiele: »damit ich mitreden kann«, »weil ich Denkanstöße bekomme« *Medienzukunft* (2000): Grad der Zustimmung zu elf Statements. Beispiel: Die öffentlich-rechtlichen Radio- und Fernsehprogramme bleiben unverzichtbar.
Medien-vergleich	*Informationsmöglichkeiten* über das aktuelle Geschehen *Eigenschaften* von Fernsehen, Radio, Tageszeitung und Internet (2000, Rangfolge): Worauf trifft die Eigenschaft am ehesten zu? Und worauf an 2. Stelle? Beispiele: »ist anspruchsvoll«, »ist glaubwürdig«. *Relative Glaubwürdigkeit:* Wem würden Sie am ehesten glauben, wenn sich die einzelnen Medien widersprechen? (1964 bis 1995) Welches Medium würden sie am liebsten behalten? Informationsqualität und Eigenschaften von *öffentlich-rechtlichen und privaten TV- und Radioprogrammen* (2000) sowie Motive für die Nutzung beider Anbietergruppen
Statistik	Soziodemographische Variablen; Politisches Interesse, Themeninteresse
Stich-probe	1995: 6.000 Erwachsene ab 14. Zufallsauswahl. Feldarbeit: Infratest Burke. 2000: 5.000 Erwachsene ab 14. Zufallsauswahl. Feldarbeit: Enigma, Media Markt Analysen.

Im Jahr 2000 wurde das Frageprogramm komplett überarbeitet. 1964 bis 1995 wurde mit der Face-to-Face-Methode gearbeitet, 2000 mit Telefoninterviews (Berg/Ridder 2002, S. 14–20).

oder aber den öffentlich-rechtlichen Anstalten Werbung zu verbieten. Axel Springer klagte, dass das schnellste und modernste Mittel der Nachrichtenverbreitung nicht in der Hand der Verleger sei, und verglich die Zeitung mit einer Postkutsche, die gegen ein Düsenflugzeug anzutreten habe. Springer drehte das ganz große Rad: Er berief sich auf die Verfassung und die »staatspolitisch bedeutungsvolle Funktion« der Presse, wetterte gegen »Zwangsabonnements« und fehlende Konkurrenz im Rundfunk und dagegen, dass sich die öffentlich-rechtlichen Anstalten nun auch noch auf den freien Markt begeben und Anzeigenteile zulegen würden (Springer 1961).

Die ARD ließ daraufhin 1964 das Wettbewerbsverhältnis zwischen Fernsehen, Hörfunk und Tagespresse untersuchen (die Geburtsstunde der Langzeitstudie) und rückte dabei, dem Stand der Kommunikationsforschung und den eigenen Interessen entsprechend, die Vermittlung politischer Nachrichten ins Zentrum. Von den 14 Statements beispielsweise, die den Befragten vorgelegt wurden, um die Einstellungen zu den Medien zu messen (Abbildung 44, S. 230f.), bezogen sich zwölf auf den Informationsbereich und nur zwei auf die Unterhaltung (vgl. S. 228).

Die *Ergebnisse* erfüllten die Erwartungen. Die Studie stellte fest, dass das Fernsehen die alten Medien keineswegs verdränge, sondern neben Hörfunk und Presse genutzt werde. Sie bestätigte damit das Riepl'sche Gesetz (Riepl 1913, vgl. S. 155) und strich außerdem die Informationsfunktion des Fernsehens heraus. Die Zuschauer würden sich am stärksten an die politischen Sendungen gebunden fühlen. Kein anderes Medium habe einen so hohen Anteil an Empfängern, die regelmäßig oder häufig gerade diese Angebote nutzen würden. Das Fernsehen erreiche dabei Menschen, die vorher überhaupt nicht mit Politik in Berührung gekommen seien (ARD 1966). Dieses Ergebnis ist natürlich nicht nur mit der Untersuchungsanlage zu erklären. Welcher Zuschauer konnte sich den Polit-Magazinen entziehen, wenn die Alternative in der Zeit des öffentlich-rechtlichen Monopols, in der Zeit der »Schutzzonen« für besonders »wichtige« Sendungen oft nur Abschalten hieß? Die Programmzeitschrift ›Hör zu‹ (ein Springer-Blatt) schimpfte im Herbst 1964, dass ARD und ZDF die Interessen der arbeitenden Menschen missachten würden. In der Regel laufe bis 21 Uhr auf beiden Kanälen Belehrung, und wenn endlich das komme, was der Zuschauer wirklich gern sehe, Filme, Fernsehspiele oder Musik, dann würden ihm die Augen zufallen (Televisor 1964).

Marie Luise Kiefer, die fast alle Veröffentlichungen der Langzeitstudie Massenkommunikation mitverantwortet hat, meinte, dass die Untersuchung eher durch glückliche Zufälle zu einem Langzeitprojekt geworden sei. Über die Fortsetzung habe man von Welle zu Welle entschieden. Die Vergleichbarkeit der Ergebnisse sei zwar ein wichtiges Anliegen gewesen, aber keineswegs das ursprüngliche und einzige Ziel (Kiefer 1999, S. 246). Die Ausgangsfrage nach der Medienkonkurrenz war spätestens nach der dritten Befragung 1974 vorläufig beantwortet. Obwohl inzwischen fast jeder westdeutsche Haushalt ein Fernsehgerät hatte, gab es die Tagespresse immer noch. Zum einen hatte sich die Studie aber in der medienpolitischen Arena bewährt, und zum anderen war ein Datenberg angehäuft worden, dessen Wert allein schon weitere Wiederholungen rechtfertigte. Dieses Argument öffnete auch die Kassen des Bundeswissenschaftsministeriums, als dem Projekt 1995 wegen der sinkenden Werbe-Einnahmen der öffentlich-rechtlichen Anstalten das Aus drohte.

Herzstück der Langzeitstudie ist eine *Tagesablauf-Befragung*. Nach dem Stichtag-Modell wird rekonstruiert, was der oder die Befragte »gestern« gemacht und wann er oder sie Medien genutzt hat (Fernsehen, Radio oder Musik, Zeitungen, Zeitschriften oder Bücher, Internet, Videokassetten). Welche Probleme diese Methode mit sich bringt, wurde bereits am Beispiel der Hörfunk-MA dargelegt (vgl. S. 81–84). Das Gedächtnis, das Image der einzelnen Medien und das unterschiedliche Nutzungsverhalten verzerren die Ergebnisse, und außerdem »produziert« eine Untersuchung, die drei Medien einbezieht, in der Regel niedrigere Werte als eine Einzelmedienstudie (Kiefer 1999, S. 244). Mit den technisch gemessenen Fernseh-Reichweiten sind die Daten ohnehin nicht vergleichbar. Nun mag es bei einer Untersuchung, die eher dazu dient, Entwicklungen aufzuzeigen, weniger auf die absolute Höhe der Zahlen ankommen, sondern mehr auf die Tendenz, aber *demoskopische Langzeitforschung* steht vor einem Dilemma:

- Einerseits darf das Erhebungsinstrument nicht verändert werden, wenn die Daten vergleichbar sein sollen.
- Andererseits muss dieses Erhebungsinstrument an Veränderungen des Gegenstandes (hier: Entwicklungen im Mediensystem) angepasst werden (Schmid/ Schweiger 1999, S. 551f.).

Selbst wenn der Fragebogen weitgehend beibehalten wird, bleiben große Fragezeichen:

- Werden Fragen und vorgegebene Antwortkategorien aus dem Jahr 1964 ein paar Jahrzehnte später noch genauso verstanden?
- Welchen Einfluss haben besondere Ereignisse (wie etwa 1990 die Wiedervereinigung) auf die Ergebnisse? Ist es überhaupt zulässig, Umfrageresultate zur

Nutzung und Bewertung der Medien aus verschiedenen Jahren miteinander zu vergleichen, da doch mindestens die politische Lage und die Stimmung der Bevölkerung jedesmal anders sind? Bei der Langzeitstudie Massenkommunikation kommt hinzu, dass die Befragungen nicht immer im gleichen Zeitraum gelaufen sind.

• Wie steht es mit der »Politiklastigkeit« der Studie? Verstärkt nicht ein Fragebogen, der die Informationsfunktion der Medien betont, die ohnehin vorhandene Tendenz zu »sozial erwünschten« Antworten? Lässt sich so im Zeitalter des Kommerzfernsehens Mediennutzung noch richtig erfassen?

• Die Veränderungen der Medienlandschaft wirken sich nicht nur auf das Image der Medien aus und damit möglicherweise auf das Antwortverhalten, sondern auch auf die Brauchbarkeit der Messinstrumente. Das Stichtag-Modell etwa, das sich auf die Erinnerung der Befragten stützt, war weit besser geeignet, die Nutzung von drei Fernseh- und drei oder vier Hörfunkprogrammen abzubilden als die Angebotsfülle von heute. Je beiläufiger Medien genutzt werden und je weniger dabei Gewohnheiten eine Rolle spielen, desto ungeeigneter ist eine Tagesablauf-Befragung.

• Die Langzeitstudie hat versucht, auf diesen Wandel zu reagieren und sich außerdem stets an der Methodendiskussion in der angewandten Medienforschung orientiert (schon deshalb, damit die Ergebnisse nicht allzu weit auseinander klaffen). Welche Folgen haben die entsprechenden Veränderungen im Frageprogramm und bei der Datenaufbereitung?

Edmund Lauf und Wolfram Peiser haben die Stichtag-Zeitreihen der Studie geprüft, als »methodisch fragwürdig« bis unbrauchbar eingestuft und angeregt, die Berichtsbände zu korrigieren (Lauf/Peiser 1999). Marie Luise Kiefer hat dem entgegengehalten, dass völlige Vergleichbarkeit ohnehin eine Utopie sei. Methodische Rigidität führe in der Langzeitforschung nicht weiter, sondern nur zu Artefakten, auch wenn diese dann methodisch sauber seien. Die Quantifizierung in Minuten und Prozenten täusche darüber hinweg, dass Reichweiten und Zeitbudgets eben keine »exakt und objektiv vermessenen Größen« seien, sondern eher ordnenden Charakter hätten. Sie würden Vergleiche untereinander und im Zeitablauf erlauben, mehr aber auch nicht (Kiefer 1999).

Waren bereits die Daten aus den ersten sieben Wellen zwischen 1964 und 1995 nur mit aller gebotenen Vorsicht nebeneinander zu stellen, markiert die achte Befragung vom Herbst 2000 einen Bruch – nicht so sehr, weil die Deutsche Telekom als Sponsor eingestiegen ist, sondern weil sich die Langzeitstudie von der Face-to-Face-Methode verabschiedet hat. Dass bei CATI-Untersuchungen eine ganz andere Stichprobe erreicht wird und die Ergebnisse auch sonst nicht mit persönlichen Befragungen zu vergleichen sind, ist am Beispiel der Radio-MA dargestellt worden (vgl. S. 83f.). Die 2000er Daten sind deshalb bestenfalls der Ausgangspunkt für eine neue Zeitreihe. Trends und Wandlungsprozesse sollte man aus ihnen besser nicht herauslesen.

Fragen und Aufgaben:

1. Definieren Sie folgende Begriffe: Copy-Test, Face-to-Face-Interview, Panel-Untersuchung, CAPI, CASI, CATI, Single Source, Fusion! Warum ist es wichtig zu wissen, nach welcher Methode eine Umfrage veranstaltet wurde?

2. Nicht nur die Methode beeinflusst die Befragungsergebnisse. Welche Faktoren spielen außerdem eine Rolle? Denken Sie dabei auch an die Besonderheiten des Gegenstandes Mediennutzung!

3. Die Presse investiert rund 0,2 Prozent ihrer Werbeerlöse in die Mediaforschung, das Fernsehen etwa 0,5 Prozent und der Hörfunk 0,6 Prozent. Wie sind die Unterschiede zu erklären?

4. Die Fachzeitschrift ›werben & verkaufen‹ hat vorausgesagt , dass es für die Printmedien langfristig überlebenswichtig sei, die Wirkungsforschung voranzutreiben (Schüür-Langkau 2000a). Hat das Blatt Recht? Begründen Sie Ihre Antwort!

5. Vergleichen Sie MA, AWA, GfK-Fernsehforschung und die Langzeitstudie Massenkommunikation! Welche Gemeinsamkeiten gibt es und welche Unterschiede?

6. Nach der Media Analyse 2000 sprachen die Experten von einer »Währungsreform im Radio«. Was steckt hinter dieser Formulierung? In den Jahren 2003 und 2004 hat sich möglicherweise auch bei der Print-MA eine solche »Währungsreform« angebahnt. Welche Argumente sprechen für diese These?

7. Skeptiker nennen die Ergebnisse der GfK-Fernsehforschung nicht »Leitwährung«, sondern »kollektiv akzeptierte Fiktion« (Lilienthal 1998, S. 983). Wer gehört zum »Kollektiv«, und wie berechtigt ist das böse Wort von der »Fiktion«?

Literaturhinweise

Elisabeth Noelle-Neumann, Thomas Petersen:
Alle, nicht jeder
Einführung in die Methoden der Demoskopie
München 1998
Dieses Standardwerk ist ein einzigartiges Plädoyer für die Umfrageforschung und natürlich für die Studien aus dem Institut für Demoskopie Allensbach. Das Buch erschien erstmals 1963, wurde in mehrere Sprachen übersetzt und für die Neuauflage durch aktuelle Beispiele und Literaturangaben »aufgefrischt«. Ausführlich werden die einzelnen Umfragephasen von der Ideenskizze über den Fragebogenentwurf und die Auswahl sowie das Training der Interviewer bis zur Ergebnisauswertung diskutiert.

Karin Böhme-Dürr, Gerhard Graf (Hrsg.):
Auf der Suche nach dem Publikum
Medienforschung für die Praxis
Konstanz 1995
Der Band ist nach einer Vorlesungsreihe an der Universität Bamberg entstanden. Mediaforscher aus kommerziellen und öffentlich-rechtlichen Rundfunkanstalten, aus Zeitungs- und Zeitschriftenverlagen (›Süddeutsche Zeitung‹, ›Focus‹), aus Werbeagenturen und Meinungsforschungs-Instituten (GfK, Media Markt Analysen) berichten über Methoden und Hintergründe der angewandten Publikumsforschung und stellen ausgewählte Ergebnisse vor.

Eva-Maria Hess:
Der Leser
Konzepte und Methoden der Printforschung
München, Offenburg 1996
Hess stützt sich auf ihre Dissertation (1962) und auf vier Jahrzehnte Erfahrung in der angewandten Medienforschung (Gründerin und Geschäftsführerin der Media Markt Analysen in Frankfurt/Main). Dieses Buch ist für diejenigen geschrieben, die mit den Ergebnissen der Leserforschung umgehen müssen, und setzt deshalb keine Vorkenntnisse voraus. Die Themen: Kriterien für Güte und Zuverlässigkeit einer Medien-Untersuchung, Bereiche der Printforschung (Kontaktmessung, Struktur der Leserschaft, Zielgruppenqualität, Qualität von Zeitungen und Zeitschriften), Stichproben- und Erhebungstechniken.

Ekkehardt Oehmichen, Christa-Maria Ridder (Hrsg.):
Die MedienNutzerTypologie
Ein neuer Ansatz der Publikumsanalyse
Baden-Baden 2003
Eine Werbung für die MedienNutzerTypologie, mit der einige Medien-
forschungsabteilungen der ARD seit Ende der 1990er Jahre arbeiten. Die Auf-
satzsammlung wird hier vor allem empfohlen, weil sie Einblick in die
öffentlich-rechtliche Mediaforschung gewährt und zugleich eine ganze Reihe von
Daten zur Verfügung stellt (etwa zur Nutzung der ARD-Kultur- und Informationsprogramme, zum Publikum von DeutschlandRadio oder über Programm-
und Musikerwartungen sowie kulturelle Freizeitaktivitäten der Gesamtbevölkerung).

Armin Scholl:
Die Befragung
Sozialwissenschaftliche Methode und kommunikationswissenschaftliche Anwen-
dung
Konstanz 2003
Der Untertitel beschreibt die Zweiteilung dieses Lehrbuchs. Teil eins gehört der
Methode, Teil zwei rund 50 konkreten Studien, wobei hier ein Schwerpunkt »Me-
diennutzung« heißt (MA, AWA, Online-Studien). Besonders hervorzuheben ist
neben der guten Lesbarkeit die »pragmatisch-diskursive Art« (S. 9) des Autors:
Scholl will die Methode selbst zum Streitobjekt machen.

Wolfgang J. Koschnick:
Focus-Lexikon Werbeplanung – Mediaplanung – Marktforschung –
Kommunikationsforschung – Mediaforschung
München 2003
Online: www.medialine.de/medialexikon
Die Online-Version wird monatlich aktualisiert und enthält 7.000 Stichworte –
zusammengestellt von einem der renommiertesten Autoren aus dem Bereich
Mediaforschung. Definitionen, detaillierte Beschreibung einzelner Studien, aktu-
elle Informationen, Links zu den wichtigsten Quellen und ausführliche Literatur-
hinweise.

Eine ganze Reihe von **Fachzeitschriften und Jahrbüchern** informiert regelmäßig über die Standarduntersuchungen zur Mediennutzung. Zum Teil werden dabei auch methodische und organisatorische Fragen behandelt: ›Media Perspektiven‹

(herausgegeben von den ARD-Werbetöchtern; einmal jährlich ›Media Perspektiven Basisdaten‹ mit einem Abschnitt »Mediennutzung«), ›werben & verkaufen‹ (wöchentlich), ›Horizont‹ (wöchentlich), ARD-Jahrbuch, ZDF-Jahrbuch, DLM-Jahrbuch (herausgegeben von den Landesmedienanstalten). Für die Schweiz und Österreich vgl. S. 219.

3. Funktionen der Medien für die Menschen

Der Begriff »*Funktion*« kommt aus der Systemtheorie und bezeichnet die Folgen eines sozialen Elements (etwa einer Handlung), die die Anpassung eines Systems an seine Umwelt fördern. Wenn über »Funktionen der Medien« gesprochen wird, geht es deshalb in der Regel um die Leistungen (oder Nicht-Leistungen) des Systems Massenkommunikation für die Gesamtgesellschaft oder für bestimmte Teilsysteme, um politische Funktionen wie Kritik und Kontrolle, das Herstellen von Öffentlichkeit und politische Bildung, um ökonomische sowie soziale Funktionen (Ankurbeln der Warenzirkulation, Sozialisation, Integration) und damit sehr schnell auch um Forderungen an die Medien (Burkart 1998, S. 368–400).

Die Kapitelüberschrift verweist schon darauf, dass der funktionale Bezugsrahmen hier ein anderer ist. In diesem Kapitel soll danach gefragt werden, inwiefern das »soziale Element« Mediennutzung die Anpassung des »Systems Mensch« an seine Umwelt fördert. Im ersten Teil wird gezeigt, dass die meisten Menschen von den Angeboten der Massenmedien in erster Linie Unterhaltung und Überblickswissen erwarten. Die (sehr einfache) Typologie, die Teil zwei liefert, soll dann gewissermaßen schlaglichtartig noch einmal verdeutlichen, dass diese Erwartungen vor allem vom gesellschaftlichen Status und den Anforderungen des Berufs bestimmt werden. Da die Medienfunktionen im ersten Teil nur sehr allgemein abgehandelt werden können, hat dieses Kapitel in der Neuauflage einen dritten Teil bekommen, in dem aktuelle Studien zu Nutzungsmotiven einzelner Bevölkerungsgruppen vorgestellt werden (Journalisten, Rentner, Türken in Deutschland, Blinde). Das »Lernziel« in Frageform: Welche Bedürfnisse befriedigen Presse, Funk und Kino? Gibt es Unterschiede zwischen den Bevölkerungsgruppen, lassen sich Typen bilden?

3.1 Mediennutzung in modernen Gesellschaften

Der Weg zu einer Antwort scheint beschwerlich. Wer die Leute nach ihren Bedürfnissen und Motiven fragt, wird oft nur ein Schulterzucken ernten. Mediennutzung ist Routine. Man drückt auf den Knopf, weil man immer drückt. Gründe lassen sich viele finden: Natürlich bietet das Fernsehgerät Informationen, über das Strandleben auf Teneriffa vielleicht, über die Bikini-Mode und zwischendurch über den letzten Schrei auf dem Joghurt-Markt und irgendeinen Krieg; natürlich sehen Kollegen und Freundinnen den gleichen Krimi und reden morgen über nichts anderes; natürlich braucht man nach der Arbeit ein bisschen Ruhe. Die Endlosserie schützt Mutter vor den Kindern, die Nachrichten Vater vor dem Aufräumen in der Küche und das Abendprogramm beide vor irgendwelchem Plänemachen. Das Fernsehgeräusch füllt den Raum und erspart nicht nur die Suche nach einem Gesprächsthema, sondern liefert sogar die entsprechenden Stichworte und das Zeichen zum Schlafengehen. Warum also sehen die Menschen fern, warum nutzen sie die anderen Medien? Der Wissenschaftler kann Bedürfnisse und Motive auf dem Papier trennen, die Realität aber trifft er damit möglicherweise nur bedingt.

Auch Einschaltquoten, Leserzahlen und Nutzungsgewohnheiten helfen nicht immer weiter. Das Angebot setzt Grenzen – für die Auswahl und für die Vorstellungskraft. In einer Zeit, in der es nur ein Fernsehprogramm gab und in der vor der bunten Sendung stets die ›Tagesschau‹ lief, waren Zuschauermassen noch längst kein Indiz für politisches Interesse, und als die Radionachrichten zehn Minuten oder noch länger dauerten, kamen die meisten gar nicht auf die Idee, einen Drei-Minuten-Dienst, vielleicht noch unterlegt mit Musik, zu fordern. Ende 1996 ließ der Wirtschaftswissenschaftler Thomas Lehr 400 Zeitungsabonnenten fragen, was sie von einem elektronischen Informationsangebot erwarten würden. Die große Mehrheit entschied sich für »Themen, die auch in der Zeitung stehen« (Lehr 1999, S. 207). Was sollten die Befragten auch sonst antworten?

Eduard Rhein, von 1946 bis 1965 Chefredakteur der Programmzeitschrift ›Hörzu‹, behauptete sogar, dass die Marktforscher gar nicht in der Lage seien, die Wünsche der Leute zu erfassen: »Sind die Kochrezepte belanglos gemacht, legen die Leserinnen keinen Wert darauf. Umfrageergebnis: Kochrezepte kommen nicht an. Richtig! Aber nur, bis einer zeigt, wie man sie machen muss, damit sie beachtet werden.« (Rhein 1990, S. 332f.).

Unterhaltung

Mag Rhein auch bei den Kochrezepten recht haben: Die empirische Medienforschung hat seit Anfang des 20. Jahrhunderts stets die gleichen Grundmuster gefunden (Abbildung 20). Die Mehrheit der Menschen nutzt die Medien zur Unterhaltung – um zu entspannen, um sich von der Realität entlasten und in eine andere Welt fliehen zu können, um die Zeit zu füllen und Langeweile zu bekämpfen, um Gesprächsstoff und eine Beschäftigung zu haben. Medien sind Tröster und Zufluchtsort, Ersatz für sozialen Kontakt, und sie haben »opiatische Wirkungen« (Schmidtchen 1962, S. 1338; Hagemann 1953, S. 24f.).

Abbildung 20

Funktionen der Medien	
1. Unterhaltung	Entspannung, Abwechslung, Anregung, Genuss Beschäftigung, Zeitfüller, Lückenbüßer Kontaktersatz (parasoziale Beziehungen) Tröster, Zufluchtsort, Betäubungsmittel
2. Überblicks- wissen	Sicherheit, Orientierung (»Was gibt es Neues?« – »Hoffentlich nichts.«) Frühwarnsystem
3. Weitere Funktionen	Zeitgeber (Strukturierung des Tagesablaufs) Gesprächsstoff Religionsersatz Information, Bildung, Ratgeber Prestige (Gerätebesitz; Qualitätszeitungen)

Der Begriff »Unterhaltung« ist negativ besetzt. Der Kulturwissenschaftler und Volkskundler Hermann Bausinger hat 1992 auf der Jahrestagung der Deutschen Gesellschaft für Publizistik- und Kommunikationswissenschaft, die sich mit »Medienlust und Mediennutz« beschäftigte, sogar von einem »*Rufmord an der Unterhaltung*« gesprochen und zwei Gründe dafür genannt, dass der »Unterhaltung« das »Odium des Unzuverlässigen und letztlich Unzulässigen« angeheftet wurde:

• die Grundforderung religiösen Ernstes im Mittelalter und in der frühen Neuzeit: »Christus hat nicht gelacht«,
• und eng damit zusammenhängend: die Herausbildung einer besonderen Arbeitsmoral, vor allem im Einflussbereich des Protestantismus, der die Arbeit zu einem moralischen Prinzip erhob und in ihr ein gottgefälliges Werk sah, dessen Erträge nicht verzehrt, sondern vermehrt werden sollten (Weber 1981, S. 167f.): »Müßiggang ist aller Laster Anfang«.

Bausinger sah den entscheidenden Einschnitt in den Jahren um 1800: Damals seien die Weichen in Richtung Abwertung der Unterhaltung gestellt worden. Bei

Goethe hätten die Begriffe »Gespräch« und »Unterhaltung« noch nahe beieinander gelegen, und die Schubladen E und U, große Kunst gegen mäßige Unterhaltung, habe es höchstens in Ansätzen gegeben. Die dann folgende Spartentrennung, Belehrung und die »eigentliche« Literatur auf der einen Seite, Unterhaltungsliteratur auf der anderen, begründete Bausinger auch mit dem Wachsen des Lesepublikums durch den Ausbau des Schulsystems. Die neuen Leser seien vor allem andere Leser gewesen, aus anderen ökonomischen Zusammenhängen und mit anderen Bedürfnissen, und der Buchmarkt habe außerdem das neue Markenzeichen Klassik als Qualitätssignal benötigt (Bausinger 1994).

Der Soziologe Kaspar Maase, der sich mit dem »Aufstieg der Massenkultur« zwischen 1850 und 1970 beschäftigt hat, wies darauf hin, dass die Wahrnehmung der »populären Unterhaltung« gewissermaßen vom anderen Ufer geprägt wurde. Schund und Schmutz, Hintertreppenroman und Gassenhauer, Kitsch und Traumfabrik – diese Urteile seien von Wissenschaftlern und Publizisten gekommen, von Pädagogen und Pfarrern, von denjenigen, die das Reden gelernt und Zugang zu den Schaltstellen des öffentlichen Sprechens hatten. Diese Gruppen hätten um die gesellschaftlichen Grundwerte gefürchtet und mit ihren Kommentaren dafür gesorgt, dass die modernen Massenkünste mit allerlei Gefahren verbunden worden seien: mit Verführung und Verbrechen, mit Vergnügungssucht und Verschwendung. Maase zog eine Linie bis in die Antike. Schon Plato habe die Dichter als Lügner und Verderber der Jugend aus seinem Idealstaat verbannen wollen, und im christlichen Europa hätten Theologen und Philosophen das Misstrauen gegen Spiel und zweckfreie Unterhaltung kultiviert. Auch die katholischen Regionen seien seit dem späten 16. Jahrhundert vom Programm der »Verfleißigung« beherrscht worden, von Arbeitserziehung und Arbeitsheiligung. Selbst in den Utopien der Neuzeit von Campanellas »Sonnenstaat« über Bacons »Neu-Atlantis« bis zu Schnabels »Insel Felsenburg« sei stets das Bild einer Arbeitsgesellschaft entworfen worden, während das Volk vom »Schlaraffenland« geträumt habe, vom Nichtstun und von elementaren sinnlichen Genüssen (Maase 1997, S. 27f., 156, 271f.).

Unterhaltung: Das war (und ist) das Gegenstück zu Kunst und Hochkultur, das Billige, Minderwertige, Triviale – eine Kategorie zur Beschreibung des Angebots, zur Beschreibung von Büchern, Musikstücken, Filmen, ein Etikett, das später in den Rundfunkanstalten den Abteilungen verpasst wurde, die Familienprogramme, Serien oder Filme herstellten und damit etwas, von dem man annahm, dass es die Zuschauer unterhält. Wenn solche Produktionen als zweitklassig gelten, ist es dann nicht naheliegend, dass diese Abwertung auch auf den anderen Sinn des Wortes »Unterhaltung« übertragen wird, auf das, was die Menschen mit dem Angebot machen? Die deutsche Sprache kennt für den Begriff »*Unterhaltung*« mindestens *drei Bedeutungen*:

- für den Lebensunterhalt sorgen, jemanden finanzieren, ernähren, erhalten;
- ein Gespräch führen, plaudern, miteinander reden;
- Vergnügen und Kurzweil, die Zeit auf angenehme Weise verbringen.

Der Leipziger Journalistikwissenschaftler Siegfried Schmidt hat festgestellt, dass alle drei Bedeutungen schon vor 200 Jahren bekannt gewesen seien. Die Bezeichnung »unterhaltend, unterhaltsam« sei aus dem Französischen und Englischen eingeflossen und habe »amüsant«, »interessant« und »gebildet« in sich vereint. Geist und Verstand unterhalten (ihn füttern!), sich die Zeit verkürzen und dabei zugleich Erkenntnisse vermitteln und sich Wissen aneignen: Unterhalten sei für den Menschen »das Interessante und Vergnügliche, das ihn zugleich bildet«. Nicht jede Beschäftigung könne deshalb zur Unterhaltung werden, sondern nur das, was uns von einer anderen Seite beanspruche als die gewohnten, täglich notwendigen Verrichtungen und gleichzeitig für Genuss und Erbauung, für Vergnügen, Kurzweil und Zerstreuung sorge. Schmidt hat Unterhaltung deshalb als »Subjekt-Objekt-Beziehung« gesehen. Das Subjekt habe eine bestimmte Erwartungshaltung und wähle frei den Gegenstand, mit dem es sich beschäftige (Schmidt 1970, S. 1–13, Schmidt 1994). Was jemand als unterhaltsam empfindet, hängt damit ab

- von seinem Alltag und
- von seinen persönlichen Voraussetzungen.

Der Bildschirmarbeiter wird Abwechslung und Entspannung eher in der Turnhalle oder beim Waldspaziergang suchen als am Fernsehgerät oder bei Computerspielen, die Hausfrau mit Kleinkindern sehnt sich vielleicht nach Kaufhaus-Trubel oder nach einer ruhigen Illustrierten-Viertelstunde in der Hochglanzwelt der Reichen und Mächtigen, und der Maurer freut sich auf sein Sofa und kann nicht verstehen, was andere in Ausstellungen mit moderner Malerei zieht. Damit dies nicht in der Flut der Zitate untergeht, sei noch einmal wiederholt: Wer den Unterhaltungsbegriff verwendet, um das Medienangebot zu beschreiben, vermischt die Ebenen. Der Rezipient kann jedes Angebot zur Unterhaltung nutzen – die ›Tagesschau‹ genauso wie die Titelgeschichte des ›Spiegel‹ und natürlich all die Dinge, die mit dem Label »Unterhaltung« geliefert werden. Der Gegensatz von »Unterhaltung« ist nicht »Information«, sondern Langeweile (Klaus 1996).

Was ist das »Interessante«, das zugleich bildet und uns von einer »anderen Seite« beansprucht als die täglichen Notwendigkeiten? Der Medienpsychologe Peter Vorderer hat die Bezeichnung »*Interesse*« als unzureichend abgelehnt. Eine Aussage wie »Ich interessiere mich für Talkshows« erkläre überhaupt nichts. Vorderer hat »affektive Prozesse« (Gefühle) als Kern der Unterhaltungserfahrung gesehen und dies am Beispiel des Fernsehens verdeutlicht. Wenn das Geschehen auf dem Bildschirm den Zuschauer bewege, könne das zwei Gründe haben:

- Das Angebot ist inhaltlich bedeutsam. Der Rezipient kennt das Thema, das Problem ist für ihn persönlich relevant, er teilt die Lebensziele der Protagonisten. Ausschlaggebend ist hier der persönliche Hintergrund jedes einzelnen Zuschauers (vgl. S. 29).
- Die handelnden Personen sind ihm nicht gleichgültig.

Beide Formen der Beteiligung würden sich keineswegs ausschließen, die Schnittstelle aber, an der sich Emotionen und Stimmungen der Rezipienten festmachten, seien *parasoziale Beziehungen* (vgl. S. 26). Eine solche Beziehung zu einem Fernsehakteur sei für viele Zuschauer eine notwendige und vielleicht sogar die wichtigste Bedingung, um sich gut zu unterhalten. Vorderer hat eingeräumt, dass auch »distanzierte« Rezeptionsformen möglich seien, und vermutet, dass der Wechsel zwischen »involvierten« und »analysierenden« Phasen einen Teil des Vergnügens ausmache (Vorderer 1998).

Im Unterhaltungs-Modell des US-amerikanischen Kommunikationswissenschaftlers Dolf Zillmann spielt dieser Wechsel keine Rolle. In seiner *Dispositions-Theorie* sieht Zillmann den Zuschauer als »Zeugen«, der einen Medienakteur beobachtet und diesen in jedem Fall beurteilt. Von dieser Bewertung hängt ab, wie es weitergeht. Bei positiven Gefühlen wird mit dem Protagonisten gebangt und auf ein gutes Ende gehofft, bei negativen auf ein schlechtes. Das kann bis zur Schadenfreude reichen – etwa wenn sich der Moderator, den man noch nie leiden konnte, verheddert oder wenn er gar ausgekontert wird (Zillmann 1996; Zillmann/Vorderer 2000; Zillmann/Bryant 1994).

Der Bezug zu den Erregungs- und zu den Identitätstheorien liegt auf der Hand (vgl. Kapitel 1, S. 25–31). Menschen haben das Bedürfnis, sich mit anderen zu vergleichen, sie wollen erfahren, was alles passieren kann, sie wollen sich auf die schlimmsten Fälle einstellen und sich die eigenen Werte und den eigenen Wert bestätigen (Binger 1997, S. 28f.). Was treibt die Leute, hinter Einsatzfahrzeugen herzujagen, warum fahren sie sonntags ins Hochwassergebiet und lösen auch mal einen Sandsack, wenn nichts Aufregendes zu sehen ist? Lust am Überleben,

Flucht aus der Reizarmut? Auf dem »Übungsfeld Katastrophe« kann der Mensch sich mit Dingen auseinander setzen, die ihn schrecken, und überlegen, wie er sich selbst verhalten würde. Die Medien schließen die Lücke zu den Daheimgebliebenen (Dombrowsky 1998). Der Schweizer Kommunikationswissenschaftler Louis Bosshart hat Unterhaltung als »menschlichen Unterhalt, als Selbstdarstellung und als animierte Selbsterfahrung« definiert und als Hauptziel einen ausgeglichenen Spannungszustand genannt. Es sei anzunehmen, dass in materiell abgesicherten Industriegesellschaften Anregung durch Unterhaltung die Norm sei (Bosshart 1994).

Vieles von dem bisher Gesagten findet sich in der »Rahmentheorie« zur Unterhaltung durch audiovisuelle Medien wieder, die der Leipziger Kommunikationswissenschaftler Werner Früh auf der Basis von emotions- und erregungstheoretischen Ansätzen entwickelt hat (Früh 2002, 2003a, b). Auch hier sei darauf verwiesen, dass einige dieser Ansätze in Kapitel 1 diskutiert worden sind. Früh sieht Unterhaltung als ein selbstbestimmtes (nicht zu erzwingendes), »tendenziell positives Erleben« und spricht von einer »*triadisch-dynamischen Unterhaltungstheorie*«. Diese Begriff beschreibt die beiden wichtigsten Annahmen:

• Person, Medium und Situation sind durch »*triadisches Fitting*« miteinander verbunden. Je besser die TV-Programme zu den eigenen Bedürfnissen passen und je eher das Umfeld (andere Anwesende, Raum etc.) Unterhaltung ermöglicht, desto größer ist die Wahrscheinlichkeit, dass Unterhaltung zustande kommt. Medienangebote stellen folglich keine Unterhaltung dar, sondern nur *Unterhaltungspotenziale*.
• Unterhaltung ist das Ergebnis von *Informationsverarbeitungsprozessen*. Wir reagieren auf Medieninhalte, kommentieren und bewerten sie und produzieren so möglicherweise die als angenehm erlebte »Makroemotion« Unterhaltung.

Früh geht davon aus, dass Menschen den Einsatz von Energie optimieren wollen, und nennt eine ganze Reihe von *Handlungszielen, die der Mensch als positiv erlebt*:

• *Regulierung des Energiebudgets*. Wer über viel Energie verfügt, strebt eine starke Aktivierung an, dieses hohe Niveau aber ist wegen des Energieverbrauchs nicht auf Dauer zu halten und wird außerdem langweilig. »Einer als angenehm erlebten Aktivierungsphase auf hohem Niveau« folgt »in der Regel eine ebenso angenehm erlebte Aktivierungsphase auf niedrigerem Niveau« (Früh 2003a, S. 30).

- *Abstimmung und Optimierung der eigenen Ziele.* Personen verfolgen permanent mehrere Ziele und müssen diese gegeneinander abwägen. Gelingt die Optimierung, wird dies als angenehm erlebt.
- *Abwechslung.* Das menschliche Bewusstsein müsse sich permanent mit etwas beschäftigen. Ganz unabhängig von ihrem Inhalt werde diese Beschäftigung grundsätzlich als angenehm erlebt. Abwechslung brauche auch nicht unbedingt »Turbulenzen auf dem Bildschirm«, sondern entstehe im Kopf des Zuschauers (Früh 2003a, S. 30f.).
- *Souveränität/Selbstbestimmung.* Früh schreibt, es sei der Traum aller Menschen, »allwissend, allmächtig und frei von allen Zwängen zu sein«. Souverän entscheiden zu können, sei immer angenehm. Beim Fernsehen kann man ein- und ausschalten, ein Programm wählen, sich auf riskante oder extreme Handlungen einlassen, Tabus verletzen und dem »Rollenstress« entfliehen. Zur Souveränität gehört, dass der Zuschauer Zumutungen ertragen, die lächerlichsten Angebote schön finden oder einfach nichts tun kann (Früh 2003a, S. 31f.).
- *Kontrolle (Erfolg, Kompetenz).* Um Gefahren überstehen zu können, habe der Mensch seit Urzeiten seine Umwelt erkennen und auf sie einwirken müssen und erfolgreiche Kontrolle folglich als Kompetenz erlebt. Früh überträgt diesen Kontroll- und Kompetenzbegriff auf die Beziehungen des Zuschauers zu sich selbst. Wir wollen unsere Gedanken und Gefühle, unsere Wünsche und Träume in den Griff bekommen und uns selbst erkennen. Um Kompetenz zu erfahren, muss man einen Kontrollverlust riskieren. Da dies in der realen Lebenswelt gefährlich werden kann, bietet sich das Fernsehen an: ein »geschonter Raum«, in dem man alles aufs Spiel setzen kann. Früh spricht von einem »kontrollierten Kontrollverlust« (der Zuschauer weiß, dass die Situation medienvermittelt ist), der die Unterhaltung ermöglicht.

Emotionen können zu Unterhaltung verarbeitet werden, »sofern die drei Gratifikatoren ›Abwechslung‹, ›Souveränität‹ und ›Kontrolle‹ vorhanden sind« (Früh 2003b, S. 35). Während sich Werner Früh ausführlich mit den Prozessen beschäftigt, die zum Unterhaltungserleben führen, wird das Bedürfnis nach Unterhaltung selbst lediglich mit anthropologischen Konstanten begründet. Früh hat zwar darauf hingewiesen, dass sich hinter seiner Dimension »Situation« die »größte Komplexität verbirgt« (neben der konkreten Situation auch der »gesellschaftliche und kulturelle Kontext«; Früh 2003a, S. 20), dieser Punkt ist aber nicht weiter ausgeführt – möglicherweise auch, weil dies eine »Rahmentheorie« überfrachten würde. Historische Veränderungen wie der starke Anstieg der Mediennutzungszeit im 20. Jahrhundert lassen sich mit dieser Theorie jedenfalls nicht ohne weiteres erklären (vgl. Giegler/Wenger 2003).

Arbeitsgesellschaft und Mediennutzung

Alltag in modernen Gesellschaften ist vor allem Medienalltag (Abbildung 21). Knapp sieben Stunden haben sich die Deutschen an einem Durchschnittstag im Jahr 2000 mit den Angeboten der tagesaktuellen Medien beschäftigt – und dazu noch einmal 68 Minuten mit Büchern, Zeitschriften, Tonträgern und Videokassetten (Berg/Ridder 2002, S. 201). Die Befunde der Langzeitstudie Massenkommunikation markieren dabei zumindest bis zur Methodenumstellung im Jahr 2000 die Untergrenze. Die GfK-Fernsehforschung errechnete seit Mitte der 1990er Jahre stets eine durchschnittliche Sehdauer von rund drei Stunden. Die Media Analyse kam bis 1999 für den Hörfunk auf ähnliche Werte und nach der Umstellung auf Telefoninterviews (vgl. S. 83f.) sogar auf dreieinhalb Stunden.

Wie ist diese Dominanz der Medien zu erklären? In Kapitel 1 sind die Faktoren herausgearbeitet worden, die den Alltag und damit auch den Umgang mit

Abbildung 21

Täglicher Zeitaufwand (in Stunden) für ...				
	1964	**1980**	**1990**	**2000**
Produktion	7:54	6:25	5:51	5:29
Regeneration	6:20	4:45	5:10	5:41
Mediennutzung[1]	3:08	4:46	5:21	6:58
Fernsehen	1:10	2:05	2:17	3:05
Hörfunk	1:29	2:16	2:53	3:27
Tageszeitung	0:35	0:39	0:29	0:29

1 – tagesaktuelle Medien. 1964/1980: Montag bis Samstag, 1990/2000: Montag bis Sonntag. Wenn zwei Medien gleichzeitig genutzt wurden (etwa Tageszeitung und Hörfunk), ist die entsprechende Zeitspanne nur einmal in die Summe eingeflossen. Die Daten von 2000 sind nur bedingt mit denen aus den Vorjahren vergleichbar, da das Frageprogramm komplett verändert und erstmals mit dem CATI-Verfahren gearbeitet wurde (vgl. Kapitel 2). Außerdem wurde hier erstmals die Internetnutzung erhoben (13 Minuten). Quellen: ARD 1966, S. 8, 10; Berg/Ridder 2002, S. 67

Medienangeboten bestimmen: strukturelle Merkmale wie Industrialisierung und Urbanisierung, positionelle Merkmale (vor allem Einkommen, Zeitbudget und Stellung im Beruf) sowie individuelle und soziale Merkmale (vgl. S. 47).

Emilie Altenloh, die kurz vor dem Ersten Weltkrieg in einer Dissertation über das Kino mündliche und schriftliche Befragung koppelte und die Daten mit Besuchs-Statistiken und persönlichen Eindrücken ergänzte, fand schon damals einen *Zusammenhang zwischen Arbeitsbedingungen und Vergnügungen* und damit auch Unterschiede zwischen den sozialen Schichten. Der Mensch werde ganz von der Arbeit beherrscht, sei aber in der großen Wirtschaft nur ein kleines Maschinenteilchen. Altenloh sprach von der Anspannung im Beruf, von »fortwährendem Beschäftigtsein« und von »nervöser Unruhe«. Alles, was Konzentration erfordere, scheide daher zur Erholung aus. Das Publikum in den Vorstadtkinos lasse sich kritiklos unterhalten, solange das Dargebotene keine geistige Anstrengung verlange. Die Freude an Sensationen begründete Altenloh auch mit engen Straßen und dumpfen Wohnungen und damit, dass die Großstädte keine Möglichkeit mehr für Abenteuer bieten würden. Altenloh sah das Kino in einer Reihe mit den Spuk- und Geistergeschichten der Vorzeit, mit dem Klatsch am Biertisch und beim Kaffeekränzchen, mit den Jahrmarktsbuden und dem Varieté. Das neue Medium sei vor allem in Großstädten das Unterhaltungsmittel Nummer eins geworden und werde als Belehrungs- und Bildungsfaktor überschätzt. Die »gebildeten Kreise« hätten allerdings andere Bedürfnisse. Die »dünne Oberschicht« wünsche im Kino mehr Naturaufnahmen und nutze auch sonst die Medien anders, besuche die besten Bühnen, lese Bücher und interessiere sich für Kunstwerke (Altenloh 1914).

20 Jahre später hat der Zeitungswissenschaftler Hans Amandus Münster der Presse ähnliche Funktionen zugeschrieben wie Altenloh dem Kino. Weil das Arbeitstempo in der Freizeit fortgesetzt werde, brauche der Mensch eine »Ersatzspannung« und greife zur Zeitung, gehe ins Kino oder ins Kaffeehaus. Die Presse biete bunt durcheinander Unterhaltung und Belehrung und eigne sich deshalb hervorragend, das Verlangen des vielbeschäftigten Menschen nach Ersatz für die zeitweilig ausbleibenden Berufsspannungen zu befriedigen. Münster wusste, wovon er sprach: Unter seiner Leitung waren Anfang der 1930er Jahre am Deutschen Institut für Zeitungskunde in Berlin 100.000 Jugendliche im ganzen Reich befragt worden (Münster 1932, S. 27–29).

Alles Schnee von gestern? Was hat die Welt am Beginn des 21. Jahrhunderts mit den Kinobesuchern zu tun, die Emilie Altenloh kurz vor dem Ersten Weltkrieg befragte, was mit der deutschen Jugend am Ende der Weimarer Republik? Mag es in den 1940er und 1950er Jahren noch verständlich gewesen sein, Mediennutzung als Eskapismus zu beschreiben und die Entfremdung oder verschiedenste Entbehrungen anzuführen, so scheint dieses Muster mit dem Rückgang schwerer körperlicher Arbeit, mit der Auflösung der sozialen Milieus und mit der Ausbreitung des Wohlstands in der westlichen Welt an Erklärungskraft verloren zu haben (Vorderer 1992, S. 106–109). Leben wir nicht längst in einer »Freizeitgesellschaft« (Heimken 1989) oder gar in einer »Erlebnisgesellschaft« (Schulze 1992)?

Allem Wertewandel (weg von Pflicht- und Akzeptanzwerten, hin zur Selbstentfaltung – vgl. Klages u. a. 1992) und allen Beschwörungen des gigantischen Spaß- und Vergnügungsparks zum Trotz: Moderne Gesellschaften sind in erster Linie *Arbeitsgesellschaften*, heute vielleicht stärker als je zuvor. Arbeit, genauer: bezahlte Erwerbsarbeit, entscheidet über das soziale Ansehen und über den persönlichen Spielraum. Wie lange dauert es, bis man eine neue Bekanntschaft fragt, was sie denn eigentlich beruflich macht? Die Soziologin Marie Jahoda hat der Arbeit neben der materiellen Sicherung fünf weitere (latente) Funktionen zugesprochen. *Arbeit*

- ist Quelle von Aktivität,
- stellt eine Zeitstruktur zur Verfügung,
- sorgt für Teilnahme am sozialen Leben außerhalb der Kernfamilie,
- gibt Ziel und Lebenssinn und
- fördert soziale Anerkennung und persönliche Identität (Jahoda 1982, S. 83f.).

Der Soziologe Ulrich Beck hat von einem »Sinnmonopol der Erwerbsarbeit« gesprochen. Alles Erstrebenswerte sei nur durch dieses Nadelöhr zu erlangen: materielle Sicherheit und soziale Anerkennung, Status und Identität. Deshalb würden immer mehr Menschen auf den Arbeitsmarkt drängen – die Rentnerin, die noch ein paar Wünsche offen hat, genauso wie die geschiedene Frau und der Jugendliche, der sich eine Existenz aufbauen will. Beck hat diese Tendenz mit der Bildungsexpansion und mit gestiegener Mobilität, mit der Individualisierung und der Durchsetzung von politischen und sozialen Grundrechten begründet. Immer mehr Menschen würden aus traditionellen Bindungen und Netzwerken herausgelöst und seien so gezwungen, ein »eigenes Leben« zu gestalten (Beck 2000, S. 26–30).

Zwar sind diejenigen, die eine Arbeit haben oder sich darum bemühen, in kapitalistischen Gesellschaften in der Regel knapp in der Minderheit, zieht man aber die Kinder und die Alten ab, dominiert eindeutig die Erwerbsorientierung (Bonß 2000, S. 334f.). Da das Geld, das diese »Kerngruppe« verdient, die

Lebensbedingungen der anderen bestimmt, bildet die Erwerbsarbeit den *Orientierungsrahmen* für die gesamte Gesellschaft. Der Vorruheständler betreut die Enkel, wenn Vater und Mutter Überstunden machen, und ist froh, wenn er wenigstens ein paar Kontakte aus dem Betrieb in die neue Zeit hinüberretten und so den »sozialen Tod« hinausschieben kann. Für viele liefert die Arbeit nicht nur den Lebensunterhalt, sondern auch den Lebenssinn und damit einen Ersatz für Religion und politische Loyalitäten. Man wird gebraucht und man gehört dazu – auch wenn man nur irgendwo am Fließband steht.

Der Wiener Philosoph Konrad Paul Liessmann hat unser Verhältnis zur Arbeit mit der Anthropologie der Antike verglichen. *Aristoteles* habe »Menschsein« mit Freiheit übersetzt: frei sein von den Naturnotwendigkeiten, von Plage und Mühe, frei sein von der Arbeit und sich darauf beschränken können, die Dinge zu betrachten und zu verstehen. Aus dieser Perspektive lebe der moderne Mensch wie ein Sklave. »Wir sind Gebundene: an unsere Zeit, an unseren Job, an unsere Termine, an unsere Verpflichtungen. Wir verfügen nicht souverän über unsere Zeit und über unser Leben« (Liessmann 2000, S. 94). *Erwerbsarbeit* ist gekennzeichnet:

- durch Arbeitsteilung und Spezialisierung,
- durch Fremdbestimmung und Entfremdung,
- durch den Zwang zur Anpassung an die alles »beherrschende Realität«.

Um noch einmal Ulrich Beck zu zitieren: »Der Gegensatz zur Arbeit ist nicht Muße, sondern freie, selbstbestimmte Tätigkeit« (Beck 2000, S. 51). Wem lässt die Arbeitsteilung Raum für einen eigenständigen Rhythmus, wer kann selbst darüber entscheiden, was er tut? Die »neuen« Selbstständigen, die oft nur »Scheinselbstständige« sind und das machen, was sie vorher auch gemacht haben, nur ohne Tarifvertrag und ohne feste Arbeitszeiten? Der Taxifahrer, der Versicherungsvertreter, der Dönerverkäufer? Die Spezialisierung zwingt uns, Zeitpläne einzuhalten und ein »Fachmensch« zu werden, sie verlangt, dass wir stolz sind auf das, was wir tun müssen (denn anders ließe sich das Leben nicht aushalten), und lässt die Fähigkeiten schrumpfen, die wir für die »Muße« bräuchten. Die »Glücklichen Arbeitslosen« haben die Zufriedenheit derjenigen, die Arbeit haben, als »Heuchelei« bezeichnet. Die Berliner Initiative schrieb wie weiland Karl Marx ein »Manifest« (›tageszeitung‹ vom 30. März 1998, S. 12) und schätzte, dass es in 95 Prozent der Jobs kein »Gefühl von Nützlichkeit« mehr gebe. Der Dienstleistungssektor beschäftige nur Dienstboten und Computer-Anhängsel, die keinen Grund hätten, sich etwas einzubilden, und selbst der Arzt fungiere oft nur noch als Handelsvertreter der Pharma-Industrie (Die Glücklichen Arbeitslosen 2000, S. 110–112).

Erwerbsarbeit heißt auch in Zeiten der Ich-AG (noch?) fast immer Lohnarbeit. Waren 1950 in der Bundesrepublik nur etwa zwei Drittel der Erwerbstätigen abhängig beschäftigt, sind es heute knapp 90 Prozent (Rytlewski/Opp de Hipt 1987, S. 80; Bonß 2000, S. 329). Deutschland ist hier keine Ausnahme: Die *Zunahme abhängiger Beschäftigung* auf Kosten der Selbstständigen war nach dem Zweiten Weltkrieg in allen europäischen Industriegesellschaften zu beobachten, bedingt zum einen durch starke Rückgänge in der Landwirtschaft und zum anderen durch die Bürokratisierung. 1980 gab es im Westen Deutschlands fast dreimal so viele Angestellte wie 1950. Allein schon durch das enorme zahlenmäßige Wachstum und durch die massenhafte Aufnahme von Frauen vor allem in untere Positionen wurden traditionelle Angestellten-Merkmale relativiert: das besondere Verhältnis zum Chef, Selbstständigkeit und Spielräume bei der Arbeit (Mooser 1993, S. 370). Maschinisierung und Automatisierung haben die Büros erfasst und sie damit der Werkstatt ähnlicher gemacht (Kocka/Prinz 1985, S. 229). Dazu kommt die »soziale Urerfahrung« Bürokratie, das Leben und Arbeiten in einer Hierarchie, in der die erste Voraussetzung für einen Aufstieg Anpassung heißt.

Kann jemand, der seine besten Stunden in einer Verwaltung oder in einem Betrieb verbringt, dort Weisungen und vorgeschriebenen Abläufen folgt und nur seinen kleinen Bereich sieht, aus dem gewohnten Gleis ausbrechen, wenn er nach Hause kommt? Eigeninitiative erfordert ganz andere Qualifikationen als der Arbeitstag (Neumann-Bechstein 1982, S. 169) und sie braucht mehr Platz, als die Stadtwohnung und die Reihenhaussiedlung auf dem Lande normalerweise haben.

Bietet es sich da nicht geradezu an, die Medien zur Entspannung und Zerstreuung zu nutzen, zumal der Trend eher in Richtung Kleinfamilie geht und damit weg von einem Umfeld, in dem ständig genug Gesprächspartner da sind? Wo lässt sich der Wunsch nach Alleinsein und Ruhe am Feierabend besser mit der Norm »Familienleben« verbinden als vor dem Fernsehgerät? Der Philosoph Günther Anders sprach schon Mitte der 1950er Jahre von der »Angst«, die freie Zeit selbst ausfüllen zu müssen. Wen die Alltagsarbeit in die Enge spezialisiertester Beschäftigung presse, von dem dürfe man nicht erwarten, dass er nach Feierabend einfach zu sich selbst zurückfinden könne oder wolle oder dass er das auch nur wollen könne. Radio und Fernsehen würden den Hunger nach Omnipräsenz und schnellem Wechsel stillen: »Spannung und Entspannung, Tempo und Nichtstun, Gängelung und Muße – alles servieren sie zusammen« (Anders 1988, S. 136f., 139).

Grenzen der »Freizeit«

Die »Freizeit« ist keineswegs »frei« (vgl. S. 46–48):

- Auch hier regieren die Normen der Arbeitswelt: Effizienz und Kalkulierbarkeit. Beste Beispiele sind das Basteln und der Sport. Bei Mannschaftsspielen entscheidet die Einordnung in das Team, und der Heimwerker kann seinen Maßstab, die industrielle Perfektion, in jedem Schaufenster bewundern und wie der Sportler versuchen, die Konkurrenz auszustechen.
- Einkommen, Tagesablauf und Arbeitsbedingungen prägen die Stunden nach Feierabend.
- Der Alltag ist auch nach Arbeitsschluss weitgehend ausgelastet durch die »Vielfalt von Anforderungen einer Normalbiographie« (Müller-Wichmann 1985, S. 470).

Christiane Müller-Wichmann hat die »Freizeitgesellschaft« in das Reich der Legende verwiesen. Die Forschung überschätze die Handlungsspielräume der Menschen, da sie den Begriff »Arbeit« falsch interpretiere. Wofür es kein Geld gebe, werde einfach nicht mitgezählt. Dabei sei die »private Alltagsarbeit« keineswegs beliebig. Um den TÜV-Termin komme man ebensowenig herum wie um die Küchenrenovierung, die Klassenfahrt oder den Weg zum Anwalt. Natürlich sei die Wochenarbeitszeit in den letzten 100 Jahren halbiert worden, natürlich habe die Technik die Arbeit in den Haushalten erleichtert, dafür aber sei eine *Verschiebung in Richtung unbezahlte Arbeit* zu beobachten:

- Der Privathaushalt von heute ist kleiner und damit uneffektiver als das »ganze Haus« und der »bürgerliche Stadthaushalt« von einst, die sich zudem Personal leisten und mehr Dienstleistungen am Markt kaufen konnten.
- Die Anforderungen an die Haushalte sind durch Technisierung und Bürokratisierung, durch Verrechtlichung und Demokratisierung gewachsen: »Wir müssen sehr viel lernen, wissen, können und tun, um unseren Alltag zu meistern« – und das alles bei reduziertem Arbeitskräftepotenzial, denn viele Frauen sind erwerbstätig.
- Die Beziehungen innerhalb der Familie haben sich verändert. Die Diskurs-Kultur kostet mehr Zeit als eine Anweisung des Oberhaupts. Dieses Problem verschärft sich noch durch die wachsende Lebenserwartung, da immer öfter mehrere Generationen gleichzeitig an einem Tisch sitzen. Und so schön es ist, die Wahl des Partners korrigieren zu können: Auch eine Scheidung kostet Zeit.

• Die Verteuerung der Dienstleistungen macht uns zu unseren eigenen Handlangern. Das beginnt an der Zapfsäule, am Getränkeautomaten und an der Supermarktkasse, geht bei Möbelbausätzen und den Tapeten weiter und endet bei der Müllsortierung. Vor allem der kritische Konsument mit Öko- und Gesundheitsbewusstsein muss auf »zeitsparende Nachlässigkeiten und Arbeitserleichterungen« verzichten.

• Die Erwerbsarbeit wird unsicherer. Zeitverträge und pseudoselbstständige Existenzen verlangen mehr Aufwand für die Koordination und die Jobsuche und bedeuten für die Betroffenen einen Verlust von Routine.

Für Müller-Wichmann ist die »Dispositionsmacht über Zeit« der Schlüssel für die Qualität des Alltags. Der Zugang sei allerdings ungleich verteilt, von den Männern der oberen Einkommensgruppen abwärts zu den berufstätigen Müttern, denen praktisch überhaupt nichts übrig bleibe und die alltags über chronische Schlafdefizite klagen würden. Wenn nur noch Lücken und Restzeiten zu füllen seien, erzwinge dies geradezu Passivität, Häuslichkeit und Medienfixiertheit und damit all das, was als »Freizeit-Unfähigkeit« abgewertet werde, denn jede langfristige Planung, jede Absprache mit anderen scheide aus. Vor allem in der Unter- und der unteren Mittelschicht seien die Massenmedien König: auch »müde, verdrossen und allein konsumierbar« und »allzeit bereit, wertlose Zeitlöcher ohne Aufwand zu stopfen« (Müller-Wichmann 1985). Medien füllen Zeit und sparen Zeit, da sie kaum Planungsaufwand erfordern, Medien vermitteln Momente der Muße und sie sind ein Fluchtpunkt vor der alles beherrschenden Zeitökonomie (Neverla 1992b, S. 32f.; Neverla 1992a).

Dolf Zillmann hat auf den Faktor *Bequemlichkeit* hingewiesen. Im Allgemeinen wende man sich den Medien zu, wenn man verbraucht sei und Entspannung suche. Jeder Tag habe unangenehme Seiten und bringe Enttäuschungen und Rückschläge. Um sich von dem Stress, von der Fesselung an diese Erfahrungen, zu befreien, sei Unterhaltung die einfachste Lösung. Während bei Radio und Fernsehen ein Fingerdruck genüge, würden Alternativen wie Sport, Meditation oder Spiele erheblich mehr Selbstdisziplin und Aufwand erfordern. Die Menschheit schätze offenbar Bequemlichkeit. Am Beispiel einer Fluglotsen-Gruppe hat Zillmann zugleich die therapeutische Funktion von Medienunterhaltung illustriert. Nach einem hektischen Arbeitstag warfen sich diese Lotsen auf das heimische Sofa, sahen eine Weile fern und beschäftigten sich dann mit Frau und Kindern. Wurde die »TV-Pause« zu früh gestört, dann war es auch mit dem Familienfrieden vorbei, und es kam zu Konflikten und Aggressionen (Zillmann 1994, S. 50).

So sehr dies alles einleuchtet: Bequemlichkeit ist keine Tugend, mit der sich in allen Gesellschaftskreisen gleichermaßen Staat machen lässt. Gary Steiner, der sich Anfang der 1960er Jahre mit dem Fernsehen in den USA beschäftigte, meinte, dass die Stunden vor dem Gerät ein angenehmer Teil des Lebens seien und die Menschen diese Zeit durchaus als lohnend empfinden würden. Allerdings fand Steiner zwei Nutzergruppen. Beide unterschieden sich weder in ihren Bedürfnissen noch im Gebrauch der Programme, wohl aber in ihren Aussagen über das Fernsehen. Die besser Gebildeten legten großen Wert auf das Auswählen und verlangten mehr Bildungssendungen, saßen aber trotzdem genau wie die anderen meist vor dem Gerät, um sich zu unterhalten. Steiner begründete diesen Widerspruch mit der *Leistungsorientierung in der Gesellschaft*. Der strebsame Teil sei dazu erzogen worden, seine Zeit nützlich zu verbringen, und habe ein schlechtes Gewissen, wenn er stundenlang scheinbar wertlose Dinge sehe. Da das Fernsehen für diese Gruppe keine selbstverständliche Legitimation habe, verlange sie mehr Informationen, um die eigene Entspannung vor sich selbst besser rechtfertigen zu können. Außerdem würden die Gebildeten auch einfach das sagen, was von einem anspruchsvollen Zuschauer erwartet werde (Steiner 1972).

Jede *Umfrage zum Thema Mediennutzung* stößt deshalb auf Barrieren, die den Blick auf die entscheidenden Beweggründe verstellen:

- Medien erlauben Passivität, sie erlauben, faul zu sein. Man muss sich nicht vorbereiten, muss nicht reagieren und keine Verpflichtungen eingehen. Kein Mensch kann 16 oder 18 Stunden hintereinander aktiv sein – ein Grund dafür, warum die Deutschen nicht Hurra geschrien haben, als ihnen Leo Kirch Formel-1-Rennen aus fünf oder sechs Perspektiven anbot, und ein Grund dafür, warum die Mehrheit der Menschen wahrscheinlich niemals Lust haben wird, sich die Zeitung selbst am Computer zusammenzustellen. Passive Entspannung ist kein schaler Ersatz für irgendetwas Besseres (etwa für aktive Freizeitgestaltung), nichts, was zähneknirschend in Kauf genommen wird, sondern »Primäraktivität« (Schönbach 1997, S. 282).
- Mediennutzung ist außerdem die mit Abstand billigste Freizeitbeschäftigung. Der deutsche Durchschnittshaushalt gibt für Fernsehen weniger als 30 Euro im Monat aus (Gebühren, Geräte, Videoausleihe). Alle Alternativen sind teurer. Was kosten Gaststätte und Rummel, was der kleinste Wochenendausflug, wenn man Parken und Eintritt, Andenken und das Eis für die Kinder mitrechnet?

Überblickswissen: »Verbindungskabel zum Leben« und »Frühwarnsystem«

Auch die zweite wichtige Funktion der Medien für die Menschen dürfte per Rezipienten-Interview kaum herauszufiltern sein. Medien befriedigen nicht nur das Bedürfnis nach Unterhaltung, sondern auch das nach Überblickswissen. Dieser Terminus ist nicht zu verwechseln mit dem Begriff »*Information*«, mit dem »Unterschied, der später einen Unterschied macht« (Konrad Paul Liessmann), mit dem »Korrelat von Unkenntnis« (Harry Pross). »Informativ« ist eine Mitteilung, die das Wissen des Empfängers erweitert, indem sie seine Unkenntnis verringert oder beseitigt (Burkart 1998, S. 391f.). Diese Definition verweist darauf, dass »Information« genau wie »Unterhaltung« ein subjektabhängiger Begriff ist. Was jemand als »Information« auffasst, hängt von seinem Kenntnisstand ab und nicht von dem Stempel, den eine Redaktion beispielsweise einer Fernsehsendung aufdrückt.

Das Bedürfnis nach »*Überblickswissen*« hat einen anderen Hintergrund. Arbeitsteilung und Fremdbestimmung der Arbeit sind nur eine Seite der Medaille »Moderne«. Auf der anderen stehen die Bürokratisierung des öffentlichen Lebens, die Unrast und die Unübersichtlichkeit der Großstädte und der Einfluss von anonymen Großorganisationen, das Gefühl, den sozialen, politischen und kulturellen Prozessen ausgeliefert zu sein und das Leben nicht mehr überschauen zu können. Nur in Sekten kann die Komplexität der Welt noch auf ein einfaches Maß reduziert werden. Wie viele Generationen ist es her, dass die Herkunft des Vaters bestimmte, was aus dem Sohn werden und wen die Tochter heiraten konnte? Für welche Lebensumstände gibt es noch klare Verhaltensregeln? Wo ist die Kirche der Gegenwart, die den Menschen sagt, was sie zu tun haben? Die Individualisierung hat zwar die Möglichkeiten vervielfacht, sie zwingt uns aber zugleich, mehr Entscheidungen zu treffen, ein Berufsleben ohne Zukunftsgarantien auszuhalten und selbst nach dem Sinn des Lebens zu suchen. Der Verlust an Stabilität verstärkt den Wunsch, die Umwelt kontrollieren zu können. Was kann da mehr Sicherheit geben als eine Nachrichtensendung, die den Hörer oder Zuschauer nach ein paar Minuten mit der Gewissheit entlässt, nun Bescheid zu wissen?

Emilie Altenloh hat schon zu Beginn des 20. Jahrhunderts den »Zug der Zeit« beobachtet, über alles unterrichtet sein zu wollen. Der Flaneur des Pariser Boulevards lese keine Zeitung mehr, sondern gehe für zehn Centimes ins ›Pathé Journal‹, sehe sich am Eingang die Plakate mit den letzten Börsenmeldungen an, vergewissere sich dann im Kino über das, was in der Welt so passiert sei, und verlasse den Raum »im Vollgefühl eines gebildeten, kosmopolitisch interessierten

Westeuropäers« (Altenloh 1914, S. 35f.). Für Hans Amandus Münster war die Presse eine Art »Verbindungskabel zum Leben«. Solange der Mensch Zeitung lese, sei er irgendwie dabei (Münster 1932, S. 29). Mit aktiver Suche nach Informationen oder gar mit der ersten Staatsbürgerpflicht hat das wenig zu tun. Der Münchener Kommunikationswissenschaftler Hans-Bernd Brosius spielte Anfang der 1990er Jahre Schülern und Studenten Fernsehmeldungen vor und stellte fest, dass nicht politische Meinungsbildung der Grund für die Nachrichtenrezeption sei, sondern die Frage »Was gibt es Neues in der Welt?«. Die Antwort laute in der Regel: »Alles wie gehabt«. Brosius begründete dieses Verhalten mit dem Modell der »*Alltagsrationalität*«. Der Zuschauer entscheide selbst, mit welchem Aufwand er die Medieninhalte verarbeite, und nehme die meisten Meldungen nur oberflächlich und unvollständig wahr, weil er kaum involviert sei (Brosius 1995, S. 12f., 305, 311). Folgt man dem Modell von Brosius, dann geht es den meisten Menschen beim Nachrichtenhören oder -sehen in erster Linie

- um das Gefühl, informiert zu sein,
- um die Sicherheit, nichts Wesentliches versäumt zu haben, und
- um das Wissen, dass die Welt noch steht (Brosius 1997, S. 100).

Die Wirtschaftswissenschaft sieht das ähnlich. Das Verhältnis zwischen Bürger und Politiker wird hier als Tauschbeziehung interpretiert: Stimmabgabe gegen Wahlversprechen. Für den Bürger lohnt es sich dabei kaum, Zeit und Geld zu investieren und sich über *Politik* zu informieren:

- Zum einen ist die Qualität des Angebots nur schwer zu beurteilen. Die Kriterien sind sehr komplex, und einen Teil der Leistungen gibt es erst nach »Vertragsabschluss« (nach der Wahl) – von den Fähigkeiten der Menschen zur Analyse ganz zu schweigen.
- Zum anderen ist der Nutzen äußerst gering. Selbst wenn man alle Argumente zusammenträgt und nach sorgfältigem Abwägen zu einer optimalen Entscheidung kommt: Wie viel wiegt die einzelne Stimme?

Der Dortmunder Medienökonom Jürgen Heinrich hat deshalb von »rationaler Ignoranz« gesprochen und nur ein Motiv für die Beschäftigung mit Politik gelten lassen: den Gesprächs- und Unterhaltungswert, den »Animationsnutzen« (Heinrich 1998). Der »mündige Bürger« ist am Abend meist ein müder Bürger. Warum sollte er sich aufraffen, Informationen zu sammeln, die er nicht verwerten kann?

In *Krisenzeiten* verschieben sich allerdings die Funktionen der Medien: Der Unterhaltungscharakter tritt zurück, das Bedürfnis nach Informationen gewinnt die Oberhand und die Nutzungsfrequenz steigt (Wilke 1989, S. 57). Das war in den Bombennächten des Zweiten Weltkrieges, als die Radionachrichten Leben oder Tod bedeuten konnten, nicht anders als im Herbst 1989 in der DDR. Während die Reichweiten von Fernseh-Krimis, Unterhaltungsshows und Ratgebersendungen, die den normalen Alltag betrafen, in den Wendemonaten sanken, stieg die Anziehungskraft von ausgesprochen politischen Angeboten (Gmel u. a. 1994).

Der Schweizer Kommunikationswissenschaftler Heinz Bonfadelli hat die Medien als »*Frühwarnsystem*« bezeichnet: Wenn etwas wirklich Wichtiges passiert, etwas, das mich betrifft und vielleicht mein Leben verändert, dann werden es mir die Medien sagen (Bonfadelli 1994, S. 27f.). Wie gut dieses Frühwarnsystem funktioniert, zeigt das Beispiel 11. September 2001. Eine Forschergruppe aus Ilmenau hat im Januar und Februar 2002 in einer repräsentativen Untersuchung gefragt, wie sich die Nachricht von den Anschlägen auf das World Trade Center verbreitet hat. Vielleicht kann man darüber streiten, ob dieses »Extremereignis« zum Zeitpunkt der Befragung nicht schon zu weit zurücklag, die Ergebnisse aber sind eindrucksvoll: 15 Minuten nach dem ersten Anschlag waren knapp 30 Prozent der Deutschen informiert. Die nächsten Stufen: 50 Prozent nach einer halben Stunde, fast 70 Prozent nach einer Stunde (gegen 16 Uhr). Schon vor 20 Uhr war eine nahezu vollständige Durchdringung erreicht (über 90 Prozent). Dies entspricht den Werten, die 1963 nach der Ermordung Kennedys in den USA gemessen wurden. Damals hatte es ebenfalls keine sechs Stunden gedauert, bis nahezu die gesamte Bevölkerung die Nachricht kannte. Alarmmedium Nummer eins scheint heute nach wie vor das Fernsehen zu sein. Während bei der Untersuchung zum 11. September fast jeder zweite Befragte dieses Medium als Quelle für die Erstinformation nannte (44,9 Prozent), gab nur etwa jeder vierte das Radio an (28,0 Prozent) – obwohl der Hörfunk zum Zeitpunkt der Ereignisse in Deutschland normalerweise ein größeres Publikum erreicht als das Fernsehen (Emmer u. a. 2002). Extremereignisse sind aber natürlich die Ausnahme. An normalen Tagen ist für jeden etwas anderes »wirklich wichtig«: Für alle der Wetterbericht (weil davon abhängt, was man anziehen und ob man einen Schirm einpacken muss), für die meisten ein Streik im Öffentlichen Dienst (weil die Busse nicht fahren und der Müll liegen bleibt), die Gesundheitsreform für die Ärzte (manchmal auch für die Patienten – wenn es darum geht, was in der Apotheke zu bezahlen ist) und die Krise irgendwo auf der Welt eigentlich nur für die, die Verwandte oder Freunde vor Ort wissen oder selbst eine Reise gebucht haben.

Nicht einmal Streiks und große Gesetzeswerke sind Alltag. Teile der Öffentlichkeit haben sich nicht damit abgefunden, dass die Mehrheit der Menschen die meisten Meldungen schon kurz nach der Nachrichtensendung wieder vergisst. Als der Jenaer Kommunikationswissenschaftler Georg Ruhrmann auf den Mainzer Tagen der Fernsehkritik im April 2004 sagte, dass sich etwa jeder dritte Zuschauer bei einer Befragung nicht mehr an die Nachrichteninhalte habe erinnern können, brachte ihm dies Schlagzeilen ein. Die Kommunikationsforschung ist immer wieder genötigt worden, dem Gedächtnis auf die Sprünge zu helfen. Wie müssen die Nachrichten gestaltet werden, damit die Leute sie behalten und verstehen? Sollen Frauen sprechen oder Männer? Viele Themen oder wenige, lange Sätze oder kurze, Musik im Hintergrund? Die Zahl der Experimente ist Legion (Kindel 1998; Gleich 1998; Ruhrmann/Woelke 1998). Die Kommunikationswissenschaftler Klaus Schönbach und Lutz Goertz haben nach einem Test mit 480 Hörern in Hamburg festgestellt, dass die meisten Anstrengungen für die Erinnerung vergeblich seien. Radio-Nachrichten seien für viele offenbar nicht wichtig genug (Schönbach/Goertz 1995, S. 108f.).

Nachrichten in anderen Medien auch nicht, wäre zu ergänzen – ein Punkt, der das Selbstverständnis der Massendemokratien berührt und der teilweise die Ausrichtung der Nachrichtenforschung ebenso erklärt wie den Widerstand gegen die These, dass die Menschen von den Medien in erster Linie Unterhaltung und Überblickswissen erwarten. Was bleibt von der Idee des »runden Tisches« und der »Volksherrschaft«, was vom Pluralismusmodell, das in der Öffentlichkeit den Ort sieht, an dem vermittelt wird zwischen den verschiedenen und häufig gegensätzlichen Interessen und Meinungen in der Gesellschaft? Es steht noch mehr auf dem Spiel:

- für die öffentlich-rechtlichen Rundfunkanstalten in Deutschland die »Legitimation als gesellschaftliche Kulturinstanz« (Neumann-Bechstein 1982, S. 166) und
- für die »Informationselite« (›Focus‹) – für jene »Freigestellten und Intellektuellen«, die sich nicht eingestehen wollen, dass »der alltägliche Nachrichtenkonsum« zu seinem allergrößten Teil »puren Unterhaltungszwecken« dient (Lübbe 1992, S. 6) – die Illusion, mitmischen zu können bei den Entwicklungen in Politik und Gesellschaft (Stuiber 1998, S. 1142f.).

Verwundert es da, dass »Nachrichten« in den entsprechenden Studien regelmäßig in die Rubriken »Information« oder »politische Informationsangebote« eingeordnet (vgl. z.B. Blödorn u. a. 2000; Hasebrink 1998; Kiefer 1997; Berg/Kiefer

1996) und gegenteilige Behauptungen als »Ausfall« und »Groteske« abqualifiziert werden (Zöllner 2000, S. 265)?

Weitere Medienfunktionen: Gesprächsstoff, Religionsersatz, Zeitgeber, Bildung

Minimale Informiertheit, nicht nur über Politik, sondern über die Medienthemen überhaupt, ist allerdings eine soziale Norm. Der französische Sozialpsychologe Gabriel Tarde schrieb schon zu Beginn des 20. Jahrhunderts, dass die Leute vor allem deshalb zur Zeitung greifen würden, um *Gesprächsstoff* zu haben. Jeder könne darauf vertrauen, dass der andere am Morgen dieselbe Geschichte gelesen habe (vgl. Lazarsfeld 1975, S. 209f.). Das Fernsehen ist auch mit dem Wetter verglichen worden. Beides sei »Kleingeld der Konversation« (Langenbucher 1968, S. 4). Worüber wollte man auch mit dem Nachbarn sprechen und mit den Verwandten, wenn jeder in einem Bereich arbeitet, von dem der andere nichts versteht und der ihn nichts angeht? Und wenn heute jemand bei Günther Jauch und RTL Quiz-Millionär werden möchte und dann nichts mit dem Titel »Mission Impossible« anfangen kann, hört der Spaß für das Publikum auf.

Unterhaltung, Überblickswissen, Gesprächsstoff: Medien können unterschiedliche Bedürfnisse befriedigen und mehrere gleichzeitig. Wer wollte bestreiten, dass Presse, Radio, Fernsehen und Online-Angebote nicht nur in Krisenzeiten »Informationen« im oben beschriebenen Wortsinn liefern? Welche anderen Quellen sagen dem Durchschnittsbürger nach Schule und Ausbildung, was Menschen erforschen, erfinden und entdecken, wo sonst kann man Wissen über andere Länder und Kulturen erwerben, über all das, was man nicht aus eigener Anschauung und eigenem Erleben kennt? Und verschafft es nicht auch ein Stück Sozialprestige, wenn man die ›Frankfurter Allgemeine‹ in der Hand hält (oder sogar seinen »klugen Kopf« dahinter versteckt) und über die aktuellen Themen Bescheid weiß?

Gerade die Nachrichtenzeiten sind zudem *Fixpunkte im Tagesablauf.* Der Soziologe Erwin K. Scheuch hat hier eine wichtige Funktion der Funkmedien gesehen. Der Mensch brauche feste Zeiten zur Orientierung und müsse deshalb nach der Arbeit »neue Notwendigkeiten« schaffen – eine schwere Aufgabe, die für viele das Fernsehen löse (Scheuch 1972, S. 35f.). Die *Nähe zur Religion* ist offensichtlich: Fast alle Kirchen rufen den Menschen zu bestimmten Stunden zur Besinnung und gliedern nicht nur den Tag, sondern auch die Woche und das Jahr. Für viele erledigen das heute die Medien oder Medieninhalte wie der Sport. Morgens die Tageszeitung, jede Stunde Radionachrichten, Fußball-Bundesliga am

Wochenende und Europa-Pokal in der Wochenmitte, im Winter Hallenturniere, im Sommer die großen Meisterschaften und alle paar Jahre der »Feiertag« Olympische Spiele (Sabine Müller 1997, S. 16). Das Fernseh-Programm regelt nicht nur Schlafenszeit und Urlaubsplanung, sondern auch den Ablauf des Heiligabends (Reichertz 2000).

Medien als Religionsersatz, Medien auch als Ersatz für einen anderen ideellen Bezugsrahmen, als Ersatz für die »rote Gegenkirche«? Ende des 19., Anfang des 20. Jahrhunderts war das Wirtshaus einer der Mittelpunkte des Arbeiterlebens, nicht nur »Salon der Armen«, sondern auch Ort der Kommunikation und Ort der Wissensvermittlung (Reck 1977, S. 136f.). Kleine und kleinste Wohnungen, muffig, dunkel und schlecht gelegen, drängten die Leute ins Freie, und hohe Mieten zwangen viele, Schlafgänger aufzunehmen. Das Arbeiterleben war halböffentlich, für die Kinder auf der Straße, für die Frauen in der Nachbarschaft und für die Männer im Wirtshaus – ein idealer Nährboden für die *Arbeiterbewegung*. Im Zweiten Weltkrieg versank der Ort der deutschen Arbeiterkultur, das großstädtische Arbeiterviertel, in Schutt und Asche, die Wanderungen der Nachkriegszeit zerschnitten lokale Bindungen, und das »Wirtschaftswunder« brachte eine neue Perspektive: ein Leben in Wohlstand. In der ganzen westlichen Welt hatten Arbeiter mehr Geld zur Verfügung als je zuvor, und ein Rückschlag war nicht in Sicht. Warum also sollte man sich noch politisch engagieren? Die Massenmedien ersetzten teilweise die Sozialisationsfunktion des Vereinswesens und die Subkultur der Milieus (Mooser 1984, S. 213f.). Was Großvater in der Kneipe bekommen hatte und Großmutter beim Klatsch mit der Nachbarin, lieferten den Enkeln die Massenmedien. Man konnte sich nicht nur eine bessere Wohnung leisten und die Möglichkeit, sich abzuschotten, sondern auch die nötigen Kontaktmaschinen (Meyen 2001).

3.2 Mediennutzertypen

Eine Typologie ist eine unvollständige Klassifikation. Das hilft zunächst nicht weiter, da der eine Begriff durch einen anderen erklärt wird. Typologien und Klassifikationen versuchen jeweils, Ordnung in einen Bereich zu bringen, indem sie den einzelnen Elementen bestimmte Merkmale zuschreiben. So lässt sich etwa der Objektbereich »menschliche Siedlungen« über das Merkmal »Einwohnerzahl« klassifizieren: Dörfer (bis 2.000 Menschen), Land-, Klein-, Mittel- und Großstädte (über 100.000). Eine Klassifikation muss drei Anforderungen genügen:

- Eindeutigkeit: Jedem Objekt kann eine Merkmalsausprägung zugeschrieben werden;
- Ausschließlichkeit: Es trifft nur eine einzige Merkmalsausprägung zu;
- Vollständigkeit: Kein Objekt ist ohne Merkmalsausprägung.

Was bei Städten und Dörfern problemlos möglich ist, bereitet Schwierigkeiten, sobald mehrere Merkmale herangezogen werden. Welche Kriterien benötigt man, um den Objektbereich »Mediennutzer« zu klassifizieren? Gibt es hier überhaupt ein Kriterium, dass die Anforderungen an eine Klassifikation erfüllen kann? Schon bei einer Beschränkung auf die Zeitungsleser und das Merkmal Zeitungstyp stehen »Elemente« mit einer Merkmalsausprägung (Menschen, die nur die regionale Abonnementzeitung lesen oder nur ›Bild‹) neben »Elementen« mit einer Merkmalskombination (ein überregionales Qualitätsblatt wie die FAZ als Zweitzeitung). Folglich bleibt nur eine Typologie: Merkmale heranziehen, von denen man weder weiß, ob sie hinreichend sind, noch, ob man eine vollständige Klassifikation vornehmen kann (Friedrichs 1990, S. 87–90).

Damit ist der Haupteinwand gegen die Typenbildung genannt: Willkür. Die Vorgaben des Forschers entscheiden über die Ordnung, die herauskommt, es ist aber keineswegs sicher, dass er alle Merkmale erfasst hat und vor allem nicht, dass es die richtigen waren (vgl. S. 41f.). Der Anziehungskraft von Typologien hat das nicht geschadet. Jeder kennt die Temperamentenlehre aus der Antike und fragt sich, ob er ein Sanguiniker oder Choleriker, ein Melancholiker oder Phlegmatiker sei. Typologien

- bringen Ordnung in eine unüberschaubare Vielfalt (Strukturierungsfunktion),
- helfen, das Chaos zu analysieren (heuristische Funktion), und
- erhellen schlaglichtartig die Unterschiede zwischen den einzelnen Elementen und erlauben so Vorhersagen (Prognosefunktion).

Typologien in der Mediaforschung

Ein Typus steht für eine Gruppe von Menschen, die bestimmte Persönlichkeitsmerkmale gemeinsam haben. Wenn man weiß, wie viele Faktoren Mediennutzung beeinflussen können (vgl. S. 47) und dass die »Ordnung« von den ausgewählten Merkmalen abhängt, verwundert es nicht, dass die Kommunikationsforschung eine ganze Reihe von Typenkatalogen produziert hat (Scherer/Brosius 1997, Oehmichen/Ridder 2003).

Abbildung 22

Hörertypen und ihr Medienalltag (Weiß/Hasebrink 1995)

Typus	Mediennutzung	Struktur
Medien- und Kulturvermeider	Wenig Fernsehen und Radio, auch andere Medien kaum	Zwei Drittel weiblich; Fast 90 % über 40 Jahre
Fern-Sehwelt	Viel Fernsehen, kaum andere Formen kultureller Praxis	Alle Altersgruppen; Eher unterdurchschnittlich gebildet
Elektronische Dauerbegleitung	Viel Radio (Alltagsbegleiter) und Fernsehen (Freizeit), keine Kultur außer Haus	Eher weiblich und unterdurchschnittlich gebildet; Fast 90 % über 50 Jahre
Medienmenü im mittleren Maß	Fernsehen, Radio, Bücher und Musik durchschnittlich	Alle Bildungs- und Sozialschichten; Schwerpunkt: 30 bis 60 Jahre
Flexible Nutzer öffentlich-rechtlichen Rundfunks	Viel Radio und Fernsehen; flexible Programmwahl bei deutlicher Vorliebe für öffentlich-rechtliche Angebote	Alle Bildungs- und Sozialschichten; Fast 80 % über 40 Jahre
Flexible Vielnutzer	Viel Radio und Fernsehen (flexible Programmwahl), alles andere durchschnittlich	Unterdurchschnittlich gebildet; Über 30 Jahre
Flexible Privatfunknutzer	Viel Radio und Fernsehen, vorzugsweise private Programme; häufig Musik, gelegentlich ins Kino	80 % zwischen 20 und 50 Jahren; Eher besser gebildet
Klangwelt	Intensiver Umgang mit Musik; Fernsehen und Radio durchschnittlich; Kino und Bücher	90 % jünger als 40 Jahre; Überdurchschnittlich gebildet
Erlebnis-Kultur	Literatur und Musik (verschiedene Stile); Theater, Ausstellungen, Kino häufiger; Radio u. Fernsehen unterdurchschnittlich	Schwerpunkt: unter 40 Jahre; Schwerpunkt: Singles, Elite; Deutlich überdurchschnittlich gebildt
Klassische Hochkultur	Bücher und klassische Musik; im Radio Info- und Klassikprogramme; wenig (Privat-)TV	Älter als 40; Schwerpunkt: Elite; Deutlich überdurchschnittlich gebildet

Die Medienunternehmen brauchen solche Studien, um sich gegenüber den Anzeigenkunden zu profilieren (vgl. Kapitel 2) und erfinden deshalb die »Info-Elite«, die »First-Class«- und die »Premium«-Zielgruppe (Gleich 1997b) oder lassen psychologische Tiefeninterviews führen, nach denen dann beispielsweise die »Wissbegierigen« (Intellektuelle mit einer geheimen Sehnsucht nach Krimis und Erotik) von den »Mitspielern« (Fernsehen als Lebensinhalt) unterschieden werden oder von den »moralischen Fernsehpatroullierern«, die Privatfernsehen ablehnen und nur einschalten, um sich von den Gefahren des Mediums zu überzeugen (Gleich 1996, S. 602).

ARD und ZDF haben Ende der 1990er Jahre auf der Basis des Lebensstil-Ansatzes eine eigene Nutzer-Typologie entwickelt (Oehmichen/Ridder 2003). In die Typenkonstruktion sind vor allem Freizeitwerte, Musikpräferenzen und Themeninteressen eingeflossen. Dabei ging es ausdrücklich nicht darum, das Medienpublikum optimal einzuteilen (was ja für die Programmgestaltung hätte nützlich sein können), sondern um eine Hilfestellung für die Werbewirtschaft. Der »Junge Wilde« beispielsweise lebt noch bei den Eltern, geht mit der Clique ins Kino und zur Disko, hört HipHop oder Techno und nutzt alle Medienangebote, die »fun & action« versprechen. Mindestens genauso wichtig aber ist, dass er sich für Mode interessiert und für neue Trends, für Auto, Sport und Computer und dass »Fast Food« für ihn mehr ist »als die schnelle Küche« (Hartmann/ Neuwöhner 1999). Der Wunsch nach einer Abgrenzung der Zielgruppen für Werbekampagnen erklärt zum Teil auch die Länge der Typenkataloge. Eine Dreier-Typologie hilft nicht weiter, und eine Liste mit 20 Einträgen wäre zu unübersichtlich.

Abbildung 22 zeigt ein Beispiel für eine Typologie der Radiohörer. Ralph Weiß und Uwe Hasebrink vom Hans-Bredow-Institut für Medienforschung an der Universität Hamburg haben gefragt, wie die Hörer verschiedene Programme zu spezifischen Radiomenüs bündeln und wie diese Menüs in die Alltagskultur (Fernsehen, Musikvorlieben, Ausstellungen, Theater) integriert sind. Auftraggeber war die Hamburgische Anstalt für neue Medien, Datengrundlage die Media Analyse 1994 für den Ballungsraum Hamburg (Weiß/Hasebrink 1995, 1997; Weiß 1996). Damit sind die Grenzen dieser Typologie abgesteckt: Es konnten nur die Merkmale herangezogen werden, die die Media Analyse erfasst. Programminhalte und Motive der Hörer gehören nicht dazu.

Typologie der Kommunikationsbedürfnisse

Wer Typen zeichnen will, ist immer gezwungen, auf Feinheiten, auf Ausnahmen, die das Bild vielleicht erst lebendig machen, zu verzichten. Dies gilt auch für den folgenden Versuch, die Kommunikationsbedürfnisse in modernen Gesellschaften zu typisieren. Bei allem Wissen darum, dass die Grenzen zwischen Typen stets fließend sind und dass nicht ein Bedürfnis allein den Ausschlag gibt für die Nutzung bestimmter Angebote, lassen sich *zwei unterschiedliche Erwartungshaltungen* gegenüber den Medien ausmachen. Die beiden Gruppen unterscheiden sich dabei nicht in ihrem Unterhaltungsbedürfnis (dies ist bei allen gleich groß), wohl aber in Sachen Information. Der Jerusalemer Soziologe Elihu Katz, der sich Mitte der 1970er Jahre mit dem »Verstehen von Nachrichten« beschäftigt hat, wunderte sich darüber, dass die meisten Europäer jeden Abend eine Nachrichtensendung hören oder sehen. Viele würden die einfachsten Begriffe nicht kennen, und die schlechter Gebildeten hätten wahrscheinlich nicht einmal die sprachliche Kompetenz, mit den Nachrichten umzugehen. Auch das Fernsehbild ändere daran nichts. Die Leute würden sich spontan bestenfalls an zwei oder drei von 15 Meldungen erinnern. Wirklich interessiert sei nur die Gruppe der politisch Engagierten, die Minderheit, die die Ereignisse am Radio verfolge und die identisch sei mit der Minderheit, die die politische Tageszeitung lese (Katz 1977, S. 361–363).

Der Zeitungswissenschaftler Hans Amandus Münster hatte diese beiden Typen schon Mitte der 1950er Jahre beschrieben: Der eine wolle sich über dies und das nur oberflächlich und zur Unterhaltung informieren und bekämpfe mit der Zeitung seine innere Unruhe oder Langeweile, dem anderen aber sei die Presse ein wichtiges Mittel zur Unterrichtung und Belehrung oder gar unentbehrlicher Wegweiser durch das Privat- und Geschäftsleben (Münster 1955, S. 65).

Der »typische« *informationsorientierte Mediennutzer* ist ein gut ausgebildeter Mann mit einem überdurchschnittlichen Einkommen, er gehört eher zur Oberschicht und hat wahrscheinlich einen Schreibtisch. Dass er Leitartikel liest und Kommentare hört, sich für das Ausland interessiert und überregionale Zeitungen kauft, heißt nicht, dies sei wiederholt, dass er von Rundfunk, Presse und Kino nicht auch Unterhaltung erwartet. Bei vielen gehörte dieses »auch« sogar eher vor die Rubrik »Information«. Selbst der Hochschullehrer ist da keine Ausnahme. Wie alle anderen muss er sich entspannen, entweder beim Fußball, bei ›Star Wars‹ oder bei der ›Akte X‹ (wenn sein Fachgebiet Kommunikationswissenschaft heißt, kann er sogar glauben, dass dies für den Beruf nötig ist), und auch der Hochschullehrer schaltet die ›Tagesschau‹ ein, um Gesprächsstoff zu haben, um nicht

abwaschen zu müssen und um sich einreden zu können, er sei politisch informiert. Anders als der *unterhaltungsorientierte Typ* aber nutzt der »Informationsorientierte« die politischen Angebote der Medien, und damit ist all das gemeint,
was über die Nachrichten hinausgeht, auch in so genannten »ruhigen Zeiten« –
und zwar bewusst und nicht zufällig oder aus Verlegenheit.

Abbildung 23

Mediennutzer-Typen			
	Unterhaltungsorientiert	**Informationsorientiert**	**Medienvermeider**
Stärke	Knapp zwei Drittel der der Bevölkerung	Rund ein Drittel der der Bevölkerung	Etwa fünf Prozent der Bevölkerung
Struktur	• Jung • Politisch wenig interessiert • Niedrige formale Bildung • Mittel- und Unterschicht	• Älter und eher männlich • Politisch interessiert • Überdurchschnittliche Bildung • Überdurchschnittliches Einkommen • Studenten	• Unterschichtangehörige: geringe Bildung, geringes Einkommen • *Ausnahme:* bewusster Verzicht, Aussteiger
	Entscheidend: Stellung zum Erwerbsleben		
Mediennutzung	• Unterhaltung, Überblickswissen • Vermeidung von Informationsangeboten • Kaufzeitungen, kommerzielle Rundfunkangebote	• Unterhaltung, Überblickswissen • Gezielte Nutzung von Infoangeboten • Anhänger der öffentlich-rechtlichen Anstalten	• Stark unterdurchschnittliche Nutzung der Kommunikationskanäle • *Extremfall:* gar kein Medienkontakt

Ein gut ausgebildeter Mann mit einem hohen Einkommen: Sind die Männer
schlauer als die Frauen, können die Gebildeten vielleicht die Sprache der Politiker
besser verstehen, haben die Besserverdienenden möglicherweise eher ein paar
Euro für den ›Spiegel‹ oder die ›Frankfurter Allgemeine‹ übrig? Die soziode-

mographischen Kategorien Geschlecht, Ausbildung und Einkommen lassen vermuten, dass es vor allem *der gesellschaftliche Status und die Anforderungen des Berufs* sind, die die Zugehörigkeit zu einem der beiden Mediennutzertypen bestimmen.

Der Hamburger Medienforscher Ralph Weiß hat beschrieben, warum die Kategorie »Einkommen« noch nichts über die Position eines Menschen in der gesellschaftlichen Hierarchie aussagt. Ein geringer Verdienst sei für einen voll berufstätigen Vater etwas anderes als für einen Studenten aus gut betuchtem Hause, und finanzielle Abhängigkeit von anderen Familienmitgliedern nehme sich in der Phase der Karriere-Vorbereitung anders aus als für die erwerbslose Ehefrau oder für den Senior, der keine Chance mehr habe, seine Lage zu verändern. Was das Einkommen für die persönliche Lebenslage bedeute, hänge von der *Stellung zum Erwerbsleben* ab und damit

- von der Lebensphase: Ausbildung, Erwerbstätigkeit/-losigkeit, Ruhestand;
- vom Status in der Bildungs- und Berufs-Hierarchie und der Aufstiegsperspektive sowie
- von den finanziellen Ressourcen und der Art der Verfügung: eigenes Einkommen oder Teilhabe am Einkommen anderer.

Ralph Weiß hat die Stellung zum Erwerbsleben als »organisierendes Zentrum des Alltags« gesehen (Weiß 1996, S. 333f., 337). Die Position in der Hierarchie der Arbeitswelt bestimmt:

- die Art der Berufstätigkeit, den Grad der Fremdbestimmung und den Spielraum für Selbstständigkeit,
- die »Dispositionsmacht über Zeit« (Müller-Wichmann) und
- die Größe sowie die Qualität des persönlichen Netzwerkes.

Nicht nur kulturelle und ökonomische Ressourcen sind ungleich verteilt, sondern auch das »Sozialkapital« (Bourdieu 1987). Menschen mit höherer Bildung und höherem Einkommen haben mehr Bekannte und mehr Freunde, sie sind mit ihren Netzwerken zufriedener als Angehörige unterer sozialer Schichten (Keupp u. a. 2000, S. 232) und auch deshalb weniger auf Medienunterhaltung angewiesen. Der westdeutsche Soziologe Ludwig Neundörfer hat 1958 geschätzt, dass die Arbeitsteilung in modernen Gesellschaften zwei Dritteln der Bevölkerung keinen Platz für einen »eigenständigen Rhythmus« lasse und sie damit besonders anfällig für die Medienberieselung mache (Neundörfer 1958). Natürlich gehen die Menschen heute weit länger zur Schule als vor 50 Jahren und sind formal besser gebildet, natürlich haben die westlichen Industriestaaten einen Wohlstands-schub erlebt, an der hierarchischen Ordnung der Gesellschaft aber hat sich nichts geändert, und die Verteilung der Fähigkeiten folgt nach wie vor der Gauß'schen Normalkurve. Wer Informationen braucht, egal ob er nun in einem größeren Betrieb das Sagen hat oder selbstständig ist, ob für den sozialen Aufstieg oder für sein Ansehen in der Nachbarschaft, der sucht diese Informationen – auch in den Medien. Es müssen nicht immer Männer sein, die in solche Positionen kommen und auch nicht immer Leute mit Hochschulabschluss, nur ist die Wahrscheinlich-keit für sie größer als für Frauen und Zehn-Klassen-Schüler.

Dass sich die Kommunikationsbedürfnisse von *Männern und Frauen* deutlich unterscheiden, hat der Leipziger Zeitungskundler Alfred Schmidt schon Ende der 1930er Jahre festgestellt. Schmidt war für drei Monate in ein Thüringer Dorf gezogen, hatte sich dort für die Verbreitung der Medien und für die Nutzungs-motive interessiert und gefragt, ob die Medien einander Konkurrenz machen würden und welches der »Führungsmittel« denn nun das wirkungsvollste sei. In der Zeitung lasen die Frauen etwas ganz anderes als die Männer. Schmidt meinte, dass der Fortsetzungsroman für die weibliche Bevölkerung die gleiche Bedeutung habe wie der Politikteil für die Männer. Politik sei in der Kneipe ein beliebtes Thema, und wer mitreden wolle, müsse Zeitung lesen. Ähnliches gelte für den Rundfunk. Während die Männer mehr Vorträge hören würden, komme das Medium vor allem den Frauen auf dem Lande entgegen, da sie politisch wenig interessiert seien, ihnen eine kurze Information genüge und sie nebenbei noch Hausarbeiten erledigen könnten. Für die Sensationen in der Presse hinge-gen und für den Unterhaltungsteil im Rundfunk interessierten sich beide Ge-schlechter gleichermaßen (Schmidt 1939).

Die Frauenforschung verwendet viel Mühe darauf zu belegen, dass die Diffe-renzen zwischen den Geschlechtern nicht biologisch bedingt sind (Cornelißen 1998, S. 51–86). Elisabeth Klaus hat beispielsweise gezeigt, dass die Langzeit-studie Massenkommunikation die Frauen nur deshalb als »unterhaltungs-orientierter« einstuft, weil der Sport in dieser Untersuchung nicht zu den Unterhaltungsangeboten gezählt wird. Der Sport sei aber nichts anderes als »Dallas with Balls« – das »männliche« Gegenstück zu den Familien-, Alltags- und Endlosserien (Klaus 1996). Die Identitätstheorien legen nahe, dass es vor allem von den Bezügen zum eigenen Leben abhängt, was den Einzelnen an- und er-regt (vgl. S. 26). Die Beziehungen zwischen Sport und Berufswelt sind ebenso deutlich wie die zwischen Seifenopern und Familienalltag. Auch mehr als 60 Jahre nach der Untersuchung Alfred Schmidts konkurriert bei den Frauen die Karrie-re mit dem Kinderwunsch, während ein Mann, der eine Baby-Auszeit genommen hat, sich genau überlegen sollte, ob er dies tatsächlich in die Bewerbung schreibt.

- Arbeitgeber bevorzugen Männer und bezahlen sie besser (ein wichtiger Grund dafür, dass im Zweifelsfall doch die Mutter zu Hause bleibt).
- Männer haben mehr Zeit für die Karriere und oft auch gar kein anderes Feld, auf dem sie ihren Ehrgeiz befriedigen können.
- Die »Familienarbeit« (Haushalt und Kinder) wird nach wie vor eher von den Frauen erledigt (Beck 2000, S. 30, 53f.) – Gratisarbeit, manchmal gegen Liebe, oft auch ohne Gegenleistung. Die Historikerinnen Gisela Bock und Barbara Duden haben die Verlagerung gesellschaftlich unterbewerteter Arbeiten auf die Schultern der Frauen nachgezeichnet. Habe einst nur eine kleine Minderheit Dienstboten gehabt, stehe die »dienstbare Hausfrau« heute fast der gesamten männlichen Bevölkerung zur Verfügung (Bock/Duden 1977).

Aus den Lebens- und Arbeitszusammenhängen ergeben sich unterschiedliche *Rollenerwartungen*. Wer verlangt von einer Frau, dass sie am Stammtisch über die Steuer-Politik der Regierung und die Nahost-Krise diskutiert (was nicht heißt, dass es nicht genug Frauen gibt, die dies trotzdem können)? Und wenn Late-Night-Talker Harald Schmidt nicht wusste, wie er den Saal zum Lachen bringen soll, hat er über Windel-Sorten und Hausaufgaben gesprochen. Natürlich haben die ARD-Medienforscher Birgit van Eimeren und Ekkehardt Oehmichen Recht, wenn sie vermuten, dass sich die Unterschiede im Medienumgang verwischen werden, je stärker sich die Alltagsbedingungen angleichen (van Eimeren/Oehmichen 1999, S. 201), die Frage ist nur, ob es dazu tatsächlich jemals kommen wird.

Stärkere Unterhaltungsorientierung durch TV-Kommerzialisierung?

Die Langzeitstudie Massenkommunikation interessiert sich seit der Einführung des Dualen Rundfunksystems in Deutschland für die Frage, wie die beiden Anbietertypen wahrgenommen werden. In den Wellen von 1990 und 1995 wurden die Mediennutzer nach ihren Präferenzen unterschieden – entweder für öffentlich-rechtliche oder für private Programme. Dem lag die Hypothese zugrunde, dass die unterschiedliche Mischung von Information und Unterhaltung die Kanalwahl bestimmt. Klaus Berg und Marie Luise Kiefer fanden eine Linie »Unterhaltung versus Information«. An dieser scheide sich die Bindung an bestimmte Medienangebote. Privatfernseh-Fans würden in allen Medien auf Informationsangebote weitgehend verzichten, die Presse überhaupt weniger nutzen und stärker zur Kaufzeitung tendieren als die Anhänger öffentlich-rechtlicher Programme. Beide Nutzergruppen unterscheiden sich in ihrer sozio-demographischen Struktur deutlich: Die Anhänger kommerzieller Angebote sind jung, unterdurchschnittlich gebildet und politisch kaum interessiert, die »öffentlich-rechtlichen Zuschauer« fast das Gegenstück (Berg/Kiefer 1996, S. 111–113). Die Erhebung von 2000 hat zwar andere Indikatoren verwendet, ist aber auf ein ähnliches Ergebnis gekommen (Berg/Ridder 2002, S. 94–109).

Dies bestätigt zunächst die gerade entwickelte Typologie der Kommunikationsbedürfnisse, die Autoren der Langzeitstudie sind aber weiter gegangen und glauben, einen Wandel des Fernsehens »vom Informations- zum Unterhaltungsmedium« festgestellt zu haben und eine generelle Verstärkung der Unterhaltungsorientierung als Folge der Kanalvermehrung. Hier wird davon ausgegangen, dass die Kommerzialisierung des Rundfunksystems gewissermaßen ein »duales Publikum« produziert hat. Da ein weitgehend politikfreies Angebot ganz automatisch zu einer politikfreien Nutzung führe, bestehe die »Gefahr«, dass der Fernsehkonsum für einen Großteil der Bürger zu einer »sehr einseitigen Diät« werde – mit den entsprechenden Folgen für die Legitimation der Demokratie (Berens u. a. 1997, Kiefer 1997, Berg/Kiefer 1996, S. 272, 281; vgl. auch Hasebrink 1998). Wer so argumentiert,

- vernachlässigt die gesellschaftlichen Ursachen für unterschiedliche Kommunikationsbedürfnisse,
- verwendet die gleichen Begriffe (»Information« und »Unterhaltung«) für zwei völlig verschiedene Dinge (zur Beschreibung des Medienangebots und für die Erwartungshaltung der Nutzer, vgl. S. 112) und
- setzt voraus, dass Medienangebote genau so genutzt werden, wie es sich die Macher vorgestellt haben (vgl. hierzu die idealtypischen Lesarten nach Stuart Hall, S. 37f.).

Die Eigenschaften des Fernsehens und seine Organisationsstruktur in Deutschland haben die professionellen Medienbeobachter zeitweise in die Irre geführt und sie vermuten lassen, dass das Medium die Schranke zwischen den Typen aufheben würde. Schließlich wurden selbst die, die die politischen Angebote der anderen Medien stets mieden, von den entsprechenden Sendungen des Fernsehens erreicht. Eine Alternative aber gab es oft nicht, und selbst ein Magazin wie ›Panorama‹ lieferte bewegte Bilder, bei denen viele leichter entspannen konnten als bei der lockersten Illustriertenreportage.

Die Kommunikationswissenschaftler Wolfgang Donsbach und Danièle Dupré haben für die 1960er und 1970er Jahre von einer »Zwangsverpflichtung auf politische Fernsehinhalte« gesprochen (Donsbach/Dupré 1994, S. 246). An den Wünschen und am Auffassungsvermögen der Zuschauermehrheit ging ein Großteil des Programms in der Zeit des öffentlich-rechtlichen Monopols vorbei (Bauer/ Kungel 1976, S. 69). Das Nachrichtenmagazin ›Der Spiegel‹ wies in einer Titelgeschichte vor der Bundestagswahl 1965 darauf hin, dass dem Bundesbürger seit Jahren mit dem ersten Fernsehstrahl ein Schimmer Politik ins Haus falle. Stets sei der ›Tagesschau‹-Betrachter dabei, wenn auch oft bloß mit halbem Ohr oder nur, um den Anschluss an das Abendprogramm nicht zu verpassen. Auch sonst habe der deutsche Wähler nie zuvor die Möglichkeit gehabt, sich so umfassend und gründlich über Politik zu informieren. Trotzdem würden viele mehr über die Abseitsregel im Fußball wissen als über die Demokratie. Jeder dritte Wähler kenne die CSU nicht und nicht einmal jeder zweite wisse, was das Grundgesetz ist. Die Demoskopen hätten keine Helden der Wahl gefunden, sondern Statisten auf der politischen Bühne (Nr. 38/1965, S. 45–60).

Die *Hypothese der wachsenden Wissenskluft* geht davon aus, dass die Bevölkerungsgruppen mit einem höheren sozialökonomischen Status neue Informationen schneller aufnehmen und sich deshalb der Abstand zwischen den Gruppen mit steigender Informationsflut eher vergrößert. Damit verbunden ist die Frage, ob das wachsende Informationsangebot der Medien überhaupt zu einer besseren Informiertheit der Bürger führt oder ob es nicht vielmehr umgekehrt die Chancengleichheit im Informationszugang, aus dem Selbstverständnis der Massendemokratien nicht wegzudenken, einschränkt, weil viele die Fülle der Informationen gar nicht mehr überschauen können und so als Desinformation erleben (Bonfadelli 1980, 1994; Wirth 1997). Die Brisanz dieses Problems soll gar nicht geleugnet werden. Bevor aber eine Wissenskluft entsteht, müssen unterschiedliche Interessen, muss eine Bedürfniskluft da sein, und die gibt es, seit es Arbeitsteilung und soziale Schichtung gibt.

Der informationsorientierte Nutzertyp bestimmt den Diskurs über Medien. Dass sich seine Interessen von denen der Bevölkerungsmehrheit unterscheiden, hat nicht nur weitreichende Folgen für die Kommunikations- und Medienwissenschaft, sondern auch für die Medienpolitik. Messlatte sind hier nicht die Bedürfnisse der Menschen, sondern die Meinungen einer »aufgeklärten Elite«, die weiß, welche Programme der »Rest« braucht. Hat die Legitimation von Rundfunkgebühren nicht auch damit zu tun, dass es für die Minderheit billiger ist, wenn alle für Politik- und Bildungsangebote zahlen?

3.3 Einzelne Bevölkerungsgruppen: Beispiele

Journalisten

Wenn Kommunikationsbedürfnisse entscheidend von den Anforderungen des Berufs bestimmt werden, dann dürften sich Journalisten deutlich vom Bevölkerungsdurchschnitt unterscheiden. »Medienmacher als Mediennutzer«: Carsten Reinemann hat im Sommer 2000 knapp 300 Politik-Journalisten gefragt, welche Bedeutung Medien für ihre Arbeit haben. Seine wichtigsten Ergebnisse (Reinemann 2003):

- Journalisten verbringen sehr viel Zeit damit, die aktuelle Berichterstattung zu nutzen. Allein für Tageszeitungen kam Reinemann auf 87 Minuten am Tag, für alle »klassischen Medien« zusammen auf mehr als viereinhalb Stunden.
- Journalisten nutzen ein breites Medienspektrum. Das »typische« Medienmenü der befragten Politik-Berichterstatter: zwei überregionale und zwei regionale Tageszeitungen, ein Boulevardblatt, drei TV-Nachrichtensendungen und mindestens einmal am Tag Radionachrichten, dazu zwei bis drei Wochenblätter und drei TV-Talks oder -Magazine.
- Medien sind neben Nachrichtenagenturen und direkten Kontakten zur Politik die wichtigste Quelle bei der Suche nach Themen. Den bei weitem größten Einfluss hat dabei die ›Süddeutsche Zeitung‹, die bei Reinemanns Befragung in allen Phasen des redaktionellen Produktionsprozesses den ersten Platz belegte (Abbildung 24). Neben dem ›Spiegel‹ (82 Prozent) war das Blatt auch Reichweiten-Spitzenreiter. 73 Prozent der Politik-Journalisten sagten, dass sie täglich oder sogar mehrmals täglich die ›Süddeutsche Zeitung‹ nutzen. Reinemann hat seine Ergebnisse mit früheren Studien verglichen und festgestellt, dass vor allem das Fernsehen und die Boulevardpresse an Bedeutung gewonnen haben.
- Mediennutzung dient Journalisten zur Beobachtung der Konkurrenz und zur Bewertung der eigenen Arbeit. Auch hierfür liefert Abbildung 24 eindrucksvolle Belege.
- Journalisten sind sich über die Folgen ihrer Medienorientierung nicht im Klaren. Obwohl die meisten der Befragten die ›Süddeutsche Zeitung‹ für die Arbeit nutzen, sagten längst nicht alle, dass das Münchener Blatt großen Einfluss auf die Politik und die Bevölkerung habe.

Anders als Carsten Reinemann hat sich Katja Reichart bei einer qualitativen Befragung von Fernsehjournalisten im Frühsommer 2003 nicht auf das Politikressort beschränkt und außerdem die Mediennutzung in der Freizeit einbezogen (Reichart 2003). Auch Reichart zeigt die Bedeutung, die Medien für die Arbeit von Journalisten haben (Themensuche, Recherche, Überblick über die Nach-

Abbildung 24

Bedeutung von Medien im redaktionellen Produktionsprozess (2000)				
	Themensuche	Themenauswahl	Recherche[1]	Evaluation
Süddeutsche Zeitung	62	46	44	25
FAZ	48	35	35	18
Der Spiegel	39	30	43	10
ARD-Nachrichten	27	30	18	17
Bild-Zeitung	26	26	8	22
Die Welt	26	14	10	7
ZDF-Nachrichten	15	17	8	11
Berliner Zeitung	13	6	10	5
Tagesspiegel	10	–	6	7
Die Zeit	8	3	15	3
Tageszeitung	10	4	8	3

1 – Nur Autoren bundespolitischer Beiträge (n = 228). Sonst n = 284. Angaben in Prozent. *Lesehilfe:* 25 Prozent der befragten Politikjournalisten sagten, dass die ›Süddeutsche Zeitung‹ wichtig bei der Bewertung der eigenen Arbeit sei (Evaluation). 44 Prozent nutzen das Blatt bei der Recherche, 46 Prozent bei der Entscheidung für oder gegen ein Thema und 62 Prozent bei der Suche nach Themen. Quelle: Reinemann 2003, S. 250

richtenlage, Kontrolle der eigenen Berichterstattung), darüber hinaus aber hat sie weitere »produktionsbezogene« Nutzungsmotive ermittelt:

• *Berufliche Verpflichtung zur Information.* Viele der Befragten haben von einen unterschwelligen Druck gesprochen, sich informieren zu müssen. Eine Freiberuflerin sagte, sie habe das Zeitunglesen nie gemocht. »Das darf man gar nicht sagen, aber ich hasse es wirklich. Ich lese die Zeitung notgedrungen. Ich muss einfach auf dem Stand der Dinge sein« (Reichart 2003, S. 85). Dieses Pflichtbewusstsein bezieht sich vor allem auf die auch von Reinemann genannten Leitmedien (vgl. Abbildung 24).

- *Schulung journalistischer Fertigkeiten.* Für die Fernsehjournalisten war hier vor allem die Bildsprache wichtig: Kameraeinstellungen, filmische Effekte, Schnitt-Techniken. Neben TV-Beiträgen und Werbespots liefert auch das Kino Anregungen und Ideen.

- *Orientierung in der Branche.* Die interviewten Fernsehjournalisten beobachten nach Feierabend die Konkurrenz, um die eigene Position einschätzen zu können und eine Grundlage für die Gespräche mit Kollegen zu haben. Aus ähnlichen Gründen wird die Berichterstattung über Medien verfolgt. Dass Medien auch in der Freizeit Dauerthema sind, hat mit der »Kollegenorientierung« zu tun: Schon die unregelmäßigen Arbeitszeiten und die hohe Belastung führen dazu, dass viele der Befragten ihren Freundeskreis aus der eigenen Berufsgruppe rekrutieren.

Katja Reichart hat außerdem identitäts- und freizeitbezogene Nutzungsmotive unterschieden:

- *Erhöhung des Selbstbewusstseins.* Die Fernsehjournalisten hatten eine klare Vorstellung, was »gute« und was »schlechte« Medienangebote sind. Sie nutzen Trash-Sendungen auch, um ihre eigene Arbeit aufzuwerten. Der Leiter eines Jugendprogramms sagte, er schaue immer wieder Quizsendungen auf NeunLive und danke dann »dem lieben Gott, dass ich nicht für so einen Sender arbeiten muss«. Mehrere der Befragten sagten, dass Sabine Christiansen inkompetent und langweilig sei. Trotzdem sehen sie den Talk regelmäßig – als »Faszination des Schreckens«. Eine Freiberuflerin baut ihren Frust mit Hilfe von Leserbriefen ab. Sie amüsiert sich über die Sprachkenntnisse der Schreiber und erträgt so leichter, dass sie ihre eigenen Ansprüche an niveauvolle Medienangebote im Beruf nicht umsetzen kann. In die Rubrik »Selbstbewusstsein« gehört auch die Suche nach Fehlern von Kollegen. Solche Schnitzer beruhigen außerdem, da die eigenen Unzulänglichkeiten relativiert werden.

- *Zugehörigkeitsgefühl.* Kontakte zu Kollegen erklären häufig, welche Medienangebote Journalisten nutzen und welche nicht. Die Beobachtung von Bekannten verstärkt die Bindung an die eigene Berufsgruppe.

- *Entspannung und Ablenkung.* Die Berufsrolle erschwert es Journalisten, ihr Unterhaltungsbedürfnis durch Medien zu befriedigen. Reinemanns Studie hat gezeigt, dass Printmedien ein wesentlicher Teil des Arbeitsalltags sind, und dass TV-Mitarbeiter beim Fernsehen kaum komplett abschalten können, liegt auf der Hand. Die Journalisten, die Katja Reichart befragt hat, nutzten dafür vor allem das Kino und Bücher. Im Kino kann kein Telefon klingeln und die Situation unterscheidet sich deutlich von der Arbeit. Romane werden anders gelesen als Tageszeitungen und Zeitschriften – nicht selektiv und nicht auf der Suche nach Informationen.

Katja Reichart hat außerdem gezeigt, dass die Kommunikationsbedürfnisse davon abhängen, wie stark sich die Journalisten mit ihrer Berufsrolle identifizieren. Wer im Beruf gefordert und mit seiner Tätigkeit zufrieden ist, wer in der Redaktionshierarchie aufgestiegen ist oder die Hoffnung noch nicht aufgegeben hat, der kann schlechter zwischen Beruf und Privatem trennen und nutzt die Medien in der Freizeit nicht viel anders als im Büro.

Die befragten Frauen waren deutlich weniger auf ihre Arbeit fixiert und vielleicht auch weniger aufstiegsorientiert. Die journalistische Perspektive hat ihre Mediennutzung insgesamt deshalb viel weniger bestimmt als bei den männlichen Kollegen.

Senioren

Erwerbsarbeit sichert nicht nur unser materielles Überleben, sondern liefert uns soziale Anerkennung, einen Platz in der Gesellschaft und eine Alltagsstruktur. Der Übergang in den Ruhestand hat folglich Auswirkungen auf das ganze Leben: die Netzwerke werden kleiner, die materielle Lage verschlechtert sich und man hat plötzlich ein viel größeres Budget an freier Zeit. Vor allem Männer haben deshalb Probleme mit dem Ausstieg aus dem Beruf (Hörl/Rosenmayr 1994).

Dazu kommen all die Schwierigkeiten, die das Altern auch ohne einen solchen Wechsel mit sich bringt. Gesundheitliche Probleme schränken den Aktionsradius ein, man ist stärker an die Wohnung oder das Haus gebunden und vielleicht auch deshalb an die Angebote der Massenmedien, die zudem Zeit füllen und strukturieren sowie Ersatz für Kontakte liefern. Dies allein erklärt aber noch nicht, warum ältere Menschen deutlich länger Medien nutzen als der Bevölkerungsdurchschnitt (vgl. Grajczyk u. a. 2001). Annette Zoch hat Ende 2003 elf Personen zwischen 61 und 85 Jahren in Tiefeninterviews befragt und gezeigt, dass Medien

- die psychische Bewältigung des Alters erleichtern und
- funktionaler Ersatz für die Erwerbsarbeit sein können (Zoch 2004).

Schon die Wortwahl von manchen Befragten deutet darauf hin, dass mit Hilfe der Medien *Arbeit simuliert* wird. Ein Ex-Kriminalkommissar sagte, er habe »gut zu tun«, sich durch die Tages- und Wochenpresse sowie diverse Fachblätter zu »kämpfen«, und eine Kunsterzieherin sprach vom »Nacharbeiten« interessanter Bücher und davon, dass sie wichtige Artikel aus der FAZ »aussortiert und aufarbeitet«. Medien können außerdem zumindest teilweise den *Prestigeverlust kompensieren*, der mit der Aufgabe des Berufs einhergeht. Ein ehemaliger Landtagsabgeordneter nutzt Phoenix, ›Spiegel‹ und ›Stern‹, um seinen Expertenstatus aufrechterhalten und in politischen Gesprächen weiter für »Klarheit« und »Beruhigung« sorgen zu können, und ein Ex-Manager arbeitet die ›Süddeutsche Zeitung‹ in seinem Büro durch und kopiert dann einzelne Artikel für zwei »Diskussionskreise«. Dieser »Input« ist verbunden mit der Botschaft: »Seht her, ich lese eine anspruchsvolle Tageszeitung.« Während sich dieses Motiv nur bei Senioren fand, die früher eine angesehene Position mit großem Handlungsspielraum hatten, helfen Medien generell, eine *Brücke zum Berufsleben* zu bauen. Man bleibt auf dem Laufenden, kann seine Fachkompetenz in einem bestimmten Bereich überprüfen und sich so weiter seiner Berufsgruppe zugehörig fühlen. Der Kommissar und ein ehemaliger Anwalt regen sich über juristische Fehler in Krimi-Drehbüchern auf und lesen Polizei- und Gerichtsberichte, weil sie einige der Beteiligten kennen. Der Kommissar sagt nach wie vor »wir«, wenn er die Polizei meint, und schimpft auf die Lokaljournalisten, die »schlampig« arbeiten und so die Arbeit der Kollegen behindern würden.

Die gerade genannten Nutzungsmotive hängen eng mit dem zusammen, was Annette Zoch »psychische Altersbewältigung« genannt hat:

- *Geistige Fitness.* Offenbar fällt Senioren der Umgang mit ihrer Lebenssituation leichter, wenn sie die Zeit mit vermeintlich nützlichen Dingen verbringen, etwa mit Lernen oder mit Qualitätsmedien. Medien werden außerdem als Trainingsinstrument für das Denkvermögen betrachtet. Natürlich legitimiert das Lern-Argument auch die langen Nutzungszeiten. Die schon erwähnte Kunsterzieherin liegt zwar fast den ganzen Vormittag auf dem Sofa, aber das kann nichts Verwerfliches sein, weil sie dabei die FAZ liest.
- *Erleichterung des Rückzugs.* Wenn man nicht mehr zum Halma-Abend mit anderen Heimbewohnern oder zu den Spielen des eigenen Fußballvereins gehen kann oder will, muss man dies vor sich selbst und vielleicht auch vor anderen

begründen. Vor allem betagte und gesundheitlich angeschlagene Befragte nutzen hierfür die Medien. Das Abendprogramm darf nicht verpasst werden, und die Lokalzeitung liefert den Spielbericht.

- *Selbstaufwertung.* Eine 77-jährige Ex-Hausfrau, die fast nichts mehr ohne fremde Hilfe kann, freut sich, wie viel sie bei ›Wer wird Millionär?‹ weiß – oft mehr als »hoch studierte Leute«, die selbst das »einfachste Zeug« nicht beantworten könnten. Auch das Lesen von Todesanzeigen hat Zoch diesem Motiv zugeordnet. Hier erfahren die Senioren nicht nur, ob sie zu einer Beerdigung müssen oder dort gar eine Rede zu halten haben (wie der Landtagsabgeordnete), sondern sehen auch, dass sie selbst »noch einmal davongekommen« sind. Die Anzeigen sind außerdem Gesprächsstoff und dienen zur emotionalen Stabilisierung, weil man sich mit der eigenen Angst vor dem Sterben auseinander setzen kann.

- *Brücke zur Jugend.* Dieses Motiv hat Annette Zoch vor allem bei den Senioren gefunden, die ihre Rolle eher ungern annehmen und möglicherweise nicht wahrhaben wollen, dass sie alt werden. Eine 77-jährige Immobilienmaklerin hat sich einen PC gekauft, weil sie neugierig war auf das neue Spielzeug der Jungen. Diese Frau spielt im Internet, sieht DVDs, verschickt SMS, liest Harry Potter und war im Kino beim ›Herrn der Ringe‹. Nach all der Reklame habe sie einfach wissen müssen, »was da vor sich geht«. Über SMS hat sie außerdem Kontakt zu ihrem Enkel. Aus einem ähnlichen Grund hat eine 83-jährige Witwe eine bestimmte Zeitschrift abonniert. Das Blatt sorgt dafür, dass ihre Kinder sie regelmäßig besuchen.

Zochs Motivkatalog zeigt den Einfluss, den der einst ausgeübte Beruf und der soziale Status auf die Kommunikationsbedürfnisse haben. Dazu kommen im Alter allerdings weitere Faktoren, vor allem die Gesundheit, die den Grad der Aktivität mitbestimmt, sowie die Lebens- und Wohnform. Wer allein ist, nutzt die Medien intensiver, und sei es als Geräuschkulisse.

Türken in Deutschland

In Deutschland leben rund zweieinhalb Millionen Türken und türkisch-stämmige Deutsche (Konrad-Adenauer-Stiftung 2001, S. 1). Keiner anderen Migrationsgruppe stehen so viele Medienangebote in ihrer Muttersprache zur Verfügung. Es gibt sieben Tageszeitungen mit einer türkischen Deutschlandausgabe und per Satellit die TV-Programme aus der alten Heimat. Bei einer repräsentativen Untersuchung im Auftrag des Presse- und Informationsamtes der Bundesregierung im Jahr 2000 war das Fernsehen in der türkischstämmigen Bevölkerung Reichweiten-Spitzenreiter – mit sehr großem Vorsprung vor dem Hörfunk und den Tageszeitungen. Während 89 Prozent der Befragten das Fernsehen »mehrmals pro Woche« nutzten, kamen die anderen beiden Medien nur auf jeweils 46 Prozent.

Für fast jeden dritten Türken ist das Fernsehen »Exklusivmedium«. Die Türken schauen länger fern als die Deutschen (fünf Stunden am Tag) und vermeiden öffentlich-rechtliche Programme aus Deutschland. Allerdings nutzte jeder zweite Befragte Medien in beiden Sprachen. Türkische und deutsche TV-Programme (hier vor allem RTL und ProSieben) lagen in etwa gleichauf (Presse- und Informationsamt der Bundesregierung 2001).

Madlen Ottenschläger hat nach den Ursachen für diese Nutzungsmuster gefragt und dazu zehn Angehörige der »Zweiten Generation« ausführlich interviewt. Zur Zweiten Generation gehört, wer selbst durchgängig in Deutschland zur Schule gegangen ist und wenigstens ein Elternteil hat, das erst als Volljähriger aus der Türkei nach Deutschland gekommen ist. Diese Migrantenkinder sind interkulturell sozialisiert – primär im türkischen Elternhaus, sekundär im deutschen Schulsystem (Liegle 1991). Im Alltag prallen so islamische und westliche Traditionen und Moralvorstellungen aufeinander.

Aus der Studie von Madlen Ottenschläger seien hier nur die Motive für die Mediennutzung (oder die Nichtnutzung bestimmter Angebote) genannt, die sich auf diese besondere Lebenssituation zurückführen lassen (Ottenschläger 2004):

- *Türkische Sprache.* Während die erste Migrantengeneration nicht sehr gut Deutsch konnte und schon deshalb türkische Medien bevorzugte, hat die Zweite Generation Schwierigkeiten mit dem Türkischen – nicht beim Sprechen, sondern beim Lesen. Ein Diskobetreiber sagte, in den türkischen Zeitungen» kenne er viele Wörter gar nicht. Die Schriftsprache hat er nur in einer deutschen Schule kennen gelernt. Einige der Befragten nutzen türkische Zeitungen deshalb als *Sprachlehrer*, zum Beispiel ein Geschäftsmann, der oft in die Türkei muss, und eine Hausfrau, deren Schwiegereltern dort leben. Eine andere Befragte unterliegt dagegen einem regelrechten *Sprachzwang.* Da ihr Mann kein Deutsch kann, läuft das türkische Programm. Ähnliches galt für zwei junge Leute, die noch bei den Eltern leben.
- *Verbundenheit mit der Türkei.* Eine 29-jährige Akademikerin, die ein enges Verhältnis zu ihren Eltern hat, findet »Türkisch schöner als Deutsch«. Wenn sie türkische Serien sieht, verbindet sie den Klang der Sprache offenbar mit der

Geborgenheit in ihrer traditionell-türkischen Kindheit. Das Interesse an Berichten über das Ursprungsland war bei den Befragten am größten, die nach islamischen Werten leben, die sich in Deutschland einsam fühlen und irgendwann die Rückkehr planen, und sei es nur im Urlaub oder erst zur eigenen Beerdigung.

- *Türkisches Leben in Deutschland.* Ein Deutsch-Türke sagte, die deutschen Medien würden nur das bringen, was für die Deutschen wichtig sei. In den türkischen Zeitungen dagegen finde er die Themen, die ihn selbst betreffen – die »türkische Sichtweise«. Die gerade schon zitierte Akademikerin verzichtet auf deutsche Zeitungen, um *negative Ausländerberichte zu vermeiden* (vgl. die Inhaltsanalyse von Ruhrmann/Demren 2000).

- *Gruppenzugehörigkeit.* Die Angehörigen der Zweiten Generation sind überall »Ausländer«. Das unterscheidet sie von ihren Eltern, die in der Türkei sozialisiert wurden. Die Medien helfen der Zweiten Generation bei der Suche nach einem eigenen Platz. Selbst ein Kurde, der sich von der Türkei distanziert, hört fast täglich türkische Musik. Die Lieder bieten ein Stück Heimat, und wenn sie auf MTV laufen, ist er sogar »stolz« auf sein Land. ›Metropol FM‹, eine Berliner Radiostation, die rund um die Uhr türkische Musik und deutsch-türkische Beiträge sendet, kam bei zwei Telefonbefragungen von Türken 2000 und 2002 auf einen Stammhöreranteil von rund zwei Dritteln (Infratest 2002). Wo es solche Sender nicht gibt, wird türkische Musik vom Band gehört.

Ottenschläger hat außerdem eine Nutzertypologie gebildet. Über das Merkmal »Nutzung türkischer Medien« lassen sich danach drei Typen unterscheiden:

- Die »*Mediendeutschen*« haben sich bewusst für ein Leben in Deutschland entschieden und nutzen keine türkischen Medien (Ausnahme: türkische Musik). Der schon erwähnte Kurde, ein Versicherungsfachmann, der mit einer Deutschen liiert ist, dazu eine Alleinerziehende, die sich nach langer Unterdrückung von ihrem türkischen Ehemann getrennt hat: Die »Mediendeutschen« haben eine geringe Bindung an das »System Türkei«, sind ohne rigide religiöse Regeln aufgewachsen oder haben sich später davon gelöst und leben nicht mit Menschen zusammen, die kein Deutsch können.

- Die »*Medienpendler*« sind gern in Deutschland, haben aber eine Bindung an die Türkei und an islamische Werte – meist über Mitbewohner. Ihre Mediennutzung spiegelt das Leben in zwei Kulturen.

- Die »*Native User*« leben dagegen in einem stark türkisch-geprägten Umfeld.

Die Türkei ist für sie mehr als ein Herkunftsland: Heimat. Auch die »Native User« nutzen deutsche Medien, etwa eine Zeitung in der Arbeitspause, der Schwerpunkt aber liegt eindeutig auf den türkischen Medien. Das Fernsehprogramm bietet Rollenhilfe und eine Fluchtmöglichkeit, eine Chance, sozusagen in die Türkei »versetzt« zu werden.

Blinde

»Die Mediennutzung von Blinden ist für Sehende nur schwer vorstellbar. Dass Blinde fernsehen, scheint ein Widerspruch in sich zu sein« (Huber 2004, S. 9). Uns bleibt normalerweise verschlossen, dass es für Blinde eine »eigene Medienwelt« gibt: Bücher und Zeitschriften in Punktschrift oder vertont auf Kassette, Tageszeitungen, die auf Tonband, per E-Mail oder über die Telefonleitung verschickt werden, Blindenkinos und TV-Filme mit einer zweiten Tonspur, auf der das beschrieben wird, was gerade auf dem Bildschirm zu sehen ist. Angesichts dieser Parallelen zur »normalen Medienwelt« verwundert es nicht, dass Nathalie Huber bei den Leitfadengesprächen, die sie 2003 mit zehn Blinden in Bayern führte, viele ganz »vertraute« Nutzungsmuster gefunden hat (Huber 2004). Es gibt aber auch Unterschiede, die Huber dem explorativen Charakter ihrer Studie entsprechend als *Hypothesen* formuliert hat:

- Blinde nutzen Medien nicht parallel. Die Punktschrift ist sehr komplex und verlangt hohe Aufmerksamkeit. Die vertonten Zeitungen, Zeitschriften und Bücher blockieren den Hörsinn, und das Fernsehen ist für Blinde schon deshalb anstrengend, weil die Inhalte nur durch eine »intellektuelle Verknüpfungsleistung« zu erschließen sind. Dies führt zur nächsten Hypothese:
- Blinde nutzen den Fernseher nicht als Nebenbei-Medium. Sie rezipieren Spielfilme am liebsten gemeinsam mit Sehenden oder mit akustischen Untertiteln und bevorzugen sonst Quizshows, Magazine, Nachrichten und Dokumentationen.
- Blinde hören weniger Radio als Sehende – obwohl dies das einzige Medium ist, das sie genauso nutzen könnten. Hier wirkt sich jedoch die Konkurrenz durch vertonte Printmedien aus.
- Radio ist für Blinde das wichtigste Informationsmedium. Die Ereignisse werden hier »bildhafter« dargestellt.
- Die Rezeption wird von der »Materialität des Trägermediums« mitbestimmt.

Die zuletzt zitierte Hypothese hat Nathalie Huber damit begründet, dass sich die meisten »blindenspezifischen« Nutzungsmotive auf Zeitschriften oder Bücher in Punktschrift beziehen:

- *Schulung der Lesefähigkeit.* Während Sehende gewohnt sind, ständig Geschriebenes aufzunehmen und zu verarbeiten, kommen Blinde nie zufällig mit Gedrucktem in Berührung. Das Lesetraining ist auch deshalb nötig, weil die Integration in das Berufsleben häufig von den Schriftkenntnissen abhängt.
- *Rückzug.* Eine Krimileserin zieht die Punktschrift den Hörbüchern vor, damit ihre Kinder von den Inhalten nichts mitbekommen, und eine Sozialpädagogin sagte, sie hätte in ihrer Jugend die ›Bravo‹ gern selbst lesen oder auf Kassette hören wollen. Da dies damals nicht ging, habe sie eine »alte Tante verdonnern« müssen, ihr die »Aufklärungsartikel« vorzulesen.
- *Isolationsvermeidung.* Wer Bücher oder Zeitschriften per Kopfhörer nutzt, ist von seiner Umwelt abgeschnitten und hört weder das Baby schreien noch den Gruß des Nachbarn über den Gartenzaun.

Dazu kommen mindestens zwei weitere Motive, die mit dem Merkmal »Blindheit« zusammenhängen:

- *Gruppenzugehörigkeit.* Huber selbst hat diesen Punkt nicht unter der Überschrift »blindenspezifische Motive« aufgeführt, weil er auch für andere Gruppen gilt. Besonders ausgeprägt war das Gruppengefühl bei den Befragten, die sich über ihre Blindheit definieren und sich ehrenamtlich engagieren. Das erklärt das schlechte Gewissen, wenn die Zeitschrift über das Blindenwesen nicht gelesen wird. Eine 33-jährige Hausfrau sagte, sie versuche, möglichst viele Filme zu sehen, die für Blinde vertont worden seien, damit es nicht irgendwann heiße: »Das wird ja gar nicht genutzt.« Ihre Lieblingsfilme haben meist keine akustischen Untertitel.
- *Sinnlich-stimmliche Erbauung.* Die Stimme (oder die Synchronstimme) eines Schauspielers oder Moderators bestimmen häufig, ob ein Angebot genutzt wird oder nicht. Die 33-jährige Hausfrau liebt Julia Roberts – aber nicht in den frühen Filmen, die eine andere deutsche Sprecherin haben, und manchmal in fremder Gestalt, wenn sich eine andere Schauspielerin wie die Roberts anhört.

Fragen und Aufgaben

1. Definieren Sie folgende Begriffe: Unterhaltung, Information, Interesse, Typus!

2. Warum tun sich die Demoskopen bei der Ermittlung von Kommunikationsbedürfnissen und von Motiven für die Mediennutzung schwer?

3. Die Ausbreitung der Massenmedien fällt zusammen mit der Industrialisierung, mit der Ausweitung der Freizeit und mit dem Rückgang des Alkoholkonsums. Wie ist das zu erklären?

4. Kurt Hesse hat 1985 in einem Notaufnahmelager Übersiedler aus der DDR zu ihren Mediengewohnheiten befragt und danach behauptet, dass die Rundfunkprogramme aus der Bundesrepublik vor allem das Informations- und Orientierungsbedürfnis der DDR-Bürger befriedigen würden (Hesse 1988). Wo müssten Sie nach Argumenten suchen, wenn Sie diese These widerlegen sollten? Versuchen Sie sich auch ohne Kenntnis von Spezial-Literatur an einer solchen Argumentation!

5. Wenn Hörer oder Zuschauer gefragt werden, welche Programmsparte ihnen besonders wichtig sei, liegen »Nachrichten« stets ebenso vorn wie bei der Frage nach den Sparten, die am häufigsten genutzt werden (vgl. z.B. Blödorn u. a. 2000). Viele Menschen wissen trotzdem schon kurz nach den Sendungen nicht mehr, was dort behandelt worden ist, und kennen sich auch sonst in der Politik eher schlecht aus. Suchen Sie nach Gründen für diesen Widerspruch!

6. Warum sind die Mediennutzer-Typologien, die die Kommunikationsforschung produziert, kaum miteinander vergleichbar?

Literaturhinweise

Emilie Altenloh:
Zur Soziologie des Kinos
Die Kino-Unternehmung und die sozialen Schichten ihrer Besucher
Leipzig o.J. (1914)
Aus mehreren Gründen ist das Buch ein Klassiker: Altenloh hat den Zusammenhang zwischen Arbeits- und Alltagsbedingungen (Industrialisierung!) und Vergnügungen und damit die Unterschiede zwischen den Geschlechtern und den sozialen Schichten herausgearbeitet, sie hat das Kino in einer Linie gesehen mit den anderen Unterhaltungsmitteln und sie hat sich nicht auf eine Quelle beschränkt, sondern mündliche und schriftliche Befragung gekoppelt und die gewonnenen Daten mit Besuchs-Statistiken und persönlichen Eindrücken verbunden.

Ralph Weiß, Uwe Hasebrink:
Hörertypen und ihr Medienalltag
Eine Sekundärauswertung der Media Analyse '94 zur Radiokultur in Hamburg
Berlin 1995
Wie gehen die Hörer mit der Radio-Vielfalt um, wie hängen die individuellen Programm-Menüs mit anderen Medienvorlieben zusammen und wie mit den sozialen Lebensumständen? Die Autoren vom Hamburger Hans-Bredow-Institut für Medienforschung zeigen, wie aus den Daten der Media Analyse Aussagen gewonnen werden können, die über die bloße Reichweitenmessung hinausgehen, und grenzen zehn verschiedene Radio-Repertoires voneinander ab.

Kaspar Maase:
Grenzenloses Vergnügen
Der Aufstieg der Massenkultur 1850–1970
Frankfurt am Main 1997
Maase spannt einen großen Bogen vom Alltag in der vorindustriellen Welt bis zur Eroberung der Privathaushalte durch Radio, Fernsehgerät und Plattenspieler. Er sucht nach Gründen für den Widerstand gegen die populären Künste, gegen die »Lebensmittel der modernen Leistungsgesellschaften«, und vergleicht die Entwicklung in Deutschland mit der in Frankreich und in Großbritannien, hat den italienischen Faschismus im Blick und reißt das Thema DDR wenigstens an.

Michael Meyen:
Denver Clan und Neues Deutschland
Mediennutzung in der DDR
Berlin 2003

Was haben die DDR-Bürger den einheimischen Medien geglaubt? Welche Angebote haben sie genutzt, wann wurde auf Westsender umgeschaltet? Das Buch sützt sich auf rund 100 Tiefeninterviews, bietet so zugleich ein Stück DDR-Alltagsgeschichte und wird hier auch empfohlen, weil es zeigt, dass die Kommunikationsbedürfnisse weitgehend unabhängig von politischen Strukturen sind, dass auch SED-Zeitungen gelesen wurden und dass die Ostdeutschen keineswegs ausschließlich Westkanäle eingeschaltet haben.

4. Verbreitung und Nutzung der Medien

Im 3. Kapitel wurde dargestellt, dass die Medien vor allem die Bedürfnisse nach Unterhaltung und Überblickswissen befriedigen, den Alltag strukturieren und außerdem Gesprächsstoff, Informationen und Prestige liefern. Jetzt soll nach den spezifischen Leistungen gefragt werden, die das Publikum von jedem einzelnen Medium erwartet. Was suchen die Menschen in der Presse und was im Fernsehen, warum laufen sie ins Kino und vor allem: Wer läuft überhaupt? Sind die Medien austauschbar, werden sie gar eines Tages »zusammenwachsen«? Kann der »Dinosaurier« Tageszeitung in der Online-Welt überleben oder werden die Blätter aus dem Straßenbild verschwinden wie Pferd und Kutsche? Der Weg zu einer Antwort führt über die Eigenschaften der Medien. Mit den Produktions- und Rezeptionsbedingungen unterscheiden sich auch die Erwartungen der Nutzer.

Dieses Kapitel stellt einerseits Daten bereit zur Versorgungs-Dichte, zur Reichweite der Medien und einzelner Angebote, zur Nutzungsdauer und zu soziodemographischen Unterschieden. Andererseits soll versucht werden, den Zahlenberg zu ordnen und zu erklären. Dieser Versuch setzt die Kenntnis der vorangegangenen Abschnitte voraus und wird deshalb anthropologische und psychologische Ursachen (Kapitel 1) sowie gesellschaftliche Wurzeln von Kommunikationsbedürfnissen (Kapitel 3) ebenso nur am Rande streifen wie die Fehlerquellen der Mediaforschung (Einfluss von Interessen, methodische Probleme – Kapitel 2).

4.1 Eigenschaften der Medien

Der Historiker Wolfgang Riepl hat 1913 das Nachrichtenwesen im Römischen Reich untersucht und daraus eine Theorie abgeleitet. Riepl behauptete, dass die einfachsten Mittel, Formen und Methoden des Nachrichtenverkehrs, wenn sie brauchbar und einmal eingebürgert sind, von den vollkommensten niemals völlig verdrängt werden (Riepl 1913, S. 5).

Auf dieses »*Rieplsche Gesetz*« wird bei Prognosen immer wieder hingewiesen, obwohl es Zukunftsängste bestenfalls auf den ersten Blick zerstreuen kann. Natürlich werden Telefon und E-Mail den Brief allein deshalb »niemals völlig verdrängen«, weil es Lauschangriffe und Hacker gibt. Für die Postboten aber ist es schon ein Unterschied, ob sie knapp 13 Milliarden Sendungen pro Jahr zustellen (Spitzenwert aus der alten Bundesrepublik von 1982, vgl. Rytlewski/Opp de Hipt

1987, S. 98) oder eines Tages nur die paar Millionen, bei denen der Informationswert den Mehraufwand lohnt. In Sachen Schallplatte lässt sich sogar hinter Riepls »niemals« ein Fragezeichen setzen. Noch leben die Fans, die mit den schwarzen Scheiben groß geworden sind und für die Musik erst mit dem Staubtuch auf dem Schoß und dem Knacken im Lautsprecher Musik wird. Oder ist die CD gar nichts Neues, sondern nur eine verbesserte Schallplatte? Was ist dann das Fernsehen? Radio mit Bildern? Und wer sagt, dass die Zeitung bis in alle Ewigkeit an das Papier gebunden sein muss und nicht auch über die Telefonleitung ins Haus kommen kann?

Wie es sich für ein »Gesetz« gehört, bleibt Riepl hier ganz allgemein: Kommt ein neues Medium, kommen andere Alternativen dazu, die bestimmte Bedürfnisse besser befriedigen können, müssen sich die »alten« Medien an die veränderte Situation anpassen und sich möglicherweise neue Aufgaben suchen (Lerg 1981). Welche Funktionen ein Medium übernimmt, hängt ab

- von den Kommunikationsbedürfnissen,
- von den »Eigenschaften« des Mediums (Produktions- und Rezeptionsbedingungen),
- von der Konkurrenz (sowohl im Medienbereich als auch außerhalb),
- vom Stand der Technik,
- von rechtlichen und organisatorischen Vorgaben und
- von seinem Angebot.

Teilweise beeinflussen sich diese Faktoren auch untereinander. Das Medienangebot lässt sich nicht trennen von den Vorgaben des Gesetzgebers und von der Technikentwicklung. Solange der Hörfunk seine Nachrichten aus der Presse abgeschrieben hat, war er auf diesem Gebiet keine Konkurrenz (Meyen 2000b), und die ›Tagesschau‹ im deutschen Fernsehen konnte dem kleinen Bruder Radio erst dann wirklich Paroli bieten, als Filmberichte aus dem Ausland nicht mehr mit dem Flugzeug, dem Schiff oder der Bahn nach Hamburg gebracht werden mussten. Die Rundfunkgesetzgebung in Deutschland war immer auch eine Reaktion auf technische Entwicklungen, und dass die Organisationsform »öffentlich-rechtliches Rundfunk-Monopol« die Medien-Inhalte stark mitbestimmt hat, wurde bereits mehrfach erwähnt (vgl. S. 101, 140). Wo konnten Boulevardzeitungen und Publikumszeitschriften besser gedeihen als auf einem Feld, auf dem ganze Themenbereiche brach lagen oder bestenfalls sporadisch gegossen wurden? Diese Zusammenhänge gelten natürlich nicht nur für den Rundfunk. Wenn eine Stadt den Verkauf von Zeitungen auf der Straße verbietet, entwickelt sich dort keine

Boulevardpresse, und selbst im Online-Bereich kann die Verbreitung bestimmter Inhalte zumindest erschwert werden.

Diese Streiflichter aus der Geschichte zeigen aber schon, dass technische und gesetzliche Schranken nie dauerhaft halten. *Entscheidend für die Funktionen eines Mediums* sind seine Eigenschaften, die Kommunikationsbedürfnisse und die Konkurrenz – die Möglichkeiten, die die Menschen sonst noch haben, um ihre Wünsche zu erfüllen.

Im 17. Jahrhundert waren die Ortschaften so klein, dass niemand Lokalnachrichten in der Zeitung suchte. Der Druck konnte die Mund-zu-Mund-Propaganda gar nicht schlagen. Erst nach der Industriellen Revolution wurden die Städte unüberschaubar und Informationen über Arbeits- und Wohnungsmarkt zugleich lebensnotwendig. Außerdem ersetzte die Zeitung die Klatschstunden in der bäuerlichen Großfamilie für all die, die in die Stadt gegangen und nun einsam und auf der Suche nach einem Zeitvertreib waren (Wolter 1981). Was haben die Zeitungsträgerinnen in den ersten Jahrzehnten des 20. Jahrhunderts nicht alles ins Haus gebracht: ellenlange Fortsetzungsromane und Kurzgeschichten, Rätsel- und Witzseiten, eine Illustrierte und eine Kinderzeitung im Blatt und jede Menge Beilagen – für die Hausfrau und für den Gärtner, für den Landwirt und für den Bastler (Meyen 1996). Und heute? Wie wollte der Zeitungsroman gegen die Seifenoper auf dem Bildschirm bestehen? 1955 hat fast jede zweite westdeutsche Frau regelmäßig die Geschichten unter dem Strich gelesen, 1999 nur noch jede achte (Abbildung 36, S. 190).

Menschen ändern ihre Gewohnheiten vor allem dann, wenn die Alternative ihre Bedürfnisse besser befriedigt. Man mag der Industrie vorwerfen, dass sie die Schallplatte ausgebremst hat, um die gleichen Aufnahmen noch einmal verkaufen zu können; ohne die Vorteile der CD aber hätte dies nicht funktioniert: Die Silberscheibe nimmt weniger Platz weg und verlangt weniger Pflege, man kann länger sitzen bleiben und bekommt noch einen besseren Klang.

Medien werden aber auch nacheinander und nebeneinander genutzt. Am Ende der Weimarer Republik saßen die Max-Schmeling-Anhänger nachts am Radio, lasen am übernächsten Tag in der Zeitung, wie sich ihr Idol in Übersee geschlagen hat, und strömten in die Kinos, wenn der Bildbericht Wochen später per Schiff in Deutschland eingetroffen war. Wahrscheinlich hätten sie sich auch ein Video oder eine DVD geholt, wenn es das schon gegeben und das Geld dafür gereicht hätte. Der moderne Fußballfan hört im Stadion die Konferenzschaltung, eilt nach Hause, um die Zusammenfassung im Fernsehen nicht zu verpassen, liest im Sonntagsblatt und montags in der Heimatzeitung, wie die Schreiberlinge das Ganze gesehen haben, und hat natürlich ein passendes Spiel auf CD-ROM.

Die Wechselwirkungen zwischen den Medienangeboten und nichtmedialen Alternativen sind so komplex, dass sie hier nur angedeutet werden können. Das Kino hat dem Theater im ersten Drittel des 20. Jahrhunderts nicht nur Besucher und Schauspieler entzogen, sondern auch bestimmte Stoffe (leichte Unterhaltung vor allem). Ein paar Jahrzehnte später wiederholte sich Geschichte, diesmal unter der Überschrift »Fernsehen«. Die TV-Nachrichten haben die Wochenschau verdrängt und die Samstagabend-Shows den »Bunten Abend« aus dem Radio. Warum eine Kinokarte kaufen, wenn auch im Wohnzimmer ein Film läuft, warum nicht doch wieder ins Kino gehen, wenn Spitzenfilme plötzlich nur noch mit nervenden Unterbrechungen zu haben sind? Warum an einem Bundesliga-Samstag auf die 18-Uhr-Nachrichten warten, wenn der Teletext oder die Online-Zeitung die Ergebnisse sofort nach dem Schlusspfiff wissen, und warum nicht ausnahmsweise Fußball Fußball sein lassen, wenn die Verwandtschaft anrückt und für genug Trubel sorgt?

Um bei Riepls Formulierungen zu bleiben: Um zu überleben, braucht ein »Mittel des Nachrichtenverkehrs« mindestens eine exklusive »Aufgabe« – etwas, was kein Konkurrent besser kann. Der Glaube an ein »Supermedium« scheint wegen der unterschiedlichen Produktions- und Nutzungsbedingungen abwegig. Die Funkmedien und Online-Angebote sind schneller als Tageszeitungen und erst recht als Zeitschriften, die Presse hat dagegen mehr Platz als Hörfunk und Fernsehen (beispielsweise für Hintergrundberichterstattung), und das Internet scheint geradezu ein »schwarzes Loch« zu sein. Außerdem lässt sich nicht jedes Thema optisch umsetzen. Während der Radiohörer nebenbei Kartoffeln schälen oder Auto fahren kann, ist dies beim Fernsehen weniger und beim Zeitunglesen gar nicht möglich.

Der Kommunikationswissenschaftler Gerhard Maletzke hat die Eigenschaften der Medien Anfang der 1960er Jahre in sechs Kategorien aufgeteilt (Abbildung 25). Vielleicht genügt es, seine Begriffe an einigen Beispielen zu erläutern. Das Radio produziert keine Bilder und wird nur akustisch wahrgenommen. Der Hörer kann sich frei im Raum bewegen und alles Mögliche machen: Lesen natürlich (der »optische Sinn« ist ja frei), Essen, Abwaschen, Stricken, Malern. Maletzkes Zuordnungen stammen aus der Ära des »Kästchenprogramms«, aus einer Zeit, in der sich kurze Sendungen, die nicht viel miteinander zu tun hatten, abwechselten. Zehn Minuten Kinderfunk, dann zwei Kurzgeschichten, etwas Musik, eine Viertelstunde Steno-Unterricht, schließlich etwas für die Bauern oder für die strickenden Frauen, Sendepause.

Natürlich gibt es auch heute noch Sendetermine, die den Hörer binden (zeitliche Freiheit), Hörspiele oder Sinfonie-Konzerte aber sind im Zeitalter der »Durchhörbarkeit« in Reservate abgedrängt und werden nur von Minderheiten wahrgenommen.

Abbildung 25

Nutzungs-Eigenschaften der Medien (Maletzke 1963, S. 178–183)				
	Druckmedien	**Hörfunk**	**Fernsehen**	**Kino**
Wahrnehmung	optisch	akustisch	optisch-akustisch	optisch-akustisch
Verhalten	gebunden	frei	gebunden	gebunden
Zeit	frei	gebunden	gebunden	gebunden
Raum	überall	frei / Wohnung	Wohnung	Kinosaal
Soziale Situation	allein	allein/Gruppe	allein/Gruppe	Präsenz-publikum
Zeitliche Distanz	Konserve	Konserve/live	Konserve/live	Konserve

Zeitungen und Zeitschriften kann man überallhin mitnehmen (»Raum«), einen Teil der Radiogeräte auch (sogar zum Joggen), die Fernsehbrille dagegen, die selbst in der Wüste eine Direktleitung zur Videothek hat, ist im Moment noch eine Fata Morgana der Werbeagenturen – geboren möglicherweise in jenem Kinosaal, in dem der Nachbar immer Knoblauch kaut (»soziale Situation«).

Der Zeitungsleser hält zwar stets eine »Konserve« in der Hand (das Ereignis, über das berichtet wird, ist vorbei), aber er kann alles überblättern, was ihn nicht interessiert, und außerdem über die Reihenfolge und die Dauer der Lektüre selbst entscheiden. Lese ich nur die Überschrift oder vielleicht doch wenigstens den halbfett gedruckten ersten Absatz, fange ich noch einmal von vorn an oder soll ich den Artikel am besten ausschneiden und aufheben? Diese Chance hat der Fernsehzuschauer nicht. Der Werbespot lässt sich nicht »vorspulen«, und wenn die Redaktion der ›Tagesschau‹ meint, der Nahe Osten hat dreieinhalb Minuten verdient, dann muss ich auf das nächste Thema dreieinhalb Minuten warten und kann eigentlich auch nicht zur Toilette gehen. Wie lange der Beitrag dauert, wird nur im Ausnahmefall gesagt (»Alles Wichtige in 100 Sekunden«). Die vielbelächelte »1:30-Regel« im kommerziellen Hörfunk (kein Beitrag länger als eine Minute und 30 Sekunden) hat etwas mit dieser Unsicherheit zu tun. Selbst wenn sich der Hörer für einen Beitrag überhaupt nicht interessiert, weiß er, dass es sich nicht lohnt, um- oder auszuschalten.

Die Liste von Gerhard Maletzke ist auch deshalb ein schönes Beispiel, weil sie zeigt, dass weder die Eigenschaften der Medien etwas Statisches sind noch die Kategorien, mit denen die Wissenschaft versucht, die »Realität« zu erfassen:

- Maletzke kannte weder Viva und MTV noch die »Bügel-Programme« und musste folglich annehmen, dass der Zuschauer in seinem Verhalten mehr oder weniger »gebunden« ist durch das, was auf dem Bildschirm läuft. Wer heute den Start seiner Lieblingsserie verpasst, kann die Folge aufzeichnen, und es gibt Fernsehapparate, die in jede Aktentasche passen.
- Die wichtigste Eigenschaft der Online-Medien lässt sich mit Maletzkes Kategorien gar nicht erfassen: die Möglichkeit, zwischen massenmedialen Angeboten (Nachrichten, Fußballergebnisse) sowie öffentlichen Foren (Newsgroups, Chats) und individueller Kommunikation (E-Mail) wechseln zu können, ohne den »Medienrahmen« verlassen zu müssen (Höflich 1999).

Dies ändert aber nichts an der »strukturellen Einmaligkeit und Besonderheit eines jeden Mediums« (Maletzke). Die unterschiedlichen Eigenschaften führen bei den Nutzern zu unterschiedlichen Erwartungshaltungen und unterschiedlichen Nutzungsgewohnheiten (Abbildung 26).

4.2 Fernsehen

Das Fernsehen ist das Leitmedium unserer Tage, weil es die beiden wichtigsten Erwartungen der Menschen an die Medien am besten erfüllt: Es unterhält besser als alle Alternativen und ist den anderen Medien in Sachen Überblickswissen mindestens ebenbürtig. Ist es nicht viel leichter, mit Menschen zu bangen und zu hoffen, sich mit Menschen zu vergleichen, die man sehen und hören kann, als mit »Papiercharakteren«, und seien sie auch noch so gut beschrieben oder fotografiert? Ist nicht das Sofa viel bequemer als der Kinosessel (gar nicht zu reden vom Aufwand und den Kosten), passiert nicht auf dem Bildschirm viel mehr als vor dem Wohnungsfenster?

Abbildung 26

Funktionen der Medien (Auswahl)	
Medium	**Funktionen**
Alle Medien	Unterhaltung und Überblickswissen Gesprächsstoff, Identität Information, Bildung, Ratgeber, Zeitgeber (vgl. S. 111)
Fernsehen	Tagesbegleiter, Geräuschkulisse, Kontaktersatz »Geschichten«, Verhaltensmodelle Überblick und schnelle Information
Hörfunk	Musikautomat: Alltagsbegleiter, Wecker, Aufmunterung, Arbeitserleichterung, Geräuschkulisse Überblick und schnelle Information: Verkehr, Wetter, Schlag- zeilen Kunstgenuss
Presse	Lesen als befriedigende Tätigkeit, Sozialprestige, Wissens- speicher »Zusatznutzen«: Schutzschild, Papierbedarf, Fliegenklatsche
Tageszeitung	Lokalinformationen, Orientierung für den Einkauf »Insel des Universellen« (Klaus Schönbach)
Zeitschriften	Fach- und Spezialinformationen Märchen der Moderne
Kino	Soziale Funktionen (Freunde, Ausgehziel) Eskapismus Kunstgenuss
Online	Post, Einkaufen, Auktionen Informationssuche, Wissensspeicher Arbeitsmittel, Kontaktersatz

Das Fernsehen versüßt den Aufenthalt in den eigenen vier Wänden und kommt so dem Wunsch nach Häuslichkeit und Ruhe entgegen, es erlaubt, mit der Familie zusammen und doch allein zu sein, es füllt die Zeit, bestimmt den Tagesrhythmus und ist nicht zuletzt ein »großer Geschichtenerzähler« (Binger 1997, S. 28). Wer mag schon von sich sagen, mehr als einen winzigen Bruchteil von dem erlebt zu

haben, was Menschen erleben können? Wer möchte nicht aus seinem engen Dasein hinausfliegen und sehen, was Menschen alles zustande bringen? Wo gibt es
mehr Verhaltensmodelle als im Fernsehen, wer bietet einen größeren Kontrast
zur Alltagswelt, wer eine billigere Möglichkeit zur »Flucht«? Für manchen ist das
Fernsehen mehr: Sozialfaktor und Kontaktstelle zur Umwelt, ein Schneckenhaus,
in das man sich zurückziehen kann, und ein Trostpflaster, wenn man das eigene
Schicksal mit dem vergleicht, was »draußen«, in der großen Welt, passiert. Der
Leitmedien-Charakter des Fernsehens führt dazu, dass an dieser Stelle eigentlich
vieles von dem wiederholt werden müsste, was in den Kapiteln 1 und 3 geschrieben wurde. Die meisten theoretischen Ansätze zur Mediennutzung beziehen sich
auf das Fernsehen, und wo es um »Funktionen der Medien« ging, ließe sich oft
genauso gut von »Funktionen des Fernsehens« sprechen.

   Es ist kein Zufall, dass der *Siegeszug des Fernsehens* in den Industriegesellschaften
West- und Mitteleuropas mit dem so genannten »Wirtschaftswunder« zusammenfiel
und vor allem mit dem Rückgang der Arbeitszeit. Für den durchschnittlichen
deutschen Arbeiter war »Freizeit« vor dem Zweiten Weltkrieg kein Thema. Die
Wohnungen waren zu eng, und außerdem arbeitete man bis zum Umfallen, hatte
einen Zweitjob oder ein paar Quadratmeter Feld, die zu bestellen und zu pflegen
waren (Schildt 1995, Mooser 1984, Meyen 2001). Erst die späten 1950er und
noch stärker die 1960er Jahre brachten für die Masse der Arbeiter Mußezeit und
Raum für ein Privatleben. Das Nachrichtenmagazin ›Der Spiegel‹ schätzte 1964,
dass Beschäftigte in der Industrie seit der Jahrhundertwende 1.500 freie Stunden
pro Jahr gewonnen hätten. Damals sei der Zwölf-Stunden-Tag Usus gewesen,
und es habe kaum Urlaub gegeben. Die Technik erlaube jedoch, immer schneller
immer mehr zu produzieren, und schaffe damit ein »Jahrhundertproblem«. Der
Krieg habe die Interessen jahrelang gebunden, jetzt aber würden die Menschen
nicht wissen, was sie mit ihrer Zeit anfangen sollen (Nr. 37, S. 38–49). Kam da
nicht das Fernsehen wie gerufen? Natürlich darf man die 1.500 Stunden aus der
›Spiegel‹-Rechnung nicht auf die Goldwaage legen, aber die Parallele zur Mediennutzung ist auffällig. Wer sich ein Gerät kaufte, saß ab sofort jeden Abend zwei
Stunden davor und hatte sein persönliches Freizeitproblem gelöst (Meyen 2001).

Reichweite und Nutzungsdauer

Heute leben knapp 99 Prozent der Deutschen in einem Haushalt mit Fernsehapparat. Lag die tägliche Sehdauer in der Bundesrepublik bis Mitte der 1980er Jahre
konstant bei etwa zwei Stunden, stieg sie nach der Zulassung kommerzieller Ver-

anstalter deutlich an. Die GfK-Fernsehforschung kam seit Mitte der 1990er Jahre stets auf knapp über drei Stunden am Tag (Abbildung 27). Dieser Wert bezieht sich auf alle Personen ab drei Jahren in Fernseh-Haushalten und damit auch auf die, die gar nichts angeschaut haben. Bedenkt man, dass Kinder weniger fernsehen (durchschnittlich anderthalb Stunden) und dass das Medium jeden Tag etwa drei Viertel der Bevölkerung erreicht, ergibt sich für die Erwachsenen eine »*Verweildauer*« von rund viereinhalb Stunden. Wer den Apparat einschaltet, sitzt im Schnitt viereinhalb Stunden davor – genauer: Er verlässt in dieser Zeit den Raum, in dem ein Fernsehgerät läuft, höchstens für ein paar Minuten (zu den GfK-Methoden vgl. S. 92–98).

Abbildung 27

Fernsehnutzung				
	1992	**1996**	**2000**	**2002**
Reichweite	68,7	71,4	72,6	73,4
Sehdauer	158	183	190	201
Westdeutschland	*151*	*178*	*185*	*195*
Ostdeutschland	*185*	*202*	*211*	*223*

GfK-Fernsehforschung. Zuschauer ab drei Jahren. Reichweite in Prozent, Sehdauer in Minuten. Quelle: Media Perspektiven 2003. Basisdaten, S. 70

Auch die Langzeitstudie Massenkommunikation belegt, dass das Fernsehen seit Mitte der 1980er Jahre attraktiver geworden ist – vor allem für Jugendliche. Deutlich über dem Bevölkerungsdurchschnitt liegt die Reichweite des Mediums bei älteren und schlechter gebildeten Menschen (Abbildung 28).

Der *Anstieg der Fernseh-Reichweite und der Sehdauer* in den letzten zwei Jahrzehnten hat mehrere Ursachen:

- *Kommerzialisierung des Mediensystems*: Die Angebote müssen sich am (Werbe-)Markt durchsetzen und werden deshalb stärker auf die Bedürfnisse der Zuschauer zugeschnitten.
- *Programmvermehrung und Ausdehnung der Sendezeit*: Fernsehen ist heute rund um die Uhr verfügbar – in deutschen Kabelhaushalten auf drei Dutzend Kanälen. Dass das Medium überhaupt nichts »Interessantes« bietet, ist weit unwahr-

scheinlicher als in einer Zeit, in der es Sendepausen und nur drei oder vier (öffentlich-rechtliche) Programme gab.

- *Rückgang der Arbeitszeit*: Die durchschnittliche Wochenarbeitszeit ist in West-deutschland zwischen 1984 und 1999 um rund drei Stunden gesunken (Scheuch 1999, S. 13).
- *Demographische Entwicklung*: Die Bevölkerung altert, und der Trend geht in Richtung Kleinfamilie und Single-Haushalt.

Abbildung 28

Entwicklung der TV-Reichweite				
	1970	**1980**	**1990**	**2000**
Reichweite	72	77	81	85
Geschlecht				
Männer	74	75	80	84
Frauen	71	78	82	87
Alter				
14 bis 19 Jahre	73	66	82	90
50 bis 59 Jahre	78	80	84	85
60 Jahre und älter	74	89	90	92
Bildung[1]				
Niedrig	68	84	86	89
Mittel	75	79	82	85
Hoch	72	70	74	78

Langzeitstudie Massenkommunikation. Angaben in Prozent. Erwachsene ab 14 Jahre. 1970 bis 1990 alte Bundesrepublik. 1970/80: Montag bis Sonnabend, ab 1990 Montag bis Sonntag. Bis 2000 Face-to-Face, 2000: CATI.

1 – Niedrige Bildung: bis 2000 Volksschule ohne Lehre, 2000 Volksschule/Hauptschule; mittel: bis 2000 Volksschule mit Lehre, ab 2000 weiterführende Schule ohne Abitur, Mittlere Reife; hoch: bis 2000 Mittelschule und mehr, ab 2000 Abitur, Hochschulreife, Studium.

Lesehilfe: 1970 haben an einem Durchschnittstag 72 Prozent der Westdeutschen ferngesehen. Quelle: Berg/Ridder 2002, S. 194

- *Lebensbedingungen*: Die Einschränkungen und Entbehrungen der Bevölkerung haben genauso zugenommen wie die Zukunftsängste. Stichworte: Arbeitslosigkeit und Nullrunden, Globalisierung und Flexibilisierung der Arbeitswelt bei fehlender Sicherheit. Welcher 30-Jährige weiß heute, wo er seine Berufskarriere beenden wird und ob er dann eine Rente bekommt?

Der Nürnberger Kommunikationswissenschaftler Winfried Schulz hat die 1995er Daten der Langzeitstudie Massenkommunikation analysiert und die Faktoren herausgearbeitet, die den *Umfang des Fernsehkonsums* bestimmen:

- Alter,
- Bildung und
- ein Wohnsitz in den neuen Bundesländern.

Extensives Fernsehen diene oft dazu, Einschränkungen und Verletzungen zu kompensieren. Schulz hat Beispiele genannt: Beschwernisse des Alters, wirtschaftliche Schwierigkeiten, gesellschaftliche Zurücksetzung. Einsamkeit, Arbeitslosigkeit, finanzielle Sorgen – all das »mache« den *Vielseher* (Schulz 1997).

Die *Ostdeutschen* sehen nicht nur deutlich länger fern als die Westdeutschen (Abbildung 27), sondern fühlen sich auch stärker zu den kommerziellen Sendern hingezogen als ihre Landsleute (Frey-Vor u. a. 2002, IP Deutschland 2002). RTL, seit 1993 TV-Marktführer in den neuen Ländern, lobte Ende 2000 nach einer Studie zum Fernsehverhalten sein Publikum auf der anderen Seite der Elbe. »Von den Ostdeutschen lernen, heißt genießen lernen« – mit diesem Slogan präsentierte Vermarkter IP Deutschland die Ergebnisse von 50 Tiefeninterviews. In der DDR habe man die Debatten um das duale Rundfunksystem nicht verfolgt und könne deshalb unverkrampfter zwischen öffentlich-rechtlichen und privaten Sendern wechseln. Was im Westen als »Quotenjagd« oft verpönt sei, werde im Osten als »direkte Zuschaueransprache« erlebt und honoriert. Der Informationsbegriff der Ostdeutschen sei außerdem weiter und schließe Seifenopern, Boulevardmagazine und Quizshows ein – Domänen der kommerziellen Stationen. ARD und ZDF hätten dagegen mit ihrem offiziösen Verlautbarungsstil schon bald nach 1990 das Image des »Staatsfernsehens« bekommen (IP Deutschland 2002).

Die öffentlich-rechtlichen Medienforscher haben andere Ursachen für die Ost-West-Kluft in Sachen Mediennutzung gefunden. Eine erste Studie begründete die »doppelte Öffentlichkeit« 1995 mit der deutlich größeren Erwartungshaltung der Ostdeutschen gegenüber den öffentlich-rechtlichen Sendern. Deshalb sei hier die Enttäuschung auch entsprechend größer. Die privaten Anbieter würden dagegen nicht so viel und auf nicht so wichtigen Gebieten über den Osten berichten und könnten folglich weniger falsch machen (Spielhagen 1995; Stolte/Rosenbauer 1995; vgl. auch die Inhaltsanalysen von Früh u. a. 1999 und Früh/Stiehler 2002). Fünf Jahre später ergab eine Analyse der Fernsehforschungs-Daten eher sozio-ökonomische Gründe für die Unterhaltungsorientierung der Ostdeutschen:

- Im Osten gibt es mehr Arbeitslose und mehr Arbeiter.
- Die Ostdeutschen bewerten die Arbeitssituation und die finanzielle Lage skeptischer.
- In den neuen Ländern sind die Menschen mit dem politischen System weniger zufrieden und haben außerdem stärker das Gefühl, machtlos zu sein (Darschin/Zubayr 2000).

Natürlich spielt die soziale Situation eine Rolle: Wo weniger verdient wird, bleibt weniger übrig für mögliche Alternativen zum Fernsehen – für Theater und für Gaststätten, für Ausflüge und für Freizeitsport. Und wo weniger verdient wird, gehen die Aktiven. Der Bevölkerungsrückgang in Ostdeutschland verteilt sich keineswegs gleichmäßig auf alle gesellschaftlichen Gruppen, sondern betrifft vor allem die Jungen, Mobilen, besser Ausgebildeten.

Dazu kommt, dass die DDR ohnehin ein Land der »kleinen Leute« war. Vor dem Mauerbau 1961 haben rund drei Millionen Menschen das Land verlassen: in erster Linie junge, gut ausgebildete Männer. Wenn man die Schichten mitdenkt, die nicht mehr erwünscht waren (Richter und Staatsanwälte, Verwaltungs- und Lehrpersonal, Kapital- und Bodenbesitzer), wird klar, warum im Rückblick von einer »arbeiterlichen Gesellschaft« gesprochen werden kann (Engler 1999) oder von der »weiblichsten Gesellschaft Europas« (Niethammer 1994, S. 100), einer Gesellschaft, die von einer einzigen sozialen Schicht geprägt wurde. Günter Gaus, 1974 bis 1981 Ständiger Vertreter der Bundesrepublik in der DDR, schrieb 1983, dass es oft gar nichts mit dem politischen System und seinen Mängeln zu tun habe, wenn sich der westdeutsche Besucher unbehaglich fühle, sondern damit, dass Kleinbürger stilistisch und geschmacklich den Ton angeben würden (Gaus 1990, S. 48–53).

Gehörten die DDR-Bürger schon wegen ihrer Herkunft eher zum Typ des unterhaltungsorientierten Mediennutzers, wurde diese Tendenz durch die *Begleitumstände des Systemwechsels* noch verstärkt. Die Mehrheit der Ostdeutschen hat allein dadurch einen Statusverlust erlitten, dass sie sich plötzlich mit Schichten konfrontiert sah, die es in der DDR nicht oder bestenfalls in Ansätzen gegeben hatte. An die Spitze vieler Hierarchien sind Westdeutsche gerückt, und die privaten Netzwerke, die sich die Ost-Bürger über Jahrzehnte aufgebaut hatten, waren plötzlich nur noch die Hälfte wert, weil die Kontaktpersonen nicht mehr weiterhelfen konnten. Mit dem Verlust von Positionen und sozialen Funktionen sind die Chancen auf ein sinnerfülltes Leben geschwunden, besonders für diejenigen, die sich um die Früchte ihres Tuns gebracht sahen. Diese Machteinbußen haben natürlich zunächst die Generationen betroffen, die 1989/90 im Arbeitsleben standen, die Folgen aber spüren auch die Nachwachsenden – wenn Vaters Beziehungen nicht reichen, eine Karriere anzubahnen oder wenigstens eine Lehrstelle zu besorgen, wenn es nur um »sozialverträglichen« Stellenabbau geht und nicht um Aufstiegsperspektiven für die Jugend. Jeder Wandel von Machtverhältnissen verunsichert die Betroffen und beeinflusst das Selbstwertgefühl. Schlagworte wie »Besserwessis« oder »westdeutsche Besatzer« spiegeln diesen Prozess.

Der Soziologe Norbert Elias hat festgestellt, dass die Berufs- und Klassenzugehörigkeit nicht reiche, um die Gliederung einer Gesellschaft zu beschreiben. Entscheidend sei vielmehr, wie die Beteiligten die Schichtung erleben würden (Elias 1989, S. 61f.). In Sonntagsreden zur »inneren Einheit« wird ebenso wie in Debatten über Politikverdrossenheit oder Fremdenfeindlichkeit ausgeblendet, dass sich viele der Ostbürger, vielleicht die meisten, als »Deutsche zweiter Klasse« bewertet sehen. Verwundert da die Anziehungskraft der Fernseh-Unterhaltung, verwundert da die Beliebtheit der »Heimatsender«?

Zuschauerverhalten

Fernsehen ist das Medium des späten Nachmittags und des Abends. Knapp zwei Drittel der Fernseh-Zeit entfallen auf die Stunden zwischen 17 und 23 Uhr. Dabei steigt die Zuschauerzahl im Tagesverlauf ziemlich gleichmäßig an – bis zu einem Gipfel zwischen 19.30 und 22 Uhr (Abbildung 29).

Je kälter, je ungemütlicher und je eher es draußen dunkel ist, desto größer ist die Fernsehgemeinde. Armin Rott und Stefan Schmitt haben versucht, die GfK-Daten zur täglichen Sehdauer zwischen Mitte 1996 und Mitte 2000 mit dem Wetter (Niederschlag, Temperatur, Tageslicht, Sonnenschein), dem Kalender (Wochenende, Feiertage) und besonderen Ereignissen zu erklären. Ihre Ergebnisse: Fast alle Schwankungen lassen sich auf die genannten Variablen zurückführen. Der Einfluss des Wetters ist dabei im Frühjahr und im Sommer sowie an den Wochenenden am stärksten.

Noch größere Wirkungen hatten aber die freien Tage (Rott/Schmitt 2000). Wann die Menschen sich Zeit für das Medium nehmen (können), hängt weitgehend von programmunabhängigen Faktoren ab. Fernsehen gehört zum Tagesablauf und wird habituell genutzt. Man schaltet immer zur gleichen Zeit ein und geht immer zur gleichen Zeit ins Bett. Natürlich kommt es vor, dass für High-

Abbildung 29

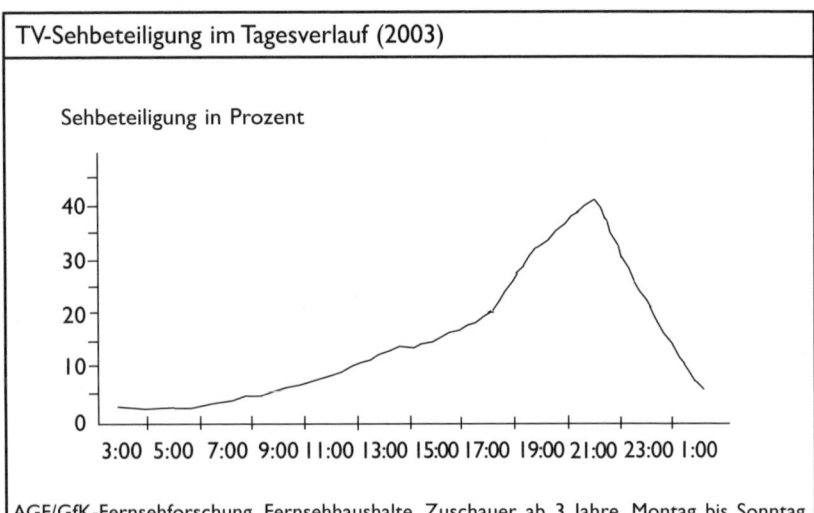

TV-Sehbeteiligung im Tagesverlauf (2003)

Sehbeteiligung in Prozent

AGF/GfK-Fernsehforschung. Fernsehhaushalte, Zuschauer ab 3 Jahre. Montag bis Sonntag. Jahresdurchschnitt 2003.
Lesehilfe: 2003 haben um 21 Uhr durchschnittlich 42 Prozent der Personen in TV-Haushalten ferngesehen.

lights ausnahmsweise eine Stunde Schlaf geopfert oder ein Termin verschoben wird. Die größte Magnetwirkung haben in Deutschland

* Sportübertragungen,
* Unterhaltungsshows – ›Wetten, dass...‹ (ZDF), der ›Domino Day‹ oder ›Wer wird Millionär‹ (beide RTL),
* Internationale Spitzenfilme und
* Krimiserien (Gerhards/Klingler 2003; Darschin/Gerhard 2004).

168

Die Hitlisten der meistgesehenen Einzelsendungen werden von *Fußballspielen* beherrscht. Der Sender, der in der Prime-Time eine wichtige Begegnung überträgt (und welche ist nicht »wichtig«?), lässt die Konkurrenz um Längen hinter sich (Darschin/Gerhard 2003; Zubayr/Gerhard 2002; Müller 1997b, S. 478). Fußball ist in Deutschland Volkssport Nummer eins, deutsche Mannschaften spielen seit Jahrzehnten in der Weltspitze mit, und Fußball vereint all das in sich, was aus der Sicht des Zuschauers gute Unterhaltung ausmacht: ein zweckfreies Spiel, das mit der »Alltagswelt« nichts zu tun hat, ein Spiel mit einfachen Regeln und Protagonisten, die schon deshalb vertraut sind, weil sie manche Woche zweimal über den Bildschirm huschen. Wer kennt bessere Klatschobjekte als die Fußballspieler und ihre Trainer? Wo kann man besser mitfiebern, wo ist der Ausgang ungewisser und die Spannung größer? Der Leistungsdruck in der Gesellschaft führt dazu, dass jeder die Angst vor dem Scheitern kennt und die Erfahrung, versagt zu haben. Wo lässt sich besser beobachten als beim Fußball, wie Menschen mit Erfolgen und mit Niederlagen umgehen? Folgerichtig sehen sich die meisten Sportjournalisten im Fernsehen längst auf dem Weg zum »Entertainer« (Görner 1995, Kühnert 2004).

Es ist bekannt, dass Siege einer Mannschaft deren Anhänger selbstbewusster machen, ja mehr noch, dass die Tore der eigenen Lieblinge dazu führen, das Leben insgesamt positiver einzuschätzen (Zillmann 1994, S. 53–55). Dieser Zusammenhang gilt natürlich auch für andere Sportarten, der *deutsche* Fernsehzuschauer aber kann solch wohltuende Wirkungen nirgendwo eher erwarten als beim Fußball.

Der Marktwert anderer *Fernsehsportarten* steht und fällt mit den deutschen Spitzenvertretern. Dabei geht es nicht nur um Siege, sondern auch um Persönlichkeiten, die die Möglichkeit zur Identifikation und zur Arbeit an der eigenen Identität bieten: Boris Becker und Tennis in den späten 1980er und frühen 1990er Jahren, dann Henry Maske und Boxen, Jan Ullrich, Erik Zabel und Radsport, Martin Schmitt, Sven Hannawald und Skispringen, Michael Schumacher und die Formel 1.

Die Identitätstheorien bieten sich auch an, um den Erfolg von ›*Wetten, dass…*‹ zu verstehen – ein Erfolg, der ebenfalls mit der Leistungsgesellschaft zu tun hat und mit der Lust am Spiel: ein Moderator, den (fast) jeder mag, dazu ganz »normale Menschen«, Nachbarn von nebenan, die sich ein außergewöhnliches Ziel setzen und für ihren Willen belohnt werden, sowie eine Prominentencouch und ein Rahmenprogramm, die für Oma und Opa genauso ein Bonbon bereithalten wie für Vater und das Teenie-Töchterchen (Sabine Müller 1997, S. 17–19). Natürlich wird bei solchen Sendungen gesprochen, wenn auch oft nur mit knappen

Bemerkungen (»Häppchenkommunikation«). Beim Tratschen über Fernsehfiguren und Fernsehthemen sind Familien die besten Teams (Charlton 1997, S. 30; Charlton/Klemm 1998, S. 719).

Muss noch erklärt werden, warum deutsche Fernsehfilme und Fernsehserien in deutschen Großstädten der Gegenwart spielen und warum das Publikum die Serienfolge, die neue Variante des Vertrauten, dem Einmaligen vorzieht (Hallenberger 2003, S. 498f.)? *Serien* strukturieren den Tag, die Woche oder sogar das Jahr. Für den einen gehört die RTL-Soap ›Gute Zeiten, schlechte Zeiten‹ zum Abendbrot, und für den anderen ist das ZDF-›Traumschiff‹ genauso ein Teil der Feiern rund um Silvester wie die Knallerei. Man kennt Personal und Umfeld, hat längst parasoziale Beziehungen aufgebaut und will wissen, wie die Geschichte weitergeht. Der ›Big Brother‹-Container und die Casting-Shows haben dieses Prinzip auf die Spitze getrieben: Die Figuren stammen aus dem »wirklichen Leben«, und der Zuschauer muss nicht im Kopf eines Drehbuchautors stecken, um ihr Verhalten vorhersagen zu können. Wer weiß schon, ob der ›Lindenstraßen‹-Star nicht plötzlich von Hollywood umworben wird und deshalb in den Serien-Freitod geht? Bei ›Big Brother‹ sieht der Alltagspsychologe spätestens am Nominierungstag, ob er richtig gelegen hat (Mikos/Wiedemann 2000; Weber 2000).

Von den 20 erfolgreichsten einheimischen Filmen und Serienfolgen kamen 2002 in Deutschland acht aus der Genregruppe »Crime/Action« (Hallenberger 2003, S. 499). Es soll gar nicht bestritten werden, dass dies auch eine Folge des Angebots ist und ökonomische Ursachen hat. Brennende Autos sind billiger als Autoren und Schauspieler, die einer Geschichte Leben einhauchen können. Die Angst vor *Gewalt* und vor dem Tod ist aber ein menschliches Ur-Thema. Der Literatur-Nobelpreisträger Elias Canetti hat geschrieben, dass der Mensch nichts mehr fürchte als die Berührung durch einen Fremden. Deshalb habe er sich Häuser gebaut, deshalb beobachte er in Bus und Bahn, auf der Straße und im Restaurant aufmerksam die Umgebung, deshalb habe er eine schnelle Entschuldigung parat und empfinde für den »Übeltäter« Widerwillen und Hass, wenn es doch zu Körperkontakt komme (Canetti 1992, S. 11).

Vielleicht wäre die Dominanz der Krimis nicht so eindeutig, wenn das zweite menschliche Ur-Thema, die *Sexualität*, auf dem Bildschirm nicht eher versteckt werden würde. Der spanische Schriftsteller Javier Marías lässt einen seiner Helden sagen, dass kein Mensch an etwas anderes denke als an Männer und Frauen, »an die, die bereits in unseren Betten gewesen sind, und an die, die niemals durch unsere Betten wandern werden«. Unterricht und Forschung, Lektüre und Schreiben, Essen, Finanzen und Politik, überhaupt alles, was man anzettele und treibe, sei nur Mittel zu dem einen einzigen Zweck (Marias 1997, S. 84). Bei wem gehört die Eroberung zum Alltag, bei wem der Überfall, die Schlägerei? Welche Inhalte könnten uns besser unterhalten? Stillt Fernsehen nicht auch die Sehnsucht nach Erlebnissen?

Fernsehen ist allerdings keineswegs immer Primärtätigkeit. Von den Bügelprogrammen, vom Klatschen und vom Nebenbei-Essen (oder vom Nebenbei-Sehen?) war schon die Rede. Das Medium hat seine Faszination sehr schnell eingebüßt und *Parallelbeschäftigungen* erlaubt. Schon 1964 sagten 35 von 80 befragten Abonnenten des ›Hamburger Abendblattes‹, dass sie Zeitung lesen würden, wenn andere Familienmitglieder vor dem Fernsehapparat sitzen. Bei einigen lief das Gerät auch, wenn alle im Haus noch zu tun hatten und bestenfalls im Vorbeigehen einen Blick auf den Bildschirm werfen konnten (Meyen 2001). Wer ist noch nicht bei laufendem Programm eingeschlafen? Die Medienwissenschaftler Joachim Friedrich Staab und Ursula Hocker haben vorgeschlagen, den Begriff »Fernsehen« zu differenzieren:

- Die Zuschauer würden von »*Fern-Sehen*« sprechen, wenn sie das Medium gezielt nutzen, eine Sendung also bewusst auswählen und bis zum Ende ansehen.
- Alles andere sei »*Mit-Sehen*«: Man kommt zufällig dazu, wenn jemand im Fernseh-Sessel sitzt, man nimmt nur Ausschnitte wahr, weil nebenbei etwas anderes gemacht oder der Kanal laufend gewechselt wird.

Das »Mit-Sehen« nehme vom Zeitaufwand her zwar mindestens denselben Stellenwert ein, werde aber nicht als »Fernsehen« betrachtet und bei Befragungen heruntergespielt, da es nicht den Vorstellungen vom sinnvollen Umgang mit dem Medium entspreche und den Leuten oft auch gar nicht bewusst sei (Staab/Hocker 1994, S. 166–168).

Die Fernsehforschung hat sich vor allem für das Spielen mit der Fernbedienung interessiert und hier eine ganze Begriffsbatterie für das *Umschaltverhalten* entwickelt (Ottler 1998; Bonfadelli 2000, S. 170–175). Kanalwechsel unterlaufen die Ziele der Programm-Macher und, noch wichtiger, sie bedrohen die wichtigste Einnahmequelle. Toilette, Kühlschrank, Zapping: Wozu noch Werbespots bezahlen? Die ARD-Forscher Karl-Heinz Hofsümmer und Dieter K. Müller (1999) haben die Blockreichweiten in den deutschen Abendprogrammen für 1998 untersucht und sind dabei auf einen Durchschnitts-Wert von 80 Prozent gekommen. Nur jeder fünfte Zuschauer hat bei Werbung umgeschaltet. Und weiter: »Wer dran bleibt am Werbeblock (...), bleibt meist auch drin.« Auch die Fragezeichen bleiben. Erstens entspricht das Ergebnis den Interessen der öffentlich-rechtlichen Anstalten, und zweitens beruhte die Untersuchung auf den Daten der GfK.

Diese sagen nichts über die Intensität der Nutzung und sind außerdem gerade bei kurzen »Fernseh-Pausen« besonders fehleranfällig (vgl. S. 95–98).

Der Kanal wird nicht nur bei Werbung gewechselt (Rossmann 2000). Der Kommunikationswissenschaftler Michael Jäckel hat das Umschaltverhalten mit Hilfe telemetrischer Daten untersucht und fünf Muster unterschieden:

- Unsystematisches Sehen: Wechsel aus laufenden in laufende Sendungen; geringe Verweildauer;
- Wechsel von kurzen und langen Nutzungsintervallen: Die Zuschauer zappen, um die Zeit zwischen zwei Sendungen zu überbrücken;
- Kanalrepertoire: Hin- und Herschalten zwischen wenigen Sendungen und Programmen;
- Paralleles Sehen: zwei Sendungen abwechselnd (oft zwei Unterhaltungsangebote);
- Programm-Screening: Suche nach einem attraktiven Angebot (Jäckel 1993).

Besonders interessant ist natürlich die Frage, was die Zuschauer dazu bringt, bei einem bestimmten Programm hängen zu bleiben und nicht weiter zu zappen. Helena Bilandzic hat vermutet, dass beim »Scannen« des Angebots gar keine Zeit bleibt, den Inhalt zu verarbeiten, und deshalb der erste, spontane Eindruck entscheidet. Zentral seien dabei so genannte *saliente Merkmale* – Merkmale, die sich der Aufmerksamkeit aufdrängen. Bilandzic hat die Daten der GfK-Fernsehforschung mit einer detaillierten Inhaltsanalyse verknüpft und ihre These zumindest tendenziell für eine ganze Reihe von Merkmalen bestätigt (Gewalt und Humor, Bewegungen und »lebhafte Themen« wie Erotik, Schicksal und Unfälle). Saliente Merkmale können aber bestenfalls den ersten Impuls liefern. Wie lange ein Zuschauer dabei bleibt, hängt unter anderem von den Inhalten, vom Zeitpunkt des Einstiegs (hat die Sendung gerade begonnen oder ist schon die Hälfte vorbei) und von seinen Gewohnheiten ab (Bilandzic 2004).

Fernseh-Nachrichten

Wenn die Zuschauer gefragt werden, welche Angebote ihnen am wichtigsten sind, liegen »Nachrichten« stets ganz vorn. Bei den allerersten Fernseh-Umfragen in Deutschland zwischen 1953 und 1955 kam die ›Tagesschau‹ im Sendegebiet des Nordwestdeutschen Rundfunks auf einen »Interessen-Index« von acht bis achteinhalb und damit fast auf den Maximalwert. Die Skala reichte von plus zehn (stärkstes Interesse) bis minus zehn. Nur Spielfilme und lustige Unterhaltungs-sendungen wurden ähnlich hoch bewertet (Meyen 2001). Ein halbes Jahrhundert später hat sich an diesem Bild nichts geändert. Im Rahmen des ARD-Trends vom Winter 2002, einer bundesweiten Repräsentativ-Untersuchung, wurde auch nach dem Interesse an den einzelnen Programmsparten gefragt (Darschin/Zubayr 2003). 93 Prozent der Interviewten hielten die Nachrichten für »besonders wich-tig« oder »wichtig«. Sowohl bei den »Anhängern öffentlich-rechtlicher Sender« (99 Prozent) als auch bei den »Anhängern privater Sender« (88 Prozent) kam diese Programmsparte mit deutlichem Abstand auf Platz eins. Auf den Plätzen: »Sendungen über das eigene Bundesland« und »Natur- und Tiersendungen« (ARD-und ZDF-Fans) bzw. deutsche und amerikanische »Kino- und Fernsehfilme« (Privatfernsehanhänger).

Abbildung 30

Reichweiten der Fernsehnachrichten in Deutschland				
	1997	1999	2001	2002
Tagesschau (ARD, 20:00 Uhr)[1]	9,03	9,42	9,06	9,62
heute (ZDF, 19:00 Uhr)[2]	5,18	5,13	4,80	5,17
RTL aktuell (18:45 Uhr)	4,12	4,10	3,81	3,89
SAT.I (18:30 Uhr)	1,88	1,94	1,99	1,73
ProSieben Nachrichten (20:00 Uhr)	1,17	1,06	1,13	1,30

1 – Einschließlich Dritte Programme und 3sat; 2 – Einschließlich 3sat

AGF/GfK-Fernsehforschung. Zuschauer ab 3 Jahre. Jahresdurchschnitt. Angaben in Mio. Quellen: Darschin/Kayser 2000, Darschin/Gerhard 2003, 2004

Lesehilfe: 1997 hat die Hauptausgabe der ›Tagesschau‹ durchschnittlich 9,03 Mio. Zuschauer erreicht.

Das große Interesse an den Fernseh-Nachrichten schlägt sich in den Reich-weiten nieder (Abbildung 30). Die ›Tagesschau‹ gehört fast jeden Tag zu den drei Sendungen mit der höchsten Zuschauerzahl.

Der Leipziger Kultursoziologe Jürgen Gerhards hat die Einführung des Fern-sehens in der Bundesrepublik als einen »gigantischen Siegeszug der Herstellung einer demokratischen Öffentlichkeit« beschrieben. Anfang der 1970er Jahre habe fast jeder Haushalt ein Gerät gehabt, und über zwei Drittel der westdeutschen Bevölkerung hätten die Möglichkeit genutzt, sich im Fernsehen tagtäglich über Politik zu informieren. 20 Jahre nach dem Fernsehstart habe die mediale politische Öffentlichkeit folglich nahezu alle Staatsbürger erfasst (Gerhards 1998, S. 34). Gestützt wird diese Argumentation dadurch, dass mit der Ausbreitung des Fernsehens das *Interesse der Bevölkerung an Politik* gestiegen ist (Abbildung 31).

Abbildung 31

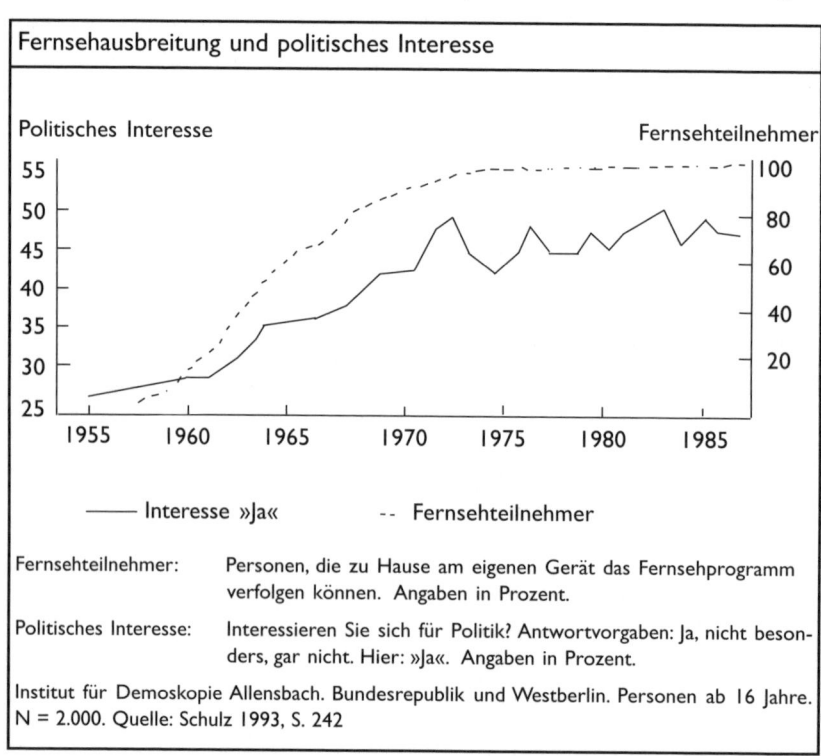

Fernsehausbreitung und politisches Interesse

Politisches Interesse · Fernsehteilnehmer

——— Interesse »Ja«   -- Fernsehteilnehmer

Fernsehteilnehmer: Personen, die zu Hause am eigenen Gerät das Fernsehprogramm verfolgen können. Angaben in Prozent.

Politisches Interesse: Interessieren Sie sich für Politik? Antwortvorgaben: Ja, nicht besonders, gar nicht. Hier: »Ja«. Angaben in Prozent.

Institut für Demoskopie Allensbach. Bundesrepublik und Westberlin. Personen ab 16 Jahre. N = 2.000. Quelle: Schulz 1993, S. 242

Auch ausgefeilte Sekundäranalysen von Umfrage-Ergebnissen, die vorgeben, alle Scheinkorrelationen auszuschließen (Peiser 1999), können das *Problem solcher Vergleiche über die Zeit* aber nicht lösen. War »Politik« in den 1950er Jahren das gleiche wie drei oder vier Jahrzehnte später? Oder genauer: Haben die Befragten von einst den Begriff genauso gedeutet wie wir heute? Allein schon die Verdoppelung der Ministerien-Zahl in über 50 Jahren Bundesrepublik lässt dies bezweifeln. Seit wann ist beispielsweise Umweltschutz ein »politisches« Thema? Mindestens ebenso schwer wiegt ein zweiter Einwand: Wer wollte noch sagen, dass er sich nicht für »Politik« interessiere, wenn die großen Männer dieser Welt gewissermaßen jeden Abend in der Wohnstube umherspazieren? Henri Nannen, Gründer und langjähriger Chefredakteur der Illustrierten ›Stern‹, sagte 1965, dass Politik früher etwas Abstraktes gewesen sei. Erst das Fernsehen habe die Politiker sozusagen zu Familienmitgliedern gemacht. Das Interesse an der Politik steige, weil es hier jetzt auch um Menschliches gehe (Meyn 1966, S. 335). 1919 löste die ›Berliner Illustrirte Zeitung‹ einen Skandal aus mit einem Titelblatt, das Reichspräsident Ebert und Reichswehrminister Noske in Badehosen zeigte. Die Eberts und Noskes von heute bitten die Journaille in ihre Urlaubshäuschen, springen Fallschirm und lassen alle Welt an den Irrungen und Wirrungen ihres Liebeslebens teilhaben. Gibt es jemanden, den es nicht bewegt, wenn ein Bundeskanzler Mühe hat, daheim den Wunsch nach einer Bratwurst durchzusetzen?

Dass die hohe Wertschätzung für die ›Tagesschau‹ nicht mit politischem Interesse zu verwechseln ist, belegen bereits die schon erwähnten Umfragen des Nordwestdeutschen Rundfunks bei den ersten Fernsehzuschauern. Auf dem Interessen-Index zwischen plus und minus zehn erreichten »politische Sendungen« Werte zwischen minus eins und minus drei. Noch tiefer rangierte in der Publikumsgunst nur »ernste Musik« (Meyen 2001). Selbst reichweitenstarke »Informationsangebote« können von den Zuschauerzahlen der Hauptnachrichten nur träumen. Der ARD-›Report‹ aus Mainz beispielsweise wurde 2003 im Schnitt von rund 3,4 Millionen Menschen gesehen und ›Frontal 21‹ im ZDF von knapp 3,8 Millionen (Darschin/Gerhard 2004, S. 149). Dies entsprach jeweils Marktanteilen von knapp über zehn Prozent: Nur ein Zehntel der Zuschauer, die zur Sendezeit vor dem Gerät saßen, hat sich für ›Frontal 21‹ oder für den Mainzer ›Report‹ entschieden.

Fernsehnachrichten befriedigen vor allem das Bedürfnis nach Überblickswissen und weniger das nach Informationen. Sie beantworten die Frage »Was gibt es Neues in der Welt?« und geben den Menschen das Gefühl, Bescheid zu wissen (vgl. S. 126). Jeder kann sich den Spaß machen und die Texte der ›Tagesschau‹ mitschreiben. Welcher Redakteur könnte in 15 Sendeminuten auch nur einen der vielen komplexen Sachverhalte ausleuchten?

Der Hamburger Medienwissenschaftler Knut Hickethier hat Fernseh-Nachrichten als »*Erzählungen*« beschrieben. Wie alle Fortsetzungsgeschichten verlange die »Serie« Nachrichten Vorkenntnisse und regelmäßige Teilnahme. Füllmeldungen und Stellvertreter-Nachrichten würden den Erzählfluss aufrechterhalten und dem Zuschauer signalisieren, dass die Geschichte weitergehe, aber nichts Bemerkenswertes geschehen sei. Entscheidend sei dabei nicht das Interesse an all den großen und kleinen »Teilerzählungen«, sondern der »Gesamteindruck«, an die wichtigen Erzählungen der Welt angeschlossen zu sein. Wer die Gewissheit gewonnen habe, dass der Status quo erhalten bleibe und sein eigenes Leben nicht berührt werde, könne die Details wieder vergessen (Hickethier 1998). Fünf bis 25 Prozent – mehr bleibt von einer TV-Nachrichtensendung im Durchschnitt nicht hängen (Winterhoff-Spurk 1996, S. 184).

Noch wichtiger als die »Wahrheitstreue« ist für die Nachrichtenzuschauer die »Vollständigkeit der Informationsübermittlung« (Darschin/Horn 1997, S. 272). Die 20-Uhr-Ausgabe der ›Tagesschau‹ tritt mit dem Anspruch an (und wird auch mit diesem Anspruch konsumiert), alles zu sagen, was in den letzten 24 Stunden wichtig war. Orientierung scheint also aller Erfahrung zum Trotz möglich zu sein. Bei Umfragen des Instituts für Demoskopie Allensbach hat Mitte der 1990er Jahre fast die Hälfte der Interviewten dem Satz zugestimmt: »Nach all den Ereignissen der letzten Jahre muss ich sagen: Ich kann die Welt nicht mehr verstehen.« (Mathes 1995, S. 85). Ist es da nicht schön, dass es Sendungen gibt, die wenigstens eine »Wissens-Illusion« (Jäckel 1998, S. 326) vermitteln? Die Gestaltung von Fernsehnachrichten kommt dem *Wunsch nach Überschaubarkeit der Verhältnisse* entgegen:

- ein streng gegliederter formaler Aufbau: stets die gleiche Themen-Abfolge (bei der ›Tagesschau‹ von der Politik bis zu Sport, Lotto und Wetter), stets die gleichen Kameraeinstellungen etwa für Gespräche oder für Übergänge zwischen Moderator und Sprecher;
- ein künstlicher Raum »irgendwo in Deutschland«, ein Raum, den es im »wirklichen Leben« nicht gibt und der Ruhe, Autorität und Neutralität ausstrahlt (»Raumschiffatmosphäre«);
- Titel, die auf Aktualität anspielen und auf die Kompetenz, das Tagesgeschehen richtig und umfassend zu präsentieren (Fürsich 1994).

Nicht nur die Produktion der Sendungen wird durch Rituale gesteuert, sondern auch die Nutzung. Menschen brauchen stabile Orientierungssysteme und Verlässlichkeit. Fernseh-Nachrichten befriedigen die Bedürfnisse nach Überblickswissen und nach einem Ruhepunkt in einer hektischen Welt, und sie bieten Unterhaltung, eine Möglichkeit zur Flucht (Eskapismus) und einen Zeitvertreib (Vincent/Basil 1997). Gerade die Abendsendungen sind außerdem:

- *Zeitgeber:* Die ›Tagesschau‹ läutet den Feierabend ein. Der Tag mit den Anforderungen im Beruf, mit dem Stress im Haushalt ist vorbei, und das Fernsehen zeigt, was sonst noch passiert ist. Der Zuschauer kann seine »unbestimmten Daseinsängste an bestimmte Ereignisse binden« (an Unglücksfälle vor allem), Abstand vom Tag gewinnen (Sabine Müller 1997, S. 16) und sich in der Regel beruhigt auf der Couch ausstrecken und die folgenden Sendungen genießen.
- *Programmauftakt:* Für viele beginnt um 20 Uhr das Abendprogramm, und die Nachrichten gehören dazu. Man nimmt die ›Tagesschau‹ mit und verpasst nichts von dem, was einen vielleicht mehr interessiert, da sich fast alle Veranstalter am Rhythmus der ARD-Nachrichten orientieren.
- *Legitimationsinstanz:* Was kann den »faulen« Fernsehabend besser rechtfertigen als eine Nachrichtensendung? Man »muss« sich doch schließlich informieren. Der Zuschauer erfüllt seine Bürgerpflicht und kauft sich damit oft von anderen Aufgaben los. Mag doch der Partner die Kinder ins Bett bringen oder, schlimmer noch, in der Küche aufräumen.
- *Lieferant von Gesprächsstoff und Identifikationsobjekten:* Jeder weiß, dass fast alle anderen ebenfalls Nachrichten sehen, und Sprecher, Politiker oder Sportler eignen sich genauso für parasoziale Beziehungen und soziales Vergleichen wie alle anderen Fernsehfiguren (vgl. S. 26).

Verlässlichkeit und Programmauftakt, Zeitgeber, Ritual und Gewohnheit: All das erklärt, warum die Institution ›Tagesschau‹ weder durch den Sendestart des ZDF 1963 noch durch die Vervielfachung der Kanalzahl ab 1984 ernstlich Schaden genommen hat. Eine Garantie für die *Zukunft* ist dies nicht. Der Ladenschluss hat in Deutschland lange dafür gesorgt, dass sowohl Verkäuferinnen als auch Käufer um acht Uhr abends zu Hause waren. Ähnliches gilt für Tarifverträge und für die festen Arbeitszeiten. Was passiert unter den Leitsternen Flexibilisierung und Globalisierung mit den Abendnachrichten? Wird sich jeder »seine« ›Tagesschau‹ digital abrufen, wenn er gerade Zeit dafür hat? Sterben diejenigen, für die die Sendung einfach dazugehört, langsam aus? Und wachsen nicht längst Generationen heran, die gar keine andere Welt kennen als die, in der es keine »letzte Instanz« gibt, dafür aber ein Nebeneinander von unterschiedlichsten Interpretationen?

4.3 Hörfunk

Die Kommunikations- und Medienwissenschaft behandelt den Hörfunk eher stiefmütterlich:

- Das Medium wird beiläufig genutzt und ist für viele kaum mehr als eine »Klangtapete« – zwar da, aber nicht weiter erwähnenswert (Gleich 2000b, S. 427).
- Das Fernsehen bietet spektakuläre Inhalte (Lindner-Braun 1998a).
- Der »Macht der Bilder« wird eine weit größere Wirkungschance zugesprochen (Stuiber 1998, S. 1110f.).
- Die Werbeeinnahmen des Hörfunks begrenzen die Forschungs-Etats (vgl. S. 57–61).

Die Mehrheit der Menschen erwartet vom Hörfunk Musik, die Tagesneuigkeiten, morgens die genaue Uhrzeit, den Wetterbericht und vielleicht noch die Staumeldungen, dann aber bitte wieder Musik. Radio wird in der Regel nebenbei gehört (auch die Nachrichten und die Wortbeiträge), und entscheidend für die Programmwahl ist die Musikfarbe. Musik zum Wachwerden, Musik, die die Arbeit erleichtert, Musik als »Schutzzauber gegen die Leere« (Engler 1952) – genau wie einst bei den französischen Königen in Versailles, denen auf allen Wegen Musikanten gefolgt waren, zu den Mahlzeiten und Empfängen natürlich, beim Spazieren und zum Schlummerlied ans Bett (Wickert 1953, S. 29f.). Was damals nur für einen einzigen Menschen zu verwirklichen war, bringt das Radio heute in jedes Haus.

Die *Erwartungen an das Medium* haben sich in der Radio-Geschichte nur wenig verändert. Von den Rundfragen der Programmzeitschriften in den 1920er Jahren (»Was hören Sie am liebsten?«) bis zu den Repräsentativuntersuchungen ab 1945 in Westdeutschland: Immer lag das Unterhaltungsbedürfnis vorn, das Verlangen nach Musik, und immer waren die Hörer stark an den Nachrichten interessiert. Man wolle doch wissen, was passiert sei, schrieb der Leipziger Zeitungswissenschaftler Friedrich Schindler, der Ende der 1930er Jahre eine Gruppe Leunaarbeiter beobachtet hatte. Entscheidend sei aber der Wunsch, abends »etwas Schönes« zu hören. Das Radio befriedige das Bedürfnis nach Entspannung in einer Weise, die dem Arbeiter bisher unbekannt gewesen sei. Alle Alternativen seien aufwändiger, da man schneller essen, sich umziehen und noch einmal aus dem Haus müsse. Schindler fand noch ein weiteres Kaufmotiv: *Sozialprestige*. Viele der Arbeiter hatten ein teures Gerät, und Schindler verglich das Möbelstück mit dem Klavier im bürgerlichen Wohnzimmer (Schindler 1942, S. 138–140, 147).

In kaum einem Buch zur Hörfunkgeschichte fehlen Bilder von Familien oder größeren Gruppen, die im Sonntagsstaat andächtig vor einem Radio sitzen (Lenk 1997), und immer wieder werden Hörer zitiert, die sich vor Rundfunkkonzerten oder Opern schick machten und eine Flasche Wein für das »festliche Fluidum« opferten (Lenk 1996, S. 12). Anfang der 1950er Jahre tauchten ähnliche Fotos dann in der Werbung der Fernsehgeräte-Hersteller auf (Eurich/Würzberg 1983, S. 12). Natürlich hat es den »wirklichen Hörer« gegeben, das Wunschbild aller Rundfunkverantwortlichen – jenen »Wellenwanderer«, der im Äther nach Bildung sucht, jenen Musikliebhaber, der sich auf eine Übertragung vorbereitet wie auf ein »richtiges« Konzert und nach dem letzten Ton abschaltet, um das Gehörte nachklingen zu lassen. Natürlich hat es ihn gegeben (und es gibt ihn noch), nur war er von Anfang an in der Minderheit. Eine Münchener Rentnerin erinnerte sich Ende der 1980er Jahre an eine ›Fledermaus‹-Sendung in ihrer Jugend. Vater und Onkel hätten den ganzen Tag über nichts anderes geredet und eine »Mordserwartung« gehabt. Die Enttäuschung war entsprechend groß: Es kam »bloß Singen und Dings«, und die zwei gingen fort zum Kartenspielen (Raumer-Mandel 1990, S. 88).

Das große *Interesse an den Nachrichten* erklärte das Münchener Meinungsforschungsinstitut Infratest in den späten 1950er und frühen 1960er Jahren, als an eine flächendeckende Verbreitung des Fernsehens noch nicht zu denken war, auch damit, dass die Hörer morgens die genaue Zeit bräuchten und Wetter- und Straßenzustandsbericht dazuzählen würden. Die Nachrichten seien für die Mehrheit das Gleiche wie der tägliche »Blick in die Zeitung« und außerdem im Programm so häufig, dass man ihnen kaum ausweichen könne. Das gelte vor allem für die, die den Beginn der Hauptabendsendung nicht verpassen wollten (Meyen 2001).

Schwere Musik, Belehrung, gar politische Sendungen wollte jeweils nur eine Minderheit im Programm. Der Journalist und Zeitungswissenschaftler Gerhard Eckert klagte 1941, dass der Durchschnittshörer viel zu viel höre und das Viele nur halb. Was aus dem Lautsprecher dringe, sei oft nur *Geräuschkulisse* für das Alltagsleben, angenehme Untermalung der Arbeit, gewissermaßen ein akustischer Vorhang zwischen dem Hörer und der Außenwelt (Eckert 1941, S. 215–217). Auch der Schweizer Philosoph Max Picard geißelte nach dem Zweiten Weltkrieg in seinem vieldiskutierten Buch »Die Welt des Schweigens« die Dauerberieselung durch den Rundfunk. Das »Radiogeräusch« surre, und der Mensch merke es nicht einmal, höre das meiste auch gar nicht und werde so dazu gebracht, das Wort zu verachten (Picard 1948).

Vielleicht hat sich mit dem Wertewandel in der Gesellschaft, mit Prozessen, die Soziologen Modernisierung, Enttraditionalisierung und Individualisierung nennen, tatsächlich auch der Musikgeschmack »individualisiert« (Neuwöhner 2003). Für diese These spricht, dass Menschen in offenen Gesellschaften mehr Freiheit und mehr Verantwortung haben und die eigene Position nicht mehr so sehr durch die Klasse oder die Schicht bestimmt wird, zu der man gehört, sondern durch den »Lebensstil«, die »Lebenswelt« (Schulze 1992). Musik vermittelt Lebensgefühl, und ihre Nutzung hängt eng mit bestimmten Lebenssituationen zusammen. Stärker als die Bedürfnisse der Menschen haben sich allerdings die Möglichkeiten zur Erfüllung unserer Wünsche verändert. Das Fernsehen hat den Hörfunk als Hauptmittel der Abendunterhaltung abgelöst und in Sachen Überblickswissen entlastet (Meyen 2001). Dass das Radio in die Rolle des *idealen Tagesbegleiters* schlüpfen konnte, hat mit den Eigenschaften des Mediums zu tun und vor allem mit der gewaltigen Vermehrung des Angebots. Man muss dabei gar nicht auf die unterschiedlichen thematischen Interessen verweisen, die nicht unter einen Hut zu bekommen waren, solange es nur ein oder zwei Programme gab, sondern vielleicht noch stärker auf den Musik-Mischmasch, den die Kanalknappheit zwangsläufig nach sich zog. Musik ist vor allem mit der Jugendphase verbunden. *Heranwachsende nutzen Musik,*

- um sich von der Welt der Erwachsenen abzugrenzen und
- um sich in jugendliche Subkulturen zu integrieren (Gleich 1995, S. 559, Hitzler/ Pfadenhauer 1998).

Musik liefert Symbole, über die man sich der Umwelt mitteilen kann, über Musik kommen Freundschaften zustande, und genau wie der Sieg der eigenen Lieblingsmannschaft stärkt Musik das Selbstbewusstsein. Im Unterschied zum Sport ist hier der Erfolg, die emotionale Befriedigung, sicher. Der rebellische Junge, der sich rebellischer Musik zuwendet, bekommt Rebellion, solange er bei diesem Genre bleibt, und wird dementsprechend begeistert sein (Zillmann 1994, S. 55). Wer eignet sich besser für parasoziale Beziehungen als Musiker, wo gibt es sonst Idole, Orientierungspunkte, die der Mensch vielleicht nie stärker benötigt als in der Zeit, in der er seine Identität finden muss? Musik beeinflusst die Stimmung (Schramm 2004), Musik kann entspannen und erregen: Bei vielen Titeln und Stücken steigen der Blutdruck und die Muskelspannung, und der Atem geht schneller (Langner 1994; zu den erregungstheoretischen Ansätzen vgl. S. 27–30).

»Unterschiedliche Menschen wünschen sich unterschiedliche Musik – auch wenn sie in der gleichen Wohngemeinschaft leben« (Liepelt u. a. 1993, S. 34) und erst recht, wenn sie verschiedenen Generationen angehören. Musik löst Erinnerungen aus an »die schönste Zeit im Leben«, an die erste Liebe, an den ersten Kuss. Als die Rolling Stones 2003 durch Deutschland tourten, zogen Menschen in die Stadien, die solche Konzertstätten normalerweise nur sehen, wenn sie ihre Söhne und Töchter bei Britney Spears & Co. abliefern. Mit der Zahl der Hörfunktstationen ist die Zahl der verfügbaren Musikfarben gestiegen und damit auch die Chance, genau das zu finden, was dem eigenen Geschmack entspricht.

Reichweite und Nutzungsgewohnheiten

Knapp 99 Prozent der Deutschen leben in einem »Radio-Haushalt«, und den allermeisten stehen mehrere Geräte zur Verfügung: der Wecker im Schlafzimmer, Radios im Bad und in der Küche, die Stereoanlage im Wohnzimmer, das Autoradio natürlich und oft auch Apparate in der Garage und im Büro.

Abbildung 32

Hörfunknutzung in Deutschland							
	1979	1988	1993	1999	2000	2001	2003
Reichweite in Prozent	80	78	82	82	79	79	79
Hördauer in Minuten	164	156	169	179	209	203	196
Programme pro Tag	–	1,3	1,3	1,4	1,5	1,5	1,5

Media Analyse. 1979 bis 1999: Face-to-Face, ab 2000: CATI. Personen ab 14 Jahren. Montag bis Sonntag. 1979/1988: Westdeutschland. Quelle: Media Perspektiven 2003. Basisdaten, S. 79
Lesehilfe: 1988 haben an einem Durchschnitts-Tag 78 Prozent der Bundesbürger Radio gehört. Die 156 min. »Hördauer« beziehen sich auf die Gesamtbevölkerung, also auch auf die, die das Medium nicht genutzt haben (Verweildauer der Hörer: 198 min.). Die Programmzahl von 1,3 zeigt, dass die Mehrheit den ganzen Tag bei dem gleichen Sender geblieben ist.

Die *Reichweite* des Hörfunks liegt seit Jahrzehnten konstant bei rund 80 Prozent (Abbildung 32). Vier Fünftel der erwachsenen Deutschen hören an einem

Durchschnittstag Radio. Dabei gibt es zwischen den einzelnen soziodemographischen Gruppen (Geschlecht, Alter, Bildung) kaum nennenswerte Unterschiede. Einzige Ausnahmen: die ganz Jungen und die ganz Alten. In den Altersgruppen »14 bis 19 Jahre« sowie »70 Jahre und mehr« errechnete die Media Analyse 2003 eine deutlich unterdurchschnittliche Hördauer (113 bzw. 147 Minuten; Klingler/ Müller 2003, S. 417):

• Bei den *Rentnern* dürfte neben Krankheiten und neben dem Alter, das die Sinne stumpf macht, auch das ausgewählte Mess-Verfahren eine Rolle gespielt haben. Ein zwanzigminütiges Telefoninterview setzt ein Mindestmaß an geistiger Fitness und vor allem an Bereitschaft voraus.

• Die *Jugendlichen* sind meist noch auf der Suche nach sich selbst und vor allem auf der Suche nach einem Partner, sie stehen auf der Karriereleiter ganz unten, haben keine Kinder und folglich weniger Pflichten. Schüler, Lehrlinge und Studenten sind abends öfter unterwegs und mit Freunden zusammen, und sie orientieren sich stärker an den Normen ihrer Gruppen. Dass sich der Alltag und die Interessen von Jugend und Bevölkerungs-Rest unterscheiden, kann für das Medienverhalten nicht folgenlos bleiben.

Die großen Veränderungen zwischen 1999 und 2000, die Abbildung 32 suggeriert (längere Hörzeiten, mehr Programme), sind ausschließlich auf den Wechsel der Befragungsmethode zurückzuführen. Per Telefon werden andere Personen erreicht als bei Haustür-Untersuchungen – jüngere und beweglichere Menschen, die das Medium viel mehr »außer Haus« nutzen (vgl. S. 83). Wie vorsichtig die Ergebnisse der Media Analyse (MA) zu interpretieren sind, deutet sich schon bei der Kategorie »Geschlecht« an. Ging die Forschung bis 1999 davon aus, dass Frauen ausdauernder Radio hören (van Eimeren/Oehmichen 1999, S. 187), ermittelte die erste CATI-MA im Jahr 2000 »plötzlich« längere Hörzeiten für die Männer (217 zu 202 Minuten – Klingler/Müller 2000, S. 420). Der Grund für diesen »Wandel« ist ganz einfach: Die Telefon-Interviewer haben »andere« Männer befragt – Männer, die oft unterwegs sind, Männer, die für ein Gespräch im Wohnzimmer keine Zeit hätten, aber ans Telefon gehen, Männer, die vielleicht soziodemographisch in das Schema früherer Media Analysen passen und trotzdem anders Radio hören. Der Hörfunk ist das Medium des Morgens und des Vormittags. Zwischen 7.30 und 12 Uhr kommt das Radio auf Viertelstunden-Reichweiten von etwa 30 Prozent, mit einer Spitze zur besten Frühstückszeit (Abbildung 33).

Bei einem MA-Interview wird nicht nur nach der Mediennutzung gefragt, sondern auch nach anderen Tätigkeiten. Essen, Autofahren sowie Arbeiten (im Haus und außerhalb) – das sind die Hauptgelegenheiten, bei denen das Radio läuft. Radiohören ohne Parallelbeschäftigung findet so gut wie nicht statt (Klingler/

Abbildung 33

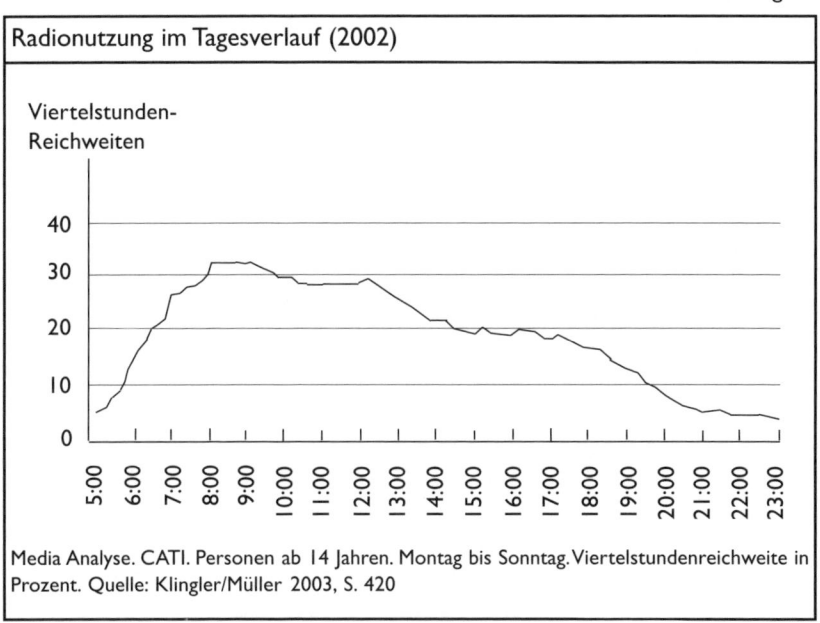

Radionutzung im Tagesverlauf (2002)

Viertelstunden-Reichweiten

Media Analyse. CATI. Personen ab 14 Jahren. Montag bis Sonntag. Viertelstundenreichweite in Prozent. Quelle: Klingler/Müller 2003, S. 420

Müller 2000, S. 422; Klingler/Müller 2003, S. 419). Dass der Hörfunk wahrscheinlich meist eher Nebensache ist, zeigt die Zahl der Programme, die der Durchschnitts-Deutsche am Tag nutzt (Abbildung 32). Senderwechsel sind die Ausnahme. Warum auch umschalten, wenn es eigentlich nur um ein Hintergrundgeräusch geht? Wer ändert schon ohne Not seinen Tagesablauf, zu dem bestimmte Sendungen, bestimmte Moderatoren einfach dazugehören?

Die überwiegende Mehrheit nutzt »durchhörbare Wellen«. Die Beiläufigkeit schließt konzentriertes Hinhören nicht aus, etwa bei einem interessanten Beitrag oder bei einem besonderen Ereignis (Hasebrink 1994, S. 167). Ausdrückliche »Zuhör-Programme« wie Klassik- oder Info-Radios à la ›Bayern 2‹, ›Bayern 4‹ und ›B 5 aktuell‹ erreichen jedoch nur kleine Bevölkerungsgruppen (Abbildung 34;

vgl. Simon 2003; Eckhardt 2003), und auch Musik aus der Konserve ist für den Hörfunk nur sehr bedingt eine Konkurrenz. Die Langzeitstudie Massenkommunikation kam 2000 für CDs, Musikkassetten und Schallplatten auf eine Tagesreichweite von 21 Prozent und damit auf einen etwas höheren Wert als die

Abbildung 34

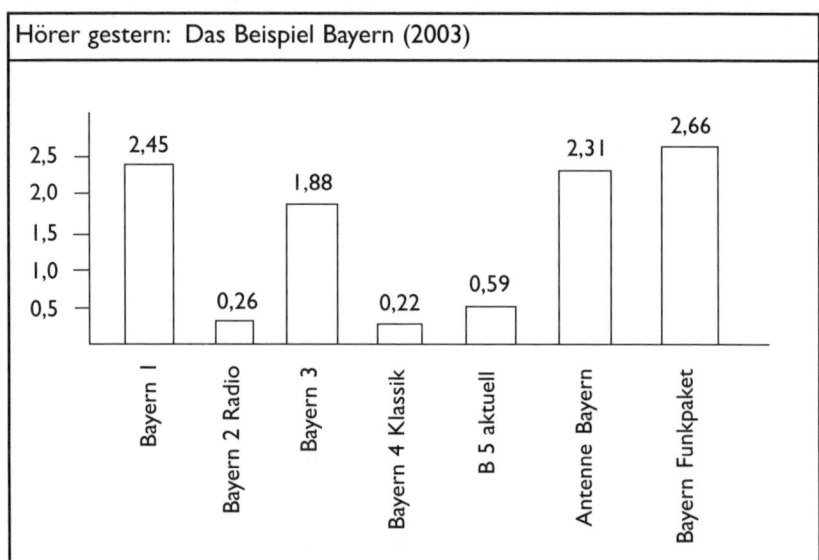

Hörer gestern: Das Beispiel Bayern (2003)

Media Analyse 2003. CATI. Personen ab 14 Jahren. Montag bis Sonntag. Hörer gestern. Angaben in Mio. Quelle: Media Perspektiven 2003. Basisdaten, S. 77f. Lesehilfe: Antenne Bayern hat 2003 an einem Durchschnittstag 2,31 Mio. Erwachsene erreicht.

Media Analyse 2003 (16 Prozent). Deutlich über dem Bevölkerungsdurchschnitt liegen hier Menschen, die jünger als 30 Jahre und formal hoch gebildet sind – vielleicht ein Grund, warum Studenten die Bedeutung von Tonträgern häufig überschätzen (Berg/Ridder 2002, S. 196, 201; Klingler/Müller 2003, S. 416).

Im Hörfunk hängt die Wahl des Begleitprogramms in erster Linie ab:

• von der Musikfarbe (mit großem Abstand die Nummer eins),
• vom Lokalbezug (Wetter!, Verkehr, Veranstaltungen, Schlagzeilen) und

- von der Moderation (Kliment 1996; Liepelt u. a. 1993; Ecke 1991; Labs 1999).

Der Kommunikationswissenschaftler Wolfgang R. Langenbucher hat die Schweizer Lokalradios mit den *Dorfbrunnen* von einst verglichen, mit einem Ort, an dem die Menschen zusammenkommen, um sich Geschichten zu erzählen, und der damit sowohl eine Bühne für die Selbstdarstellung bietet als auch die Möglichkeit, andere Personen zu beobachten (Langenbucher 1989). O-Töne, die verschiedenen Anruf-Spiele, »Quassel«-Sendungen: Die Liste der entsprechenden Angebote ist lang (Neumann-Braun 1998; Schanne/Kiener 1998). Das Interesse an lokalen Informationen konzentriert sich auf den Bereich »Service«. Die Meldungen aus dem Ort und der Region sind jedoch genau wie die eher symbolischen Bezüge auf die Umgebung des Hörers zwar eine gern genommene Beigabe, aber nicht der entscheidende Grund, das Radio einzuschalten (Kliment 1996).

Die *Moderatoren* erfüllen soziale Funktionen, und sie sind wichtig für die Bindung an das Programm. Der Hörer ist nicht allein, und er darf mit sympathischen Menschen zusammen sein, die ihm Orientierungshilfe und Geborgenheit geben. Bei Telefoninterviews des Süddeutschen Rundfunks sagten 74 Prozent der Befragten, dass sie ein Programm an der Stimme des Moderators erkennen würden (Lindner-Braun 1998b; Schröter 1994).

Wie beim Fernsehen beschäftigt sich auch die *Radionachrichten-Forschung* vor allem mit dem Thema Erinnerung. Was ist zu tun, damit die Hörer die Meldungen besser behalten (Kindel 1998, S. 69–124)? Ob Ortsmarke oder Themenüberblick, Jingle oder O-Ton, Musikteppich oder Sprecherwechsel: Die Anstrengungen der Macher sind in der Regel vergeblich. Die Kommunikationswissenschaftler Klaus Schönbach und Lutz Goertz, die im Auftrag der Hamburgischen Anstalt für neue Medien nach einem Erfolgsrezept gesucht haben, empfahlen eher wenige, dafür aber längere Meldungen und insgesamt nicht zu kurze Nachrichtenblöcke. Genau das aber würden die meisten Hörer gar nicht wollen (Schönbach/ Goertz 1995, S. 109–111).

4.4 Presse

Die Überschrift ist eine Notlösung. Es gibt keine eindeutige Typologie der gedruckten Periodika. Tages- und Wochenzeitungen, Zeitschriften, Illustrierte und Anzeigenblätter: Die Grenzen zwischen den Kategorien sind fließend (Bohrmann 1999, S. 135f.; Vogel 1998). Ist die ›Welt am Sonntag‹ eine Wochenzeitung, eine

Sonntagszeitung oder doch eher eine Zeitschrift? Sind die Anzeigenblätter, die täglich erscheinen, noch Anzeigenblätter oder schon Tageszeitungen? Bis Anfang des 19. Jahrhunderts hatten Zeitungen und Zeitschriften wenig gemeinsam. Während Zeitungen kommentarlos Nachrichten lieferten, entstanden Zeitschriften zunächst als Rezensionsblätter. Die Zeitung teilte mit, die Zeitschrift argumentierte oder erzählte.

Inzwischen ist dieser Unterschied längst aufgeweicht. Dass jede Gattung Elemente der anderen übernommen hat, erschwert die Zuordnung der Pressetypen (Schlimper 2000, S. 210). Mit der Alltagssprache decken sich die Gattungsbegriffe der Experten ohnehin nicht. Das Publikum verlangt am Kiosk die »Funk-Zeitung«, und ist die ›Bild-Zeitung‹ nicht illustriert?

Die *Kriterien der Kommunikationswissenschaft* helfen nur bedingt weiter (Abbildung 35, Tabelle 1):

- »Universalität«, thematische Unbegrenztheit, findet der Leser weder im ›Kicker‹ noch im örtlichen Stadtwerke-Magazin oder in der ›Publizistik‹. Das Kundenblättchen und die Fachzeitschrift sind bestenfalls latent »aktuell«, das Fußball-Fachorgan aber hat die Ergebnisse von gestern, und schon längst gibt es sonntags Anzeigenblätter, die das Gleiche schaffen.
- Wohin gehören ›Der Spiegel‹ und der ›Stern‹? Natürlich berichten beide wenig über den Sport (in mancher Ausgabe gar nicht), mit der gleichen Berechtigung aber könnte man jeder Regionalzeitung die »Universalität« absprechen, zum Beispiel mit Blick auf die Außenpolitik. Und manchmal, etwa bei Bundestagswahlen, ist ›Der Spiegel‹ sogar tagesaktuell.
- Auch die Kompromissformel, dass die periodische Presse die gleichen Merkmale habe, diese nur bei Zeitungen deutlicher ausgeprägt seien als bei Zeitschriften (Groth 1960, S. 385ff.), löst das Problem nicht. Danach würden ›Die Zeit‹ und der ›Stern‹ auf einer Ebene liegen, und doch gehören die Blätter »augenscheinlich« (im Wortsinn) nicht zum gleichen Typ.

Wie alle Versuche auf diesem Gebiet kann Abbildung 35 genau genommen keine »Typologien« bieten (vgl. S. 130f.), sondern nur pragmatische Lösungen. Die Definitionen sind »weich«, und die Unterscheidung der Tageszeitungen nach den Kriterien Vertrieb und Verbreitungsgebiet ist umstritten. Wie viele Exemplare muss eine Zeitung außerhalb ihres Kerngebietes verkaufen, um als »überregional« eingestuft zu werden? Wo bleiben der »Anspruch« und die journalistische Qualität? Die Beispiele in der Tabelle zeigen aber, dass es sich bei diesen Definitionsbemühungen keineswegs um akademische Spielereien handelt: Vier

Zeitungen, die sich deutlich voneinander unterscheiden und die von den Lesern mit ganz unterschiedlichen Erwartungen genutzt werden. Welche Bedürfnisse ein

Abbildung 35

Pressetypologie

1. Wesensmerkmale

	Zeitung	Zeitschrift
Publizität (öffentlich zugänglich)	ja	ja
Aktualität (Abstand von Bericht und Ereignis; Relevanz)	ja	nein/eingeschränkt
Periodizität (regelmäßiges Erscheinen)	ja	ja
Universalität (thematisch vielseitig; alle Bereiche)	ja	nein/eingeschränkt
Schrift/Druck	ja	ja

2. Pressegattungen

Tageszeitungen — Alle Periodika, die mindestens zweimal wöchentlich erscheinen und einen aktuellen politischen Teil mit inhaltlich unbegrenzter (universeller) Nachrichtenvermittlung enthalten (Schütz 2001, S. 602).

Wochenzeitungen — Periodika, die wie eine Zeitung ausgestattet sind, aber nur einmal wöchentlich erscheinen.

Zeitschriften — Periodische Druckwerke mit kontinuierlicher Stoffdarbietung, die mindestens viermal jährlich herausgegeben werden, soweit sie keine Zeitungen sind. (Pressestatistik)

Anzeigenblätter — Periodisch erscheinende Druckwerke, unentgeltlich und unbestellt verbreitet, bestehen überwiegend aus Anzeigen.

3. Tageszeitungen (Beispiele)

	Abonnement	Straßenverkauf
lokal/regional	Leipziger Volkszeitung	Express
überregional	Frankfurter Allgemeine	Bild-Zeitung

Lesehilfe: Die ›Bild-Zeitung‹ gehört zum Typ »überregionale Straßenverkaufszeitung«. Sie wird in der gesamten Bundesrepublik verbreitet und setzt mehr als die Hälfte der Exemplare im Straßenverkauf ab.

Blatt befriedigt (befriedigen kann), hängt entscheidend von seinem Inhalt und von seiner Verbreitungsweise ab.

Da aber viele Funktionen der Presse mit den materiellen Eigenschaften des Mediums verknüpft sind, ist es trotzdem sinnvoll, die gedruckten Periodika gemeinsam zu behandeln. Bei den großen Streiks der Zeitungsdrucker im New York der 1950er und 1960er Jahre kauften die Menschen anderen Lesestoff und lasen sogar alte Zeitungen – um die Zeit zu füllen, um den Weg zur Arbeit besser ertragen zu können, um in der U-Bahn etwas in der Hand zu haben und nicht in die Gesichter der übrigen Fahrgäste schauen zu müssen. Die Zeitung war einfach ein Stück Gewohnheit, und der Inhalt schien zunächst egal (Lazarsfeld 1975, S. 209f.; Berelson 1949):

- Zeitungen und Zeitschriften bieten einen Schutz- und Rückzugsraum – sowohl in der Öffentlichkeit als auch in der Familie. Man kann sich hinter den Blättern verstecken, muss in Bahn und Bus weder aufstehen noch mit Bekannten oder Kollegen sprechen und am Frühstückstisch nicht auf die Fragen der Kinder antworten.
- Lesen verschafft Sozialprestige. Man kann ausruhen, ohne sich dafür entschuldigen zu müssen. Wer entspricht dem Ideal des »citoyen«, dem Ideal des »mündigen Bürgers«, mehr als der Zeitungsleser?
- Lesen ist zwar anstrengender als beispielsweise Fernsehen, wie bei jeder Anstrengung aber winkt ein »Flow-Erlebnis« – das »Leseglück«: Man vergisst die Zeit und sich selbst (Bellebaum/Muth 1996).
- Die Blätter passen in jede Tasche und lassen sich teilweise zerlegen. Sie können an jedem Ort über Einsamkeit hinweghelfen und über eine »leere« Viertelstunde. Sogar im Wartezimmer hat man eine Beschäftigung und den Trost, die Zeit nicht ganz vertrödelt zu haben.
- Die Presse hat eine »enzyklopädische Funktion«. Man kann die Ausgaben oder Teile sammeln und wie ein Nachschlagewerk oder als Wissensspeicher nutzen.
- Bedrucktes Papier löst bestimmte emotionale Reaktionen aus. Das beginnt bei der Ästhetik des Schriftlichen (Layout, Typographie, Fotos) und geht über den besonderen Geruch bis zum Knistern beim Anfassen und Blättern.
- Das Papier ist auch anderweitig nutzbar: zum Einwickeln von Fisch oder von Abfall, zum Anheizen oder zum Trocknen von Schuhen, zum Erschlagen von Wespen und als Spielzeug (Schönbach/Peiser 1998, S. 108).

Diese Funktionen können im Prinzip von allen Pressegattungen übernommen werden, wenn auch mit leichten Abstufungen, und teilweise konkurriert die Presse mit dem Buch (Schutzschild, Lückenfüller und Beschäftigung, Prestige und Leseglück). Beim ›Focus‹ (und erst recht bei einem Roman) ist es nicht ganz so einfach wie bei der ›Süddeutschen Zeitung‹, den Partner oder die Freunde davon zu überzeugen, dass gerade heute, gerade jetzt gelesen werden muss, und bei Anzeigenblättern, der ›Neuen Post‹ oder der ›Bild-Zeitung‹ steht mindestens hinter dem Faktor »Sozialprestige« ein Fragezeichen.

Tageszeitungen I: Funktionen

Tageszeitungen geben das Gefühl, informiert und Teil einer größeren Gemeinschaft zu sein. Sie bieten Gesprächsstoff und Verhaltensmodelle, sie sagen mir, was anderen Menschen passiert ist, und zwar nicht irgendwo und irgendwem, sondern vielleicht einem Nachbarn oder einem Bekannten gleich um die Ecke. Der Leipziger Zeitungswissenschaftler Alfred Schmidt stellte schon kurz vor dem Zweiten Weltkrieg fest, daß die Zeitung vor allem wegen des Heimatteils gekauft werde (Schmidt 1939, S. 50–53). Umfragen in der Bundesrepublik haben dieses Ergebnis immer wieder bestätigt. Wenn sich auch die Formulierungen und die Kategorien auf den Fragebögen unterschieden, die Lokalnachrichten lagen in der Lesergunst stets ganz vorn (Abbildung 36).

Abbildung 36 kann allerdings nur sehr grob über die Leseinteressen Auskunft geben:

- Die Untersuchungsmethode hat sozial erwünschte Antworten begünstigt. Wenn nach dem »allgemeinen« Verhalten gefragt wird, werden prestigeträchtige Rubriken wie Politik, Wirtschaft oder Leitartikel häufiger genannt als bei Stichtagsbefragungen.
- Einige entscheidende Kategorien sind zu undifferenziert. Die Begriffe »Anzeigen« und »Tatsachenberichte aus dem Alltag« etwa wecken eher negative Assoziationen. Hat jeder Befragte dabei auch an die Todesanzeigen gedacht, an die Preislisten aus dem Supermarkt und an die Heiratsgesuche, an die Jagd nach dem ausgebrochenen Sexualverbrecher und an die Kindesentführung? Und was verbirgt sich hinter »lokalen Berichten«?

Natürlich liefern Zeitungen in erster Linie Informationen über das unmittelbare Umfeld, über die Heimatstadt und die nähere Umgebung. Sie sagen dem Leser, wo etwas los ist und welche Straßen gesperrt sind, ob es Sonderangebote gibt oder ob ein Bekannter gestorben ist, welche Praxis Dienst hat und wie das

Wetter wird. Arbeiten und Einkaufen, Arztbesuche, Freizeit und Freunde: Der »Alltag« spielt sich größtenteils im lokalen Bereich ab (Liepelt u. a. 1993, S. 183f.).

Abbildung 36

Leseinteressen in der Tageszeitung					
	Bevölkerung		**Frauen**	**Männer**	**Jugend**
	1955	**2003**	**2003**	**2003**	**2003**
Lokale Berichte aus dem Ort und der Umgebung	72	83	84	83	74
Politische Meldungen und Berichte aus Deutschland	46	69	62	77	49
Anzeigen	52	43	51	35	41
Politische Meldungen und Berichte aus dem Ausland	39	60	52	69	45
Tatsachenberichte aus dem Alltag	44	42	49	34	32
Leitartikel	26	44	43	46	36
Sportberichte, Sportnachrichten	35	42	21	66	49
Leserbriefe	37	43	48	37	28
Wirtschaftsteil, -nachrichten	21	38	29	48	20
Gerichts- und Prozessberichte	41	31	32	29	24
Kulturelles Leben (Film, Theater, Bücher, Musik, Malerei)	37	31	38	24	31
Die Frauenseite (Mode, Haushalt, Kindererziehung)	39	26	46	4	24
Aus Technik und Wissenschaft	24	27	14	41	25
Fortsetzungsroman	30	5	8	2	3

Institut für Demoskopie Allensbach. Erwachsene (1955: ab 18 Jahren; 2003: ab 16). Bevölkerung: 1955 Westdeutschland. Jugend: 16 bis 29 Jahre.

Frage: In den Tageszeitungen steht heute so viel, dass man gar nicht immer alles lesen kann. Können Sie mir bitte nach dieser Liste hier sagen, was Sie im Allgemeinen immer lesen? Angaben in Prozent. Quellen: BDZV 2003, S. 448–450; Wilke 1999, S. 782

Die Zeitung erleichtert die soziale Eingliederung, sie vermittelt das Gefühl, in einer Landschaft, einer Stadt, einer menschlichen Gruppe heimisch zu sein (Schmidtchen 1962, S. 1334). Vor allem das »Personenstandsregister« der örtlichen Zeitung ist eine einzigartige Informationsquelle über die Menschen in der nächsten Nachbarschaft (Liepelt u. a. 1993, S. 175). Niemand sonst registriert, was dem »kleinen Mann« widerfährt, die Geburten und das Sterben, die Brände und die Unglücksfälle. Kleinanzeigen und Ankündigungen jeder Art helfen außerdem bei der Orientierung: Sie zeigen wie in einem Schaufenster, was das wert ist, was man hat, was man denkt, was man macht (Bruck/Stocker 1996, S. 300f.).

Mindestens genauso stark wie für die Lokalnachrichten und lokale Anzeigen interessieren sich die Leser für Unglücks- und Schicksalsfälle sowie für Verbrechen, und im Lokalteil selbst bekommen Unfallmeldungen, Gerichtsberichte und alles, was mit Kriminalität zu tun hat, die höchsten Aufmerksamkeitswerte (Liepelt u. a. 1993; Meyen 2001). Warum auch soll jemand, der die Politikseite und den Leitartikel normalerweise überblättert, die Berichte über die Sitzungen des Stadtparlaments lesen oder über das Hin und Her im Rathaus – es sei denn, und da unterscheidet sich die lokale nicht von der »großen« Politik, man ist persönlich betroffen. Eine Mehrheit sieht den Lokalteil auch (und möglicherweise sogar hauptsächlich) als Unterhaltungslektüre, in einer Linie mit dem »Vermischten«. Einziger Unterschied: Die Schauplätze und das Personal sind bekannt (Kluthe 1973, S. 20f.).

Dazu kommt die Überblicksfunktion der Tagespresse. Die Kommunikationswissenschaftler Klaus Schönbach und Wolfram Peiser haben die Zeitung als »Insel des Universellen« beschrieben, gewissermaßen als Anlegestelle im Meer der Spezialisierung, und in der »Kombination von Führung und Freiheit« die eigentliche *Stärke des Mediums* gesehen (Schönbach/Peiser 1998, S. 110f.; Schönbach 2003):

- Die Zeitung wählt die Informationen aus, gliedert und ordnet sie, und zwar nicht aus den Gebieten, für die sich der einzelne Leser gerade interessiert, sondern die Themen, die in der Gesellschaft für wichtig gehalten werden. Zeitungen erlauben damit dem Publikum, »gezielt faul zu sein«. Nach zehn Minuten am Frühstückstisch weiß der Leser, wo es in der Welt brennt und wo im Dorf getrauert wird, welcher Trainer ins Gerede kommt und was im Fernsehen läuft. Überblickswissen nicht nur für die große Politik, sondern auch für den lokalen Raum, für die Region: Diese Mischung gibt es so in keinem anderen Medienangebot. Die meisten blättern die Zeitung vollständig oder fast vollständig durch: Sie vergewissern sich, dass nichts Außergewöhnliches geschehen ist, nichts, auf das sie reagieren müssen (Mathes 1995, S. 72).

- Die Zeitung erlaubt dem Leser, sich über Entlegenes zu informieren und sich überraschen zu lassen. Was kann nicht alles unsere Neugier erregen: ein gutes Foto, eine pfiffige Schlagzeile, ein verhasster Autor. Macht die »Nachrichtenfreude« (Emil Dovifat) nicht einen Teil des Lese-Vergnügens aus? Wer weiß schon vorher, welche Artikel er lesen wird?
- Zeitungen werden wegen ihrer Vielfalt gelesen. Untersuchungen in Deutschland, Schweden und in den USA haben gezeigt, dass die Reichweite eines Blattes von der Zahl der Themen abhängt. Je mehr eine Zeitung bietet, desto größer ist die Chance, dass auch wählerische Leser genügend Material finden, die ihre Entscheidung für das Abo oder den Kauf rechtfertigen. Klaus Schönbach hat daraus ein »Erfolgsrezept« abgeleitet: möglichst viele verschiedene Themen an jedem Tag – »die Leser nicht auf die Reisebeilage am Samstag warten lassen, auf die Autoseite am Freitag, die Jugendrubrik am Dienstag« (Schönbach 2003, S. 131f.).
- Zeitungen stehen für Qualität – für Glaubwürdigkeit und Kompetenz. Sie wählen die Ereignisse nicht nur aus, sondern interpretieren sie auch und tragen so zur Meinungsbildung bei (Schönbach 2003, S. 133).

Da das Thema Medienbewertung im fünften Kapitel ausführlich behandelt wird, sei hier zur Untermauerung nur ein Ergebnis der ARD/ZDF-Online-Studie von 2002 angeführt. 42 Prozent der befragten Online-Nutzer schrieben der Regionalzeitung die größte »Kompetenz« zu, um eine Internetseite mit regionalen Informationen und Serviceleistungen anzubieten. Auf den Plätzen: die Landesrundfunkanstalt (22 Prozent), die Kommunen (13 Prozent), private Radioanbieter (8 Prozent), das Bundesland (6 Prozent) und »eine Fremdenverkehrseinrichtung« (4 Prozent; Oehmichen/Schröter 2003a, S. 327).

Tageszeitungen 2: Reichweite

An einem »normalen Tag« greifen etwa drei Viertel der erwachsenen Deutschen zu einer Tageszeitung. Das Medium ist ein Stück Gewohnheit, gehört zum Tagesablauf und wird in der Regel immer zur gleichen Zeit genutzt – von der großen Mehrheit zu Hause, oft beim Frühstück (Mathes 1995, S. 71; Berg/Kiefer 1996, S. 65–67). Die Standarduntersuchungen zur Mediennutzung in Deutschland ermitteln jeweils leicht voneinander abweichende *Presse-Reichweiten*. 1995 beispielsweise kam die Media Analyse auf 81 Prozent, die Allensbacher Werbeträgeranalyse auf 75,8 Prozent und die Langzeitstudie Massenkommunikation auf 68 Prozent.

Abbildung 37

Verbreitung der Tagespresse in Deutschland

I. Reichweite in den alten Bundesländern

	1975	1985	1995	1998	2000	2003
Tageszeitungen insgesamt	82,3	79,3	75,8	72,4	72,4	70,8
Regionale Abo-Zeitungen	69,0	67,9	62,3	60,0	61,2	59,7
Kaufzeitungen	29,6	26,4	24,3	22,0	21,4	21,1
FAZ, Die Welt, Süddeutsche	7,2	5,0	5,4	5,4	5,9	5,1

AWA. Bevölkerung ab 14 Jahre. Alte Bundesländer. Leser pro Nummer. Angaben in Prozent. Quelle: Schulz 1999, S. 411; BDZV 2003, S. 444. Lesehilfe: 1975 haben an einem Durchschnittstag 29,6 Prozent der erwachsenen Westdeutschen in einer Kaufzeitung gelesen oder geblättert.

2. Jugend und Tagespresse

	14 bis 19 Jahre	20 bis 29 Jahre	Bevölkerung
MA 1989	68,6	76,4	82,4
MA 1999	55,5	66,6	78,3
MA 2003	53,6	63,2	76,2

Media Analyse. Bevölkerung ab 14 Jahre. 1989: Bundesrepublik, 1999/2003: Gesamtdeutschland. Leser pro Ausgabe. Angaben in Prozent. Quelle: BDZV 1999, S. 147, BDZV 2003, S. 447 Lesehilfe: 1989 haben an einem Durchschnittstag 68,6 Prozent der 14- bis 19-Jährigen in einer Tageszeitung gelesen oder geblättert.

3. Auflagenentwicklung

	1970	1980	1990	1992	2000	2002	2003
Tageszeitungen	17.336	20.408	20.960	26.014	23.876	22.783	22.305
Wochenzeitungen	4.098	5.530	5.725	6.922	6.390	6.157	6.133

IVW. Verkaufte Auflage in Tausend Exemplaren. Jeweils IV. Quartal. Ab 1992 Gesamtdeutschland. Wochenzeitungen: mit Sonntagszeitungen. Quelle: http://www.bdzv.de

Diese Unterschiede haben methodische Ursachen und wurzeln vor allem im Fragebogen-Aufbau und im Interviewablauf (vgl. Kapitel 2). Bei den *Trends* sind sich die drei Untersuchungen aber einig (Abbildung 37):

- Die meisten Leser nutzen eine lokale oder regionale Abonnementzeitung und begnügen sich dabei mit einem Blatt. 1998 blätterten oder lasen an einem Durchschnittstag laut Allensbacher Werbeträgeranalyse überhaupt nur 15 Prozent der Deutschen in zwei oder mehr Tageszeitungen, wobei das örtliche Blatt in den allermeisten Fällen durch eine Boulevardzeitung ergänzt wurde (Schulz 1999, S. 413). Überregionale Abonnementzeitungen wie ›Die Welt‹, die ›Süddeutsche Zeitung‹ oder die ›Frankfurter Allgemeine Zeitung‹ erreichen nur verschwindend kleine Bevölkerungsteile – vor allem so genannte »Bildungsbürger« (Schönbach u. a. 1999, S. 138f., 141).
- Die Reichweite der Tageszeitungen geht seit Jahren leicht zurück. Dies spiegelt sich in der Auflagenentwicklung. Seit Anfang der 1990er Jahre sinkt die Zahl der verkauften Zeitungsexemplare. Die Verluste konzentrieren sich zwar vor allem auf den Osten Deutschlands, aber auch im Westteil melden die Verleger bestenfalls Stagnation, wenn auch auf sehr hohem Niveau. Die Auflagen sinken dabei schneller als die Reichweite, weil die Zahl der »Mitleser« steigt. Der Anteil der Leser, die das Blatt nicht selbst kaufen oder im Haushalt abonniert haben, sondern es von anderen bekommen, lag bei den regionalen Abo-Zeitungen 1989 bei zwölf Prozent. 2003 kam die AWA hier auf 21 Prozent. Während der Zeitaufwand für die elektronischen Medien nach der Kommerzialisierung des Rundfunksystems gestiegen ist, geht er bei der Zeitungslektüre eher zurück.
- Wurden junge Leute von den Printmedien schon immer deutlich schlechter erreicht als der Bevölkerungsdurchschnitt, sinkt die Reichweite der Presse in dieser Altersgruppe besonders schnell (Abbildung 37, Tabelle 2). In dieser Altersgruppe ist der soziale Druck in Richtung Zeitunglesen deutlich zurückgegangen. Sagten bei der AWA 1989 noch 59 Prozent der Befragten zwischen 16 und 30 Jahren, »man sollte regelmäßig Zeitung lesen«, waren es 2001 nur noch 42 Prozent (Erwachsene insgesamt: 68 bzw. 64 Prozent; vgl. AWA 2001).

Ist die Tageszeitung bereits in die »Phase der Degeneration« eingetreten (Kiefer 1998b, S. 91)? Wird es sich die Jugend von heute überhaupt eines Tages zur Gewohnheit machen, Zeitung zu lesen? Steht für das Medium gar die Existenzfrage? Für den *Rückgang der Presse-Reichweite* gibt es viele Ursachen:

- *Steigende Mobilität und sinkende Ortsbindung:* Das Lesen einer Lokalzeitung ist vor allem mit lokaler Integration verknüpft (Schönbach u. a. 1999, S. 141). Die jungen Generationen werden später sesshaft, und wer seinen Wohnort ohnehin nur als Durchgangsstation sieht und weiß, dass er in drei oder vier Jahren mit dem Job die Stadt wechselt, hat kaum Bezug zu seinem Umfeld und ist weniger an Lokal-Informationen interessiert.

- *Das »Nesthocker«-Phänomen:* Ein Zeitungsabonnement hängt eng mit der Gründung eines Haushalts und einer Familie zusammen (Abbildung 38). Je länger die jungen Leute bei Muttern bleiben, je mehr von ihnen auf eigene Kinder verzichten oder gar ein Single-Leben vorziehen, desto kleiner wird der Markt für die Tagespresse. Dazu kommt, dass gerade die Jugend auf ihr eigenes Wohl bedacht ist – in Ruhe leben, mit einem Bausparvertrag, einem Häuschen und einer Heiratsurkunde. Der Hedonismus und die komplexen Zeitungsinhalte beißen sich.

- *Soziodemographische Veränderungen:* Die Bevölkerung altert, und die Geburtenrate sinkt. Irgendwann lässt die Kraft der Augen nach. Und: Wie viele Informationen braucht der Mensch, wenn der Lebenskampf fast vorbei ist? Die Bevölkerungs-Statistik wird zwar durch Ausländer ausgeglichen, aber für das Lesen einer Zeitung reichen die Sprachkenntnisse oft nicht (Schönbach/Peiser 1998, S. 105).

- *Der Trend zum urbanen Leben und die Individualisierung:* Das Lokalzeitungs-Abonnement ist sozialer Kontrolle unterworfen. In einer kleinen, gewachsenen Gemeinde muss die Zeitung unabhängig von den eigenen Interessen eher zur Kenntnis genommen werden (Schönbach/Lauf 1998, vgl. auch Abbildung 38). In den Großstädten und in ihrem Dunstkreis ist der soziale Druck geringer, genau dort aber leben immer mehr Menschen.

- *Ausweitung des Medienangebots:* Hatte die Tagespresse früher in Sachen Lokalinformationen fast ein Monopol, konkurriert sie auf diesem Gebiet heute mit lokalem Hörfunk, örtlichen Bildschirmzeitungen, Ballungsraum-Fernsehen, Anzeigenblättern und zumindest in einigen Bevölkerungsgruppen mit Online-Angeboten. Allein die kostenlosen Anzeigenblätter werden von rund zwei Dritteln der Bevölkerung genutzt (AWA 1999: 64,5 Prozent, AWA 2003: 66,4 Prozent). Diese Alternativen erleichtern es, bei sinkender Kaufkraft und steigenden Lebenshaltungskosten (etwa wegen der Benzinpreise) das vergleichsweise teure Zeitungsabonnement in Frage zu stellen (Schmidt 2000, S. 181; Kuhli 2000).

- *Kommerzialisierung des Rundfunks:* Die Boulevardzeitungen haben ihre Exklusiv-Themen verloren. Nacktheit, Sexualität und Outing finden heute auf allen

Abbildung 38

Reichweite regionaler Abonnement-Zeitungen in verschiedenen Bevölkerungssegmenten (2003)	
Bevölkerung	59,7
Geschlecht	
Männer	60,0
Frauen	59,4
Lebensphasen	
Junge Alleinlebende	38,9
Junge Verheiratete, Paare ohne Kinder	44,1
Junge Familien	52,7
Familien mit (nur) älteren Kindern	62,1
Erwachsenenhaushalte	73,9
Ältere Unverheiratete	60,6
Schulbildung	
Volks-, Hauptschule	60,5
Mittlere Reife	58,5
Hochschulreife	59,9
Abgeschlossenes Studium	67,3
Wohnortgröße	
Unter 2.000 Einwohner	66,5
Über 500.000 Einwohner	51,2

AWA. Erwachsene ab 14 Jahren. Bundesrepublik Deutschland. Regionale Abo-Tageszeitungen. Leser pro Nummer. Angaben in Prozent. Quelle: AWA 2003

Lesehilfe: 2003 haben an einem Durchschnittstag 59,7 Prozent der Deutschen in einer regionalen Abo-Zeitung gelesen oder geblättert. Lebensphase und Ortsgröße hatten dabei weit größeren Einfluss auf die Reichweite als Bildung und Geschlecht.

Kanälen statt, zuallererst natürlich bei den privaten Fernseh- und Hörfunk-veranstaltern, aber längst auch in der ›Tagesschau‹ oder in der ›Frankfurter Allgemeinen‹ (Rehberger 2000).

- Das Fernsehen bietet rund um die Uhr leicht Verdauliches und entzieht der Zeitung damit die Leser, die vorher vielleicht nur mangels medialer Alternativen zum Blatt gegriffen haben. Zeitunglesen ist anstrengender, und vor allem die Jugend findet hier kaum »ihre« Themen und »ihre« Sprache (Rager 2003). Außerdem verbringen die Deutschen immer weniger Zeit beim Frühstück (Schwab 2000) – möglicherweise auch eine Folge des längeren TV-Konsums am Abend.

Zeitschriften 1: Reichweite

Das Zeitschriften-Angebot ist unüberschaubar (Wehrle/Busch 2002). Jeder Verein, der etwas auf sich hält, hat ein Blatt, jede Krankenkasse und jeder Energieversorger, jede wissenschaftliche Gesellschaft und jede Kirche. Stadtmagazine und Umwelt-Zeitschriften, Computer, Essen und Gesundheit, Erotik, Rätsel und das Auto: Es ist kein Interesse denkbar, das nicht bedient wird. Neben Auflagen-Millionären mit riesigem Redaktionsstab erscheinen Mini-Blättchen von Hobby-Journalisten. Vielfalt und »Verspartung« haben natürlich auch mit den Wünschen der Werbewirtschaft zu tun. Je genauer der Verlag die Zielgruppe für eine Anzeige »produziert«, um so geringer sind die Streuverluste für den Kunden. Während der Tamponhersteller in der ›Bravo‹ die männlichen Leser mitbezahlen muss, dürften sich solche Zusatzkosten bei der ›Bravo Girl‹ in Grenzen halten. Die IVW erfasst in ihren Auflagenlisten nicht einmal alle Werbeträger und kommt schon auf rund 2.000 Zeitschriften-Titel. Das Gesamtangebot in Deutschland wird auf das Zehnfache geschätzt. Allein die so genannten *Publikumszeitschriften* – Blätter, deren Inhalt auch von Nichtfachleuten verstanden werden kann und die sich an eine breite Leserschaft richten – kamen 2002 auf eine Gesamtauflage von rund 125 Millionen Exemplaren (Wehrle/Busch 2002). Vielleicht kapituliert die Forschung auch vor dieser Fülle. Die Kommunikationswissenschaft ignoriert das Medium jedenfalls weitgehend:

- Gerade die auflagenstarken Zeitschriften gelten als Unterhaltungsmittel,
- Zeitschriften scheinen für die politische Meinungsbildung zweitrangig zu sein
- und sie spielen im Zeitbudget der Mediennutzer nur eine untergeordnete Rolle (Wiedemann 1995, S. 59; Bohrmann/Schneider 1975).

Die Langzeitstudie Massenkommunikation hat in den letzten zwei Jahrzehnten jeweils eine durchschnittliche *Lesedauer* von zehn bis elf Minuten pro Tag

ermittelt und dabei keine nennenswerten Unterschiede zwischen den Geschlechtern, den Alters- und den Bildungsgruppen gefunden (Berg/Ridder 2002, S. 201).
Möglicherweise unterschätzt dieses Ergebnis die »Wirklichkeit« etwas, weil sich
der Fragebogen auf Fernsehen, Hörfunk und Tagespresse konzentriert und weil
sich die Befragten nicht mehr genau erinnern können, was sie gestern alles gemacht haben (vgl. S. 102), intensive Lektüre aber dürfte kaum die Regel sein.
Zeitschriften werden durchgeblättert, flüchtig und oft nur »im Vorbeigehen« gelesen – in der Straßenbahn, beim Fernsehen oder wenn Frau und Kinder die
Hausaufgaben besprechen.

So gut wie alle Deutschen nutzen Zeitschriften. Der Anteil der »Nichtleser«
(diejenigen, die von keinem einzigen Blatt erreicht werden) liegt unter einem Prozent. Vor allem Jüngere und besser Gebildete gehören zu dem Drittel der Bevölkerung mit einem »weiten Zeitschriftenhorizont«. Unter dieser Überschrift erfasst
die Allensbacher Werbeträgeranalyse die Personen, die bei 20 oder mehr Blättern
zum »weitesten Leserkreis« zählen, diese also zumindest »selten« durchblättern
(Schulz 1999, S. 420f.). Regelmäßig und intensiv werden vor allem die *Programmzeitschriften* gelesen. Diese Zeitschriftengattung erreicht zwei Drittel der erwachsenen Deutschen.

Auf Auflagenangaben und Reichweiten für Einzel-Titel wird an dieser Stelle
aus mehreren Gründen verzichtet. Die Größe des Zeitschriftenmarktes erlaubt
nicht einmal eine Grobübersicht, die Daten wären bei Auslieferung des Buches
bereits überholt und außerdem sind *aktuelle Zahlen* relativ leicht zugänglich:

- Die Quartals-Listen der IVW sind im Internet abrufbar (etwa über die
  Homepage der Fachzeitschrift ›werben & verkaufen‹ oder beim Verband der
  Zeitschriftenverleger).
- Die ›Basisdaten‹, die einmal jährlich den ›Media Perspektiven‹ (herausge-
  geben von den ARD-Werbetöchtern) beiliegen, enthalten die wichtigsten
  Reichweiten-Ergebnisse der Media Analyse (Zeitschriftengattungen und aus-
  gewählte Blätter). Diese Zahlen finden sich genau wie die AWA-Daten natür-
  lich auch in den anderen Fachblättern und in deren Internetangeboten (vgl.
  S. 219).

Zeitschriften 2: Funktionen

Wie die Tageszeitung kann die Zeitschrift all die Bedürfnisse befriedigen, die mit
den materiellen Eigenschaften des Mediums zusammenhängen: Schutzschirm und

Beschäftigung, Lesestoff für unterwegs und für die Lücken im Tagesablauf, Wissensspeicher und Papiervorrat. Dazu kommen *zwei weitere Hauptfunktionen*:

- Zeitschriften liefern *Fach- und Spezialinformationen*. Keine Zeitung und kein Rundfunkprogramm hat soviel Platz für das Joggen wie ›Runner's world‹, und wie sollte der Wissenschaftler sein Gebiet ohne die Rezensionen in den Fachzeitschriften überschauen? Zeitschriften vermitteln so außerdem das Gefühl, zu einem bestimmten Personen- und Interessenkreis zu gehören.
- Zeitschriften sind die »*Märchenbücher des modernen Menschen*« (Ernst 1963, S. 1908; Nutz 1971) und konkurrieren hier mit den Seifenopern und den Boulevardformaten des Fernsehens. Im Märchen regieren nicht die Naturgesetze, sondern die Wünsche und die Phantasie. Die Hochglanzwelt der Könige und Fürsten, der Stars und Sternchen kann dabei gleich in doppelter Weise seelische Hilfe leisten. Einerseits zeigen die bunten Blätter, dass es ein Leben ohne trinkende Ehemänner und ungeratene Kinder gibt und Helden, die turmhoch über den »Mühen der Ebene« stehen, andererseits aber hat der Blick zu den Mächtigen etwas Tröstliches: Reichtum und eine erlauchte Geburt ziehen neue Probleme nach sich und schützen nicht vor den ganz normalen Schicksalsschlägen.

In einer Online-Rezension zur Erstauflage dieses Buches ist dieser Funktionskatalog als zu knapp kritisiert worden. Allein die »Vielfältigkeit der Zeitschriftentypen« lasse »weitere wesentliche Funktionen für die jeweiligen Leserschaften« erwarten (www.presseforschung.de). Welche Bedürfnisse Zeitschriften befriedigen können, soll im Folgenden am Beispiel von ›Glamour‹ illustriert werden. Wie ›Amica‹, ›Allegra‹ und ›Joy‹ gehört dieses Blatt zu der neuen Generation von Frauenzeitschriften, die sich seit Mitte der 1990er Jahre auf einem Markt etabliert haben, der vorher als übersättigt galt. ›Glamour‹ scheint die Perfektion dieses Zeitschriftentyps zu sein. Das Pocket-Blatt wurde sofort nach seinem Start im Februar 2001 Marktführer im Bereich der monatlichen Frauenzeitschriften. Auch die Umstellung auf den 14-Tage-Rhythmus im Juni 2003 hat der Auflage (über 500.000 Exemplare) nicht geschadet.

Hannah Wilhelm hat in zwei Gruppendiskussionen mit ›Glamour‹-Leserinnen eine ganze Reihe von Nutzungsmotiven herausgearbeitet – Motive, die den Erfolg des Blattes zumindest teilweise erklären (Wilhelm 2004). An erster Stelle steht dabei die *Identitätsbildung*. Ein Blatt wie ›Glamour‹ kann zur Selbstfindung beitragen, in dem es Möglichkeiten zur Identifikation und zur Abgrenzung bietet. Auch in anderen Studien ist festgestellt worden, dass Frauen in einer Zeitschrift schnell eine gute Freundin sehen und parasoziale Beziehungen zu ihr knüpfen. Aus solchen »Lieblingszeitschriften« ziehen die Leserinnen Selbstwertgefühl – offenbar auch, weil sie sich mit dem jeweiligen Frauenbild identifizieren (Steinbrenner 2002).

›Glamour‹ spricht dabei vor allem Frauen in der verlängerten Adoleszenz an, in einer Lebensphase, in der man schon unabhängig von seiner Familie ist und noch nicht wirklich wieder gebunden, in der man studieren oder Geld verdienen kann. Frauen in der verlängerten Adoleszenz leben zwar sehr selbstbestimmt, müssen aber den Konflikt zwischen der Leistungsrolle (Arbeit, Studium) und der Rolle als Frau lösen (Familien- und Kinderwunsch), ohne dabei einfach auf das Vorbild von Großmutter oder Mutter zurückgreifen zu können. ›Glamour‹ hilft, die eigene Position, den eigenen Status zu überprüfen und anzupassen. Hannah Wilhelm hat mehrere *Identitätsmotive* voneinander abgegrenzt:

- *Gruppenidentität.* Dabei geht es zunächst um die »große Gruppe Frau«. Eine Studentin sagte, mit ›Glamour‹ könne jede Frau etwas anfangen, sowohl die »Superintellektuelle« als auch die »Frau mit einem IQ von eins«. Darüber hinaus wird die Zugehörigkeit zur Gruppe ›Glamour‹ als angenehm empfunden, auch wenn die Vorstellungen, wer alles zu dieser Gemeinschaft gehört, auseinander gehen (von den Jungen, Erfolgreichen bis hin zu pickligen Schülerinnen). Zum Motiv Gruppenidentität gehört die Abgrenzung von anderen Frauenzeitschriften, etwa von ›Young Lisa‹, deren Leserinnen angeblich »brav bis unterwürfig« sind, oder von den ›Cosmo‹-Girls, die »multiple Orgasmen« haben sollen, »ganz viel über Politik reden« und »immer super gestylt« sind (Wilhelm 2004, S. 96–99).
- *Identität durch Abgrenzung.* Hier ist die Abgrenzung von der Zeitschrift gemeint. Einige der Befragten finden ›Glamour‹ »total oberflächlich« und »tussig«, fühlen sich überlegen und erhöhen damit den eigenen Status.
- *Generationsabgrenzung.* Während ein Blatt wie die ›Brigitte‹ das Symbol der älteren Generation ist, gehört ›Glamour‹ der Jugend. Die »neuen Frauen« wollen eine andere Zeitschrift lesen als ihre Mütter und können mit ›Glamour‹ auch demonstrieren, dass sie die Emanzipation hinter sich gelassen haben. Bei aller Betulichkeit steht ›Brigitte‹ aber für mütterliche Geborgenheit und damit für etwas, wo einige ›Glamour‹-Leserinnen durchaus hinwollen – irgendwann einmal.
- *Legitimation von eigenen Bedürfnissen.* In den Gruppendiskussionen wurde viel über das schlechte Gewissen gesprochen – ein Gefühl, das sich beim Lesen von ›Glamour‹ genauso einstellt wie bei TV-Seifenopern und Nachmittags-Talks.

Mit ›Glamour‹ kann man einerseits das Bedürfnis nach »niveaulosem Quatsch« ausleben, und andererseits signalisiert das Blatt, das man sich für dieses Bedürfnis nicht schämen muss. Eine Leserin sagte, man kaufe ›Glamour‹, weil man »überhaupt keine Erwartungen« an die Zeitschrift habe. Nichts Ernstes, sondern »einfach nur Trash«. Und genau das sei o.k. (Wilhelm 2004, S. 99–109).

Eine zweite Gruppe von Motiven lässt sich unter der Überschrift »*Alltag*« zusammenfassen:

- *Alltag strukturieren.* ›Glamour‹ wird auf dem Weg ins Büro und auf der Fahrt nach Hause gelesen – in der Übergangszeit zwischen Arbeit und Freizeit. Außerdem wird das Blatt als Betthüpfer genutzt, als Zeichen, dass der Tag nun vorbei ist, oder als Ritual, das zu einem »perfekten Samstag« gehört: eine Wolldecke, ein heißer Tee und ›Glamour‹.
- *Shopping-Ersatz.* ›Glamour‹ bietet ähnliche Belohnungen wie ein Einkaufsbummel. Man kann gucken, was es gibt, kann von tollen Kleidern träumen und davon, was man mit richtig viel Geld wohl alles machen würde. Für ›Glamour‹ und gegen die Schaufenster spricht bei den befragten Frauen vor allem der Zeitmangel.
- *TV-Ersatz* und *soziale Funktionen*. Der »Bunte-Bildchen-Effekt« kann sich auch beim »Zeitschriften-Zapping« einstellen, und Mode, Anekdoten oder Prominentenstorys liefern »Texthappen« für Alltagsgespräche.
- *Unterhaltung im Alltag* und *Motivationsschub*. Eine Leserin hat ›Glamour‹ »Bildschirmschoner-Qualität« zugesprochen: eine kurze Auszeit im Büro, um danach wieder fit zu sein. Eine andere Frau sagte, sie lese so lange, bis sie »das schlechte Gewissen übermanne« und sie mit neuem Elan an die Arbeit gehen könne. ›Glamour‹ wird außerdem genutzt, um Zeitlücken zu füllen und Langeweile zu vertreiben, etwa in der Bahn oder im Fitness-Studio (Wilhelm 2004, S. 109–120).

Es ist bereits darauf hingewiesen worden, dass das Lesen von Frauenzeitschriften auch *emotionale Gratifikationen* mit sich bringt (das Blatt als Freundin). ›Glamour‹ liefert Trost und Träume (von schönen Männern oder von Designer-Klamotten), ›Glamour‹ ist eine kleine (im Wortsinn »kleine«) Belohnung nach einem anstrengenden Tag (wie ein Bonbon oder ein Stück Schokolade) und ein Symbol des Luxus, ein Stück Glamour im Leben der Leserinnen. Außerdem erfüllt das Blatt den *Wunsch nach Vereinfachung*. Fast alle befragten Frauen sagten,

dass sie in ›Glamour‹ weder »wichtige« Themen noch größere Artikel lesen wollten. Man fühle sich von der Zeitschrift ernst genommen, weil sie gar nicht erst
versuche, eine Welt jenseits des Konsums zu zeigen. Das »kleine und handliche«
Format hilft dabei: Das Blatt kann nicht so bedeutend sein und wird mich folglich auch nicht enttäuschen.

Exkurs: Bücher

Die Überschrift »Exkurs« deutet an, dass das Thema Buch eigentlich nicht in das
Kapitel »Presse« gehört, allein schon weil Bücher nicht periodisch erscheinen und
oft bestenfalls latent aktuell sind. Die Kommunikationswissenschaft vernachläs-
sigt dieses Medium vermutlich auch deshalb, weil dafür eine andere akademische
Disziplin zuständig zu sein scheint. Wenn man aber den Uses-and-Gratifications-
Ansatz ernst nimmt, dann sind Bücher eine funktionale Alternative zu anderen
Medienangeboten. Der Unterhaltungsroman konkurriert mit der TV-Serie, das
Lexikon mit CD-Rom oder Internet, und jedes Buch zumindest teilweise mit
Zeitungen und Zeitschriften (Rückzugsraum, Lesestoff, Ästhetik des Schriftli-
chen, Sozialprestige). Allen Verdrängungs-Szenarien zum Trotz sind die zentra-
len *Daten zum Leseverhalten der Deutschen* im Langzeitvergleich sehr stabil:

• Etwa ein Drittel der Bevölkerung nimmt täglich oder mehrmals pro Woche
  ein Buch in die Hand, ein Drittel liest einmal pro Woche oder seltener und ein
  Drittel nie (Schön 1998, S. 220). Auch die Studien aus dem Institut für Demoskopie in Allensbach, bei denen regelmäßig gefragt wird, ob »in den letzten
  vier Wochen (mindestens) ein Buch gelesen« worden ist, zeigen Kontinuität:
  In den 1950er und frühen 1960er Jahren antworteten 50 Prozent der Befragten mit Ja, in den 1970er und 1980er Jahren etwa 60 Prozent und seitdem
  etwas mehr als 60 Prozent (Schön 1998, S. 215–217).
• Frauen lesen anders als Männer – vor allem andere Bücher (mehr Belletristik
  und weniger Sach- und Fachbücher). Die »literarische Kultur« wurde und wird
  von Frauen getragen. Wer wie die Männer zur Weiterbildung liest, überblättert
  häufiger einen Teil und kommt öfter nicht bis zum Ende.
• Die Lesehäufigkeit steigt mit der Bildung und vor allem mit der sozialen Schicht.
  Jugendliche lesen mehr als Erwachsene (Schön 1998).

Eine Studie der *Stiftung Lesen*, bei der im Jahr 2000 über 2.500 Personen befragt
und außerdem 120 Tiefeninterviews ausgewertet wurden, kam trotzdem zu dem

Ergebnis, dass die Deutschen ihre »Lesestrategien« ändern würden, und zwar »grundlegend« (Stiftung Lesen 2001). Diese These stützt sich auf folgende *Trends*:

• Das Informationslesen gewinnt an Bedeutung. Während das Verhältnis zwischen Belletristik und Qualifizierungs-Lektüre vor 40 Jahren noch bei zwei zu eins lag, ist es inzwischen ausgeglichen. Im Jahr 2000 haben fast alle Sach- und Fachbuchgattungen eine größere Leserschaft erreicht als bei der letzten großen Studie der Stiftung von 1992.

• Es wird gezielter gelesen oder oberflächlicher. Welches der beiden Adjektive man wählt, hängt wohl vom Menschenbild ab. Auf jeden Fall gilt: Bei der 2000er Untersuchung sagten deutlich mehr Befragte als bei den Vorgängerstudien, dass sie Bücher überfliegen, parallel lesen und zum Teil große Pausen machen.

Der Literaturwissenschaftler Erich Schön hat davon gesprochen, dass das Lesen von Büchern stärker »ergebnisorientiert« werde. Es gehe nicht mehr so sehr um den »Leseakt« an sich, sondern um das, was damit erreicht werden soll. Außerdem sei offenbar die Souveränität gewachsen, die Lektüre eines Buches auch einfach abzubrechen (Schön 1998, S. 226).

4.5 Kino

Das Kino ist eine Traumfabrik und ein Fluchtraum, ein Ort, an dem man den Alltag vergessen und entspannen will. Der Dresdner Romanist Victor Klemperer, bekennender Kino-Anhänger, zog in den 1920er Jahren eine Parallele zum Abenteuerroman im alten Frankreich und zu den Mittelalter-Geschichten von heldenmütigen Rittern. Das Kino biete Anregung und Abwechslung und damit im Prinzip das Gleiche, nur auf technisch andere Stufe (Klemperer 1996, S. 407, 459). Filme versprechen Spannung, Ablenkung und Unterhaltung, und sie befriedigen die Neugier nach Unbekanntem und gut erzählten Geschichten (Gleich 1997a, S. 165) – zunächst ganz unabhängig davon, ob sie in einem Fernsehprogramm laufen (dort allerdings oft mit Werbespots garniert) oder von einer Kassette abgespielt werden. Das Kino kann mehr:

• Es bietet eine *besondere Rezeptionsqualität*. Ein dunkler Raum, eine große Leinwand, wenig Ablenkung: All das führt zu der vielbeschworenen »Emotionalität des Kinos« (Jacobi 1995) und macht einen Teil seiner Anziehungskraft aus.

• Noch wichtiger aber sind die *sozialen Funktionen* des Kinos (Henseler 1987, S. 82; Beer 2000). Man geht aus und trifft sich mit Freunden, sieht andere Gesichter, ist unter Menschen und knüpft neue Kontakte. 2002 sind nur sechs Prozent der Besucher allein ins Kino gegangen. Jeweils knapp die Hälfte war mit Freunden, Bekannten oder Kollegen dort bzw. mit dem Partner oder anderen Familienmitgliedern (Zoll 2003, S. 45). Manchmal wirken die Vorzüge des Kinos auch zusammen: Wo lässt es sich besser küssen als in der letzten Reihe?

Das Kino war schon immer ein Ort der Jugend. Wer über 40 Jahre alt sei, sehe wesentlich seltener Filme, stellte Emilie Altenloh am Vorabend des Ersten Weltkrieges fest. In diesem Alter habe man meist einen Partner gefunden und gebe das Geld lieber für andere Dinge aus. Ein halbes Jahrhundert später, 1965, waren 21 Prozent der Kinobesucher 40 Jahre oder älter und 2003 lediglich 16 Prozent (Altenloh 1914, S. 73f.; AWA 1965, MA 2003). Auch wenn die Quellen kaum vergleichbar sind: Die Tendenz ist eindeutig. Die Zahlen täuschen noch etwas, denn viele Ältere kommen mit den Enkeln an der Hand. Nur eine verhältnismäßig kleine Gruppe von Cineasten bleibt dem Kino treu, wenn die Jugend vorbei ist.

Wie stark das Lichtspieltheater als »Kontaktbörse« und Ausgehziel genutzt wird, zeigt die Reichweiten-Staffelung nach Altersgruppen. Während 2002 nicht einmal jeder zweite Deutsche wenigstens einmal ins Kino gegangen ist, waren 78 Prozent der 20- bis 24-Jährigen dort (Abbildung 39). Ganz vorn in der Zuschauergunst liegen die 20-Uhr-Vorstellungen (die Hälfte aller Tickets) und der Samstag (knapp ein Viertel). Vor allem die Jugend bevorzugt das Wochenende (Zoll 2003, S. 33–36).

Nach Familiengründung und Berufseinstieg fehlt die Zeit für das Kino (Prommer 1999), und es fehlt die Motivation. Wer den ganzen Tag unterwegs ist und mit Kollegen zu tun hat, wer sich um Kinder kümmern muss und um einen Haushalt, hat in der Regel andere Bedürfnisse als Studenten, Lehrlinge oder jemand, der bei seinen Eltern wohnt und auf manchem Gebiet noch auf der Suche ist. Soziale Kontakte und ein Tapetenwechsel sind da nicht mehr so wichtig, und Unterhaltung bekommt man im Fernsehen billiger und bequemer. Nach der Geburt eines Kindes gehen viele junge Familien jahrelang überhaupt nicht mehr ins Kino (Neckermann 2001, S. 517).

Victor Klemperer, der keine Kinder hatte, zog das Kino dem *Theater* vor, weil es weniger kostete und weil er das eine gewöhnt war und das andere nicht (Klemperer 1996, S. 416). Der Preis dürfte tatsächlich eine Rolle spielen. Auf

Abbildung 39

Kinogänger: Soziodemographische Strukturen	1993	1999	2002
Bevölkerung	33	32	42
Geschlecht			
Männer	32	33	44
Frauen	33	32	40
Altersgruppen			
10 bis 15 Jahre	70	48	67
16 bis 19 Jahre	76	58	73
20 bis 24 Jahre	74	70	78
25 bis 29 Jahre	61	58	74
30 bis 39 Jahre	37	43	58
40 bis 49 Jahre	27	29	44
50 bis 59 Jahre	12	15	26
60 Jahre und älter	5	7	11
Schulbildung			
Hauptschule	22	18	25
Berufsschule	24	24	33
Mittlere Reife	37	33	44
Abitur	65	62	66
Fachhochschule, Universität	45	44	54
Wohnortgröße			
Unter 20.000 Einwohner	30	29	41
20.000 bis 100.000 Einwohner	32	31	39
100.000 bis 500.000 Einwohner	35	36	48
Über 500.000 Einwohner	38	41	47
Haushalts-Nettoeinkommen im Monat			
Unter 750 Euro	25	40	43
750 bis 1499 Euro	24	26	33
1500 bis 2249 Euro	36	31	39
2250 Euro und mehr	44	43	47

GfK-Panel. Deutsche ab 10 Jahren in Privathaushalten. Quellen: Neckermann 2000, S. 410; Zoll 2003.

Lesehilfe: 1999 waren 33 Prozent der männlichen Deutschen ab 10 Jahren wenigstens einmal im Kino.

eine verkaufte Theaterkarte kamen in Deutschland Ende des 20. Jahrhunderts etwas mehr als vier Kinotickets (Neckermann 2001, S. 517). Hans Joachim Schaefer, der Mitte der 1960er Jahre Zuschriften von Besuchern des Theaters in Kassel ausgewertet hat, sah »Unterhaltsamkeit« auch als Grundfunktion des Theaters. Der *Theaterbesuch* sei ein gesellschaftliches Ereignis, man wolle sehen und gesehen werden und mit anderen Menschen sprechen. Der Wunsch, ein bestimmtes Stück zu sehen, stand im Motivkatalog ganz unten, und die Stückwahl selbst wurde vor allem von der Hoffnung auf angenehme Unterhaltung und eine »positive Gegenwelt« bestimmt. Die Leute würden »Abreaktion und Erregung« suchen und außerdem mitreden wollen. Von der »moralischen Anstalt« Theater blieb nur der Lack. Selbst in jener exklusiven Minderheit der Theaterbesucher kaufte kaum jemand eine Karte, um sich belehren zu lassen oder um seine Haltung zu ändern (Schaefer 1967, S. 216–218).

Abbildung 40

Filmtheaterbesuch in Deutschland						
	1991	1994	1997	1999	2001	2002
Besucher (in Mio.)	120,0	132,8	143,1	149,0	177,9	163,9
Besuche je Einwohner	1,5	1,6	1,7	1,8	2,2	2,0
Kartenpreis (in Euro)	4,18	4,73	5,25	5,42	5,55	5,86

Quelle: Neckermann 2002, S. 558; Zoll 2003, S. 3–5. – 2001 wurde von der Branche als »außergewöhnliches Filmjahr« eingestuft, unter anderem wegen der Erfolge von ›Harry Potter‹ und ›Der Schuh des Manitu‹ (beide über zehn Mio. Besucher).

Mit der Ausbreitung des Fernsehens sind die *Besucherzahlen der Kinos* gewaltig gesunken. Wurden in der Bundesrepublik 1956, im Rekordjahr, 818 Millionen Karten verkauft, waren es 1989, auf dem absoluten Tiefpunkt, noch 102 Millionen (Spio 1997). In der DDR verlief die Entwicklung ähnlich: 316 Millionen Besucher 1957 (Spitze), 65 Millionen 1989 (Prommer 1999, S. 352). Inzwischen zeigt die Kurve trotz steigender Eintrittspreise wieder nach oben (Abbildung 40), und der Anteil der Kinogänger in den älteren Bevölkerungsgruppen hat etwas zugenommen (Abbildung 39). Einige der Ursachen für diesen kleinen »*Kinoboom*« sind bereits mehrfach angesprochen worden:

- die *Veränderungen des TV-Angebots*: Topfilme gibt es fast nur noch mit Unterbrechungen, und außerdem konzentrieren sich die Anstalten auf Serien-Formate und Sport. Wer das eine nicht kennt und das andere nicht mag, dem hilft an manchen Tagen auch die Kanal-Vielzahl im Kabel nicht. Für diese Argumentation spricht, dass Kinobesucher besser verdienen und deutlich besser gebildet sind als der Bevölkerungsdurchschnitt (Abbildung 39).

die Tendenzen zu *urbanem Leben*, zur *Individualisierung* und zu *späterer Familiengründung*. Das Kino hat in den letzten Jahren bei denjenigen, die älter als 30 Jahre sind, an Bedeutung gewonnen, und es ist vor allem ein Medium der Großstädte (Abbildung 39).

Dazu kommen *starke Investitionen* in der Kinobranche (Neckermann 2000, S. 406):

- Neubauten und Modernisierungen haben vor allem dort angesetzt, wo das Kino seine ureigenen Stärken hat – helle Foyers, Popcorn- und Cola-Theken, ein großes Filmangebot an einem Ort, perfekte Technik (Stichwort Multiplexe).

4.6 Online-Angebote

Neue Medien seien immer auf der Suche nach unbekannten Bedürfnissen, schrieb Hans Magnus Enzensberger Anfang 2000 in einem Essay für den ›Spiegel‹. Viele Erfinder seien im Armenhaus gestorben, weil sie den Gebrauchswert ihrer Waren nicht erkannt hätten und weil der mögliche Benutzer für sie oft nicht mehr als ein »störender Ignorant« gewesen sei. Gutenberg habe nicht Postwurfsendungen und Boulevardblätter im Sinn gehabt, sondern eine schöne Bibel, Bell nicht die Telefonie, sondern Hörgeschädigte, und Etienne-Jules Marey nicht Hollywood, sondern Bewegungsabläufe von Tieren. Wie in früheren Phasen der Mediengeschichte werde es auch jetzt eine Weile dauern, bis sich herausstelle, wozu das Neue gut sei und wozu nicht (Enzensberger 2000, S. 94).

Was ist uns nicht alles vorausgesagt worden: Nachrichten ohne Ende, das Wissen dieser Welt per Knopfdruck und sogar ein Schub für die Demokratie. Endlich könne jeder zum »Sender« werden, endlich sei Schluss mit der Medien-Berieselung, endlich werde die Vision von der »Weltgesellschaft« wahr: Eine Welt, in der jede Art von Information zugänglich ist, in der Hierarchien abgebaut werden und in der die Zeitung nicht mehr im Briefkasten liegt, sondern im Computerdrucker – natürlich kein »fertiges« Produkt, sondern eine »Daily Me«, ein Blatt, das der Leser selbst zusammenstellt oder gar der Computer, der die Vorlieben von Herrchen oder Frauchen kennt (Negroponte 1995). Wer solche Prognosen regelmäßig liest, glaubt am Ende selbst an das Wundergerät, das die Industrie verspricht, an jene Kreuzung aus Fernsehapparat und PC, aus Telefon und Radio, aus CD-Spieler und Tageszeitung.

Die Frage nach den *Funktionen von Online-Angeboten* lässt sich Mitte 2004 ebenso wenig eindeutig beantworten wie die nach den Auswirkungen auf die »alten« Medien und Kommunikationskanäle. Vieles deutet allerdings darauf hin, dass das Internet andere Bedürfnisse befriedigt als Rundfunk und Presse und dass es in Sachen Unterhaltung und Überblickswissen und damit bei dem, was die Mehrheit der Menschen in modernen Gesellschaften von den Medien hauptsächlich erwartet, keine Konkurrenz ist. Die Schwerpunkte der Internetnutzung liegen in den Bereichen:

- Individualkommunikation (E-Mail, Chat, interaktive Spiele),
- Informationssuche (»universeller Informations- und Wissensspeicher«, aktuelle Nachrichten) sowie
- »Service« und E-Commerce (Einkaufen im Netz, Online-Auktionen, Preisvergleiche).

Die elektronische Post ist nicht nur die Haupt-Online-Aktivität, sondern war lange auch das Hauptmotiv derjenigen, die sich für einen Internetzugang entschieden haben. Dazu kamen die Möglichkeit, schnell und bequem bestimmte Informationen abrufen zu können, sowie berufliche Gründe (van Eimeren/Gerhard 2000, S. 340–342).

Der Alltag von freien Journalisten beispielsweise hat sich vollkommen verändert: weniger Autofahrten, weniger Telefongespräche, weniger Aufwand, um das Produkt zum Auftraggeber zu bringen. Inzwischen scheint bei »neuen« Onlinern auch sozialer Druck eine Rolle zu spielen (das Internet als ein Muss, dem man sich kaum mehr entziehen kann). Außerdem ist der »Mehrwert des Internets« deutlicher erkennbar – Angebote, die andere Medien nicht oder kaum haben. Dazu gehören Online-Shopping und Auktionen, Verbraucherinformationen und interaktive Spiele (van Eimeren u. a. 2003).

Larry Pryor, der 1982 bei der ›Los Angeles Times‹ den Versuch »Videotex« startete, hat im Rückblick festgestellt, dass die Angebote von damals an den Bedürfnissen der Menschen vorbeigegangen seien. Man habe informieren wollen, »serious content« angeboten und nicht gesehen, dass die Abonnenten vor allem E-Mails schreiben und mit anderen Nutzern Poker spielen wollten und dass sie die Anonymität im Chat geschätzt und hier vor allem Gespräche über Sex erwartet hätten. Mit dem Wissen der späten 1990er Jahre hat Pryor diese Wunschliste ergänzt: Informationen über Kinos und Theater, über Nachtclubs und Gaststätten, mithin alles, was sich unter der Überschrift »Service« zusammenfassen lässt, und das Einkaufen im Netz. Das Web sei kein »information medium«, sondern ein »communications tool with many possibilities« (Pryor 1999, S. 74f., 80f.). Die ARD/ZDF-Online-Studie 2003 hat gezeigt, dass das Internet längst habitualisiert und zielstrebig genutzt wird und von einem »Tor zur großen weiten Welt« keine Rede sein kann. Viele Onliner bewegen sich »innerhalb eines eng umgrenzten Koordinatensystems«, auf einigen wenigen Seiten, die die persönlichen Vorlieben bedienen. Nach neuen Websites wird eher selten gesucht (van Eimeren u. a. 2003, S. 345).

Der *Online-Einkauf* löst den Versandhauskatalog ab, und überhaupt ist im Netz der »Marktplatz des 21. Jahrhunderts« entstanden (von Bredow/Jung 2000, S. 97). Wer wird ein dickes Buch nach dem passenden Ferienhaus durchwühlen, wenn der PC oder das Handy das Gewünschte in Sekundenschnelle finden? Wozu noch sieben Gebrauchtwagenhändler abklappern, um das beste Angebot zu finden, wozu noch in ein Antiquariat laufen und stundenlang Lungenkrebs riskieren? Wenn man denn von einer »Revolution« sprechen will: Hier scheint das große Wort angebracht.

- Online-Dienste helfen, Zeit zu sparen, und das gleich im doppelten Sinn. Zum einen entfallen die Wege zur Bank, ins Reisebüro und vielleicht sogar zur Kaufhalle, zum anderen können die Nutzer solche ungeliebten Handlungen optimal in den Alltagsrhythmus integrieren. Man füllt »Zeitreste« (vgl. S. 123) und gewinnt an anderer Stelle Freizeit (Vorderer 1995, S. 499f.; Stipp 2000, S. 131).
- Auktionsportale wie eBay sind nicht einfach Ersatz für den normalen Einkauf. Man kann mitfiebern, sich in Strategie und Taktik üben und dabei mit anderen wetteifern. Die Tendenz zeigt eindeutig nach oben: 2003 war in Deutschland schon jeder sechste Onliner mindestens einmal pro Woche bei einer solchen Versteigerung dabei. Am stärksten vertreten: Männer zwischen 20 und 40 (Oehmichen/Schröter 2003b, S. 383).
- Ökonomen sagen eine Preisspirale nach unten voraus und den Wegfall ganzer Branchen. Jeder konkurriert mit jedem (das Autohaus um die Ecke mit dem Groß-Anbieter in der Hauptstadt), und Zwischenhändler werden überflüssig (von Bredow/Jung 2000).

Die schwärzesten Szenarien verkennen aber, dass das Netz nicht alle *Funktionen des Einkaufs* übernehmen kann. Jeder kennt das aus eigener Erfahrung: Man geht auch in den Laden, um sich die Beine zu vertreten oder um Luft zu schnappen und danach besser weiterarbeiten zu können, um mal wieder mit der netten Verkäuferin zu schwatzen oder mit dem attraktiven Verkäufer, man trifft die Leute von nebenan und trägt jede Menge Gesprächsstoff nach Hause.

Wo solche Kontakte eher unangenehm sind (wie etwa in Erotikshops), ist das Netz natürlich ebenso ein wunderbarer Ersatz wie überall da, wo Medienrecht und Denkverbote, »political correctness«, Moralnormen und vermutete Wirkungen bestimmte Inhalte aus den anderen, viel besser zu kontrollierenden Medien ausschließen.

Für Teile der Bevölkerung reicht dieser Nutzwert offenbar nicht, um die Zugangs-Barrieren zu überwinden. Anfang 2003 surfte nur etwa jeder zweite erwachsene Bundesdeutsche im Netz (Abbildung 41). Besonders hohe »Offlineanteile« gibt es in vier Bevölkerungsgruppen:

- bei Menschen mit niedriger Formalbildung,
- bei den Nicht-Berufstätigen (und hier vor allem bei den Rentnern),
- bei den Frauen und
- bei Personen, die älter als 60 Jahre sind (Gerhards/Mende 2003, S. 359).

Auch wer keinen eigenen Zugang besitzt, kennt das Internet inzwischen in der Regel und beauftragt hin und wieder Verwandte oder Bekannte, etwas Spezielles zu suchen oder zu besorgen. Nur die wenigsten planen aber den Kauf eines Online-PCs (Gerhards/Mende 2003).

Der »typische« Internet-Nutzer ist immer noch eher ein Mann als eine Frau, er ist jung, gut ausgebildet und berufstätig oder noch in der Ausbildung. Besonders hoch sind die Online-Reichweiten bei Jugendlichen und jungen Erwachsenen (Abbildung 41). Birgit van Eimeren vom Bayerischen Rundfunk hat dies mit zwei Merkmalen begründet, die das Internet gerade für junge Leute »aus dem Potpourri der verfügbaren Medien in einzigartiger Weise hervorheben« würden:

- Das Internet ermögliche die *direkte Kommunikation mit Gleichgesinnten* ohne jede Zugangsbeschränkung und erlaube damit
- die *Herstellung von Öffentlichkeit*, ohne dass man sich politisch oder sozial sonderlich stark engagieren müsse (van Eimeren 2003, S. 67).

Dass man auch bei Personen mit Abitur und Hochschulabschluss von Vollversorgung sprechen kann, hat vor allem mit den beruflichen Perspektiven zu tun, die diese Qualifikationen eröffnen. Im Büro stößt man fast zwangsläufig auf Online-Angebote, lernt die Vorzüge schätzen und hat meist genug Geld, um sich

210

Abbildung 41

Online-Reichweite in Deutschland			
	1997	**2000**	**2003**
Bevölkerung	6,5	28,6	53,5
Geschlecht			
Männer	10,0	36,6	62,6
Frauen	3,3	21,3	45,2
Alter			
14 bis 19 Jahre	6,3	48,5	92,1
20 bis 29 Jahre	13,2	54,6	81,9
30 bis 39 Jahre	12,4	41,1	73,1
40 bis 49 Jahre	7,7	32,2	67,4
50 bis 59 Jahre	3,0	2,1	48,8
60 Jahre und älter	0,2	4,4	13,3
Berufstätigkeit			
Ausbildung	15,1	58,5	91,6
Berufstätig	9,1	38,4	69,6
Rentner/nicht berufstätig	0,5	6,8	21,3

ARD/ZDF-Online-Studie. Feldarbeit: Enigma, Wiesbaden. CATI. Bevölkerung ab 14 Jahre. Jeweils II. Quartal. Onlinenutzer: Personen, die wenigstens hin und wieder Onlinedienste oder das Internet nutzen. Quelle: van Eimeren u. a. 2003, S. 340

Lesehilfe: Im Frühjahr 2000 surften in Deutschland 4,4 Prozent der über 60-Jährigen wenigstens hin und wieder im Netz.

zu Hause ebenfalls entsprechend auszurüsten. Dazu kommen die größeren Netzwerke und der damit verbundene Kommunikationsbedarf:

- Eine E-Mail ist billiger und schneller als ein Brief,
- die Hemmschwelle liegt niedriger als bei einem Telefonanruf, und
- die elektronische Post »stört« nicht (zum Beispiel beim ›Tatort‹), weil man nicht
- sofort reagieren muss, sondern Löcher im Terminkalender stopfen kann.

Die Struktur derjenigen, die den neuen Kommunikationskanal nutzen, wird sich nicht ändern, solange im Netz die Bedürfnisse nach Information und Kommunikation besser befriedigt werden als das Bedürfnis nach Unterhaltung. Neben den Kommunikationsbedürfnissen der großen Mehrheit gibt es weitere *Hindernisse* für die Nutzung von Online-Angeboten:

- *Kosten* (Gerät, Betrieb): Bei einem Telefon-Minutenpreis von zwei Cent kostet ein Zwei-Stunden-Film 2,40 Euro, und selbst eine Flat-Rate ist teurer als ein Pay-TV-Abonnement. Dazu kommt das Gerät. Warum soll man für die drei Karten an Tante Anna, für 20 Überweisungsformulare im Jahr und für das bisschen Katalog-Einkauf 1.500 Euro investieren? Das Preis-Argument nennen vor allem jüngere Offliner (Gerhards/Mende 2003, S. 369).
- *Fähigkeiten*: Noch verlangt die Nutzung von Online-Angeboten Konzentration und Wissen. Viele Menschen sind nicht einmal in der Lage, ihren Videorekorder zu programmieren. Vor allem ältere »Offliner« zweifeln an der eigenen PC-Kompetenz und glauben nicht, dass sie die Datenflut bewältigen können (Gerhards/Mende 2003, S. 366).

Natürlich ist denkbar, dass die Telefonkosten gegen Null gehen. Beim Handy hat die Wirtschaft zudem vorgemacht, dass Hard- und Software für eine Vertrags-Unterschrift auch verschenkt werden können. Und natürlich wächst eine Generation heran, bei der die Computer schon im Kinderzimmer standen, und vielleicht arbeiten die Geräte ja eines Tages sogar auf Zuruf. Warum aber sollten sich die Menschen Informationen auf den Bildschirm holen, wenn sie doch eigentlich Entspannung wünschen? Und warum sollten sie sich ausgerechnet vor dem Gerät erholen wollen, an dem sie den ganzen Tag ihre, vielleicht ungeliebte, Arbeit erledigt haben?

- Online-Angebote und die vielbeschworene »Interaktivität« verlangen mehr Aktivität, als der Mediennutzer normalerweise entwickeln will. Müßiggang und Faulsein, scheinbar handeln, ohne es wirklich zu müssen, nichts tun und doch »dabei« sein – das sind entscheidende Motive für die Mediennutzung, die nicht nur eine flächendeckende Ablösung von Rundfunk und Presse unwahrscheinlich machen, sondern auch die Idee vom Zuschauer als »Fernseh-Regisseur« in das Reich der Phantasie verweisen (Vorderer 1995, S. 503f.; vgl. auch S. 124).

Für den Fernseh-Zuschauer ist es längst kein Problem, sich von den Vorgaben der Programm-Macher zu lösen. Genutzt werden die Möglichkeiten kaum. Selbst eine so einfache Sache wie der *Teletext*, für den man sich nur drei Zahlen merken muss, erreicht an einem Durchschnittstag nicht einmal jeden fünften erwachsenen Deutschen. Der Anteil von *Video-Kassetten* an der gesamten Fernsehdauer liegt bei rund fünf Prozent (Turecek u. a. 2003, S. 80), wobei Deutschland sich hier weder von den Niederlanden oder von Großbritannien unterscheidet noch von der Schweiz oder von Spanien (Bekkers 1998, S. 85). Fast die Hälfte der Videoaufzeichnungen werden am Ende gar nicht angeschaut (Turecek u. a. 2003, S. 80f.).

Auswirkungen auf die Nutzung der anderen Medien

Werden die Online-Nutzer einen Teil der Zeit, die sie bisher für die »alten« Medien reserviert hatten, für die neuen Medien abzweigen? Oder bleibt sogar mehr Raum für Bücher, Theater und Kino, für Fernsehen und Zeitungen, weil Online-Angebote helfen, Zeit zu sparen? Bei Befragungen sagen die meisten Internet-Nutzer, dass sich ihr Zeitbudget für die anderen Medien nicht verändert hat (van Eimeren u. a. 2003, S. 357). Solche Einschätzungen sind natürlich problematisch, die *Nutzungsgewohnheiten* allerdings deuten in die gleiche Richtung:

- Das Internet ist in die Lücken des herkömmlichen »Medien-Tages« gestoßen:
- Die Schwerpunkte liegen am späten Vormittag (10 bis 11 Uhr), am frühen Nachmittag (14 bis 15 Uhr) und frühen Abend (18 bis 21 Uhr) – vor dem Fernsehabend und lange nach der Frühstückslektüre (van Eimeren u. a. 2003, S. 349f.). Ähnliches gilt für das Surfen im Büro: Auch dort waren Medien bisher eher unterdurchschnittlich verbreitet.
- Viele Surfer hören nebenbei Musik (CD, Kassette, Radio), und auch Fernsehen und Computer schließen sich keineswegs gegenseitig aus (van Eimeren u. a. 2003, S. 350f.).

Wenn man das technische Potenzial des Internet betrachtet (Neuberger 1999, S. 33–50), dann sind Online-Angebote vor allem für die Medien eine Konkurrenz, die

- als Informationsspeicher genutzt werden,
- überhaupt erst den Zugang zu Informationen ermöglichen.

Punkt eins trifft zunächst die Nachschlagewerke. Warum soll man sich ein zwanzigbändiges Lexikon zulegen, wenn es entsprechende Offline-Angebote im Mini-Format gibt (CD-ROM) und wenn die Online-Suchmaschinen die gewünschte Information im gleichen Tempo, aber aktueller, ausführlicher und ansprechender liefern? Selbst der Faktor Sozialprestige verkehrt sich hier irgendwann in sein Gegenteil.

Als Informationsspeicher werden aber auch Zeitungen und Zeitschriften genutzt, und die Tagespresse scheint außerdem das Medium zu sein, das von der zweiten Stärke der Online-Angebote am meisten bedroht ist. Die Zeitung nimmt das gesamte Spektrum von lokalen bis zu internationalen Ereignissen wahr und ist offenbar das tagesaktuelle Medium, das am stärksten informationsorientiert genutzt wird. Macht der direkte Zugang zu Informationen, die bisher bestenfalls über Mittelsmänner zu bekommen waren, eines Tages gar den Beruf des Journalisten überflüssig? Online-Angebote sind eine hervorragende Sache, wenn man genau weiß, was man wissen will. Selbstverständlich werden sich all die Menschen eine »Daily Me« zulegen, die Informationen aus einem ganz bestimmten Themenbereich benötigen – Menschen, die ihre Interessen definieren und die Glaubwürdigkeit der Quellen beurteilen können. Welchen Sinn aber macht eine Zeitung, die man selbst zusammenstellt und ausdruckt, für die, die nicht professionell lesen und so das Geld und die Zeit für Dutzende Ausgaben sparen könnten?

- Niemand weiß am frühen Morgen, was am Tag »Wichtiges« passieren wird. Auch die beste Suchmaschine ahnt nicht, dass Herrn x der Tod von Rocksängerin y ganz besonders berührt, weil er vor Jahr und Tag einen schönen Tanzabend hatte, nun aber Rockmusik nicht auf seiner Menüliste steht.
- Hat der Nachbar das Gleiche ausgesucht, und wenn nicht, über was soll man dann mit ihm sprechen? Hinter einem Bildschirm kann man sich schlechter verbergen als hinter einer Zeitung, und auch zur Wespenjagd ist das Gerät eher ungeeignet. Ein Notebook in der Straßenbahn zieht zwar (noch) die Blicke auf sich, aber steckt dahinter nun ein »kluger Kopf« oder liest er doch nur die ›Bild-Zeitung‹?
- Wie sollte ein Computermenü, das eine Entscheidung erzwingt, bevor man die Meldungen kennt, die »Nachrichtenfreude« ersetzen? Werden Medien nicht auch genutzt, weil man nicht entscheiden will? Und vor allem: Wer hat Zeit, Lust und – fast noch wichtiger – die Fähigkeiten, die Arbeit der Journalisten nebenbei zu erledigen? Wer ist schon in der Lage, aus den 100.000 Wörtern, die allein die Deutsche Presseagentur jeden Tag sendet, das herauszufiltern, worüber er sich Sorgen machen müsste?

Die meisten von 70 repräsentativ ausgewählten Niederländern, die in einem Experiment Kontakt mit einer interaktiven Nachrichtenseite hatten (für die meisten eine Premiere), sagten hinterher, dass sie eher den Journalisten vertrauen und fürchten würden, etwas Wichtiges zu verpassen, wenn sie selbst die Meldungen auswählen müssten. Einige erwähnten in ihrem Plädoyer für die herkömmliche Zeitung ausdrücklich die speziellen Gefühle und Rituale, die an das bedruckte Papier gebunden sind, sowie die Möglichkeiten, das Lesetempo selbst bestimmen und bei Zeitdruck die wichtigsten Themen einfach schnell »scannen« zu können (Elberse/Smit 1999, S. 204).

Ein Freifahrtsschein für die Zukunft ist das nicht:

- Das Netz bedroht den Kleinanzeigenmarkt und damit die ökonomische Grundlage der Tageszeitung. Die Inseratenplantagen sind der Suchmaschine hoffnungslos unterlegen. Autos und Wohnungen, Stellen, An- und Verkauf: Gerade in diesen Bereichen verdienen die Verleger ihr Geld. Einzige Alternative ist offenbar der Einstieg bei den Online-Marktführern. Eine Befragung von 100 Zeitungsverlagen im August 2003 brachte alarmierende Ergebnisse. Der Stellenmarkt war innerhalb von drei Jahren um fast 70 Prozent geschrumpft, der Automarkt um 27 und der Immobilienteil um 26 Prozent (epd medien, 10. Januar 2004, S. 24f.)
- Die Zahlungsbereitschaft für Printprodukte wird langfristig sinken. Im Netz gilt der Grundsatz »content is free«. Von wenigen Ausnahmen abgesehen (Archive, Erotik), dürfte sich daran nichts ändern (Lehr 1999, S. 85–100). Das macht einerseits die Internet-Auftritte der Verlage zu Verlustgeschäften, und andererseits wird der Leser fragen, warum er das Blatt im Netz kostenlos bekommt, am Kiosk aber ein bis zwei Euro hinlegen muss.
- Dazu kommt all das, was ohnehin schon auf die Zeitungs-Reichweite drückt: die Kommerzialisierung des Rundfunks und der damit verbundene Verlust der Unterhaltungsfunktion, mediale Konkurrenz im Lokalen und soziodemographische Verschiebungen, Mobilität und Wertewandel (vgl. S. 195–197).

Nikolaus Schmitt-Walter hat die repräsentative Studie ›TimeBudget‹, die von einem TV-Vermarkter bezahlt wird, ausgewertet und festgestellt, dass die emotionale Bindung an Tageszeitungen, Zeitschriften und den Teletext seit 1999 gesunken ist. Das Internet habe zwar nichts mit der Zeitungsmüdigkeit der jüngeren Generation zu tun und wirke sich auch (noch) nicht auf die Lesedauer aus, aus der Sicht der Nutzer hätten sich aber die Funktionsprofile der anderen Medien verändert. Die Presse habe vor allem im Bereich ihrer Kernkompetenzen verloren: bei den Wirtschaftsmeldungen, bei der Politik und bei den Nachrichten. Beim Internet sei der Trend genau umgekehrt. Die Menschen würden dieses Medium für immer wichtiger halten und ihm immer mehr Funktionen zuschreiben (Schmitt-Walter 2004).

Für die Zeitungsverleger sind mehrere Wege denkbar, um Einnahme-Rückgänge auszugleichen:

- Qualitätseinbußen: Wenn die Verlage beim Personal sparen, dürften sie allerdings nicht nur weiter »Unterhaltungsleser« verlieren, sondern auch informationsorientierte Mediennutzer. Gerade Intellektuelle fühlen sich oft längst von ihrer Regionalzeitung unterfordert.
- Lösen von der Papierform: Papier, Druck und Vertrieb machen über die Hälfte der Kosten aus. Es besteht also ein großer ökonomischer Anreiz für Zeitungen, die erst beim Leser gedruckt oder gar auf eine aufladbare Folie überspielt werden. Viele Funktionen der Presse sind aber gerade an die Papierform gebunden.
- Die Zeitung wird zu einem Minderheitenmedium: ein hochwertiges und entsprechend teures Blatt, das nur noch für den informationsorientierten Mediennutzer gemacht wird und damit für jenes Drittel der Bevölkerung, das sich für den öffentlichen Dialog interessiert.

Für das letzte Szenarium spricht nicht nur die Verteilung der Kommunikationsbedürfnisse, sondern auch der Blick in die USA, wo die Verlage bereits dazu übergegangen sind, sich an die höher Gebildeten und an die Besserverdienenden zu wenden, und darüber nachdenken, sich aus den Gebieten zurückzuziehen, in denen diese Zielgruppe nicht stark genug vertreten ist. Welche Folgen eine solche Entwicklung für die Legitimation der Massendemokratien hätte, lässt sich ebenso wenig abschätzen wie die Auswirkungen auf die Jugend. Die Hirnforschung zeigt, wie sehr Lesefähigkeit und Sprache, Lesetraining und geistige Leistungsfähigkeit zusammenhängen (Noelle-Neumann 1998). Aber Prognosen sind ja zum Glück das, was immer misslingt.

Fragen und Aufgaben

1. Beschreiben Sie die Produktions- und Rezeptionsbedingungen von Online-Medien! Nutzen Sie dabei in Sachen Nutzung die Kategorien von Gerhard Maletzke!

2. Was fasziniert die Fernsehzuschauer an Talkshows und Quiz-Sendungen?

3. Überregionale Tageszeitungen und etablierte Publikumszeitschriften haben im Osten Deutschlands einen schweren Stand. Umgekehrt soll im Jahr 2000 eine 60.000-Mark-Anzeige des Ost-Satiremagazins ›Eulenspiegel‹ im Westen ganze zwei neue Abonnenten gebracht haben. Eine »Mauer in den Köpfen«? Wie lassen sich die unterschiedlichen Muster der Mediennutzung begründen?

4. Stellen Sie den »Medien-Tag« eines Durchschnitts-Deutschen zusammen (zu welcher Tageszeit welches Medium)! Vergleichen Sie diesen mit Ihrem Tagesablauf und begründen Sie mögliche Unterschiede!

5. Den elektronischen Medien und dem gestiegenen Bildungsniveau zum Trotz sind die zentralen Daten der Buchmarktforschung stabil. Etwa ein Drittel der Bevölkerung nimmt mehrmals pro Woche ein Buch in die Hand, und ein Drittel liest nie. Woran liegt das? Benennen Sie die Bereiche, in denen Sie nach Ursachen suchen würden! Welche Bedürfnisse befriedigen Bücher?

6. Schreiben Sie ein »Rezept« für einen Kino-Kassenschlager!

7. Das Nachrichtenmagazin ›Der Spiegel‹ hat Ende 1998 den »neuen Menschen« entdeckt und ihn »homo communicator« genannt: immer erreichbar, stets sendebereit. Er telefoniere, faxe, maile und sehe auch anders aus. Die schnurlosen Geräte würden T-Shirts und Hosen ausbeulen wie neu gewachsene Gliedmaßen (Nr. 51, S. 65f.). Beschreiben Sie diesen »neuen Menschen«!

Literaturhinweise

Walter Klingler, Gunnar Roters, Maria Gerhards (Hrsg.):
Medienrezeption seit 1945
Forschungsbilanz und Forschungsperspektiven
Baden-Baden 1998
Der Tagungsband ist keineswegs so »historisch«, wie der Titel vorgibt. Neben Beiträgen zur Nutzungsgeschichte von Hörfunk und Fernsehen (Walter Klingler, Knut Hickethier) und zum »Tal der Ahnungslosen« in der DDR (Hans-Jörg Stiehler) stehen Zukunfts-Szenarien für die Zeitung (Klaus Schönbach/Wolfram Peiser, Elisabeth Noelle-Neumann) und für die Informations-Rezeption (Hans-Bernd Brosius). Dazu kommt ein Schwerpunkt »Buch« (Marktforschungsdaten, »Leseland« DDR).

Walter Klingler, Gunnar Roters, Oliver Zöllner (Hrsg.):
Fernsehforschung in Deutschland
Themen – Akteure – Methoden
2 Bände
Baden-Baden 1998
Auf 1000 Seiten der »state of the art« – und das keineswegs nur zur Nutzungsforschung. Natürlich wird die Langzeitstudie Massenkommunikation gewürdigt, und allein drei Beiträge beschäftigen sich mit den GfK-Quoten. Im Bereich Rezeption geht es außerdem um Nachrichten (Hans-Bernd Brosius), »Affektfernsehen« (Talks, Beziehungs- und Spielshows: Gary Bente, Bettina Fromm), Politik (Michael Jäckel), Unterhaltung und parasoziale Beziehungen (Peter Vorderer) sowie um die Anschluss-Kommunikation (Michael Charlton, Michael Klemm).

Peter A. Bruck, Günther Stocker:
Die ganz normale Vielfältigkeit des Lesens
Zur Rezeption von Boulevardzeitungen
Münster 1996
Am Beispiel der ›Neuen Kronen Zeitung‹ wurde hier der Frage nachgegangen, warum und wie Menschen sich Boulevardmedien zuwenden. Über Gruppeninterviews ist dabei eine ganze Palette von Lektüremustern und Selektionstypen herausgearbeitet worden: vom Unterhaltungslesen über oppositionelles, voyeuristisches und arrogantes Lesen (Selbstaufwertung durch die Genugtuung, dass man selbst nicht zu dem »Mob« gehört, der dem Blatt glaubt) bis hin zum

Überfliegen, vom Nur-Sport- und Nur-Service- über den Spannungs- bis zum Allesleser.

Den besten Überblick über **aktuelle Zahlen zur Mediennutzung** in Deutschland liefern die ›Basisdaten‹, die einmal im Jahr dem ARD-Fachblatt ›Media Perspektiven‹ beiliegen. Natürlich werden hier die Funkmedien ausführlich gewürdigt (Seh- und Hördauer, Marktanteile von TV- und Radio-Programmen sowie von ausgewählten Einzelsendungen) und die ARD/ZDF-Online-Studie, dazu kommen aber Zeitungs- und Zeitschriften-Auflagen sowie die wichtigsten MA-Ergebnisse zu Presse und Film. Die Darstellung ermöglicht zudem oft einen Vergleich mit den Vorjahren. Wer mehr über die Einzelstudien wissen will, wird oft im Textteil der ›Media Perspektiven‹ fündig. Besonders hervorzuheben sind die Beiträge des »ARD-Forschungsdienstes«, die die aktuelle Literatur zu einem bestimmten Thema zusammenfassen und so den Einstieg in das jeweilige Feld erleichtern. Die ›Media Perspektiven‹ und teilweise auch die ›Basisdaten‹ sind online zugänglich (www.ard-werbung.de). Weitere Daten-Quellen:

- die IVW-Auflagenlisten (www.ivw.de, www.zeitungen-online.de),
- der Media-Service der Publikumszeitschriften (Verband Deutscher Zeitschriftenverleger) im Internet (www.pz-online.de): IVW-Auflagenzahlen, Markt-Media-Studien (AWA, MA u. a.),
- Marketing-Fachblätter wie ›werben & verkaufen‹ oder ›Horizont‹ (Zusammenfassungen der AWA- und MA-Wellen sowie Trends; Internet: www.wuv.de, www.horizont.net),
- die Homepage der AWA (www.awa-online.de): Reichweiten und Online-Zählungen,
- Jahrbücher: Zeitungsverlegerverband, Landesmedienanstalten, ARD und ZDF.
- Schweiz: Arbeitsgemeinschaft für Werbemedienforschung (www.wemf.ch): Auflagenzahlen und Medienanalysen (MACH Basic, MACH Consumer); Schweizerische Radio- und Fernsehgesellschaft (www.srg.ch): Zuschauerdaten, außerdem gedruckte Jahresberichte des SRG Forschungsdienstes; mediaperformance.ch: Presse. Forschungsmethoden sowie ausgewählte Ergebnisse: Bonfadelli 1999, Gattlen 1999, Koschnick 1995c.
- Österreich: mediaresearch.orf.at (Fernsehen, Hörfunk, Internet – aktuelle Daten, Zeitreihen, Forschungsmethoden), www.media-analyse.at (Zeitungen, Zeitschriften). Methoden und ausgewählte Ergebnisse: Bonfadelli 2004, Koschnick 1995b.

5. Medienbewertung

Was halten die Menschen von den Medien und von dem, was ihnen dort angeboten wird? Nach welchen Kriterien wird geurteilt, und welchen Einfluss haben diese Urteile auf das Verhalten? Um es gleich vorwegzunehmen: Befriedigende Antworten kann dieses Kapitel nicht liefern. Die kommerzielle Mediaforschung beschäftigt sich in erster Linie mit Reichweiten und Publikumsstrukturen und streift Bewertungen nur am Rande (Kapitel 2). Die Verleger etwa versuchen der TV-Konkurrenz auf dem Werbemarkt zu begegnen, indem sie die »besondere Beziehung« zwischen Leser und Blatt nachweisen oder die Einstellungen zu Presse-Anzeigen und Werbespots vergleichen lassen. Und was die nichtkommerzielle und die akademische Forschung unter der Überschrift »Medienbewertung« verkaufen, verdient diesen Titel oft nicht.

Natürlich werden die Ergebnisse hier trotzdem vorgestellt, wichtiger aber scheint es, einen Wegweiser zur Deutung und Einordnung dieser Daten bereitzustellen und den »kritischen Blick« zu schärfen. Wenn sich die Darstellung dabei im letzten Abschnitt auf das Thema »Glaubwürdigkeit« konzentriert, hat dies zum einen mit der Ausrichtung der Forschung zu tun, zum anderen aber ist dieses Problem besonders brisant. Der größte Teil der gesellschaftlich wichtigen Informationen wird über Medien vermittelt, schon die Alltagserfahrung aber sagt dem Menschen, dass ein Bericht nicht immer mit dem Ereignis übereinstimmt (Bentele 1988, S. 407). Wem glauben die Mediennutzer? Welche Rolle spielt die Glaubwürdigkeit bei der Auswahl der Medienangebote?

5.1 Bewertungskriterien und Bezugsobjekte

Bewertungen sind Urteile darüber, wie angenehm oder unangenehm, nützlich oder schädlich, wertvoll oder wertlos etwas ist (Herkner 1992, S. 217f.). Solche Urteile sind persönlich und subjektiv. Ein Objekt, das für den einen Menschen sehr angenehm ist, kann für einen anderen vollkommen uninteressant sein. Der eine mag Vanille-Eis, der andere nicht. Wie die meisten Objekte hat Eiscreme verschiedene Eigenschaften: Sie ist süß, kalt und klebrig, sie hat eine bestimmte Farbe und einen bestimmten Geschmack, sie kostet Geld und macht dick – eine Liste, die jeder nach Belieben ergänzen und korrigieren kann. Ein Urteil über Personen, Sachverhalte und Gegenstände setzt sich folglich aus mindestens zwei Komponenten zusammen:

- aus den *Kriterien*, nach denen das Objekt wahrgenommen wird,
- aus den *Bezugspunkten* – aus jenen Aspekten und Bestandteilen, auf die die Kriterien angewendet werden (Scheufele 1999, S. 70).

Bewertungen schwanken und sind schon deshalb nicht konstant, weil sie vom Kontext abhängen und weil nicht immer alle Eigenschaften eines Objekts gleichzeitig bedacht werden. Vanille-Eis wird im Winter anders beurteilt als im Sommer, auf dem Weihnachtsmarkt anders als in der gemütlichen Gaststube, mit vollem Magen anders als mit leerem. Zwischen Bewertungen und Entscheidungen besteht kein starrer Zusammenhang, sondern lediglich eine Wahrscheinlichkeitsbeziehung. Normalerweise wählen wir zwar unser Lieblingseis, manchmal aber darf es auch etwas Abwechslung sein, oft wissen wir gar nicht, wie die Sorte gerade an diesem Stand schmeckt, und manchmal wird einfach das gekauft, was die nette Begleiterin möchte (Herkner 1992, S. 223–227).

Gerade im Alltag sind die Entscheidungen außerdem oft längst gefallen: Man macht das, was man immer macht. Vielleicht gibt es inzwischen bessere Programmzeitschriften als die, die seit Jahr und Tag im Haus ist, aber lohnt der Unterschied eine Marktanalyse und den Aufwand für die Umbestellung (vgl. auch Kapitel 1, S. 21f.)? Wie werden Medien wahrgenommen? Und vor allem: Was wird überhaupt bewertet? Der Kommunikationswissenschaftler Werner Wirth hat eine *Typologie der Bezugsobjekte* vorgeschlagen (Wirth 1999, S. 55f.; vgl. auch Schweiger 1999, S. 91):

- *Personen*: Moderatoren, Sprecher, Reporter, Redakteure, Kommentatoren auf der einen Seite (Personen, die für den Inhalt verantwortlich sind), Experten, Politiker, Amtspersonen und Augenzeugen auf der anderen (Personen, die in den Medien auftreten oder erwähnt werden);
- *Medieninhalte*: Genres (Nachrichten und Magazinsendungen, Pressekommentare und Vermischtes), Sendereihen (Tagesschau, Tatort, ran), Einzelsendungen und einzelne Beiträge;
- *Mediensysteme*: Medienunternehmen (Burda, Springer, Kirch), einzelne Medienprodukte (Sat.1, ZDF, ›Frankfurter Allgemeine‹, ›Bild-Zeitung‹, ›Stern‹) und Organisationsformen (öffentlich-rechtliche Fernsehsender).
- *Mediengattungen*: Fernsehen, Hörfunk, Tageszeitung, Zeitschrift, Internet.

Woran denken Mediennutzer, wenn sie um eine Meinung über »die Presse« gebeten werden? An ihren Lieblingsschreiber oder an den Sportteil, an die Heimatzeitung, an ›Bild‹ oder an die Blätter, die sie vom Frisör kennen, an die Gewinne einiger Verlagshäuser, an den »Zusatznutzen« oder an die Probleme, die sie vielleicht mit dem Lesen im allgemeinen haben? Auch wenn es der Quadratur des Kreises gleicht, die Bewertung von Mediengattungen zu messen, konzentriert sich die Forschung gerade auf diesen Bereich.

Fast noch schwieriger als die Frage nach den Bezugspunkten scheint die nach den *Bewertungskriterien*. Die Verarbeitung neuer Eindrücke wird vom kognitiven System des Menschen mitbestimmt. Die Umwelt ist viel zu komplex, um komplett wahrgenommen zu werden (Brosius 1991, Scheufele 2003). Deshalb aktiviert der Mensch bestimmte Interpretationsmuster, so genannte *Schemata* oder *Frames* – das, was an Wissen und Erfahrungen bereits gespeichert ist. Diese Informationen stehen nicht unverbunden nebeneinander, sondern sind miteinander vernetzt und eingebettet in eine »kognitive Landkarte«. Schemata steuern die Aufmerksamkeit, werten die Umweltsignale aus, verbinden sie mit dem Speicher und verändern diesen möglicherweise (Schulz 2000, S. 155).

- Das Urteil hängt vom Bezugsrahmen ab. Wer an die Fälschungen des Michael Born denkt, bewertet das Fernsehen anders als jemand, der der jüngsten Preisträgerin für kritischen TV-Journalismus gegenübersteht.
- Menschen urteilen in der Regel »unvollständig«: Sie ziehen das heran, was im Moment der Urteilsbildung verfügbar, besonders auffällig oder gewissermaßen noch »frisch« ist. Ein Urteil über »das Fernsehen« wird vermutlich überdurchschnittlich stark von der Sendung beeinflusst, die man zuletzt gesehen hat.
- Einzelne Bewertungskriterien (wie etwa Glaubwürdigkeit) lassen sich nicht von anderen Image-Schemata trennen. Der *Image-Begriff* hat vor allem in der Wirtschaftswissenschaft Karriere gemacht und steht dort als Kürzel für die psychologischen Einflüsse auf den Markt. Image soll hier verstanden werden als das »abstrahierende, teils unbewusste und nicht immer in Worte zu fassende Bild«, das Menschen von einem Objekt haben und das sie für wahr halten. Ein Urteil über die RTL-Nachrichten wird stets von Faktoren mitbestimmt, die mit Glaubwürdigkeit wenig zu tun haben (Scheufele 1999, S. 71–73).
- Images beeinflussen die Erwartungen und werden außerdem auf die Bereiche übertragen, die man nicht aus eigener Erfahrung kennt (Wirth 1999, S. 56). Selbst wer die RTL-Nachrichten nie sieht, hat in der Regel ein ›Bild‹ von dieser Sendung, das sich entweder aus seinem Wissen über RTL oder das Fernsehen überhaupt speist oder aus anderen Quellen (Medien, soziale Netzwerke).

Was alles zum Image von Medienpersonen und Medieninhalten, Mediensystemen und Mediengattungen gehört, ist allerdings unklar. In entsprechenden

Studien werden oft einfach die Indikatoren abgefragt, die die Forscher in der Literatur oder Brainstorming gefunden haben und manchmal auch die, die ihren Interessen am besten entsprechen. Nur drei Beispiele für ein solches Herangehen:

• Die Zeitungs Marketing Gesellschaft hat 1999 eine Studie bezahlt, bei der sechs Image-Punkte geprüft wurden: Qualität, Kompetenz, Glaubwürdigkeit, Aktualität, Sympathie und Bedeutung. Überall lagen die Tageszeitungen vor den Werbe-Konkurrenten Hörfunk und Privatfernsehen. »Stimmung« und »Unterhaltung«, zwei Bereiche, in denen die Presse nicht so gut wegkam, zählten bei dieser Untersuchung zur Kategorie »Funktionen«. In die Schublade »Interesse« gehört auch, dass nur beim Fernsehen die Ebene »Mediengattung« verlassen und nach der Organisationsform differenziert wurde. Nebeneffekt: Die öffentlich-rechtlichen Anstalten konnten sich die Ergebnisse ebenfalls ans Portal kleben (Blödorn u. a. 2000, S. 176f.).

• Die Kommunikationswissenschaftler Kurt Hesse und Astrid Gelzleichter wollten das Image öffentlich-rechtlicher und kommerzieller Fernsehprogramme vergleichen und haben nach einer Inhaltsanalyse sowie nach Gesprächen mit Rezipienten und Machern 24 (!) Dimensionen für die Haupt-Befragung festgelegt, die sich »als ausreichend« erwiesen hätten – von »unterhaltsam«, »informativ« und »glaubhaft« über »mutig«, »vernunftbetont« und »kritisch« bis hin zu »teuer«, »witzig« und »erotisch« (Hesse/Gelzleichter 1993).

• Die Eigenschaften »kritisch«, »mutig«, »informativ« und »unterhaltsam« standen im Jahr 2000 auch im Fragebogen der Langzeitstudie Massenkommunikation. Hier ging es zum einen um den Vergleich der Medien ganz allgemein (Auf welches Medium trifft die Eigenschaft am ehesten zu, auf Fernsehen, Radio, Tageszeitung oder Internet?) und zum anderen um die Bewertung öffentlich-rechtlicher und privater Programme. Abgefragt wurden insgesamt 14 Items (Abbildung 46).

Solche Untersuchungen leiden unter der gleichen Schwäche wie viele Befragungen in der Tradition des Uses-and-Gratifications-Approaches (vgl. S. 15–18). Die Forscher finden die Bewertungen, die sie in den Fragebogen schreiben und die den Mediennutzern akzeptabel erscheinen.

Friedrich Staab und Ursula Hocker haben deshalb bei ihren Tiefeninterviews mit Fernsehzuschauern versucht, die Urteile aus den Erzählungen der Befragten herauszulesen. Ausgangspunkt war, dass Zu- und Abneigungen für Sendungen, Schauspieler oder Moderatoren kaum reflektiert werden und die Befragten gar nicht in der Lage sind zu sagen, warum ihnen etwas gefällt und warum nicht (Staab/Hocker 1994, S. 161f.).

Dies hat sicher auch etwas mit den Nutzungsmustern zu tun. Warum sollte man sich viele Gedanken machen über das, was da im Hintergrund läuft und den (müden) Feierabend füllt, was man in den Händen hält, um überhaupt etwas in den Händen zu halten, und was sich nicht aus dem Alltag heraushebt, weil es dazugehört? Die Hausfrauen, die Alexandra Raumer-Mandel nach ihren Medienbiographien gefragt hat, sprachen von allein kaum über das Thema. Hörfunk, Fernsehen und Presse erschienen ihnen als Nebensächlichkeit (Raumer-Mandel 1990, S. 195).

Wenn die Menschen um ein *allgemeines Urteil* gebeten werden, zeigen sie sich mit den Medien zufrieden (Gaziano 1988). Selbst in der DDR scheint das nicht anders gewesen zu sein. Der Fernsehkritiker des ›Eulenspiegels‹, Hansgeorg Stengel, fuhr 1962 nach Seifhennersdorf, in einen Ort ohne Westempfang, um zu erkunden, ob er mit seinen Attacken gegen das Ost-Programm richtig lag. Über politische Sendungen konnten die Leute nicht viel sagen (»Wir müssen früh raus«) und die ›Aktuelle Kamera‹ fanden sie langweilig, sonst aber fand Stengel »mehr Verständnis und Wohlwollen« als erwartet und traf fast überall den »Typ des alles verzeihenden Fernsehbürgers« (Eulenspiegel Nr. 28/1962, S. 8f.).

In der Bundesrepublik wurden bis 1974 nicht nur die Zuschauerzahlen ermittelt, sondern auch Bewertungen – über den so genannten »Infratest-Index«, eine Art Zensurenbarometer für die einzelnen Fernsehsendungen mit einer Skala von minus zehn bis plus zehn (Buß/Darschin 2004, S. 17). Dieser Index machte den Verantwortlichen schon deshalb Vergnügen, weil er ein günstiges Gesamtbild lieferte. Selten sackte die Bewertung unter »minus drei«, und eine »Null« empfanden viele bereits als Kränkung (Meyen 2001). Bei der erwähnten Image-Studie der Zeitungs Marketing Gesellschaft bekamen die Tagespresse und das öffentlichrechtliche Fernsehen in allen sechs Punkten (Qualität, Kompetenz, Glaubwürdigkeit, Aktualität, Sympathie, Bedeutung) Zustimmungsraten von 70 Prozent und mehr, und überhaupt nur bei einer einzigen Kategorie, bei der Glaubwürdigkeit des Privatfernsehens, wurde ein Wert von unter 50 Prozent gemessen. Dieses Ergebnis war allerdings durch den Fragebogen vorbestimmt. Eines der Statements, zu denen die Befragten sich äußern sollten, lautete »ist seriös« (Blödorn u. a. 2000, S. 176f.). Wer erwartet von kommerziellen TV-Veranstaltern »Seriosität«?

Bei allen Untersuchungen auf der Ebene »Mediensystem« zeigt sich eine deutliche Zweiteilung des Publikumsurteils über das Fernsehen: Der Blick auf die öffentlich-rechtlichen Programme wird vom Bereich Information dominiert

(Nachrichten, Magazine, Wahlen), der auf die Privatsender dagegen vom Wunsch nach Entspannung, nach Spaß und guter Laune (Darschin/Horn 1997; Zubayr/ Gerhard 1999; Darschin/Zubayr 2003).

Das *Image von Medienangeboten* wird entscheidend von den Funktionen dieser Angebote für die Menschen geprägt – von dem, was die Nutzer jeweils in erster Linie wünschen, und davon, wie diese Erwartungen erfüllt werden. Um nicht alles wiederholen zu müssen, was in den Kapiteln 3 und 4 beschrieben wurde, soll dies hier nur an einem Beispiel illustriert werden:

Das Urteil über ein Radioprogramm hängt nicht davon ab, wie den Hörern die Nachrichten gefallen, sondern von der Musik. Dieser Zusammenhang ist nicht neu. Bereits in den 1950er und 1960er Jahren zeigten regelmäßige Umfragen des Allensbacher Instituts für Demoskopie für den Süddeutschen Rundfunks, dass vor allem diejenigen mit dem Stuttgarter Sender zufrieden waren, denen das Musikprogramm gefiel (Eberhard 1962, S. 236–244). Seitdem wurde immer wieder bestätigt, dass das Urteil über die Nachrichten-Qualität keinen Einfluss auf die Bewertung des Programms hat (Kliment 1996, S. 502). Wahrscheinlich ist es eher umgekehrt.

Die Kommunikationswissenschaftler Klaus Schönbach und Lutz Goertz vermuteten Mitte der 1990er Jahre nach einem Feldexperiment mit 480 Hörern, dass sich das Programm-Image auf die Nachrichten überträgt. Wer die Musik von NDR 1 nicht möge, finde auch die Nachrichten nicht in Ordnung. Die Bandbreite an Gestaltungsmitteln werde kaum wahrgenommen und ganz pauschal beurteilt. Entweder sei alles gut oder alles schlecht. Für viele seien Radio-Nachrichten offenbar nicht wichtig genug, um sich darüber zu erregen oder sich gar dafür zu begeistern (Schönbach/Goertz 1995, S. 108).

5.2 Medienvergleich

Auch wenn die Forschung es immer wieder versucht: Ein Vergleich auf der Ebene »Mediengattung« ist eigentlich nicht möglich. Hörfunk und Fernsehen, Tageszeitungen, Tonträger und Kinofilme, Zeitschriften, Bücher und Online-Angebote: Jedes Medium hat ganz spezifische Stärken. Natürlich hängt die Entfaltung dieser Stärken auch von der Konkurrenz ab, unbestritten aber ist,

- dass jedes Medium andere Funktionen erfüllt und
- dass die Menschen Medien nebeneinander und nacheinander nutzen – je nach Situation, Gewohnheit und Bedürfnissen ein anderes.

Wie könnte das Fernsehen in der Straßenbahn die ›Bild-Zeitung‹ ersetzen, und wie wollte der Hörfunk gerade in dem Moment sagen können, welcher Arzt Bereitschaft hat, wenn dem Kind das Fieberthermometer herausgezogen wird? Um den Griff in den Zeitungsständer überflüssig zu machen, müsste schon ein Gerät erfunden werden, das solche Probleme auf Zuruf löst.

Der DDR-Journalistikwissenschaftler Karl-Heinz Röhr schimpfte 1966, es sei eine »Robinsonade«, die Leute zu fragen, auf welches Medium sie am ehesten verzichten würden (Röhr 1966, S. 118). Wer die Menschen zwingt, sich für eines der Medien zu entscheiden, und sie damit vor eine Frage stellt, die für die meisten gar nicht steht und manchen vielleicht auch überfordert, wird immer nur ein allgemeines Urteil über die Unterhaltungsqualität bekommen. Welche Vergleichsbasis sollten die Leute sonst heranziehen? Die große Mehrheit, und da unterscheidet sich der unterhaltungsorientierte Typ nicht vom informationsorientierten, erwartet von allen Medien in erster Linie Entspannung sowie das »Neueste auf der Welt«. Den Abend verschönen und die Sicherheit liefern, alles im Griff zu haben – beides kann das Fernsehen (im Moment) besser als alle anderen Medien.

Entsprechende Umfragen sind folglich nicht sehr aussagekräftig. Das Fernsehen liegt vorn, wenn sich die Interviewer ganz allgemein nach der Hauptinformationsquelle über politische Ereignisse oder das Geschehen in Deutschland und der Welt erkundigen (und damit eine wichtige Funktion der Tagespresse ausblenden) und erst recht, wenn die Befragten gebeten werden, ein einziges Medium herauszustellen (Abbildung 42).

Noch deutlicher wird dieser Zusammenhang vielleicht in einer anderen Zeitreihe. Das Emnid-Institut in Bielefeld hat in den 1960er Jahren »Meinungen über Massenmedien« erhoben und dabei dreimal die gleichen Fragen benutzt. Vorbild war eine Untersuchung des Roper-Instituts in den USA. Emnid interessierte sich auch dafür, welches Medium die Leute am ehesten behalten würden. Mit steigender Fernseh-Reichweite entscheiden sich immer mehr Menschen für das neue Medium und immer weniger für den Rundfunk (Abbildung 43).

Auch die (insgesamt geringen) *soziodemographischen Unterschiede* bei solchen Befragungen (Berg/Ridder 2002, S. 192) lassen sich nach dem gleichen Prinzip erklären. Entscheidend sind jeweils die Funktionen der Medien für die Befragten:

• Politisch Interessierte, ältere Menschen (50 Jahre und mehr) und vor allem formal höher Gebildete nennen etwas häufiger als der Durchschnitt die Tageszeitung. Interesse und Bildung dürften allerdings nur Indikatoren für den gesellschaftlichen Status und damit für die Zugehörigkeit zum informationsorientierten Typ sein. Wahrscheinlich spielt hier auch das Umfrageverhalten

Abbildung 42

Beliebtestes Medium				
Es würden sich entscheiden für	1974	1985	1995	2000
Fernsehen	57	47	54	45
Hörfunk	25	31	27	32
Tageszeitung	17	20	17	16
Internet	–	–	–	6
Ohne Angabe[1]	1	2	2	1
	100	100	100	100

1 – Eigene Berechnung, da Antwortverweigerungen nicht mitgeteilt worden sind.
Langzeitstudie Massenkommunikation. Bevölkerung ab 14 Jahre. Befragte, die mehr als ein Medium mindestens mehrmals im Monat nutzen.

Frage (2000): Angenommen Sie könnten nur noch eines haben – ich meine, entweder Fernsehen, Radio, Zeitung oder Internet. Was würden Sie am liebsten behalten? In den anderen Wellen leicht abweichende Formulierungen. Angaben in Prozent. Quelle: Berg/Ridder 2002, S. 192.

eine Rolle (vgl. S. 71). Das Fernsehen gilt in manchen Kreisen als Unterschichtenmedium.

• Für Berufstätige ist der Hörfunk wichtiger als für Nicht-Berufstätige (Begleiter auf dem Arbeitsweg und zum Teil auch bei der Arbeit).
• Bei den Älteren dominiert das Fernsehen am stärksten. Der Aktionsradius wird im Alter kleiner (Ausgehen, Reisen, Arbeit, Freunde), und die anderen Medien sind anstrengender.

Im Rahmen der Langzeitstudie Massenkommunikation sind den Befragten von 1964 bis 1995 stets 14 Statements vorgelegt worden (Abbildung 44). Ziel war ein »Meinungsbild« über Fernsehen, Hörfunk und Tagespresse, herausgekommen aber ist eher ein Überblick über die Eigenschaften der Medien und über die Funktionen, die sie erfüllen. Natürlich sind die Funkmedien aktueller, natürlich eignen sich Fernseh- und Radioprogramme besser für »Entspannung und Ablenkung« und für Eskapismus, und natürlich kann die Tageszeitung näher an die Idealvorstellung herankommen, »ausführlich« über »alle« Ereignisse in der Region zu berichten (die Statements wurden 1964 formuliert). Dort, wo tatsächlich ein Vergleich möglich scheint, sind die Unterschiede sehr gering, und auch hier bestimmt offenbar das, was Menschen ganz allgemein von Medien erwarten (Unterhaltung und Überblickswissen) das Urteil. Wie sonst ist zu erklären, dass das Fernsehen sogar in Sachen »Vollständigkeit« besser bewertet wird als die Presse?

Abbildung 43

Beliebtestes Medium und Fernseh-Reichweite			
	Juni 1962	**November 1964**	**März 1968**
Zeitung	29	24	22
Illustrierte	1	0	0
Rundfunk	30	26	16
Fernsehen	27	43	55
Keine Antwort	13	7	7
	100	100	100
TV-Reichweite	40	57	79

Emnid. BRD und Westberlin (1962), BRD (1964, 1968). Bevölkerung über 16 Jahre.
Frage: Gesetzt den Fall, dass Ihnen nur eine einzige Quelle zur Verfügung stehen dürfte, für welche würden Sie sich entscheiden? Angaben in Prozent.
TV-Reichweite: AWA. Personen, die zu Hause das Programm am eigenen Gerät verfolgen können. BRD und Westberlin, Bevölkerung ab 16 Jahre. Angaben in Prozent. 1962: Frühjahr, 1964: Frühsommer; 1968: Frühjahr. Quellen: Emnid 1962, S. 23; Emnid 1964, S. 27; Emnid 1968, S. 23

Die Daten in Abbildung 44 sind auch deshalb nicht auf die Goldwaage zu legen, weil unklar ist, ob die Befragten alle den gleichen Bezugspunkt gewählt haben. Wie stark darüber hinaus die Statements selbst und die vorgegebenen Antwortmöglichkeiten das Ergebnis beeinflussen, wird im nächsten Abschnitt am Beispiel Glaubwürdigkeit diskutiert.

Der Südwestrundfunk hat im Juni 1999 eine bundesweite Repräsentativbefragung in Auftrag gegeben, bei der es um das Informationsverhalten während des

Abbildung 44

Meinungen über Medien (1995)			
Das Statement trifft auf das Medium zu:	**Fernsehen**	**Hörfunk**	**Tageszeitung**
gibt einen vollständigen Überblick über alle wichtigen Entwicklungen in Politik und Zeitgeschehen	54	36	48
bringt viele wichtige Dinge, über die man sich mit Freunden und Bekannten unterhalten kann	50	37	46
bringt die neuesten Nachrichten besonders schnell	70	70	25
sorgt für Entspannung und Ablenkung	62	66	32
berichtet wahrheitsgetreu und gibt die Dinge immer so wieder, wie sie wirklich sind	19	18	17
berichtet klar und verständlich über politische Ereignisse	45	36	41
berichtet ausführlich über alle Ereignisse aus meiner näheren Umgebung	14	34	60
hilft manchmal, die Sorgen und Probleme des Alltags zu vergessen	35	35	13
hat für fast alle Gebiete hervorragende Fachleute	32	23	24
bringt viele interessante Dinge, über die man anderswo kaum etwas erfahren kann	38	26	28

	Fernsehen	Hörfunk	Tageszeitung
gibt Anregungen und Stoff zum Nachdenken	41	31	39
hilft vielen Menschen, sich in der heutigen Welt zurechtzufinden	24	18	22
ist oft eine wertvolle Hilfe, wenn man sich eine eigene Meinung bilden will	28	24	36
trägt dazu bei, dass man Sorgen und Probleme anderer Menschen kennen lernt	42	29	35

Langzeitstudie Massenkommunikation. Bevölkerung ab 14 Jahren.
Frage (Beispiel): Ich habe hier Kärtchen mit verschiedenen Sätzen über Tageszeitungen. Bitte sagen Sie mir zu jedem Satz, ob er Ihrer Meinung nach für die Tageszeitungen zutrifft, nur teilweise zutrifft oder überhaupt nicht zutrifft. Hier: »trifft zu«. Angaben in Prozent. Quelle: Berg/Kiefer 1996, S. 249.

Lesehilfe: 32 Prozent der Befragten waren der Meinung, dass »das Fernsehen« für fast alle Gebiete hervorragende Fachleute hat.

Kosovo-Krieges ging. Obwohl die meisten der 200 Interviewten den ganzen Tag über bis zum Spätnachmittag die »Quelle« Fernsehen kaum nutzten, sondern vor allem Radio hörten, schlug sich dies bei der Frage nach dem »aktuellsten Medium mit den neuesten Informationen« nicht nieder. Das Fernsehen lag hier deutlich vorn und wurde von den Befragten sogar in Sachen Hintergrund-Informationen eindeutig für wichtiger gehalten (Abbildung 45). Die Medienforscher aus Baden-Baden haben dies vor allem damit begründet, dass das Bilder-Medium mit seinen Schicksalsberichten (Vertreibung, Flucht, Massengräber) einen tieferen Eindruck hinterlassen habe (Blödorn u. a. 2000, S. 178f.). Mindestens genauso stark aber dürfte sich das »Leitmedien«-Image des Fernsehens ausgewirkt haben. Dies erklärt auch, warum das Fernsehen 2000 bei (fast) allen Image-Items der Langzeitstudie Massenkommunikation an der Spitze liegt (Ausnahme: »sachlich«) und warum das Nebenbeimedium Hörfunk bei einer Eigenschaft wie Aktualität nur denkbar knapp vor der sehr viel langsameren Tagespresse steht (Abbildung 46).

Auch Gattungsvergleiche ohne das Fernsehen bestätigen die Regel. Gerhard Maletzke fragte 1949 in Friedrichstadt an der Eider Radiohörer, welches Medium sie im Fall des Falles zuerst abbestellen würden. Nur acht Prozent der Interviewten wollten auf den Hörfunk verzichten, 80 Prozent dagegen auf die Zeitung. Der Rest verweigerte die Antwort (Maletzke 1950, S. 57). Alle Untersuchungen in Deutschland West und Deutschland Ost haben dieses Resultat bestätigt: Die meisten Gerätebesitzer nannten den Hörfunk als wichtigste Informationsquelle, und zwar solange, bis sie sich einen Fernsehapparat zulegten (Meyen 2001).

Abbildung 45

Meinungen über Medien (Kosovo-Krieg 1999)		
	Aktualität	**Hintergrundinformationen**
Fernsehen	71	89
Hörfunk	17	65
Tageszeitung	4	52
Zeitschriften / Sonstiges	1	14
Internet	1	8
Weiß nicht	5	–

BRD, Personen ab 14 Jahre. N = 2.000

Aktualität: Medium, das am aktuellsten war und die neuesten Informationen hatte. Angaben in Prozent. Hintergrund: Medien für die über die tagesaktuelle Berichterstattung hinausgehende Information. Sehr wichtig/wichtig. Angaben in Prozent. Mehrfachnennungen. Quelle: Blödorn u. a. 2000, S. 178f.

Um noch einmal zu verdeutlichen, wie wichtig es ist, bei der Einordnung von Umfragen zur Medienbewertung auf den jeweiligen Bezugspunkt zu achten, sei ein letztes Beispiel angeführt. Bei einer Repräsentativ-Erhebung in Nordrhein-Westfalen hat das Lokalradio Ende 1994 in fast allen Punkten besser abgeschnitten als die Lokalpresse. Das Publikum der örtlichen Sender hielt den Lokalfunk für aktueller, bequemer und unterhaltender, und selbst in den Bereichen Hintergrund, Universalität und Differenzierung, bei traditionellen Stärken der Presse also, wurden die Zeitungen nicht besser bewertet. Das Bild änderte sich, als die Ebene »Mediengattung« verlassen und nach konkreten Inhalten gefragt wurde:

»Und was denken Sie, wo können Sie am besten etwas Neues über diese Themen erfahren?« Ob Vereine, Arbeitsmarkt oder Umwelt, Politik, Kriminalität oder Veranstaltungen: Hier wirkte der pauschale Imagevorsprung des Hörfunks nicht mehr. Selbst bei »Verkehrshinweisen« galt die Tageszeitung nun als bessere Quelle (Kliment 1996, S. 509, 520f.).

Abbildung 46

Image der Medien (2000)				
	Fernsehen	**Hörfunk**	**Tageszeitung**	**Internet**
Anspruchsvoll	69	41	59	31
Modern	85	35	20	60
Zukunftsorientiert	83	27	28	61
Vielseitig	82	39	39	40
Unterhaltsam	94	72	20	13
Aktuell	78	49	48	25
Informativ	72	40	63	25
Glaubwürdig	70	53	62	14
Kompetent	74	44	59	22
Sachlich	68	45	69	18
Kritisch	78	41	70	10
Mutig	81	45	44	29
Locker und ungezwungen	83	69	23	24
Sympathisch	80	65	39	16

Langzeitstudie Massenkommunikation. Bevölkerung ab 14 Jahre.
Frage: Jetzt geht es um den Vergleich von Fernsehen, Radio, Tageszeitung und Internet, unabhängig davon, ob Sie es selbst nutzen oder nicht. Ich nenne Ihnen einige Eigenschaften und Sie sagen mir bitte jeweils, worauf eine Eigenschaft am ehesten zutrifft und worauf an 2. Stelle, also auf das Fernsehen, das Radio, die Tageszeitung oder das Internet. Worauf trifft die Eigenschaft am ehesten zu? Und worauf an 2. Stelle? Hier sind beide Kategorien zusammengefasst. Angaben in Prozent. Quelle: Berg/Ridder 2002, S. 220–226, 245

5.3 Glaubwürdigkeit

Glaubwürdigkeit ist keine Eigenschaft, die Texte, Personen oder Institutionen von vornherein haben, sondern das Ergebnis einer Zuschreibung. Glaubwürdigkeit entsteht während eines Prozesses, bei dem der Rezipient oder die Rezipientin eine Person oder einen Inhalt, eine Quelle oder einen anderen Sachverhalt überprüft und einschätzt. Der Kommunikationswissenschaftler Werner Wirth hat Glaubwürdigkeit als »prinzipielle Bereitschaft« definiert, »Botschaften eines bestimmten Objektes als zutreffend zu akzeptieren und bis zu einem gewissen Grad in das eigene Meinungs- und Einstellungsspektrum zu übernehmen« (Wirth 1999, S. 55).

Meinungen und Einstellungen: Dort will der Waschmittelhersteller genauso hin wie jemand, der politische Botschaften verkauft oder der um sein ganz persönliches Image besorgt ist. Das Thema Glaubwürdigkeit lässt sich nicht von der Frage nach der Medienwirkung trennen und nicht vom Legitimationsproblem der Massendemokratien. Um seine Aufgabe im politischen Prozess erfüllen zu können, ist der Wahl-Bürger auf glaubwürdige Informationen angewiesen, die meisten Informationen aber stammen aus »zweiter Hand«, aus den Medien. Der Psychologe Günter Köhnken meinte, dass sich die Frage nach der Glaubwürdigkeit immer dann stelle, wenn eine Information entscheidungs- oder handlungsrelevant werde, die uns nicht aus eigener Wahrnehmung bekannt sei (Köhnken 1990, S. 1; Nawratil 1997, 1999). Der Kommunikationswissenschaftler Günter Bentele hat Glaubwürdigkeit als »eine Art Filter im Prozess des Wissenserwerbs« gesehen und *zwei Bedingungen* dafür genannt, dass Personen oder Institutionen für glaubwürdig gehalten werden können:

* Der Kommunikationspartner müsse darauf vertrauen können, dass die Aussagen wahr sind und die jeweiligen Ereignisse adäquat beschreiben. Dieses Vertrauen werde durch Status, Sachverstand und Interessenunabhängigkeit unterstützt.
* Das kommunikative Verhalten habe »stimmig« zu sein. Da sich Glaubwürdigkeit erst im Zeitverlauf einstelle und leicht verspielbar sei (wer einmal lügt...), gelte es, Widersprüche innerhalb einzelner Texte, zwischen verschiedenen Texten im Zeitverlauf sowie zwischen nonverbalem und verbalem Bereich zu vermeiden (Bentele 1988, S. 408).

Bentele hat vermutet, dass die Glaubwürdigkeit eine wichtige Rolle bei der Entscheidung spielt, welchen Medien und welchen Bereichen der Berichterstattung man sich zuwendet und wie man Medien überhaupt nutzt. Seine eigene Fallstudie in Westberlin zeigte dann bereits Mitte der 1980er Jahre, dass dieser Zusammenhang bestenfalls eingeschränkt gilt. Leser von Boulevardzeitungen hielten andere Blätter für weit glaubwürdiger, und trotzdem kauften sie ›Bild‹ oder ›B.Z.‹ (Bentele 1988, S. 407, 420f.).

- Die Frage nach der Glaubwürdigkeit steht nur bei Personen oder Inhalten, die etwas über eine konkrete Wirklichkeit auszusagen behaupten – bei Nachrichten etwa, bei Informationen oder bei »Überzeugungskommunikation«. Spielfilme, Shows oder Musik müssen nicht glaubwürdig sein. Gerade diese Elemente machen aber einen großen Teil des Medienangebots aus (Krotz 1999, S. 126).
- Medien befriedigen in erster Linie die Bedürfnisse nach Unterhaltung und Überblickswissen. Ist Glaubwürdigkeit da für die Mehrheit der Rezipienten überhaupt ein Kriterium? Selbst bei den Nachrichten in Hörfunk und Fernsehen ist dies zu bezweifeln. Wie weit muss man den Meldungen »glauben«, um ihnen entnehmen zu können, dass die Welt noch steht?
- Es ist bereits darauf hingewiesen worden, dass die einzelnen Image-Dimensionen nicht unverbunden nebeneinander stehen. Wegen der generellen Unterhaltungsorientierung des Publikums sind nicht nur für Fernsehkanäle oder Moderatoren wahrscheinlich andere Bereiche wichtiger als die Glaubwürdigkeit. Auch manche Politiker werden eher wegen ihres Unterhaltungswertes zur Kenntnis genommen (Krotz 1999, S. 128).

Im westlichen Teil Deutschlands ist die Glaubwürdigkeit seit Ende des Zweiten Weltkrieges regelmäßig auf der Ebene Mediengattung gemessen worden. Die Befragten sollten jeweils angeben, welcher Quelle sie bei *widersprüchlichen Meldungen* am ehesten glauben würden (Abbildung 47). Das Ergebnis war stets das gleiche, und es deckte sich außerdem mit Vergleichen nach anderen allgemeinen Kriterien: Das Medium, das die Bedürfnisse der großen Mehrheit, Unterhaltung und Überblickswissen, am besten erfüllt, steht an der Spitze der Rangreihe, sobald es genügend Menschen erreicht.

Was wurde nicht alles an Gründen genannt für die Dominanz des Fernsehens: die Visualität des Mediums und Parallelen zur menschlichen Wahrnehmung (Fernsehen als »natural way of seeing the world«), ein Grundbedürfnis nach »Fern-Sehen«, nach dem Erspähen von Bedrohungen am Horizont, und der quasi-offiziöse Charakter öffentlich-rechtlicher Nachrichten (Bentele 1988, S. 414; Halff 1998, S. 129).

Abbildung 47

Glaubwürdigkeit im Zweifelsfall

I. Umfragen der US-Behörden und von Emnid in der Bundesrepublik

	1946	1955	1962	1964	1968
Hörfunk	43	57	30	26	13
Zeitung	27	10	17	14	14
Illustrierte	–	–	1	1	1
Fernsehen	–	–	23	43	50
Keine Meinung	30	33	29	20	22
	100	100	100	100	100

Opinion Surveys (1946), DIVO (1955), Emnid. US-Zone (1946), BRD (1962: mit Westberlin). Bevölkerung über 18 Jahre (Emnid: 16). Angaben in Prozent. Fragen: Which presents the news more accuratly (1946)? If the radio news differ from what your newspaper reports, which would you be more apt to believe (1955)? Wenn Sie einander widersprechende Nachrichten oder Berichte über dieselben Ereignisse aus diesen vier Quellen erhalten, wem würden Sie am ehesten Glauben schenken? Quellen: OMGUS-Report No. 1, S. 15; EMBASSY-Report No. 214, S. 27. In: ZA; Emnid 1962, S. 5; Emnid 1964, S. 6; Emnid 1968, S. 3. Eigene Berechnungen.

2. Langzeitstudie Massenkommunikation

	1970	1985	1995
Fernsehen	75	62	56
Hörfunk	13	17	15
Tageszeitung	12	21	31
	100	100	102

Bevölkerung ab 14 Jahre. Angaben in Prozent. Frage: Denken Sie noch einmal an das Radioprogramm und das Fernsehprogramm sowie an die Tageszeitung und die Zeitschrift, die Sie am häufigsten nutzen. Wenn Sie von Radio, Fernsehen, Zeitungen und Zeitschriften über ein und dasselbe Ereignis informiert werden, die Berichte aber einander widersprechen oder voneinander verschieden sind: Wem würden Sie voraussichtlich am ehesten glauben? Im Jahr 2000 ist diese Frage nicht mehr gestellt worden. Quelle: Berg/Kiefer 1996, S. 252

3. USA

	1959	1964	1968	1997
Zeitung	32	23	21	23
Illustrierte	10	10	11	4
Hörfunk	12	8	8	7
Fernsehen	29	41	44	53
Keine Meinung	17	18	16	13
	100	100	100	100

Elmo Roper. US-Bevölkerung. N = 2.000. Frage: If you got conflicting or different reports of the same story from radio, television, the magazines and the newspapers, which of the four versions would you be most inclined to believe – the one on radio or television or magazines or newspapers? Angaben in Prozent. Quellen: Schulz 1971, S. 105; America's Watching 1997

Die Befunde in Deutschland unterscheiden sich jedoch kaum von denen aus den USA (Übersicht 47, Tabelle 3). Wahrscheinlich gibt der Indikator »Glaubwürdigkeit im Zweifelsfall« wie die Frage nach dem »wichtigsten Medium« lediglich ein allgemeines Urteil über die (Unterhaltungs-)Qualität wieder. Nicht nur deshalb sind die Zahlenreihen in Abbildung 47 mit Vorsicht aufzunehmen:

- Die hohe Zahl von Antwortverweigerern (Tabellen 1 und 3) deutet darauf hin, dass viele Befragte mit dem Thema nichts anfangen konnten und dass die Frage möglicherweise zu schwierig war. Schöpfen nicht alle Redaktionen aus den gleichen Quellen? Und wann widersprechen sie sich schon bei den wirklich wichtigen Fragen, bei denen, die das eigene Leben berühren? In den Berichtsbänden der Langzeitstudie Massenkommunikation sind die Verweigerer leider nicht ausgewiesen.
- Was haben die Befragten unter »Zeitung« und »Zeitschrift« verstanden, was unter »Fernsehen«? Es ist nicht anzunehmen, dass ›Glamour‹ mit der gleichen Glaubwürdigkeitserwartung gelesen wird wie der ›Stern‹. In der Langzeitstudie Massenkommunikation ist zwar gebeten worden, an die Medien zu denken, die man häufig nutzt (Tabelle 2), das Problem aber löst dies höchstens bei Radio und Zeitung. Welches Fernsehprogramm nutzt man am häufigsten, welche Zeitschrift?

Abbildung 48

Objektivität – Langzeitstudie Massenkommunikation

I. Wahrheitstreue

	Fernsehen	Hörfunk	Tageszeitung
1970	47	45	32
1985	27	25	18
1995	20	19	20

Langzeitstudie Massenkommunikation. Basis: Weitestes Publikum.

Frage (Beispiel): Ich habe hier Kärtchen mit verschiedenen Sätzen über Tageszeitungen. Bitte sagen Sie mir zu jedem Satz, ob er Ihrer Meinung nach für die Tageszeitungen zutrifft, nur teilweise zutrifft oder überhaupt nicht zutrifft. Hier: »berichtet wahrheitsgetreu und gibt die Dinge immer so wieder, wie sie wirklich sind« – trifft zu. Angaben in Prozent.

Quelle: Berg/Kiefer 1996, S. 252

---

2. Skalen-Punkte 9 und 10 der Objektivitäts-Skala

	Fernsehen	Hörfunk	Tageszeitung
1970	51	41	31
1985	33	24	17
1995	20	15	15

Langzeitstudie Massenkommunikation. Basis: Weitestes Publikum.

Frage: Bitte sagen Sie mir jetzt zu jeder dieser Informationsquellen, für wie objektiv Sie sie halten. Benutzen Sie dazu bitte die auf der Liste eingezeichnete Skala von I bis 10. Dabei bedeutet 10 »Ich halte diese Informationsquelle für vollkommen objektiv«. I bedeutet »Ich halte diese Informationsquelle für überhaupt nicht objektiv«. Hier: Skalenpunkte 9 und 10. Angaben in Prozent.

Quelle: Berg/Kiefer 1996, S. 252

- »Nachrichten«, »Berichte«, »Ereignisse«: Diese Begriffe verweisen eher auf die große Politik und »benachteiligen« damit die Tageszeitung. Selbst wenn der Leser an den Lokalteil denkt, scheitert der Vergleich mit den Funkmedien schon daran, dass dort kaum örtliche Themen behandelt werden.

Die Langzeitstudie Massenkommunikation hat sich nicht auf die »relative Glaubwürdigkeit« der Mediengattungen beschränkt, sondern auch versucht, die »*absolute Glaubwürdigkeit*« zu messen. Hierfür standen bis 1995 zwei Indikatoren:

- ein Statement (»berichtet wahrheitsgetreu und gibt die Dinge immer so wieder, wie sie wirklich sind«) mit einer dreistufigen Skala (trifft zu, trifft teilweise zu, trifft überhaupt nicht zu) und
- eine zehnteilige Objektivitätsskala, auf der die Mediengattungen zwischen 1 (»überhaupt nicht objektiv«) und 10 (»vollkommen objektiv«) verortet werden sollten.

Beide Indikatoren zeigen einen dramatischen Glaubwürdigkeitsverlust der Funkmedien, vor allem des Fernsehens (Abbildung 48), und beide Indikatoren lassen Zweifel an der Funktionsfähigkeit der Medien in Sachen Politikvermittlung aufkommen. Was ist das für eine Mediendemokratie, in der nicht einmal jeder fünfte Bürger Fernsehen, Hörfunk und Tagespresse Objektivität zubilligt?

Wahrscheinlich aber ist es zunächst besser, vor voreiligen Schlussfolgerungen zu warnen. Wie kann es sein, dass die Menschen immer mehr Zeit für etwas verwenden, was ihnen immer weniger gefällt? Natürlich ist der Wertewandel mitzudenken, der Autoritätsverlust von Institutionen aller Art, aber auch die Entwicklung von Medientechnik und Medienangebot:

- Das Fernsehen von heute hat mit dem von 1964 kaum noch etwas gemein. Bei der ersten Befragungswelle der Langzeitstudie war das Medium fast noch neu, und es gab nur wenige, öffentlich-rechtliche Kanäle. Sendezeit werktags: jeweils rund sieben Stunden. Der Apparat musste zweimal im Jahr in die Werkstatt, und bei Wind schwankten Antenne und Bild. Wenn das Programm abends begann, hatten die meisten bereits gegessen. Heute beginnt das Programm nicht mehr: Fernsehen ist immer da, wie Leitungswasser. Man muss keinen Gedanken daran verschwenden.
- Die vielen Veränderungen des Programms haben die Schere zwischen den Bildungsansprüchen der »Macher« und dem Wunsch des Publikums nach Un-

terhaltung immer weiter verkleinert – auch schon in der Zeit des öffentlich-rechtlichen Monopols.

- Fernsehen, Hörfunk und Tageszeitung befriedigen in der Regel ganz andere Bedürfnisse als die nach Orientierung und Information. Medien strukturieren den Tagesablauf und werden weitgehend habituell genutzt, sie sind Ruhepol in einer hektischen Welt, Ablenkung ohne größeren Aufwand und Ausgleich für die Arbeitsanstrengung (vgl. Kapitel 3).
- Bei Umfragen wird ein Urteil herausgefordert. Wer mag in einer leistungsorientierten Gesellschaft die Medien loben, die Instanzen für Berieselung und Passivität, die Prügelknaben dieser Welt?

Medienschelte ist schon deshalb nicht angebracht, weil die Indikatoren der Langzeitstudie fast zwangsläufig ein düsteres Bild zeichnen. Dass der Bezugspunkt Mediengattung ebenso problematisch ist wie die Konzentration auf eine einzige Image-Dimension wie Glaubwürdigkeit, wurde mehrfach erwähnt. Dazu kommt die Formulierung des Statements. Welcher aufgeklärte Bürger mag sagen, dass Funk und Presse die Dinge »immer« so widergeben, »wie sie wirklich sind«? Ist es nicht eher umgekehrt erstaunlich, dass hier bei drei vorgegebenen Kategorien (trifft zu, teilweise, überhaupt nicht) fast jeder fünfte Befragte die Maximalnote vergibt? Wäre auf der Zehner-Skala nicht schon eine »7« Auszeichnung genug?

Wie schwierig es ist, die Bewertung von Medienangeboten zu messen, zeigen auch die entsprechenden Versuche der öffentlich-rechtlichen Rundfunkanstalten auf dem Gebiet der *Fernseh-Nachrichten*. Welcher Sender hat »die besten Nachrichten«, welcher Sendung würden die Zuschauer bei widersprüchlichen Meldungen »am ehesten glauben« (Darschin/Horn 1997, Darschin/Zubayr 2003)? Es soll gar nicht bestritten werden, dass sich solche Befragungen medienpolitisch verwerten lassen, die Ergebnisse aber sagen nicht mehr als die Reichweiten. Warum sollten die Zuschauer die ›Tagesschau‹ einschalten, wenn sie annehmen würden, dass eine andere Sendung ihnen eher das Gefühl vermitteln könnte, informiert zu sein, und die Sicherheit, dass die Welt noch steht?

Fragen und Aufgaben

1. Definieren Sie die Begriffe Medienbewertung, Image und Glaubwürdigkeit!
   Warum ist Glaubwürdigkeit überhaupt ein Thema für die Kommunikationswissenschaft?

2. Von den Fernsehzuschauern, die Friedrich Staab und Ursula Hocker befragt
   haben, sagte fast keiner, dass er in letzter Zeit eine Sendung gesehen habe, die
   ihm nicht gefallen hat oder mit der er unzufrieden war (Staab/Hocker 1994,
   S. 167)? Haben sie eine Erklärung dafür? Denken Sie dabei auch an das Umfrage- und das Sehverhalten!

3. Die öffentlich-rechtlichen Fernsehprogramme haben in den jüngeren Altersgruppen ein schlechtes Image (Wöste 1999, S. 584). Stellen Sie mögliche Gründe zusammen!

4. Ein Regionalzeitungs-Verlag beauftragt Sie, das Image seines Blattes zu untersuchen. Konzipieren sie die Studie und beziehen sie dabei das ein, was Sie über
   die Funktionen der Presse wissen!

5. Wenn die Bundesbürger nach ihrem Vertrauen in »öffentliche Einrichtungen
   und Organisationen« gefragt werden, liegen die Hochschulen, das Gesundheitswesen und die Polizei, das Bundesverfassungsgericht und Gerichte überhaupt vorn und die Medien landen eher im hinteren Feld, vielleicht noch vor
   den Arbeitgeberverbänden (Schweiger 1999, S. 95; Bentele 1988, S. 407).
   Woran liegt das?

Literaturhinweise

Patrick Rössler, Werner Wirth (Hrsg.):
Glaubwürdigkeit im Internet
Fragestellungen, Modelle, empirische Befunde
München 1999
Das Buch aus der Internet-Frühzeit geht über das hinaus, was der Titel verspricht. Natürlich werden empirische Studien zur Glaubwürdigkeit von Online-Angeboten präsentiert, an dieser Stelle ist aber vor allem der allgemeine Einblick in den gesamten Forschungsbereich hervorzuheben.

Klaus Berg, Christa-Maria Ridder (Hrsg.):
Massenkommunikation VI
Eine Langzeitstudie zur Mediennutzung und Medienbewertung 1964–2000
Baden-Baden 2002
Die Studie liefert weit mehr Material zum Thema Medienbewertung, als in diesem Kapitel angedeutet werden konnte: natürlich Trends zu den Indikatoren, die hier vorgestellt wurden (auch zu denen, die 2000 nicht mehr abgefragt wurden), den Vergleich zwischen Ost und West, zwischen privaten und öffentlich-rechtlichen Anbietern sowie zwischen den soziodemographischen Gruppen, darüber hinaus aber auch einen Abschnitt zur »Medienbindung« (gemessen mit der Frage, wie stark man Fernsehen, Hörfunk, Presse vermissen würde).

Literatur

Altenloh, Emilie (1914): Zur Soziologie des Kinos. Die Kino-Unternehmung und die sozialen Schichten ihrer Besucher. Leipzig

Anders, Günther (1988): Die Welt als Phantom und Matrize. Philosophische Betrachtungen über Rundfunk und Fernsehen. In: Die Antiquiertheit des Menschen. Band I: Über die Seele im Zeitalter der zweiten industriellen Revolution. 7. Auflage. München, S. 97–211

Ang, Ien (1986): Das Gefühl Dallas. Zur Produktion des Trivialen. Bielefeld

Ang, Ien (1990): Culture and Communication: Toward an Ethnographic Critique of Media Consumption in the Transnational Media System. In: European Journal of Communication, S. 239–260

ARD (1966): Rundfunkanstalten und Tageszeitungen. Eine Materialsammlung. Dokumentation 4. Meinungsumfragen und Analysen. Frankfurt am Main

Asanger, Roland/Wenninger, Gerd (1994): Handwörterbuch der Psychologie. Weinheim

Baacke, Dieter/Sander, Uwe/Vollbrecht, Ralf (1990): Lebensgeschichten sind Mediengeschichten. Opladen

Bauer, Wolf/Kungel, Bernd (1976): Theoretischer Arbeitsrahmen der Versuchsanordnung. In: Bauer, Wolf/Baur, Elke/Kungel, Bernd (Hrsg.): Vier Wochen ohne Fernsehen. Eine Studie zum Fernsehkonsum. Berlin, S. 50–71

Bausinger, Hermann (1994): Ist der Ruf erst ruiniert ... Zur Karriere der Unterhaltung. In: Bosshart, Louis/Hoffmann-Riem, Wolfgang (Hrsg.): Medienlust und Mediennutz. Unterhaltung als öffentliche Kommunikation. Konstanz, S. 15–27

BDZV (1999): Zeitungen '99. Bonn

BDZV (2003): Zeitungen 2003. Bonn

Beck, Ulrich (2000): Wohin führt der Weg, der mit dem Ende der Vollbeschäftigungsgesellschaft beginnt? In: Beck, Ulrich (Hrsg.): Die Zukunft von Arbeit und Demokratie. Frankfurt am Main, S. 7–66

Becker, Lee B. (1996): Zusammenfassendes Statement. In: Hasebrink, Uwe/Krotz, Friedrich (Hrsg.): Die Zuschauer als Fernsehregisseure? Zum Verständnis individueller Nutzungs- und Rezeptionsmuster. Baden-Baden, Hamburg, S. 251–260

Beer, Carolin (2000): Die Kinogeher. Eine Untersuchung des Kinopublikums in Deutschland. Berlin

Bekkers, Wim (1998): Fernsehnutzung im digitalen Zeitalter. Das Konvergenzthema in Zuschauererwartungen und Expertenmeinungen am Beispiel Niederlande. In: Media Perspektiven, S. 83–86

Bellebaum, Alfred/Muth, Ludwig (1996): Leseglück. Eine vergessene Erfahrung? Opladen

Bente, Gary/Fromm, Bettina (1998): Tabubruch als Programm? Angebotsweisen, Nutzungsmuster und Wirkungen des Affekt-Fernsehens. In: Klingler, Walter/Roters, Gunnar/Zöllner, Oliver (Hrsg.): Fernsehforschung in Deutschland. Themen – Akteure – Methoden. Baden-Baden, S. 613–639

Bentele, Günter (1988): Der Faktor Glaubwürdigkeit. Forschungsergebnisse und Fragen für die Sozialisationsperspektive. In: Publizistik, S. 406–426

Berelson, Bernard (1949): What Missing the Newspaper Means. In: Lazarsfeld, Paul/ Stanton, Frank (Eds.): Communication Research. 1948–1949. New York, S. 111–129

Berens, Harald/Kiefer, Marie Luise/Meder, Arne (1997): Spezialisierung der Mediennutzung im dualen Rundfunksystem. Sonderauswertungen zur Langzeitstudie Massenkommunikation. In: Media Perspektiven, S. 80–91

Berg, Klaus/Kiefer, Marie Luise (1978): Massenkommunikation. Eine Langzeitstudie zur Mediennutzung und Medienbewertung. Mainz

Berg, Klaus/Kiefer, Marie Luise (1982): Massenkommunikation II. Eine Langzeitstudie zur Mediennutzung und Medienbewertung 1964–1980. Frankfurt am Main, Berlin

Berg, Klaus/Kiefer, Marie Luise (1987): Massenkommunikation III. Eine Langzeitstudie zur Mediennutzung und Medienbewertung 1964–1985. Frankfurt am Main, Berlin

Berg, Klaus/Kiefer, Marie Luise (1992): Massenkommunikation IV. Eine Langzeitstudie zur Mediennutzung und Medienbewertung 1964–1990. Baden-Baden

Berg, Klaus/Kiefer, Marie Luise (1996): Massenkommunikation V. Eine Langzeitstudie zur Mediennutzung und Medienbewertung 1964–1995. Baden-Baden

Berg, Klaus/Ridder, Christa-Maria (2002): Massenkommunikation VI. Eine Langzeitstudie zur Mediennutzung und Medienbewertung 1964–2000. Baden-Baden

Berlyne, Daniel E. (1974): Konflikt, Erregung, Neugier: Zur Psychologie der kognitiven Motivation. Stuttgart

Bessler, Hansjörg (1980): Hörer- und Zuschauerforschung. München

Bilandzic, Helena (2004): Synchrone Programmauswahl. Der Einfluss formaler und inhaltlicher Merkmale der Fernsehbotschaft auf die Fernsehnutzung. München

Binger, Eckhard (1997): Was das Fernsehen mit dem Zuschauer macht. In: Binger, Eckhard: Den Alltag erhöhen. Wie die Zuschauer das Fernsehen mit ihrem Leben verknüpfen. Köln, S. 28–32

Blödorn, Sascha/Gerhards, Maria/Klingler, Walter (2000): Fernsehen im neuen Jahrtausend – ein Informationsmedium? Bestandsaufnahme auf der Basis aktueller Studien. In: Media Perspektiven, S. 171–180

Blumer, Herbert (1973): Der methodische Standort des symbolischen Interaktionismus. In: Arbeitsgruppe Bielefelder Soziologen (Hrsg.): Alltagswissen, Interaktion und gesellschaftliche Wirklichkeit. Hamburg, S. 80–146

Blumler, Jay G./Katz, Elihu (1974): The Uses of Mass Communications. Current Perspectives on Gratifications Research. Beverly Hills, London

Bock, Gisela/Duden, Barbara (1977): Arbeit als Liebe – Liebe als Arbeit: Zur Entstehung der Hausarbeit im Kapitalismus. In: Dokumentation der ersten Berliner Sommeruniversität für Frauen. Berlin, S. 118–199

Bohrmann, Hans (1986): Grenzüberschreitung? Zur Beziehung von Soziologie und Zeitungswissenschaft 1900–1960. In: Papcke, Sven (Hrsg.): Ordnung und Theorie. Beiträge zur Geschichte der Soziologie in Deutschland. Darmstadt, S. 93–112

Bohrmann, Hans (1999): Entwicklung der Zeitschriftenpresse. In: Wilke, Jürgen (Hrsg.): Mediengeschichte der Bundesrepublik Deutschland. Bonn, S. 135–145

Bohrmann, Hans/Schneider, Peter (1975): Zeitschriftenforschung. Ein wissenschaftsgeschichtlicher Versuch. Berlin

Bonfadelli, Heinz (1980): Neue Fragestellungen in der Wirkungsforschung: Zur Hypothese der wachsenden Wissenskluft. In: Rundfunk und Fernsehen, S. 173–193

Bonfadelli, Heinz/Fritz, Angela/Köcher, Renate (1993): Leserfahrungen und Lesekarrieren. Gütersloh

Bonfadelli, Heinz (1994): Die Wissenskluft-Perspektive. Massenmedien und gesellschaftliche Information. Konstanz

Bonfadelli, Heinz (2000): Medienwirkungsforschung II. Anwendungen in Politik, Wirtschaft und Kultur. Konstanz

Bonfadelli, Heinz (2004): Medienwirkungsforschung I. Grundlagen und theoretische Perspektiven. Konstanz

Bonß, Wolfgang (2000): Was wird aus der Erwerbsgesellschaft? In: Beck, Ulrich (Hrsg.): Die Zukunft von Arbeit und Demokratie. Frankfurt am Main, S. 327–415

Bosshart, Louis (1979): Dynamik der Fernsehunterhaltung. Eine kommunikationswissenschaftliche Analyse und Synthese. Fribourg

Bosshart, Louis (1994): Überlegungen zu einer Theorie der Unterhaltung. In: Bosshart, Louis/Hoffmann-Riem, Wolfgang (Hrsg.): Medienlust und Mediennutz. Unterhaltung als öffentliche Kommunikation. Konstanz, S. 28–40

Bourdieu, Pierre (1982): Die feinen Unterschiede. Kritik der gesellschaftlichen Urteilskraft. Frankfurt am Main

Bourdieu, Pierre (1987): Sozialer Sinn. Kritik der theoretischen Vernunft. Frankfurt am Main

Bredow, Rafaela von/Jung, Alexander (2000): Die Online-Revolution. In: Der Spiegel Nr. 3, S. 92–101

Brosius, Hans-Bernd (1991): Schema-Theorie – Ein brauchbarer Ansatz in der Wirkungsforschung? In: Publizistik, S. 285–297

Brosius, Hans-Bernd (1995): Alltagsrationalität in der Nachrichtenrezeption. Ein Modell zur Wahrnehmung und Verarbeitung von Nachrichteninhalten. Opladen

Brosius, Hans-Bernd (1997): Der gut informierte Bürger? Rezeption von Rundfunknachrichten in der Informationsgesellschaft. In: Charlton, Michael/Schneider, Silvia (Hrsg.): Rezeptionsforschung. Theorien und Untersuchungen zum Umgang mit Massenmedien. Opladen, S. 92–104.

Bruch, Rüdiger vom (1980): Zeitungswissenschaft zwischen Historie und Nationalökonomie. Ein Beitrag zur Vorgeschichte der Publizistik als Wissenschaft im späten deutschen Kaiserreich. In: Publizistik, S. 579–605

Bruck, Peter A./Stocker, Günther (1996): Die ganz normale Vielfältigkeit des Lesens. Zur Rezeption von Boulevardzeitungen. Münster

Bryant, Jennings/Zillmann, Dolf (1984): Using television to alleviate boredom and stress. Selective exposure as a function of endoused exitational states. In: Journal of Broadcasting, S. 1–20

Bücher, Karl (1926): Zur Frage der Preßreform. In: Gesammelte Aufsätze zur Zeitungskunde. Tübingen, S. 391–429

Burkart, Roland (1998): Kommunikationswissenschaft. Grundlagen und Problemfelder. Umrisse einer interdisziplinären Sozialwissenschaft. 3. Auflage. Wien, Köln, Weimar

Buß, Michael (1998): Das System der GfK-Fernsehforschung: Entwicklung und Nutzen der Forschungsmethode. In: Klingler, Walter/Roters, Gunnar/Zöllner, Oliver (Hrsg.): Fernsehforschung in Deutschland. Themen – Akteure – Methoden. Baden-Baden, S. 787–813

Buß, Michael/Darschin, Wolfgang (2004): Auf der Suche nach dem Fernsehpublikum. Ein Rückblick auf 40 Jahre kontinuierliche Zuschauerforschung. In: Media Perspektiven, S. 15–27

Canetti, Elias (1992): Masse und Macht. Hildesheim

Charlton, Michael (1997): Rezeptionsforschung als Aufgabe einer interdisziplinären Medienwissenschaft. In: Charlton, Michael/Schneider, Silvia (Hrsg.): Rezeptionsforschung. Theorien und Untersuchungen zum Umgang mit Massenmedien. Opladen, S. 16–39

Charlton, Michael/Klemm, Michael (1998): Fernsehen und Anschlußkommunikation. In: Klingler, Walter/Roters, Gunnar/Zöllner, Oliver (Hrsg.): Fernsehforschung in Deutschland. Themen – Akteure – Methoden. Baden-Baden, S. 709–727

Charlton, Michael/Neumann-Braun, Klaus (1988): Mediensozialisation im Kontext. Der Beitrag des Kontextualismus und der Strukturanalyse für die Medienforschung. In: Publizistik, S. 297–315

Cornelißen, Waltraud (1998): Fernsehgebrauch und Geschlecht. Zur Rolle des Fernsehens im Alltag von Frauen und Männern. Opladen

Czikszentmihalyi, Mihalyi (2000): Das Flow-Erlebnis. Jenseits von Angst und Langeweile: im Tun aufgehen. Stuttgart

Darschin, Wolfgang/Gerhard, Heinz (2003): Tendenzen im Zuschauerverhalten. Fernsehgewohnheiten und Fernsehreichweiten im Jahr 2002. In: Media Perspektiven, S. 158–166

Darschin, Wolfgang/Gerhard, Heinz (2004): Tendenzen im Zuschauerverhalten. Fernsehgewohnheiten und Fernsehreichweiten im Jahr 2003. In: Media Perspektiven, S. 142–150

Darschin, Wolfgang/Horn, Imme (1997): Die Informationsqualität der Fernsehnachrichten aus Zuschauersicht. Ausgewählte Ergebnisse einer Repräsentativbefragung zur Bewertung der Fernsehprogramme. In: Media Perspektiven, S. 269–275

Darschin, Wolfgang/Kayser, Susanne (2000): Tendenzen im Zuschauerverhalten. Fernsehgewohnheiten und Programmbewertungen 1999. In: Media Perspektiven, S. 146–158

Darschin, Wolfgang/Zubayr, Camille (2000): Warum sehen die Ostdeutschen anders fern als die Westdeutschen? Demoskopische Erklärungsversuche aus den Ergebnissen des ARD/ZDF-Trends und der GfK Fernsehforschung. In: Media Perspektiven, S. 249–257

Darschin, Wolfgang/Zubayr, Camille (2003): Was leisten die Fernsehsender? Publikumsurteile über die Fernsehprogramme in den Jahren 1993 bis 2002. In: Media Perspektiven, S. 206–215

Die Glücklichen Arbeitslosen (2000): ... und was machen Sie so im Leben? In: Beck, Ulrich (Hrsg.): Die Zukunft von Arbeit und Demokratie. Frankfurt am Main, S. 108–120

Dombrowsky, Wolf R. (1998): Zuschauer bei Katastrophen. In: Strauß, Bernd (Hrsg.): Zuschauer. Göttingen u.a., S. 271–294

Donnerstag, Joachim (1996): Der engagierte Mediennutzer. Das Involvement-Konzept in der Massenkommunikationsforschung. München

Donsbach, Wolfgang/Dupré, Danièle (1994): Mehr Vielfalt oder »more of the same« durch mehr Kanäle? Möglichkeiten zum Unterhaltungsslalom im deutschen Fernsehen zwischen 1983 und 1991. In: Bosshart, Louis/Hoffmann-Riem, Wolfgang (Hrsg.): Medienlust und Mediennutz. Unterhaltung als öffentliche Kommunikation. Konstanz, S. 229–247

Eberhard, Fritz (1962): Der Rundfunkhörer und sein Programm. Ein Beitrag zur empirischen Sozialforschung. Berlin-Dahlem

Ecke, Jörg-Oliver (1991): Motive der Hörfunknutzung. Eine empirische Untersuchung in der Tradition des »Uses-and-Gratifications-Ansatzes«. Nürnberg

Eckert, Gerhard (1941): Der Rundfunk als Führungsmittel. Heidelberg, Berlin, Magdeburg

Eckhardt, Josef (2003): »Akzeptanzkriterien 2000«. Eine Studie des DeutschlandRadio als Beispiel für die Anwendung der MedienNutzerTypologie. In: Oehmichen, Ekkehardt/Ridder, Christa-Maria (Hrsg.): Die MedienNutzerTypologie. Ein neuer Ansatz der Publikumsanalyse. Baden-Baden, S. 79–95

Eimeren, Birgit van (2003): Internetnutzung Jugendlicher. Erlebniswelt des Internets beruht wesentlich auf Kommunikation und Unterhaltung. In: Media Perspektiven, S. 67–75

Eimeren, Birgit van/Gerhard, Heinz/Frees, Beate (2003): Internetverbreitung in Deutschland: Unerwartet hoher Zuwachs. ARD/ZDF-Online-Studie 2003. In: Media Perspektiven, S. 338–358

Eimeren, Birgit van/Oehmichen, Ekkehardt (1999): Mediennutzung von Männern und Frauen. Daten zur geschlechtsspezifischen Nutzung von Hörfunk, Fernsehen und Internet/Online 1998. In: Media Perspektiven, S. 187–201

Eimeren, Birgit van/ Gerhard, Heinz (2000): ARD/ZDF-Online-Studie 2000: Gebrauchswert entscheidet über Internetnutzung. In: Media Perspektiven, S. 338–349

Elberse, Anita/Smit, Edith (1999): In Line with Online Readers. Studying the Readers of Online Newspapers. In: Neuberger, Christoph/Tonnemacher, Jan (Hrsg.): Online – Die Zukunft der Zeitung? Das Engagement deutscher Tageszeitungen im Internet. Opladen, Wiesbaden, S. 199–218

Elias, Norbert (1989): Studien über die Deutschen. Herausgegeben von Michael Schröder. Frankfurt am Main

Elias, Norbert (1997): Über den Prozess der Zivilisation. Soziogenetische und psychogenetische Untersuchungen. Zwei Bände. 20. Auflage. Frankfurt am Main

Elitz, Ernst (1995): Der Journalist als Clown. In: Spiegel special Nr. 8, S. 22–27

Emmer, Martin/Kuhlmann, Christoph/Vowe, Gerhard/Wolling, Jens (2002): Der 11. September – Informationsverbreitung, Medienwahl, Anschlusskommunikation. Ergebnisse einer Repräsentativbefragung zu einem Ereignis mit extremem Nachrichtenwert. In: Media Perspektiven, S. 166–177

Emnid (1962, 1964, 1968): Meinungen über Massenmedien (Mai/Juni 1962, November 1964, März 1968). In: Emnid, Bielefeld. Archiv. Spezialerhebungen Nr. 1395, 1836, 7.1.2.

Engler, Günter (1952): Musik des kleinen Mannes. Hessischer Rundfunk. Abendstudio vom 10. Juni. Manuskript. In: HR-Archiv Nr. 3036266

Engler, Wolfgang (1999): Die Ostdeutschen. Kunde von einem verlorenen Land. Berlin

Enzensberger, Hans Magnus (2000): Das digitale Evangelium. In: Der Spiegel Nr. 2, S. 92–101

Ernst, Otmar (1963): Die Zukunft der Presse als Werbeträger. Ergebnisse des Internationalen Marktforscher-Kongresses in Hamburg. In: ZV+ZV, S. 1907–1909

Ernst, Otmar (1974): Dr. O.E.'s Lexikon der Marktforschung. Unverbindliche Definitionen für Anfänger und Fortgeschrittene. Hamburg

Ernst, Otmar (1989): (Medien-)Perspektiven einer Partnerschaft. Anmerkungen zum Status der Arbeitsgemeinschaft Media-Analyse e.V. (AG.MA). In: Media Perspektiven, S. 146–156

Eurich, Claus/Würzberg, Gerd (1983): 30 Jahre Fernsehalltag. Wie das Fernsehen unser Leben verändert hat. Reinbek

Fabian, Thomas (1993): Fernsehen und Einsamkeit im Alter. Eine empirische Untersuchung zu parasozialer Interaktion. Münster, Hamburg

Feldmeier, Sonja (2004): MA. Die Analyse. In: werben & verkaufen, Nr. 5, S. 50–54

Festinger, Leon (1954): A Theory of Social Comparison Processes. In: Human Relations, Vol. 7, S. 117–140

Festinger, Leon (1957): A Theory of Cognitive Dissonance. Evanston

Filipp, Ulf-Dieter (1995): FOCUS im Spiegel der Marktforschung – Die Erfolgsgeschichte einer Zeitschrift. In: Böhme-Dürr, Karin/Graf, Gerhard (Hrsg.): Auf der Suche nach dem Publikum. Medienforschung für die Praxis. Konstanz, S. 21–43

Fishbein, Martin/Ajzen, Icek (1975): Believe, Attitude, Intention and Behaviour: An Introduction to Theory and Research. Reading

Frey-Vor, Gerlinde/Gerhard, Heinz/Mende, Annette (2002): Daten der Mediennutzung in Ost- und Westdeutschland. Ergebnisse von 1992 bis 2001 im Vergleich. In: Media Perspektiven, S. 54–69

Friedrichs, Jürgen (1990): Methoden empirischer Sozialforschung. 14. Auflage. Opladen

Fröhner, Rolf (1956): Meinungsforschung – ihre Aufgaben und Problematik. In: Publizistik, S. 259–273

Fröschl, Petra (2004): Mediennutzung in Spanien. Münster

Früh, Werner (2002): Theorie der Fernsehunterhaltung. Unterhaltung als Handlung, Rezeptionsprozess und emotionales erleben. In: Früh, Werner: Unterhaltung durch das Fernsehen. Eine molare Theorie. Konstanz, S. 67–240

Früh, Werner (2003a): Theorien, theoretische Modelle und Rahmentheorien. Eine Einleitung. In: Früh, Werner/Stiehler, Hans-Jörg (Hrsg.): Theorie der Unterhaltung. Ein interdisziplinärer Diskurs. Köln, S. 9–26

Früh, Werner (2003b): Triadisch-dynamische Unterhaltungstheorie. In: Früh, Werner/ Stiehler, Hans-Jörg (Hrsg.): Theorie der Unterhaltung. Ein interdisziplinärer Diskurs. Köln, S. 27–56

Früh, Werner/Hasebrink, Uwe/Krotz, Friedrich/Kuhlmann, Christoph/Stiehler, Hans-Jörg (1999): Ostdeutschland im Fernsehen. München

Früh, Werner/Stiehler, Hans-Jörg (2002): Fernsehen in Ostdeutschland. Eine Untersuchung zum Zusammenhang zwischen Programmangebot und Rezeption. Berlin

Fürsich, Elfriede (1994): Fernsehnachrichten als Ritual. Ein neuer Ansatz zur Interpretation. In: Publizistik, S. 27–57

Gattlen, Roman (1999): Das Fernsehverhalten in der Schweiz. Eine Untersuchung zum Fernsehverhalten in der Schweiz von 1985 bis 1997 unter besonderer Berücksichtigung nutzungsbeeinflussender Determinanten. Bern

Gaus, Günter (1990): Wo Deutschland liegt. Eine Ortsbestimmung. In: Über Deutschland und die Deutschen. Berlin, S. 15–296

Gaziano, Cecilie (1988): How Credible is the Credibility Crisis? In: Journalism Quarterly, S. 267–278

Gehrau, Volker (2002): Die Beobachtung in der Kommunikationswissenschaft. Konstanz

Gerhards, Jürgen (1998): Konzeptionen von Öffentlichkeit unter heutigen Medienbedingungen. In: Jarren, Otfried/Krotz, Friedrich (Hrsg.): Öffentlichkeit unter Viel-Kanal-Bedingungen. Baden-Baden, Hamburg, S. 25–48

Gerhards, Maria/Klingler, Walter (2003): Programmangebote und Spartennutzung im Fernsehen 2002. Analyse auf Basis der AGF/GfK-Programmcodierung. In: Media Perspektiven, S. 500–509

Gerhards, Maria/Mende, Annette (2003): Offliner 2003: Stabile Vorbehalte gegenüber dem Internet. ARD/ZDF-Offline-Studie 2003. In: Media Perspektiven, S. 359–373

Giegler, Helmut (1982): Dimensionen und Determinanten der Freizeit. Eine Bestandsaufnahme der sozialwissenschaftlichen Freizeitforschung. Opladen

Giegler, Helmut/Wenger, Christian (2003): Unterhaltung als soziokulturelles Phänomen. In: Früh, Werner/Stiehler, Hans-Jörg (Hrsg.): Theorie der Unterhaltung. Ein interdisziplinärer Diskurs. Köln, S. 105–135

Gillespie, Marie (1995): Television, Ethnicity and Cultural Change. London, New York

Gleich, Uli (1995): Hörfunkforschung in der Bundesrepublik. Methodischer Überblick, Defizite und Perspektiven. In: Media Perspektiven, S. 554–561

Gleich, Uli (1996): Neuere Ansätze zur Erklärung von Publikumsverhalten. Befunde, Defizite und Chancen der Publikumsforschung. In: Media Perspektiven, S. 598–606

Gleich, Uli (1997a): Forschung zu Kino und Film. In: Media Perspektiven, S. 165–170

Gleich, Uli (1997b): Zielgruppenforschung. In: Media Perspektiven, S. 627–632

Gleich, Uli (1998): Rezeption und Wirkung von Nachrichten. In: Media Perspektiven, S. 524–529

Gleich, Uli (2000a): Entwicklung und Nutzung neuer Medien. In: Media Perspektiven, S. 326–333

Gleich, Uli (2000b): Nutzungsmotive und Funktionen des Radios. In: Media Perspektiven, S. 427–431

Gleich, Uli/Kreisel, Eva/Thiele, Lars/Vierling, Matthias/Walther, Stephan (1998): Sensation-Seeking, Freizeitverhalten und Freizeitaktivitäten. In: Klingler, Walter/Roters, Gunnar/Zöllner, Oliver (Hrsg.): Fernsehforschung in Deutschland. Themen – Akteure – Methoden. Baden-Baden, S. 661–687

Gmel, Gerhard/Deimling, Susanne/Bortz, Jürgen (1994): Die Nutzung des Mediums Fernsehen in der DDR vor und nach der Wende. In: Rundfunk und Fernsehen, S. 542–554

Görner, Felix (1995): Vom Außenseiter zum Aufsteiger. Ergebnisse der repräsentativen Befragung von Sportjournalisten in Deutschland. Berlin

Göttlich, Udo/Winter, Carsten (1999): Wessen Cultural Studies? Zur Rezeption der Cultural Studies im deutschsprachigen Raum. In: Bromley, Roger/Göttlich, Udo/Winter, Carsten (Hrsg.): Cultural Studies. Grundlagentexte zur Einführung. Lüneburg, S. 25–39

Grajczyk, Andreas/Klingler, Walter/Schmitt, Sibylle (2001): Mediennutzung, Freizeit- und Themeninteressen der ab 50-Jährigen. Ergebnisse der SWR-Studie »50+« und weiterer Studien. In: Media Perspektiven, S. 189–201

Groeben, Norbert/Vorderer, Peter (1988): Leserpsychologie: Lesemotivation – Lektürewirkung. Münster

Groth, Otto (1960): Die unerkannte Kulturmacht. Band 1: Das Wesen des Werkes. Berlin

Gustafsson, Karl Erik/Weibull, Lennart (1997): European Newspaper Readership: Structure and Development. In: Communications, S. 249–273

Habermas, Jürgen (1981): Theorie des kommunikativen Handelns. Zwei Bände. Frankfurt am Main

Hackl, Christiane (2001): Fernsehen im Lebenslauf. Eine medienbiographische Studie. Konstanz

Hagemann, Walter (1953): Konkurrenten der Zeitung. Keine Gefahr bei Besinnung auf die geistigen Wurzeln. In: ZV+ZV Nr. 1/2, S. 23–25

Halff, Gregor (1998): Wa(h)re Bilder? Zur Glaubwürdigkeit von Fernsehnachrichten. In: Kamps, Klaus/Meckel, Miriam (Hrsg.): Fernsehnachrichten. Prozesse, Strukturen, Funktionen. Opladen, S. 127–134

Hall, Stuart (1999a): Kodieren/Decodieren. In: Bromley, Roger/Göttlich, Udo/Winter, Carsten (Hrsg.): Cultural Studies. Grundlagentexte zur Einführung. Lüneburg, S. 92–110

Hall, Stuart (1999b): Cultural Studies. Zwei Paradigmen. In: Bromley, Roger/Göttlich, Udo/Winter, Carsten (Hrsg.): Cultural Studies. Grundlagentexte zur Einführung. Lüneburg, S. 113–138

Hallenberger, Gerd (2003): Eurofiction 2002: Trotz Krise überraschend stabiles Angebot. Erstausgestrahlte einheimische fiktionale Fernsehproduktionen in Deutschland. In: Media Perspektiven, S. 490–499

Hammerstein, Konstantin von (2000): Angriff aus dem Netz. In: Der Spiegel Nr. 12, S. 130–134

Hanke, Helmut (1979): Freizeit in der DDR. Berlin

Hartmann, Peter H./Neuwöhner, Ulrich (1999): Lebensstilforschung und Publikums-segmentierung. Eine Darstellung der MedienNutzerTypologie (MNT). In: Media Perspektiven, S. 531–539

Hartmann, Tilo/Klimmt, Christoph/Vorderer, Peter (2001): Avatare: Parasoziale Beziehungen zu virtuellen Akteuren. In: Medien & Kommunikationswissenschaft, S. 350–368

Hartmann, Tilo/Schramm, Holger/Klimmt, Christoph (2004): Personenorientierte Medienrezeption: Ein Zwei-Ebenen-Modell parasozialer Interaktionen. In: Publizistik, S. 25–47

Hasebrink, Uwe (1994): Hörfunk – ein politisches Informationsmedium? Ein Überblick über Forschungsergebnisse zur Hörfunknutzung. In: Jarren, Otfried (Hrsg.): Politische Kommunikation in Hörfunk und Fernsehen. Elektronische Medien in der Bundesrepublik Deutschland. Opladen, S. 157–172

Hasebrink, Uwe (1998): Politikvermittlung im Zeichen individualisierter Mediennutzung. Zur Informations- und Unterhaltungsorientierung des Publikums. In: Sarcinelli, Ulrich (Hrsg.): Politikvermittlung und Demokratie in der Mediengesellschaft. Bonn, S. 345–367

Hasebrink, Uwe (2003): Mediennutzungsforschung. In: Bentele, Günter/Brosius, Hans-Bernd/Jarren, Otfried (Hrsg.): Handbuch der öffentlichen Kommunikation. Wiesbaden, S. 101–127

Hasebrink, Uwe/Krotz, Friedrich (1991): Das Konzept der Publikumsaktivität in der Kommunikationswissenschaft. In: SPIEL, S. 115–139

Heimken, Norbert (1989): Der Mythos von der Freizeitgesellschaft. Münster

Heinrich, Jürgen (1998): Ökonomische Theorie der Personalisierung des Politischen. In: Imhof, Kurt/Schulz, Peter (Hrsg.): Die Veröffentlichung des Privaten – Die Privatisierung des Öffentlichen. Opladen, S. 332–339

Henseler, Stephanie (1987): Soziologie des Kinopublikums. Eine sozialempirische Studie unter besonderer Berücksichtigung der Stadt Köln. Frankfurt am Main, Bern, New York

Hepp, Andreas (1998): Fernsehaneignung und Alltagsgespräche. Fernsehnutzung aus der Perspektive der Cultural Studies. Opladen

Hepp, Andreas (1999): Cultural Studies und Medienanalyse. Eine Einführung. Opladen, Wiesbaden

Hepp, Andreas/Winter, Rainer (1999): Kultur – Medien – Macht. Cultural Studies und Medienanalyse. Opladen

Herkner, Werner (1992): Psychologie. 2. Auflage. Wien, New York

Herzog, Herta (1944): What do we really know about daytime serial listeners? In: Lazarsfeld, Paul/Stanton, Frank (Eds.): Radio Research 1942–1943. New York, S. 3–33

Hess, Eva-Maria (1962): Methoden der Leserschaftsforschung. München

Hess, Eva-Maria (1996): Die Leser. Konzepte und Methoden der Printforschung. München, Offenburg

Hesse, Kurt R. (1988): Westmedien in der DDR. Nutzung, Image und Auswirkungen bundesrepublikanischen Hörfunks und Fernsehens. Köln

Hesse, Kurt R./Gelzleichter, Astrid (1993): Images und Fernsehen. In: Bentele, Günter/Rühl, Manfred (Hrsg.): Theorien öffentlicher Kommunikation. München, S. 409–434

Hickethier, Knut (1998): Narrative Navigation durchs Weltgeschehen. Erzählstrukturen in Fernsehnachrichten. In: Kamps, Klaus/Meckel, Miriam (Hrsg.): Fernsehnachrichten. Prozesse, Strukturen, Funktionen. Opladen, S. 185–202

Hitzler, Ronald/Pfadenhauer, Michaela (1998): Konsequenzen der Entgrenzung des Politischen: Existentielle Strategien am Beispiel »Techno«. In: Imhof, Kurt/Schulz, Peter (Hrsg.): Die Veröffentlichung des Privaten – Die Privatisierung des Öffentlichen. Opladen, S. 165–179

Höflich, Joachim R. (1999): Der Mythos vom umfassenden Medium. Anmerkungen zur Konvergenz aus einer Nutzerperspektive. In: Latzer, Michael (Hrsg.): Die Zukunft der Kommunikation. Innsbruck, S. 43–60

Hofsümmer, Karl-Heinz/Horn, Imme (1999): Werbung in Deutschland – akzeptiert und anerkannt. Ergebnisse einer repräsentativen Umfrage. In: Media Perspektiven, S. 442–446

Hofsümmer, Karl-Heinz/Müller, Dieter K. (1999): Zapping bei Werbung – ein überschätztes Phänomen. Eine Bestandsaufnahme des Zuschauerverhaltens vor und während der Fernsehwerbung. In: Media Perspektiven, S. 296–300

Hohenadl, Albrecht (2004): Mediennutzung in Japan. Münster

Hörl, Josef/Rosenmayr, Leopold (1994): Gesellschaft, Familie, Alternsprozess. In Reimann, Helga/Reimann, Horst (Hrsg.): Das Alter. Einführung in die Gerontologie. Stuttgart, S. 175–208

Horton, Donald/Wohl, Richard L. (1956): Mass Communication and Para-Social Interaction. In: Psychatry, S. 215–229

Hovland, Carl I./Weiss, Walter (1951): The Influence of Source Credibility on Communication Effectiveness. In: Public Opinion Quarterly, S. 635–650

Huber, Nathalie (2004): Ohne Bilder im Bilde. Eine qualitative Studie zur Mediennutzung und Medienbewertung von blinden Menschen in Deutschland. Münster

Huizinga, Johan (1956): homo ludens. Vom Ursprung der Kultur im Spiel. Hamburg

Infratest (2002): Radyo Metropol FM. Reichweitenstudie Mai/Juni 2002. Berlin

Institut für Demoskopie (1998a): AWA '98. Märkte, Meinungen, Mediennutzung in Deutschland. Daten und Fakten in 6 Bänden. Allensbach

Institut für Demoskopie (1998b): 40 Jahre Allensbacher Markt- und Werbeträgeranalyse. Kontinuität und Innovation. Bewährtes, Neues und neu zu Entdeckendes aus vier Jahrzehnten quantitativer und qualitativer Markt- und Mediaforschung. Allensbach

IP Deutschland (2002): Deutschland – einig Fernsehland? Köln

Jäckel, Michael (1993): Fernsehwanderungen. Eine empirische Untersuchung zum Zapping. München

Jäckel, Michael (1998): Politische Kommunikation im Fernsehen: Vermittlungsprobleme, Rezeption und Wirkungen. In: Klingler, Walter/Roters, Gunnar/Zöllner, Oliver (Hrsg.): Fernsehforschung in Deutschland. Themen – Akteure – Methoden. Baden-Baden, S. 319–332

Jäckel, Michael/Peter, Jochen (1997): Cultural Studies aus kommunikationswissenschaftlicher Perspektive. Grundlagen und grundlegende Probleme. In: Rundfunk und Fernsehen, S. 46–68

Jacobi, Reinhold (1995): Markt und Magie, Kommunikation und Kult. Zum Kino als Ereignisraum. In: Communicatio Socialis, S. 90–104

Jahoda, Marie (1982): Employment and Unemployment: A Social-Psychological Analysis. Cambridge

Jeanes, Mike (2000): Wiedergeburt der Lebensphasen. In: Vierteljahreshefte für Media- und Werbewirkung Nr. 1, S. 20–25

Kaase, Max/Langenbucher, Wolfgang R. (1987): Medienwirkungen auf Gesellschaft und Politik. In: Deutsche Forschungsgemeinschaft (Hrsg.): Medienwirkungsforschung in der Bundesrepublik Deutschland. Weinheim, S. 13–28

Kapferer, Clodwig (1963): Marktforschung in Europa. Methoden einzelner Länder. Hamburg, Berlin, Düsseldorf

Katz, Elihu (1977): Das Verstehen von Nachrichten. In: Publizistik, S. 359–370

Keller, Felix (2001): Archäologie der Meinungsforschung. Mathematik und die Erzählbarkeit des Politischen. Konstanz

Keupp, Heiner/Kraus, Wolfgang/Straus, Florian (2000): Civic matters: Motive, Hemmnisse und Fördermöglichkeiten bürgerschaftlichen Engagements. In: Beck, Ulrich (Hrsg.): Die Zukunft von Arbeit und Demokratie. Frankfurt am Main, S. 217–268

Kiefer, Marie Luise (1997): Hörfunk: Dauergast zur Information und Unterhaltung. Sonderauswertungen zur Langzeitstudie Massenkommunikation. In: Media Perspektiven, S. 612–618

Kiefer, Marie Luise (1998a): Ein Unikat in der Rezeptionsforschung. Langzeitstudie Massenkommunikation zur Mediennutzung und Medienbewertung. In: Klingler, Walter/Roters, Gunnar/Zöllner, Oliver (Hrsg.): Fernsehforschung in Deutschland. Themen – Akteure – Methoden. Baden-Baden, S. 17–29

Kiefer, Marie Luise (1998b): Tendenzen und Wandlungen in der Presse-, Hörfunk- und Fernsehrezeption seit 1964. In: Klingler, Walter/Roters, Gunnar/Gerhards, Maria (Hrsg.): Medienrezeption seit 1945. Forschungsbilanz und Forschungsperspektiven. Baden-Baden, S. 89–101

Kiefer, Marie Luise (1999): Wie betreibt man wissenschaftliche Langzeitforschung? Eine Replik auf die Kritik von Lauf/Peiser. In: Rundfunk und Fernsehen, S. 243–256

Kindel, Andreas (1998): Erinnern von Radio-Nachrichten. Eine empirische Studie über die Selektionsleistungen der Hörer von Radio-Nachrichten. München

Kindelmann, Klaus (1995): Die VuMA und der neue Konsument in der Fernsehforschung. In: Böhme-Dürr, Karin/Graf, Gerhard (Hrsg.): Auf der Suche nach dem Publikum. Medienforschung für die Praxis. Konstanz, S. 261–269

Klages, Helmut/Hippler, Hans-Jürgen/Herbert, Willi (1992): Werte und Wandel. Ergebnisse und Methoden einer Forschungstradition. Frankfurt am Main, New York

Klaus, Elisabeth (1996): Der Gegensatz von Information ist Desinformation, der Gegensatz von Unterhaltung ist Langeweile. In: Rundfunk und Fernsehen, S. 402–417

Klaus, Elisabeth (1997): Konstruktionen der Zuschauerschaft: vom Publikum in der Einzahl zu den Publika in der Mehrzahl. In: Rundfunk und Fernsehen, S. 456–474

Klein, Petra (2004): Die Entgrenzung einer Wissenschaft. Henk Prakke und die Ausweitung der Publizistik- zur Kommunikationswissenschaft in den 1960er Jahren in der BRD. Münster

Klemperer, Victor (1996): Leben sammeln, nicht fragen wozu und warum. Tagebücher 1918–1924. Berlin

Kliment, Tibor (1996): Mein Radio, meine Heimat? Rezeptionsansprüche der Hörerschaften des Lokalradios und des öffentlich-rechtlichen Hörfunks in Nordrhein-Westfalen. In: Rundfunk und Fernsehen, S. 499–530

Klingler, Walter/Müller, Dieter K. (2000): MA 2000 Radio: Erstmals mit Telefoninterviews erhoben. Hörfunknutzung und -präferenzen in Deutschland. In: Media Perspektiven, S. 414–426

Klingler, Walter/Müller, Dieter K. (2003): ma 2003 Radio II: Radio behauptet zentralen Platz in der Mediennutzung. In: Media Perspektiven, S. 414–424

Klingler, Walter/Roters, Gunnar/Gerhards, Maria (1998): Medienrezeption seit 1945. Forschungsbilanz und Forschungsperspektiven. Baden-Baden

Kluthe, Peter (1973): Kommunikationsverhalten von Lokalzeitungslesern. Frankfurt am Main

Kocka, Jürgen/Prinz, Michael (1985): Vom »neuen Mittelstand« zum angestellten Arbeitnehmer. Kontinuität und Wandel der deutschen Angestellten seit der Weimarer Republik. In: Conze, Werner/Lepsius, M. Rainer (Hrsg.): Sozialgeschichte der Bundesrepublik Deutschland. Beiträge zum Kontinuitätsproblem. Stuttgart, S. 210–255

Köhnken, Günter (1990): Glaubwürdigkeit. Untersuchungen zu einem psychologischen Konstrukt. München

Konrad-Adenauer-Stiftung (2001): Türken in Deutschland. Einstellungen zu Staat und Gesellschaft. St. Augustin

Koschnick, Wolfgang J. (1995a): Standard-Lexikon für Mediaplanung und Mediaforschung in Deutschland. Zwei Bände. 2. Auflage. München, New Providence, London, Paris

Koschnick, Wolfgang J. (1995b): Media-Lexikon Österreich. München

Koschnick, Wolfgang J. (1995c): Media-Lexikon Schweiz. München

Koschnik, Wolfgang J. (2003): Focus-Lexikon Werbeplanung – Mediaplanung – Marktforschung – Kommunikationsforschung – Mediaforschung. München

Kroeber-Riel, Werner (1977): Ziele der Verbraucherpolitik. In: Arbeitskammer des Saarlandes, Universität des Saarlandes (Hrsg.): Verbraucherpolitik. Saarbrücken, S. 1–12

Krotz, Friedrich (1991): Lebensstile, Lebenswelten und Medien: Zur Theorie und Empirie individuenbezogener Forschungsansätze des Mediengebrauchs. In: Rundfunk und Fernsehen, S. 317–342

Krotz, Friedrich (1993): Berg, Klaus/Kiefer, Marie Luise (Hrsg.): Massenkommunikation IV. Rezension. In: Rundfunk und Fernsehen, S. 245f.

Krotz, Friedrich (1997): Kontexte des Verstehens audiovisueller Kommunikate. Das sozial positionierte Subjekt der Cultural Studies und die kommunikativ konstruierte Identität des symbolischen Interaktionismus. In: Charlton, Michael/Schneider, Silvia (Hrsg.): Rezeptionsforschung. Theorien und Untersuchungen zum Umgang mit Massenmedien. Opladen, S. 73–89

Krotz, Friedrich (1999): Anonymität als Chance und Glaubwürdigkeit als Problem. In: Rössler, Patrick/Wirth, Werner (Hrsg.): Glaubwürdigkeit im Internet: Fragestellungen, Modelle, empirische Befunde. München, S. 125–140

Kuhli, Michael (2000): Regionalzeitungen Ost: Ein Land wandert aus. In: werben & verkaufen Nr. 41, S. 198–200

Kühnert, Daniela (2004): Sportfernsehen & Fernsehsport. Die Inszenierung von Fußball, Formel 1 und Skispringen im deutschen Fernsehen. München

Kunczik, Michael/Zipfel, Astrid (2001): Publizistik. Ein Studienhandbuch. Köln, Weimar, Wien

Kutsch, Arnulf (1996): Rundfunknutzung und Programmpräferenzen von Kindern und Jugendlichen im Jahre 1931. Schülerbefragungen in der Pionierphase der Hörerforschung. In: Rundfunk und Geschichte Nr. 4, S. 205–215

Labs, Axel (1999): Die Determinanten der Informationsrezeption im Hörfunk. Theoretische Ansätze und empirische Befunde am Beispiel von hr1. Pfaffenweiler

Landgrebe, Klaus Peter (1995): Auf den Spuren der Geheimnisse des Bildschirms. Kontinuierliche Werbefernsehforschung mit Menschen und Maschinen. In: Burda (Hrsg.): Neue Erkenntnisse der Print- und TV-Forschung. Offenburg, S. 19–30

Langenbucher, Wolfgang R. (1968): Das Fernsehen in der Presse. Ein Beitrag zur Frage der journalistischen Konkurrenz oder Ergänzung. In: Rundfunk und Fernsehen, S. 1–18

Langenbucher, Wolfgang R. (1989): Musikteppiche für die Dialektkommunikation am »Neuen Dorfbrunnen«. Lokalradios in der Schweiz. In: Media Perspektiven, S. 618–631

Langner, Ralph (1994): Musikpsychologie. In: Asanger, Roland/Wenninger, Gerd (Hrsg.): Handwörterbuch Psychologie. 5. Auflage. Weinheim, S. 475–477

Lauf, Edmund/Peiser, Wolfram (1999): Zur Validität der Langzeitstudie Massenkommunikation. Eine kritische Untersuchung ihrer Trenddaten zur Mediennutzung. In: Rundfunk und Fernsehen, S. 231–242

Lazarsfeld, Paul (1975): Zwei Wege der Kommunikationsforschung. In: Schatz, Oskar (Hrsg.): Die elektronische Revolution. Wie gefährlich sind die Massenmedien? Graz, S. 197–222

Lehr, Thomas (1999): Tageszeitungen und Online-Medien. Elektronisches Publizieren als produktpolitisches Instrument der Verlage. Wiesbaden

Lenk, Carsten (1996): Das Dispositiv als theoretisches Paradigma der Medienforschung. In: Rundfunk und Geschichte, S. 5–17

Lenk, Carsten (1997): Die Erscheinung des Rundfunks. Einführung und Nutzung eines neuen Mediums 1923–1932. Opladen

Lerg, Winfried B. (1981): Verdrängen oder ergänzen die Medien einander? Innovation und Wandel in Kommunikationssystemen. In: Publizistik, S. 193–201

Levy, Marc/Windahl, Sven (1984): Audience Activity and Gratifications. A Conceptual Clarification and Exploration. In: Communication Reserarch, S. 51–78

Liegle, Ludwig (1991): Kulturvergleichende Ansätze in der Sozialisationsforschung. In: Hurrelmann, Klaus/Ulich, Dieter (Hrsg.): Neues Handbuch der Sozialisationsforschung. Weinheim und Basel, S. 215–230

Liepelt, Klaus/Neuber, Wolfgang/Schenk, Michael (1993): Lokalradio in Nordrhein-Westfalen. Analysen zur Mediennutzung. Opladen

Liessmann, Konrad Paul (2000): Im Schweiße Deines Angesichts. In: Beck, Ulrich (Hrsg.): Die Zukunft von Arbeit und Demokratie. Frankfurt am Main, S. 85–107

Lilienthal, Volker (1998): Leitwährung unter Druck. Politische Funktionen und Probleme der Fernsehforschung. In: Klingler, Walter/Roters, Gunnar/Zöllner, Oliver (Hrsg.): Fernsehforschung in Deutschland. Themen – Akteure – Methoden. Baden-Baden, S. 967–985

Lindner-Braun, Christa (1998a): Radioforschung. Konzepte, Instrumente und Ergebnisse aus der Praxis. Opladen, Wiesbaden

Lindner-Braun, Christa (1998b): Moderatorentest für den Hörfunk. In: Lindner-Braun (1998a), S. 175–189

Lübbe, Hermann (1992): Unterhaltung sucht jeder – auch der Informationsorientierte. In: Bertelsmann Briefe Nr. 128, S. 4–8

Maase, Kaspar (1997): Grenzenloses Vergnügen. Der Aufstieg der Massenkultur 1850–1970. Frankfurt am Main

Maletzke, Gerhard (1950): Der Rundfunk in der Erlebniswelt des heutigen Menschen. Untersuchungen zur psychologischen Wesenseigenart des Rundfunks und zur Psychologie des Rundfunkhörens. Hamburg

Maletzke, Gerhard (1963): Psychologie der Massenkommunikation. Theorie und Systematik. Hamburg

Maletzke, Gerhard (1998): Kommunikationswissenschaft im Überblick. Grundlagen, Probleme, Perspektiven. Opladen, Wiesbaden

Mares, Marie-Louise/Cantor, Joanne (1992): Elderly Viewers' Responses to Televised Portrayals of Old Age. Empaty and Mood Management versus Social Comparison. In: Communication Research, S. 459–478

Marias, Javier (1997): Aller Seelen. Stuttgart

Maslow, Abraham (1954): Motivation and Personality. New York

Mathes, Rainer (1995): Konzepte zur Nutzung und Bewertung von Tageszeitungen. In: Böhme-Dürr, Karin/Graf, Gerhard (Hrsg.): Auf der Suche nach dem Publikum. Medienforschung für die Praxis. Konstanz, S. 69–87

McQuail, Denis (1983): Mass Communication Theory. An Introduction. London

Merten, Klaus (1999): Einführung in die Kommunikationswissenschaft. Band 1/1: Grundlagen der Kommunikationswissenschaft. Münster

Meyen, Michael (1996): Leipzigs bürgerliche Presse in der Weimarer Republik. Wechselbeziehungen zwischen gesellschaftlichem Wandel und Presseentwicklung. Leipzig

Meyen, Michael (2000a): Die Quelle Meinungsforschung: Historische Datenanalyse als Weg zu einer Geschichte der Mediennutzung. In: ZA-Information 46, S. 39–57

Meyen, Michael (2000b): Extrablätter gegen Mirag-Nachrichten? Medienkonkurrenz in der Weimarer Republik. In: »Zeitung Drucken ist ein wichtiges werck«. 350 Jahre Tagespresse in Leipzig. Leipzig, S. 193–203

Meyen, Michael (2001): Hauptsache Unterhaltung. Mediennutzung und Medienbewertung in Deutschland in den 50er Jahren. Leipzig

Meyen, Michael (2003): Denver Clan und Neues Deutschland. Mediennutzung in der DDR. Berlin

Meyn, Hermann (1966): Politisierung der Illustrierten in der Bundesrepublik? In: Publizistik, S. 332–345

Mikos, Lothar/Wiedemann, Dieter (2000): Im Auge der Kamera. Das Fernsehereignis Big Brother. Berlin

Mooser, Josef (1984): Arbeiterleben in Deutschland 1900–1970. Klassenlagen, Kultur und Politik. Frankfurt am Main

Mooser, Josef (1993): Arbeiter, Angestellte und Frauen in der »nivellierten Mittelstandsgesellschaft«. Thesen. In: Schildt, Axel/Sywottek, Arnold (Hrsg.): Modernisierung im Wiederaufbau. Die westdeutsche Gesellschaft der 50er Jahre. Bonn, S. 362–376

Morley, David (1996): Medienpublika aus der Sicht der Cultural Studies. In: Hasebrink, Uwe/Krotz, Friedrich (Hrsg.): Die Zuschauer als Fernsehregisseure? Zum Verständnis individueller Nutzungs- und Rezeptionsmuster. Baden-Baden, Hamburg, S. 37–51

Müller, Dieter K. (1997a): Das AG.MA-Partnerschaftsmodell wird neu definiert. Eröffnen sich durch den Wiedereintritt der Fernsehsender in die Arbeitsgemeinschaft MediaAnalyse neue Perspektiven intermedialer Paritäten? In: Media Perspektiven, S. 320–329

Müller, Dieter K. (1997b): Fernsehzuschauerforschung in Deutschland. Das Währungssystem für Programm und Werbung. In: Media Perspektiven, S. 470–480

Müller, Dieter K. (1998): Radiometer als optionales Instrument der Hörerschaftsforschung. Bringen passive elektronische Meßinstrumente Fortschritt oder Verwirrung? In: Media Perspektiven, S. 70–75

Müller, Dieter K. (1999): Die Optimierung der Hörfunkabfrage in der MediaAnalyse. Der lange Weg von Face-to-face zu CATI. In: Media Perspektiven, S. 518–530

Müller, Dieter K. (2000): Fernsehforschung ab 2000 – Methodische Kontinuität. Organisatorische Modifikationen und inhaltliche Erweiterungen beim System der AGF/ GfK-Fernsehforschung. In: Media Perspektiven, S. 2–7

Müller, Dieter K. (2002): Nutzungsmessung des Radios: Uhr oder Ohr? Erfüllen Radiometersysteme die Anforderungen an die Erhebung der Hörfunknutzung? In: Media Perspektiven, S. 2–8

Müller, Dieter K. (2004): Werbung und Fernsehforschung. Anforderungen, Leistungen und zukünftige Aufgaben. In: Media Perspektiven, S. 28–37

Müller, Dieter K./Wiegand, Jürgen (2003): Von Face-to-face zu CATI. Dokumentation der Experimente und Methoden zur Optimierung der media.analyse.Radio. Frankfurt am Main

Müller, Sabine (1997): Was die Zuschauer mit dem Fernsehen machen. In: Den Alltag erhöhen. Wie die Zuschauer das Fernsehen mit ihrem Leben verknüpfen. Köln, S. 10–27

Müller-Wichmann, Christiane (1985): Freizeitgesellschaft? Zur Demontage einer Legende. In: Rundfunk und Fernsehen, S. 469–479

Münster, Hans A. (1932): Jugend und Zeitung. Berlin

Münster, Hans A. (1955): Die moderne Presse. Das Zeitungs- und Zeitschriftenwesen im In- und Ausland in zwei Bänden. Band I: Die Presse in Deutschland. Bad Kreuznach

Nawratil, Ute (1997): Glaubwürdigkeit in der sozialen Kommunikation. Opladen

Nawratil, Ute (1999): Glaubwürdigkeit als Faktor in Prozeß medialer Kommunikation. In: Rössler, Patrick/Wirth, Werner (Hrsg.): Glaubwürdigkeit im Internet: Fragestellungen, Modelle, empirische Befunde. München, S. 15–31

Neckermann, Gerhard (2000): Kinobranche im Umbruch. Filmbesuch und Kinostruktur in Deutschland 1991 bis 1999. In: Media Perspektiven, S. 406–413

Neckermann, Gerhard (2001): Das Kinopublikum 1993 bis 2000. Besucherstruktur, Besucherverhalten und Image des Kinos. In: Media Perspektiven, S. 514–523

Neckermann, Gerhard (2002): Außergewöhnliches Filmjahr bringt Rekordbesuch. Filmbesuch, Filmangebot und Kinobesucherstruktur 1991 bis 2001. In: Media Perspektiven, S. 557–567

Negroponte, Nicholas (1995): Being Digital. New York

Neidhardt, Friedhelm (1987): Forschung über Meinungsforschung. In: ZA-Information 21, S. 18–28

Neuberger, Christoph (1999): Vom Papier auf den Bildschirm. Die Zeitung in der Metamorphose. In: Neuberger, Christoph/Tonnemacher, Jan (Hrsg.): Online – Die Zukunft der Zeitung? Das Engagement deutscher Tageszeitungen im Internet. Opladen, Wiesbaden, S. 16–56

Neumann-Bechstein, Wolfgang (1982): Freizeittrends und Fernsehnutzung. Strukturveränderungen im Freizeitverhalten und ihre Bedeutung für die Medienentwicklung. In: Rundfunk und Fernsehen, S. 164–177

Neumann-Braun, Klaus (1998): Kommunikationskulturelle Spezifika der Rezipientenbeteiligung in Rundfunkprogrammen – ein Begriffsinventarium. In: Imhof, Kurt/Schulz, Peter (Hrsg.): Die Veröffentlichung des Privaten – Die Privatisierung des Öffentlichen. Opladen, S. 76–91

Neundörfer, Ludwig (1958): Freie Zeit im Lebensrhythmus des Menschen. In: Becher, Karl/Siegel, Karl-August (Hrsg.): Rundfunk, Fernsehen und freie Zeit. Referate bei der Jahrestagung der katholischen Rundfunk- und Fernseharbeit in Deutschland. Köln, 15. Oktober 1957. Frankfurt am Main, S. 31–44

Neuwöhner, Ulrich (2003): Popmusikpräferenzen und Lebensstil. In: Oehmichen, Ekkehardt/Ridder, Christa-Maria (Hrsg.): Die MedienNutzerTypologie. Ein neuer Ansatz der Publikumsanalyse. Baden-Baden, S. 44–59

Neverla, Irene (1992a): Fernseh-Zeit. Zuschauer zwischen Zeitkalkül und Zeitvertreib. Eine Untersuchung zur Fernseh-Nutzung. München

Neverla, Irene (1992b): Mediennutzung zwischen Zeitkalkül und Muße. Zum Gebrauch der Begriffe Zeit und Freizeit in der Publikumsforschung. In: Hömberg, Walter/Schmolke, Michael (Hrsg.): Zeit, Raum, Kommunikation. München, S. 30–43

Niethammer, Lutz (1994): Erfahrungen und Strukturen: Prolegomena zu einer Geschichte der Gesellschaft der DDR. In: Kaelble, Hartmut/Kocka, Jürgen/Zwahr, Hartmut (Hrsg.): Sozialgeschichte der DDR. Stuttgart, S. 95–115

Noelle, Elisabeth (1940): Meinungs- und Massenforschung in USA. Umfragen über Politik und Presse. Frankfurt am Main

Noelle, Elisabeth (1963): Umfragen in der Massengesellschaft. Einführung in die Methoden der Demoskopie. Reinbek

Noelle-Neumann, Elisabeth (1957): Probewahl am Küchentisch. Spiegel-Gespräch mit der Leiterin des Instituts für Demoskopie in Allensbach. In: Der Spiegel Nr. 34, S. 18–23

Noelle-Neumann, Elisabeth (1998): Die Verteidigung des Lesens – Kann man einen langfristigen Trend mit Sozialforschung wieder umdrehen? In: Klingler, Walter/Roters, Gunnar/Gerhards, Maria (Hrsg.): Medienrezeption seit 1945. Forschungsbilanz und Forschungsperspektiven. Baden-Baden, S. 11–24

Noelle-Neumann, Elisabeth (1999): Putting Survey Research to the Test: The Contribution of Election Forecasts to New Methodological Developments. 1999 Symposium on Election Polling. Gallup Research Center. Lincoln (Nebraska). April 22–24

Noelle-Neumann, Elisabeth/Petersen, Thomas (1998): Alle, nicht jeder. Einführung in die Methoden der Demoskopie. München

Noelle-Neumann, Elisabeth/Schulz, Rüdiger (1993): Junge Leser für die Zeitung. Bericht über eine vierstufige Untersuchung zum Entwurf langfristiger Strategien. Dokumentation der wichtigsten Befunde. Bonn

Nutz, Walter (1971): Die Regenbogenpresse. Eine Analyse der deutschen bunten Wochenblätter. Opladen

NWDR-Hörerforschung (1951): Monatsbericht Juni. In: NDR-Archiv, Hamburg

Oehmichen, Ekkehardt/Ridder, Christa-Maria (2003): Die MedienNutzerTypologie. Ein neuer Ansatz der Publikumsanalyse. Baden-Baden

Oehmichen, Ekkehardt/Schröter, Christian (2003a): Regionale Internetangebote. Anbieter, Angebote und Nutzung. In: Media Perspektiven, S. 320–328

Oehmichen, Ekkehardt/Schröter, Christian (2003b): Funktionswandel der Massenmedien durch das Internet? Veränderungen des Mediennutzungsverhaltens bei Onlinenutzern. In: Media Perspektiven, S. 374–384

Oerter, Rolf (1999): Psychologie des Spiels. Weinheim, Basel

Ottenschläger, Madlen (2004): Mediennutzung von Türken und Deutsch-Türken der Zweiten Generation in der Bundesrepublik Deutschland. München

Ottler, Simon (1998): Zapping – zum selektiven Umgang mit Fernsehwerbung und dessen Bedeutung für die Vermarktung von Fernsehwerbezeit. München

Otto, Jürgen H./Euler, Harald A./Mandl, Heinz (2000): Emotionspsychologie. Weinheim

Palmgreen, Philip (1984): Der »Uses and Gratifications Approach«. Theoretische Perspektiven und praktische Relevanz. In: Rundfunk und Fernsehen, S. 51–62

Paus-Haase, Ingrid/Hasebrink, Uwe/Mattusch, Uwe/Keuneke, Susanne/Krotz, Friedrich (1999): Talkshows im Alltag von Jugendlichen. Der tägliche Balanceakt zwischen Orientierung, Amüsement und Ablehnung. Opladen

Peiser, Wolfram (1996): Die Fernsehgeneration. Eine empirische Untersuchung ihrer Mediennutzung und Medienbewertung. Wiesbaden

Peiser, Wolfram (1999): Zum Einfluß des Fernsehens auf das politische Interesse der Bevölkerung in der Bundesrepublik Deutschland. In: Wilke, Jürgen (Hrsg.): Massenmedien und Zeitgeschichte. Konstanz, S. 64–72

Peiser, Wolfram (2002): Michael Meyen: Mediennutzung. Rezension. In: Medien & Kommunikationswissenschaft, S. 286–288

Pfannenmüller, Judith (2000): Schütteln, umrühren, fertig. Die Media-Analyse erforscht, welche Zeitschriften und Zeitungen die Deutschen lesen – angeblich. In: Süddeutsche Zeitung vom 31. August, S. 21

Picard, Max (1948): Die Welt des Schweigens. Erlenbach-Zürich

Presse- und Informationsamt der Bundesregierung (2001): Mediennutzung und Integration der türkischen Bevölkerung in Deutschland. Potsdam

Prokop, Dieter (1998): Warum Einschaltquoten und Hitlisten kein demokratisches Bild der Publikumswünsche ergeben. In: Klingler, Walter/Roters, Gunnar/Zöllner, Oliver (Hrsg.): Fernsehforschung in Deutschland. Themen – Akteure – Methoden. Baden-Baden, S. 955–966

Prommer, Elizabeth (1999): Kinobesuch im Lebenslauf. Eine historische und medienbiographische Studie. Konstanz

Pryor, Larry (1999): The Development of Online Communication in the United States. Electronic Newspapers from Videotex to the Internet. In: Neuberger, Christoph/Tonnemacher, Jan (Hrsg.): Online – Die Zukunft der Zeitung? Das Engagement deutscher Tageszeitungen im Internet. – Opladen, Wiesbaden, S. 70–85

Radway, Janice A. (1987): Reading the Romance. Woman, Patriarchy, and Popular Literature. London, New York

Rager, Günther (2003): Jugendliche als Zeitungsleser: Lesehürden und Lösungsansätze. Ergebnisse aus dem Langzeitprojekt »Lesesozialisation bei Informationsmedien«. In: Media Perspektiven, S. 180–186

Raumer-Mandel, Alexandra (1990): Medien-Lebensläufe von Hausfrauen. Eine biographische Befragung. München

Reck, Siegfried (1977): Arbeiter nach der Arbeit. Sozialhistorische Studie zu den Wandlungen des Arbeiteralltags. Lahn-Gießen

Rehberger, Reinold (2000): Zwischen allen Fronten. In: werben & verkaufen Nr. 41, S. 186–191

Reichart, Katja (2003): Die Mediennutzung von Fernsehjournalisten. Eine empirische Untersuchung. München

Reichertz, Jo (2000): Die frohe Botschaft des Fernsehens. Kulturwissenschaftliche Untersuchung medialer Diesseitsreligion. Konstanz

Reinemann, Carsten (2003): Medienmacher als Mediennutzer. Kommunikations- und Einflussstrukturen im politischen Journalismus der Gegenwart. Köln

Renckstorf, Karsten (1989): Mediennutzung als soziales Handeln. Zur Entwicklung einer handlungstheoretischen Perspektive der empirischen (Massen-)Kommunikationsforschung. In: Massenkommunikation. Theorien, Methoden, Befunde. Kölner Zeitschrift für Soziologie und Sozialpsychologie Nr. 1 (= Sonderheft 30), S. 314–336

Rhein, Eduard (1990): Der Jahrhundertmann. Hans-Ulrich Horster erzählt die Geschichte seines Lebens und seiner Zeit. Wien

Riepl, Wolfgang (1913): Das Nachrichtenwesen des Altertums. Mit besonderer Rücksicht auf die Römer. Leipzig, Berlin

Ritter, Gabriele (2002): AG.MA-Projekt: Neues von CASI. »Computer aided self interviewing«: Forschung in Deutschland. Frankfurt am Main

Röhr, Karl-Heinz (1966): Der Einfluß von Rundfunk und Fernsehen auf die Informationsübermittlung in der Tagespresse. Leipzig

Rosenfeld, Kerstin/Telgheder, Maike (1998): Noelle-Neumann: Qualität hat ihren Preis. In: Horizont Nr. 28, S. 42

Rosengren, Karl Erik (1996): Inhaltliche Theorien und formale Modelle in der Forschung über individuelle Mediennutzung. In: Hasebrink, Uwe/Krotz, Friedrich (Hrsg.): Die Zuschauer als Fernsehregisseure? Zum Verständnis individueller Nutzungs- und Rezeptionsmuster. Baden-Baden, Hamburg, S. 13–36

Rössler, Patrick/Wirth, Werner (1999): Glaubwürdigkeit im Internet. Fragestellungen, Modelle, empirische Befunde. München

Rössler, Patrick/Kubisch, Susanne/Gehrau, Volker (2002): Empirische Perspektiven der Rezeptionsforschung. München

Rossmann, Raphael (2000): Werbeflucht per Knopfdruck. Ausmaß und Ursachen der Vermeidung von Fernsehwerbung. München

Rott, Armin/Schmitt, Stefan (2000): Wochenend und Sonnenschein... Determinanten der Zuschauernachfrage auf dem deutschen Fernsehmarkt. In: Medien & Kommunikationswissenschaft, S. 537–553

Röttger, Ulrike (1994): Medienbiographien von jungen Frauen. Münster, Hamburg

Ruhrmann, Georg/Demren, Songül (2000): Wie Medien über Migranten berichten. In: Schatz, Heribert (Hrsg.): Migranten und Medien. Neue Herausforderungen an die Integrationsfunktion von Presse und Hörfunk. Wiesbaden, S. 69–81

Ruhrmann, Georg/Woelke, Jens (1998): Rezeption von Fernsehnachrichten im Wandel. Desiderate und Perspektiven der Forschung. In: Kamps, Klaus/Meckel, Miriam (Hrsg.): Fernsehnachrichten. Prozesse, Strukturen, Funktionen. Opladen, S. 103–110

Rytlewski, Ralf/Opp de Hipt, Manfred (1987): Die Bundesrepublik Deutschland in Zahlen. 1945/49–1980. München

Saxer, Ulrich/Langenbucher, Wolfgang R./Fritz, Angela (1989): Kommunikationsverhalten und Medien. Lesen in der modernen Gesellschaft. Gütersloh

Schaefer, Hans Joachim (1967): Das Theater und sein Publikum. In: Publizistik, S. 207–218

Schaefer, Wolfgang (1992): Copy-Tests und Copy Testing. In: planung und analyse Nr. 3, S. 31f.

Schanne, Michael/Kiener, Urs (1998): »Es kommen doch alle gerne im Radio«. Anmerkungen zum Wechsel zwischen Privatheit und Öffentlichkeit am Beispiel von Radiosendungen mit Hörer/innen-Beteiligung. In: Imhof, Kurt/Schulz, Peter (Hrsg.): Die Veröffentlichung des Privaten – Die Privatisierung des Öffentlichen. Opladen, S. 92–98

Schenk, Michael (2002): Medienwirkungsforschung. 2., vollständig überarbeitete Auflage. Tübingen

Scherer, Helmut (2002): Michael Meyen: Mediennutzung. Rezension. In: Publizistik, S. 118f.

Scherer, Helmut/Brosius, Hans-Bernd (1997): Zielgruppen, Publikumssegmente, Nutzergruppen. Beiträge aus der Rezeptionsforschung. München

Scherer, Klaus R. (1984): On the Nature and Function of Emotion. In: Scherer, Klaus R. /Ekman, Paul (Eds.): Approaches to Emotion. Hillsdale, S. 293–318

Scheuch, Erwin K. (1972): Die Problematik der Freizeit in der Konsumgesellschaft. In: Scheuch, Erwin K./Meyersohn, Rolf (Hrsg.): Soziologie der Freizeit. Köln, S. 23–41

Scheuch, Erwin K. (1999): Eine Bewertung des Marktanteilsmodells aus kommunikations-wissenschaftlicher Sicht. Köln

Scheufele, Bertram (1999): Mediendiskurs, Medienpräsenz und World Wide Web. In: Rössler, Patrick/Wirth, Werner (Hrsg.): Glaubwürdigkeit im Internet: Fragestellungen, Modelle, empirische Befunde. München, S. 69–88

Scheufele, Bertram (2003): Frames – Framing – Framing-Effekte. Theoretische und methodische Grundlegung sowie empirische Befunde zur Nachrichtenproduktion. Wiesbaden

Schildt, Axel (1995): Moderne Zeiten. Freizeit, Massenmedien und »Zeitgeist« in der Bundesrepublik der 50er Jahre. Hamburg

Schindler, Friedrich (1942): Die Publizistik im Leben einer Gruppe von Leunaarbeitern insbesondere im Hinblick auf Presse, Rundfunk und Film. Leipzig

Schlimper, Jürgen (2000): Deutschlands Pressehauptstadt an der Pleiße? Einige Argumente für die Hauptstadtbezeichung. In: »Zeitung Drucken ist ein wichtiges werck«. 350 Jahre Tagespresse in Leipzig. Leipzig, S. 205–224

Schmid, Ingrid/Schweiger, Wolfgang (1999) Fragen und Antworten in der Langzeitstudie Massenkommunikation. Ein Methodenexperiment zu Mängeln des Messinstruments. In: Rundfunk und Fernsehen, S. 551–567

Schmidt, Adeline (2000): Leser auf der Flucht. In: werben & verkaufen Nr. 41, S. 180–185

Schmidt, Alfred (1939): Publizistik im Dorf. Dresden

Schmidt, Siegfried (1970): Unterhaltung als journalistische Kategorie. Zur Funktion der Unterhaltung in der imperialistischen und in der sozialistischen Tagespresse. Leipzig

Schmidt, Siegfried (1994): Bedürfnisstrukturen und Ebenen medialer Vermittlung von Politik und Unterhaltung im Osten Deutschlands. In: Bosshart, Louis/Hoffmann-Riem, Wolfgang (Hrsg.): Medienlust und Mediennutz. Unterhaltung als öffentliche Kommunikation. Konstanz, S. 471–477

Schmidtchen, Gerhard (1962): Über die gesellschaftsbildende Kraft der Massenmedien. In: ZV+ZV, S. 1332–1344

Schmitt-Walter, Nikolaus (2004): Online-Medien als funktionale Alternative? Über die Konkurrenz zwischen den Mediengattungen. München

Scholl, Armin (2003): Die Befragung. Sozialwissenschaftliche Methode und kommunikationswissenschaftliche Anwendung. Konstanz

Schön, Erich (1998): Das Bücherlesen im Medienzeitalter: Ansätze, Ergebnisse, Perspektiven. In: Klingler, Walter/Roters, Gunnar/Gerhards, Maria (Hrsg.): Medienrezeption seit 1945. Forschungsbilanz und Forschungsperspektiven. Baden-Baden, S. 205–222

Schönbach, Klaus (1997): Das hyperaktive Publikum – Essay über eine Illusion. In: Publizistik, S. 279–286

Schönbach, Klaus (2003): Die Zukunft der (gedruckten) Zeitung. In: BDZV (Hrsg.): Zeitungen 2003. Bonn, S. 126–135

Schönbach, Klaus/Goertz, Lutz (1995): Radio-Nachrichten: Bunt und flüchtig? Eine Untersuchung zu Präsentationsformen von Hörfunknachrichten und ihren Leistungen. Berlin

Schönbach, Klaus/Lauf, Edmund (1998): Soziodemographische Bestimmungsgründe des Zeitungslesens in den USA und in Westdeutschland. 1974–96: Distinktion und Integration? In: Holtz-Bacha, Christina/Scherer, Helmut/Waldmann, Norbert (Hrsg.): Wie die Medien die Welt erschaffen und wie die Menschen darin leben. Opladen, S. 205–230

Schönbach, Klaus/Lauf, Edmund/Peiser, Wolfram (1999): Wer liest wirklich Zeitung? Eine explorative Untersuchung. In: Publizistik, S. 131–148

Schönbach, Klaus/Peiser, Wolfram (1998): Was wird aus dem Zeitunglesen? In: Klingler, Walter/Roters, Gunnar/Gerhards, Maria (Hrsg.): Medienrezeption seit 1945. Forschungsbilanz und Forschungsperspektiven. Baden-Baden, S. 103–112

Schramm, Holger (2004): Mood Management durch Musik. Die alltägliche Nutzung von Musik zur Regulierung von Stimmungen. Köln

Schramm, Holger/Hartmann, Tilo/Klimmt, Christoph (2002a): Desiderata und Perspektiven der Forschung über parasoziale Interaktionen und Beziehungen zu Medienfiguren. In: Publizistik, S. 436–459

Schramm, Holger/Petersen, Sven/Rütter, Karoline/Vorderer, Peter (2002b): Wie kommt die Musik ins Radio? Stand und Stellenwert der Musikforschung bei deutschen Radiosendern. In: Medien & Kommunikationswissenschaft, S. 227–246

Schröter, Detlef (1994): Die Rolle der Moderation bei Morgensendungen im Radio. Eine explorative Fallstudie mit Programmanalysen und Hörergesprächen. München

Schulz, Rüdiger (1999): Nutzung von Zeitungen und Zeitschriften. In: Wilke, Jürgen (Hrsg.): Mediengeschichte der Bundesrepublik Deutschland. Bonn, S. 401–425

Schulz, Rüdiger unter Mitarbeit von Schneller, Johannes (2002): Mediaforschung. In: Noelle-Neumann, Elisabeth/Schulz, Winfried/Wilke, Jürgen (Hrsg.): Das Fischer Lexikon Publizistik Massenkommunikation. Frankfurt am Main, S. 183–213

Schulz, Winfried (1971): Medienwirkung und Medienselektion. Methoden und Ergebnisse der Forschung zum Inter-Medien-Vergleich von Fernsehen, Radio, Zeitung, Zeitschrift. Hamburg

Schulz, Winfried (1976): Die Konstruktion von Realität in den Nachrichtenmedien. Analyse der aktuellen Berichterstattung. Freiburg, München

Schulz, Winfried (1988): Berg, Klaus/Kiefer, Marie Luise (Hrsg.): Massenkommunikation III. Rezension. In: Rundfunk und Fernsehen, S. 260–263

Schulz, Winfried (1993): Politik und Fernsehen. Eine Zeitreihenanalyse des politischen Interesses. In: Bonfadelli, Heinz/Meier, Werner A. (Hrsg.): Krieg, Aids, Katastrophen...: Gegenwartsprobleme als Herausforderung für die Publizistikwissenschaft. Festschrift für Ulrich Saxer. Konstanz, S. 239–263

Schulz, Winfried (1997): Vielseher im dualen Rundfunksystem. Sekundäranalyse zur Langzeitstudie Massenkommunikation. In: Media Perspektiven, S. 92–102

Schulz, Winfried (1998): Die Studie »Massenkommunikation« – Ein Modell zur Langzeitforschung bei den Lesemedien? In: Stiftung Lesen (Hrsg.): Lesen im Umbruch – Forschungsperspektiven im Zeitalter von Multimedia. Baden-Baden, S. 157–166

Schulz, Winfried (2000): Kommunikationsprozess. In: Noelle-Neumann, Elisabeth/Schulz, Winfried/Wilke, Jürgen (Hrsg.): Das Fischer Lexikon Publizistik Massenkommunikation. Frankfurt am Main, S. 140–171

Schulze, Gerhard (1992): Die Erlebnisgesellschaft. Kultursoziologie der Gegenwart. Frankfurt am Main, New York

Schütz, Walter J. (2001): Deutsche Tagespresse 2001. Trotz Bewegung im Markt keine wesentliche Erweiterung des publizistischen Angebotes. In: Media Perspektiven, S. 602–632

Schüür-Langkau, Anja (2000a): Lieber einsam als gemeinsam. In: werben & verkaufen Nr. 38, S. 218–222

Schüür-Langkau, Anja (2000b). Männer sind anders, Frauen auch. In: werben & verkaufen Nr. 37, S. 134–138

Schwab , Irmela (2000): Junge gehen lieber online. In: werben & verkaufen Nr. 43, S. 164

Schweiger, Wolfgang (1999): Medienglaubwürdigkeit – Nutzungserfahrung oder Medienimage? In: Rössler, Patrick/Wirth, Werner (Hrsg.): Glaubwürdigkeit im Internet: Fragestellungen, Modelle, empirische Befunde. München, S. 89–110

Schwer, Katja (2004): »Typisch deutsch«: Die zögerliche Rezeption der Cultural Studies in der deutschen Kommunikationswissenschaft. In: Münchener Beiträge zur Kommunikationswissenschaft, Nr. 2 (http//:epub.ub.uni-muenchen.de/)

Siegert, Gabriele (1993): Marktmacht Medienforschung. Die Bedeutung der empirischen Medien- und Publikumsforschung im Medienwettbewerbssystem. München

Simon, Erk (2003): Die Kulturorientierung der MedienNutzerTypen. Zur Ausdifferenzierung kultureller Interessen des Radiopublikums. In: Oehmichen, Ekkehardt/Ridder, Christa-Maria (Hrsg): Die MedienNutzerTypologie. Ein neuer Ansatz der Publikumsanalyse. Baden-Baden, S. 60–78

Spellerberg, Annette (1994): Lebensstile in West- und Ostdeutschland. Verteilung und Differenzierung nach sozialstrukturellen Merkmalen. Berlin

Spielhagen, Edith (1995): Ergebnisse der Oststudie der ARD/ZDF-Medienkommission. In: Media Perspektiven, 362–392

Spio (1997): Filmstatistisches Jahrbuch. Wiesbaden

Springer, Axel (1961): Presse und Fernsehen. In: ZV+ZV, S. 970–973

Staab, Joachim Friedrich/Hocker, Ursula (1994): Fernsehen im Blick der Zuschauer. Ergebnisse einer qualitativen Pilotstudie zur Analyse von Rezeptionsmustern. In: Publizistik, S. 160–174

Stadik, Michael (2000): 20 Millionen Unbekannte. In: werben & verkaufen Nr. 38, S. 290–292

Steinbrenner, Kathrin (2002): Profilbestimmungen durch emotionale Bewertung. Ein Werkstattbericht zur Positionierung von Frauenzeitschriften. In: Vogel, Andreas/Holtz-Bacha, Christina (Hrsg.): Zeitschriften und Zeitschriftenforschung. Wiesbaden, S. 196–218

Steiner, Gary A. (1972): Freizeit und Fernsehen – der Durchschnittszuschauer in den USA. In: Scheuch, Erwin K./Meyersohn, Rolf (Hrsg.): Soziologie der Freizeit. Köln, S. 267–275.

Stephenson, William (1967): The Play Theory of Mass Communication. Chicago

Stiftung Lesen (1998): Lesen im Umbruch – Forschungsperspektiven im Zeitalter von Multimedia. Baden-Baden

Stiftung Lesen (2001): Leseverhalten in Deutschland im neuen Jahrtausend. Eine Studie der Stiftung Lesen. Mainz, Hamburg

Stipp, Horst (2000): Nutzung alter und neuer Medien in den USA. Neue Erkenntnisse über die Wechselwirkung zwischen Online- und Fernsehkonsum. In: Media Perspektiven, S. 127–134

Stolte, Dieter/Rosenbauer, Hansjürgen (1995): Die doppelte Öffentlichkeit. Zur Ost-Studie der ARD/ZDF-Medienkommission. In: Media Perspektiven, 358–361

Strauß, Bernd (1998): Zuschauer. Göttingen, Bern, Toronto, Seattle

Stuiber, Heinz-Werner (1998): Medien in Deutschland. Band 2: Rundfunk. Konstanz

Sudholt, Thomas (1995): Mediaforschung als Werbe-Investitionsforschung. In: Böhme-Dürr, Karin/Graf, Gerhard (Hrsg.): Auf der Suche nach dem Publikum. Medienforschung für die Praxis. Konstanz, S. 199–227

Teichert, Will (1975): Bedürfnisstruktur und Mediennutzung. Fragestellung und Problematik des »Uses and Gratifications Approach«. In: Rundfunk und Fernsehen, S. 269–283

Televisor (1964): Das Wort hat der Kritiker. In: Hör zu Nr. 39, S. 87

Tennstädt, Friedrich (1984): Effects of Differing Methods on the Level of Magazine Readership Figures. In: Henry, Harry (Ed.): Readership Research. Theory and Practice. Proceedings of the second International Symposium, Montreal 1983. Amsterdam, S. 229–241

Tennstädt, Friedrich/Hansen, Jochen (1982): Validating the recency and through-the-book techniques. In: Henry, Harry (Ed.): Readership Research. Theory and Practice. Proceedings of the first International Symposium, New Orleans 1981. London, S. 106–121

Thielmann, Tristan (2003): Die Trailerisierung des TV-Programms. Strukturen der On-Air-Promotion im deutschen Fernsehen. München

Triandis, Harry C. (1975): Culture Training, Cognitive Complexity and Interpersonal Attitudes. In: Brislin, Richard W. u. a. (Ed.): Cross-Cultural Perspectives on Learning, New York, S. 39–77

Turecek, Oliver/Grajczyk, Andreas/Roters, Gunnar (2003): Video- und DVD-Markt im Aufwind. 2001 und 2002 erfolgreiche Jahre für die Videobranche. In: Media Perspektiven, S. 76–85

Unholzer, Gerhard (1995): Ratings sind nicht alles. Reichweitenforschung – Medienforschung: Eine Ungleichung. In: Burda (Hrsg.): Neue Erkenntnisse der Print- und TV-Forschung. Offenburg, S. 47–52

Vincent, Richard C./Basil, Michael D. (1997): College student's news gratifivations, media use, and current events knowledge. In: Journal of Broadcasting and Electronic Media, S. 380–392

Vogel, Andreas (1998): Die populäre Presse in Deutschland. Ihre Grundlagen, Strukturen und Strategien. München

Vorderer, Peter (1992): Fernsehen als Handlung. Fernsehfilmrezeption aus motivationspsychologischer Perspektive. Berlin

Vorderer, Peter (1995): Will das Publikum neue Medien(angebote)? Medienpsychologische Thesen über die Motivation zur Nutzung neuer Medien. In: Rundfunk und Fernsehen, S. 494–505

Vorderer, Peter (1996): Rezeptionsmotivation: Warum nutzen Rezipienten mediale Unterhaltungsangebote? In: Publizistik, S. 310–326

Vorderer, Peter (1997): Action, Spannung, Rezeptionsgenuß. In: Charlton, Michael/Schneider, Silvia (Hrsg.): Rezeptionsforschung. Theorien und Untersuchungen zum Umgang mit Massenmedien. Opladen, S. 241–253

Vorderer, Peter (1998): Unterhaltung durch Fernsehen: Welche Rolle spielen parasoziale Beziehungen zwischen Zuschauern und Fernsehakteuren? In: Klingler, Walter/Roters, Gunnar/Zöllner, Oliver (Hrsg.): Fernsehforschung in Deutschland. Themen – Akteure – Methoden. Baden-Baden, S. 689–707

Vorderer, Peter (2001): It's all Entertainment – Sure. But What exactly is Entertainment? Communication Research, Media Psychology, and the Explanation of Entertainment Experiences. In: Poetics, S. 247–261

Weber, Frank (2000): Big Brother. Inszenierte Realität zur Prime Time. Münster

Weber, Max (1913): Ueber einige Kategorien der verstehenden Soziologie. In: Logos, Band IV, S. 253–294

Weber, Max (1981): Die protestantische Ethik und der Geist des Kapitalismus. Gütersloh

Wehrle, Friedrich/Busch, Holger (2002): Entwicklungen und Perspektiven im Markt der Publikumszeitschriften. In: Vogel, Andreas/Holtz-Bacha, Christina (Hrsg.): Zeitschriften und Zeitschriftenforschung. Wiesbaden, S. 85–108

Weiler, Stephan (1998): Die neue Mediengeneration. Medienbiographien als medienpädagogische Prognoseinstrumente. Eine empirische Studie über die Entwicklung von Medienpräferenzen. München

Weiß, Ralph (1994): Unterhaltung mit dem elektronischen Dauergast. Zum Unterhaltungserleben mit dem Hörfunk. In: Bosshart, Louis/Hoffmann-Riem, Wolfgang (Hrsg.): Medienlust und Mediennutz. Unterhaltung als öffentliche Kommunikation. Konstanz, S. 301–309

Weiß, Ralph (1996): Soziographie kommunikativer Milieus. Wege zur empirischen Rekonstruktion der sozialstrukturellen Grundlagen alltagskultureller Handlungsmuster. In: Rundfunk und Fernsehen, S. 325–345

Weiß, Ralph (2000): »Praktischer Sinn«, soziale Identität und Fern-Sehen. Ein Konzept für die Analyse der Einbettung kulturellen Handelns in die Alltagswelt. In: Medien & Kommunikationswissenschaft, S. 42–62

Weiß, Ralph (2001): Fern-Sehen im Alltag. Zur Sozialpsychologie der Medienrezeption. Wiesbaden

Weiß, Ralph/Hasebrink, Uwe (1995): Hörertypen und ihr Medienalltag. Eine Sekundärauswertung der Media Analyse '94 zur Radiokultur in Hamburg. Berlin

Weiß, Ralph/Hasebrink, Uwe (1997): Hörertypen und ihr Medienalltag. Plädoyer für eine
hörerzentrierte Nutzungsanalyse. In: Publizistik, S. 164–180

Westphal, Jörg/Lutz, Brigitta (1999): Repräsentativität im Fernsehpanel 1998. AGF/GfK-
Panel und Media-Analyse im Vergleich. In: Media Perspektiven, S. 144–148

Wickert, Erwin (1953): Wie gefährlich ist das Fernsehen? In: Rundfunk und Fernsehen,
S. 28–34

Wiedemann, Jasmin (1995): Mitgefangen, mitverkauft. Zur Situation ostdeutscher Frauenzeitschriften nach der Wende. Münster.

Wiegand, Jürgen (1996): Erhebungsmodelle in der Printmedienforschung und ihre Bewertung im internationalen Vergleich. Frankfurt am Main

Wilhelm, Hannah (2004): Was die neuen Frauen wollen. Eine qualitative Studie zum Medien-
nutzungsverhalten von Leserinnen der Zeitschrift ›Glamour‹. Münster

Wilke, Jürgen (1989): Geschichte als Kommunikationsereignis. In: Kaase, Max/Schulz, Winfried (Hrsg.): Massenkommunikation. Theorien, Methoden, Befunde. Köln, S. 57–71

Wilke, Jürgen (1999): Mediengeschichte der Bundesrepublik Deutschland. Bonn

Williams, Raymond (1971): Culture and Society: 1780–1950. Second Reprint. Har-
mondsworth

Winter, Rainer (1997): Vom Widerstand zur kulturellen Reflexivität. Die Jugendstudien
der British Cultural Studies. In: Charlton, Michael/Schneider, Silvia (Hrsg.): Rezeptionsforschung. Theorien und Untersuchungen zum Umgang mit Massenmedien.
Opladen, S. 59–72

Winterhoff-Spurk, Peter (1996): Individuelles Informationsmanagement: Psychologische
Aspekte der Medienkompetenz. In: Winterhoff-Spurk, Peter/Jäckel, Michael (Hrsg.):
Mediale Klassengesellschaft? Politische und soziale Folgen der Medienentwicklung.
München, S. 177–195

Wirth, Werner (1997): Von der Information zum Wissen. Die Rolle der Rezeption für die
Entstehung von Wissensunterschieden. Opladen

Wirth, Werner (1999): Methodologische und konzeptionelle Aspekte der Glaubwürdigkeits-
forschung. In: Rössler, Patrick/Wirth, Werner (Hrsg.): Glaubwürdigkeit im Internet:
Fragestellungen, Modelle, empirische Befunde. München, S. 47–66

Wolter, Hans-Wolfgang (1981): Generalanzeiger – das pragmatische Prinzip. Zur Ent-
wicklungsgeschichte und Typologie des Pressewesens im späten 19. Jahrhundert mit
einer Studie über die Zeitungsunternehmungen Wilhelm Girardets (1838–1918).
Bochum

Wöste, Marlene (1999): Öffentlich-rechtliches Fernsehen: Für Jugendliche nicht jung genug? Nutzungsverhalten und Präferenzen junger Leute beim Fernsehen. In: Media
Perspektiven, S. 583–590

Wünsch, Carsten (2002): Unterhaltungstheorien. Ein systematischer Überblick. In: Früh,
Werner: Unterhaltung durch Fernsehen. Eine molare Theorie. Konstanz, S. 15–48

Zakrzewski, Raimund H. (1995): Marketingforschung für eine Tageszeitung – Primär- und Sekundärerhebungen der Süddeutschen Zeitung. In: Böhme-Dürr, Karin/Graf, Gerhard (Hrsg.): Auf der Suche nach dem Publikum. Medienforschung für die Praxis. Konstanz, S. 45–67

Zillmann, Dolf (1994): Über behagende Unterhaltung in unbehagender Medienkultur. In: Bosshart, Louis/Hoffmann-Riem, Wolfgang (Hrsg.): Medienlust und Mediennutz. Unterhaltung als öffentliche Kommunikation. Konstanz, S. 41–57

Zillmann, Dolf (1996): The psychology of suspense in dramatic exposition. In: Vorderer, Peter/Wulff, Hans J./Friedrichsen, Mike (Hrsg.): Suspense. Conceptualizations, Theoretical Analyses, and Empirical Explorations. Mahwah, S. 199–231

Zillmann, Dolf/Bryant, Jennings (1994): Entertainment as Media Effect. In: Bryant, Jennings/Zillmann, Dolf (Eds.): Media Effects. Advances in Theory and Research. Hillsdale, S. 437–461

Zillmann, Dolf/Bryant, Jennings (1998): Fernsehen. In: Strauß, Bernd (Hrsg.): Zuschauer. Göttingen, Bern, Toronto, Seattle, S. 175–212

Zillmann, Dolf/Vorderer, Peter (2000): Media Entertainment. The Psychology of Its Appeal. Mahwah, London

Zoch, Annette (2004): Mediennutzung von Senioren. Medienfunktionen, Nutzungsmuster und Nutzungsmotive. Eine qualitative Untersuchung. München

Zoll, Marcus (2003): Die Kinobesucher 2002. Strukturen und Entwicklungen auf Basis des GfK Panels. Berlin

Zöllner, Oliver (2000): Heinz-Werner Stuiber: Medien in Deutschland. Band 2: Rundfunk. Rezension. In: Publizistik Nr. 2, S. 262–265

Zubayr, Camille/Gerhard, Heinz (1999): Wahlberichterstattung und Politikbild aus Sicht der Fernsehzuschauer. Die Bundestagswahl 1998 im Fernsehen. In: Media Perspektiven, S. 237–248

Zubayr, Camille/Gerhard, Heinz (2002): Fußball-WM 2002: Ein Fernsehhighlight aus Sicht der Zuschauer. Nutzung und Bewertung der WM-Berichterstattung im Fernsehen. In: Media Perspektiven, S. 308–313

Verzeichnis der Abbildungen

Abkürzungen

AG.MA	Arbeitsgemeinschaft Media Analyse
AGF	Arbeitsgemeinschaft Fernsehforschung
ARD	Arbeitsgemeinschaft der öffentlich-rechtlichen Rundfunkanstalten Deutschlands
AWA	Allensbacher Werbeträger-Analyse
BDZV	Bundesverband Deutscher Zeitungsverleger
CAPI	Computer Assisted Personal Interviewing
CATI	Computer-Assisted Telefon Interviewing
DIVO	Deutsches Institut für Volksumfragen
DLM	Direktorenkonferenz der Landesmedienanstalten
GfK	Gesellschaft für Konsumforschung
HR	Hessischer Rundfunk
ISDN	Integrated Services Digital Network
IVW	Informationsstelle zur Feststellung der Verbreitung von Werbeträgern
LpN	Leser pro Nummer
MA	Media Analyse
M-Business	Mobil Business
MNT	MedienNutzerTypologie
NDR	Norddeutscher Rundfunk
NWDR	Nordwestdeutscher Rundfunk
OMGUS	Office of Military Government for Germany. United States
SPIO	Spitzenorganisation der deutschen Filmwirtschaft
VA	Verbraucher-Analyse
VuMA	Verbrauchs- und Medienanalyse
WLK	Weitester Leserkreis
ZA	Zentralarchiv für empirische Sozialforschung an der Universität zu Köln
ZV+ZV	Zeitungs-Verlag und Zeitschriften-Verlag

Personenregister

Sachregister

pro Studium

Ralf Adelmann u. a. (Hg.)
Grundlagentexte zur
Fernsehwissenschaft
Theorie – Geschichte – Analyse
2002, 512 Seiten, broschiert
UTB 2357
ISBN 3-8252-2357-4

Nils Borstnar, Eckhard Pabst,
Hans Jürgen Wulff
Einführung in die Film-
und Fernsehwissenschaft
2002, 230 Seiten, broschiert
UTB 2362
ISBN 3-8252-2362-0

Andrea Beyer, Petra Carl
Einführung in die Medienökonomie
2004, 216 Seiten, broschiert
UTB 2574
ISBN 3-8252-2574-7

Konrad Dussel
Deutsche Rundfunkgeschichte
2004, 320 Seiten, broschiert
UTB 2573
ISBN 3-8252-2573-9

Heinz Bonfadelli
Medieninhaltsforschung
Grundlagen, Methoden,
Anwendungen
2002, 212 Seiten, broschiert
UTB 2354
ISBN 3-8252-2354-X

Volker Gehrau
Die Beobachtung in der
Kommunikationswissenschaft
Methodische Ansätze
und Beispielstudien
2002, 208 Seiten, broschiert
UTB 2355
ISBN 3-8252-2355-8

Heinz Bonfadelli
Medienwirkungsforschung I
Grundlagen und theoretische
Perspektiven
2004, 300 Seiten, broschiert
ISBN 3-8252-2502-X

Andreas Hepp
Martin Löffelholz (Hg.)
Grundlagentexte zur
transkulturellen Kommunikation
2002, 898 Seiten, broschiert
UTB 2371
ISBN 3-8252-2371-X

Heinz Bonfadelli
Medienwirkungsforschung II
Anwendungen in Politik, Wirtschaft
und Kultur
2004, 328 Seiten, broschiert
UTB 2615
ISBN 3-8252-2615-8

pro Studium

Michael Meyen
Mediennutzung
Mediaforschung, Medienfunktionen,
Nutzungsmuster
2004, 302 Seiten, broschiert
UTB 2621
ISBN 3-8252-2621-2

Heinz Pürer
**Publizistik- und
Kommunikationswissenschaft**
Ein Handbuch
2003, 598 Seiten, gebunden
UTB 8249
ISBN 3-8252-8249-X

Lothar Mikos
Film- und Fernsehanalyse
2003, 368 Seiten, broschiert
UTB 2415
ISBN 3-8252-2415-5

Armin Scholl
Die Befragung
Sozialwissenschaftliche Methode und
kommunikationswissenschaftliche
Anwendung
2003, 384 Seiten, broschiert
UTB 2413
ISBN 3-8252-2413-9

Marion G. Müller
**Grundlagen der visuellen
Kommunikation**
Theorieansätze und Analysemethoden
2003, 304 Seiten, broschiert
UTB 2414
ISBN 3-8252-2414-7

Jan Tonnemacher
**Kommunikationspolitik
in Deutschland**
Eine Einführung
2003, 384 Seiten, broschiert
UTB 2416
ISBN 3-8252-2416-3

Irene Neverla, Elke Grittmann,
Monika Pater (Hg.)
Grundlagentexte zur Journalistik
2002, 774 Seiten, broschiert
UTB 2356
ISBN 3-8252-2356-6

Stefan Weber (Hg.)
Theorien der Medien
Von der Kulturkritik
bis zum Konstruktivismus
2003, 360 Seiten, broschiert
UTB 2424
ISBN 3-8252-2424-4